3판

정서 및 행동장애아 교육

윤점룡 · 이상훈 · 문현미 · 서은정 · 김민동 · 문장원
이효신 · 윤치연 · 김미경 · 정대영 · 조재규 · 박계신 공저

INTRODUCTION TO EMOTIONAL AND BEHAVIORAL DISORDERS

학지사

3판 머리말

이 책의 2판이 출간된 지 4년 만에 다시 개정판을 내게 되었다. 초판 발행 후 6년 동안 공을 들여 2013년 3월에 2판을 출간하였는데, 그 해 5월에 DSM-5가 나오는 바람에 한 학기가 가기도 전에 뒨서리를 맞은 것이다. DSM-5의 영향력이 너무 커서 우리가 정성들여 만들어 낸 2판은 나오자마자 구닥다리가 된 셈이었다. DSM-5의 한국어판이 2015년 4월에 『정신질환의 진단 및 통계 편람』이라는 이름으로 출간되는 시점부터 이 책의 3판 개정 작업에 들어갔다. 생각한 것보다 수정할 내용이 많은 데다가 12명의 공동 저자가 호흡을 맞추다 보니 늦장 개정판이 되어 버렸다. 하지만 늦은 대신 보다 완벽한 개정판을 만들어 보려고 노력하였다.

3판에서는 가능하면 DSM-5 한국어판(제5판)에서 제시하는 용어를 그대로 사용하였다. 외국에서 사용하고 있는 용어를 번역할 때, 전공 영역별로 제각기 다르게 번역하게 되면 독자들이 혼동할 수 있으므로 가능하면 의료영역에서 번역한 용어를 그대로 따르기로 한 것이다. 예를 들면, 의사들은 'mental disorder'를 '정신질환'으로 번역하였는데 교육학자나 심리학자, 사회복지학자 등의 생각은 각기 다를 수도 있다는 것이다.

따라서 3판에서는 DSM-IV에서 사용한 용어나 진단기준을 DSM-5의 분류 체계에 맞게 대폭 수정하였으며, DSM-5의 분류 체계에 맞추다 보니 8장의 '기분장애'는 '우울장애와 양극성 장애'로 바뀌었다. 그리고 독자들의 학습을 돕기 위하여 각 장마다 '학습목표'와 '학습과제'를 새롭게 첨부하였다.

2판에서 보완된 집필진들이 그대로 참여하여 보다 전문성을 높였으며, 각 장에 따른 집필자를 소개하면 다음과 같다. 1장 '정서 · 행동장애의 개관'은 윤점룡, 2장 '정서 · 행동장애의 개념적 지도 모델'은 이상훈, 3장 '정서 · 행동장애의 관련 요인'은 문현미,

4장 '문제행동 사정 및 IEP 적용'은 서은정, 5장 '주의력결핍 과잉행동장애'는 김민동, 6장 '품행장애와 적대적 반항장애'는 문장원, 7장 '불안, 섭식, 배설장애'는 이효신, 8장 '우울장애와 양극성장애'는 윤치연, 9장 '틱장애와 기타 장애'는 김미경, 10장 '행동기능평가와 긍정적 행동지원'은 정대영, 11장 '사회적 기술 훈련과 인지적 행동수정'은 조재규 그리고 12장 '학업기술 지도'는 박계신이 집필하였다.

12명의 정서 · 행동장애 전공 교수들이 심혈을 기울여 개정했지만, 아직도 부족한 점이 많을 것이다. 미진한 부분은 집필자들이 이 책을 강의 교재로 사용하면서 지속적으로 다듬어 다음 개정판에서 보완할 것임을 약속한다. 끝으로, 이 책의 3판이 나올 수 있도록 애써 주신 학지사 김진환 사장님과 편집을 위해 수고해 주신 오수영 선생님께 감사의 말씀을 드린다.

2017년 새해에

저자 일동

1판 머리말

1980년도 우리나라 대학원 석사과정에서 정서장애아 교육 전공 석사가 처음으로 배출된 이후, 지금까지 D대학에서만 50여 명의 박사와 100여 명의 석사가 배출되었다. 전국적으로 보면 꽤 많은 학자들이 정서·행동장애아 교육을 담당하고 있을 것이다. 초창기 대학원 정서장애아 교육 전공과정에서는 국내 교수진의 부족으로 방학을 이용해 외국에서 교수를 초빙하여 집중 강의를 들었으며, 교재와 자료가 없어서 외국 원서나 논문에 의존해서 공부하였다.

이제는 국내외에서 정서·행동장애아 교육을 전공한 많은 학자들이 현장에 배치되어 정서 및 행동에 문제가 있는 아동들을 지도하고 있을 뿐 아니라 이 아동들을 위한 많은 책들이 출판되어 도움을 주고 있다. 그러나 출판된 책들의 대부분이 번역서인데다가 오래되었고 국내에서 출간된 전공서적은 몇 권 되지 않는다. 최근에는 대학의 특수교육 관련과의 증설로 대학에서 정서·행동장애아 교육의 강의는 늘어나고 있으나 교재로 사용할 만한 책자가 부족하여 새로운 교재의 출판이 요구되고 있다.

이러한 때에 대학원에서 정서장애아 교육을 전공하여 박사학위를 받고 현장에서 두루 경험을 갖춘 대학교수 여섯 명이 뜻을 모아 이 책을 집필하게 되었다. 이 책은 장애아동을 위한 교사 양성과정의 직전 교사들, 특수교육을 학문적으로 연구하는 대학원생들 그리고 정서 및 행동장애 아동을 가르치거나 치료하는 교사들과 부모들에게 도움이 될 것으로 생각한다.

이 책은 모두 3부(정서 및 행동장애의 개관, 정서 및 행동장애의 개념적 지도모델, 장애유형별 지도방안) 14개 장으로 구성되어 있으며, 장별 집필자는 다음과 같다.

1장 정서 및 행동장애의 이해(윤점룡), 2장 정서 및 행동장애의 사정과 판별(서은정), 3장 문제행동 사정 및 IEP 적용(서은정), 4장 신체생리적 모델(이상훈), 5장 정신역동적 모델(이상훈), 6장 행동주의적 모델(이상훈), 7장 인지주의적 모델(이상훈), 8장 불안장애(윤치연), 9장 기분장애(윤치연), 10장 주의력결핍 과잉행동장애(문장원), 11장 품행장애와 적대적 반항장애(문장원), 12장 섭식 및 배설 장애(윤점룡), 13장 자폐성 장애(김미경), 14장 틱장애와 기타 장애(김미경).

여섯 명의 저자가 대학 강단에서 강의한 경험과 그동안 연구한 논문을 바탕으로 그 분야에서는 나름대로 전문성을 확보하고 집필을 하였다고는 하나 아직도 부족한 점이 많다. 정서 및 행동장애와 관련된 용어를 통일시키기 위한 용어해설 부분도 완성하지 못했고, 특히 장애유형별 지도에서 다양하고 구체적인 중재방법을 충분히 소개하지 못한 점 등 미진한 부분은 차후에 보완할 계획이니 많은 비판과 지도를 바란다.

끝으로 이 책을 출간할 수 있도록 해 주신 학지사 김진환 사장님과 편집부 여러분에게 진심으로 감사의 말씀을 드린다.

2006년 겨울

저자 일동

차례

제 1 부

정서 · 행동장애의 이해

제 1 장

정서 · 행동장애의 개관

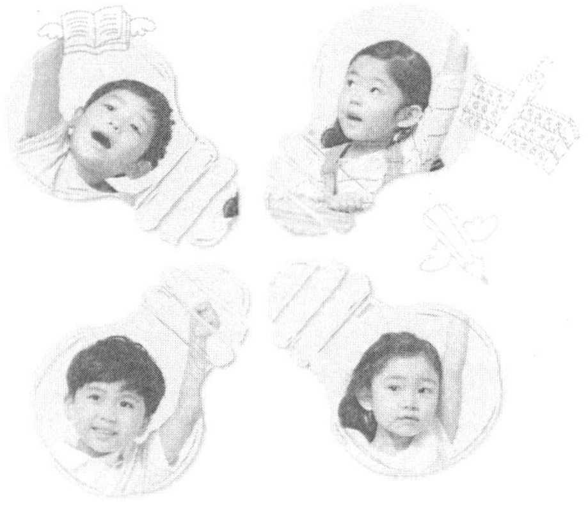

학습목표

1. 어떤 아동이 정서 · 행동장애 아동인지 설명할 수 있다.
2. 정서 · 행동장애를 정신의학적인 측면에서 분류할 수 있다.
3. 정서 · 행동장애를 행동적 차원에서 분류할 수 있다.
4. 우리나라 정서 · 행동장애아 교육이 어떻게 변해 왔는지 설명할 수 있다.
5. 미국의 정서 · 행동장애아 교육이 어떻게 변해 왔는지 설명할 수 있다.

일반적으로 정서 · 행동장애는 아동 그 자신의 발달이나 타인의 생활, 혹은 그 둘 다를 방해하는 행동으로서 일반아동에 비해 현저하게 일탈된 행동으로 정의한다.

아동들 중에는 형제, 부모, 동급생, 교사 및 지역사회에 대해 반복적인 갈등을 일으키는 경우가 있다. 이웃 사람들은 그들을 나쁜 소년 혹은 소녀라고 칭하며, 교사들은 행동 문제아라고 부른다. 또한 사회사업가들은 사회 부적응아라고 부르고, 정신과 의사와 심리학자들은 그들을 정서장애라고 한다. 만약 그들에게 법률적인 문제가 생기면 판사들은 그들을 범죄자라고 할 것이다.

이와 같이 예전에는 정서 · 행동장애를 '일탈' '사회 부적응자' '나쁜 소년 · 소녀' '범죄자' 등으로 불렀으며, 그들의 행동 특성을 개인적인 문제로 전가하는 경우가 많았다. 하지만 현재 장애의 개념 정의를 시도함에 있어서 세계적인 학계의 추세가 종래의 개인적인 또는 의학적인 접근법을 지양하고 장애의 사회적인 차원에 관심이 집중되고 있는 것이 사실이다. '장애'라는 용어 자체가 우리가 살고 있는 사회구성원들에 의해서 만들어졌으며, 이러한 용어의 부정적인 인식은 우리 사회가 서로 충분히 소통하지 못한 데서 기인한다고 할 수 있을 것이다. 뿐만 아니라 기존의 정의가 장애원인에 있어서 개인적인 문제로 전가시켜 비장애인으로 하여금 사회적 연대책임에 있어서 관심을 가지지 못하도록 하는 문제가 있게 된다. 우리 스스로 좀 더 성숙한 사회를 만들어 가기 위해서는 이러한 장애의 개념을 보는 관점에 있어서도 변화가 필요하다. 한 개인을 '사회 부적응자'로 보기보다는 '사회 부적응자'를 만들어 내는 우리 사회가 '개인 부적응 사회'라는 것을 인식할 수 있도록 해야 할 것이며, 사회 부적응자가 나오지 않도록 한 개인을 둘러싼 환경을 그 개인이 잘 적응할 수 있도록 구조화시켜 주는 노력도 필요할 것이다. 정서 · 행동장애라는 개념 정의는 단지 장애 정의를 통한 적절한 교육 서비스의 제공이라는 것 외에는 장애를 가지고 있는 개인이나 가족에게는 어떠한 개인적 · 사회적인 불이익이 주어져서는 안 될 것이다. 일탈된 행동을 하는 개인이 문제가 아닌 일탈된 행동이 나올 수밖에 없는 사회 환경이 문제라는 것 또한 인식해야 할 것이다. 여러 가지 다른 방식의 삶의 형태와 표현은 우리 사회에 너무나도 당연한 모습이지만 당연하게 보지 못하는 우리 사회가 문제라는 것을 인식해야 할 것이다.

정서 · 행동장애는 사회사업, 심리학, 정신의학, 사회학, 신경학, 교육학 등에 관련된 많은 전문적 종사자의 관심을 끌고 있다. 교육은 전통적으로 가벼운 정서 · 행동장애 아동만을 다루었고 심한 장애아는 정신의학 쪽으로 미루었다. 그러나 정신건강 분야는 의학적 혹은 정신의학적 접근에서 점차 떨어져 나와 행동적 · 교육적 접근 방식으로 변모하고 있다. 한편, 교육은 예방적인 면뿐만 아니라 심한 정서장애의 조치에 대해서도 책임이 증가되고 있는 실정이다(윤점룡 외, 2003).

정서 · 행동장애 아동은 사회적으로 위축되어 있을 수도 있지만, 대부분은 타인에게 공격적인 성향을 보인다. 그들은 일반적으로 사회로부터 거부되거나 소외될 뿐만 아니라 학업실패도 경험한다. 또한 대체로 또래에게 인기가 없으며 리더가 되지 못한다. 만약 또래 사이에서 높은 지위를 갖는다면 이는 그들의 반사회적 성향이나 사회 부적응을 나타내는 것일 수 있다. 그들은 친구를 사귈 수 있지만 관계를 유지하는 방법을 모른다. 모든 유형의 정서 및 행동 문제는 상호 연관되어 있으며, 한 가지 유형의 문제만을 보이는 아동이나 청소년은 좀처럼 찾을 수 없다(Kauffman, 2009).

학령기 아동의 약 2% 정도 혹은 그 이상이 몇 가지 유형의 정서 · 행동장애를 가진다. 그런데 많은 교사들은 정서 · 행동장애 아동을 이해하고 이들의 요구에 부응할 수 있는 훈련을 거의 받지 못했다. 다운증후군이나 뇌성마비와 같은 신체적인 특성을 가진 학생은 외면적으로 드러나는 특징에 의해 장애를 가진 것으로 인식된다. 그에 비해 정서 · 행동장애 아동은 장애를 가진 것으로 쉽게 인식되지 않는다. 교사들은 행동 분출을 나타내는 아동들이 스스로 행동을 통제할 수 있다고 생각한다(Liljequist & Renk, 2007).

이러한 아동들은 학급에서 파괴적인 행동을 나타내기 때문에 다른 사람들은 그들을 염려의 대상으로 보게 된다. 교사는 정서 · 행동장애 아동이 장애를 가지고 있으며, 특별한 요구가 있음을 이해해야 한다. 정서 · 행동장애의 특성에 대한 이해와 이들을 가르칠 수 있는 방법을 습득함으로써 교사는 정서 · 행동장애 아동을 교육하는 데 있어 더 나은 준비를 할 수 있게 될 것이다.

정서 · 행동장애는 지난 수십 년간 여러 가지 용어로 표현되어 왔으며 현재까지도 공식적으로 사용되는 용어는 각 단체나 개인의 견해에 따라 매우 다양하다. 그중에서도 가장 빈번하게 사용되어 온 용어는 정서장애(emotionally disturbed)와 행동장애(behaviorally disordered)이다. 일부 특수교육 전문가는 아동 및 청소년의 사회화 관련 어려움을 보다 정확하게 설명하는 행동장애를 선호하며, 행동장애를 정서장애보다 표찰의 문제가 덜한 것으로 생각한다.

1980년대 후반에 미국의 국립 정신건강 및 특수교육 연합회(the National Mental Health and Special Education Coalition: NMHSEC)에서 '**정서 및 행동장애(emotional or behavioral disorders)**'라는 용어를 사용하였다. 이 연합회는 다양한 전문가와 옹호단체 간 협력을 촉진하기 위해 1987년에 설립되었으며 1991년까지 30개 이상의 관련 단체가 여기에 참여하였다. 이 교재에서는 장애인 부모와 전문 기관에서 선호하고 우리나라 「장애인 등에 대한 특수교육법」에 명시되어 있는 '정서 · 행동장애'라는 용어를 사용하기로 한다.

1. 정서 · 행동장애의 정의

정서 · 행동장애의 정의는 교육자나 다양한 중재자들에게 여러 가지 시사점을 주는 개념적 구조를 간결하게 제시하므로 중재 현장은 물론 정책적인 면에서도 의미가 크다. 즉, 교육적 정의는 교육적 요구와 관련된 문제의 해결을 위한, 그리고 의학적 정의는 의학적 중재의 방법과 해결책에 관한 시사점을 각각 제공한다. 나아가 대상자의 출현율 추정의 근거를 제공할 뿐 아니라 교육, 입법, 행정, 고용 및 복지 담당부서의 정책 수립 및 실행에 직간접적인 영향을 미치게 된다. 따라서 정서 · 행동장애를 정의하고 규정하는 일은 중대한 일이며, 특수교육자들에게 공감대가 넓은 정의를 이끌어 내는 것은 가치 있는 일이다. 그러나 막연하고 부적절한 정의는 적격성을 지닌 아동 및 학생을 서비스에서 제외시키거나 불필요한 중재를 남발하는 것, 혼란스럽고 불합리한 입법, 애매한 행정 정책 등의 문제를 일으킨다(정대영, 2011a).

어떤 특성을 지칭하기 위해 특정 용어를 선택하고, 그 용어를 정의하는 일은 매우 조심스러울 수밖에 없다. 그러한 용어가 개인에게 낙인을 부여하고 편견을 조장하여 개인의 권리를 침해하는 데 사용될 가능성과 장애를 정의하기 위해 사용한 표현들이 그 장애를 가진 사람들의 다양한 강점과 요구를 가리게 될 가능성이 늘 존재하기 때문이다. 정서 · 행동장애를 정의하는 일도 결코 간단하지 않다. 장애 유무에 대한 타당하고 신뢰할 수 있는 정의를 정립하는 것이 어려운 이유 중에 하나는 정서 · 행동장애란 사회적 맥락을 벗어나 존재하는 것이 아니라 문화적 규칙에 따라 부여되는 표찰이기 때문이다.

이 절에서는 먼저 우리나라에서 사용되고 있는 정서 · 행동장애의 정의를 살펴보고,

우리나라 정서 · 행동장애아 교육에 가장 많은 영향을 준 미국의 정서 · 행동장애 정의를 알아본 후에 생태학적인 관점에서 정서 · 행동장애의 정의를 설명하고자 한다. 마지막으로는 정서 · 행동장애 아동의 출현율을 살펴본다.

1) 우리나라의 정서 · 행동장애 정의

우리나라는 1977년 12월 「특수교육진흥법」이 제정되면서 특수교육대상자에 '정서장애자'가 포함되었다. 1978년 교육부령의 「특수교육진흥법 시행규칙」의 판별기준에서는 정서장애자를 '정서적, 감정적인 혼란으로 인하여 이상행동을 하는 자로서 특수교육을 필요로 하는 자'로 정의하였다. 1994년 1월 「특수교육진흥법」이 전면 개정되면서 특수교육대상자의 기준 중 '정서장애자'는 '정서장애(자폐성을 포함한다)'로 바뀌게 되었고, 같은 해에 개정된 판별기준은 다음과 같은 6항목으로 바뀌었다.

가. 지적, 신체적 또는 지각적인 면에 이상이 없음에도 학습 성적이 극히 부진한 자
나. 친구나 교사들의 대인관계에 부정적 문제를 지닌 자
다. 정상적인 환경하에서 부적절한 행동이나 감정을 나타내는 자
라. 늘 불안해하고 우울한 기분으로 생활하는 자
마. 학교나 개인문제에 관련된 정서적인 장애로 인하여 신체적인 통증이나 공포를 느끼는 자
바. 감각적 자극에 대한 반응, 언어, 인지능력 또는 대인관계에 결함이 있는 자

이러한 정의는 미국 「장애인교육법」에서 정의하고 있는 내용과 유사하나, 우리나라는 법적으로 정서장애 범위 안에 자폐를 포함하고 있기 때문에 자폐 영역의 몫으로 '바' 항이 추가되어 있다. '라' 항의 '늘 불안해하고'는 미국 「장애인교육법」에는 '늘 불행(unhappiness)해하고'로 되어 있다. 내용상으로 봐서 '불행'이라는 용어가 맞는 것으로 판단되므로 법 개정 시에 수정하는 것이 바람직하다고 하겠다(윤점룡 외, 2005).

현재 사용되고 있는 정서 · 행동장애의 판별기준은 2007년 5월에 제정된 「장애인 등에 대한 특수교육법 시행령」(2008. 5. 26.)에 공포된 것으로 그 내용은 다음과 같다.

> 장기간에 걸쳐 다음 각 목의 어느 하나에 해당하여, 특별한 교육적 조치가 필요한 사람
>
> 가. 지적 · 감각적 · 건강상의 이유로 설명할 수 없는 학습상의 어려움을 지닌 사람
> 나. 또래나 교사와의 대인관계에 어려움이 있어 학습에 어려움을 겪는 사람
> 다. 일반적인 상황에서 부적절한 행동이나 감정을 나타내어 학습에 어려움이 있는 사람
> 라. 전반적인 불행감이나 우울증을 나타내어 학습에 어려움이 있는 사람
> 마. 학교나 개인 문제에 관련된 신체적인 통증이나 공포를 나타내어 학습에 어려움이 있는 사람

「장애인 등에 대한 특수교육법」이 제정되면서 제15조 특수교육대상자의 '정서 · 행동장애'에서 '자폐성 장애'가 분리됨으로써 자폐성 장애와 관련된 항목이 하나 줄어들었으며 부분적으로 용어가 수정되기도 하였다. 특이한 사항은 각 조항마다 '학습에 어려움이 있는 사람'이라는 문구가 들어 있다는 것이다. '가' 항의 지적 · 감각적 · 건강상의 이유로 설명할 수 없는 학습상의 어려움을 지닌 사람은 합당하지만, 그 나머지 4개의 항까지도 '학습에 어려움이 있는 사람'으로 규정함으로써 정서 · 행동장애 아동으로 선정되기 위해서는 학습문제가 필수 요건이 되었다. 그 결과 심한 정서 · 행동장애 아동이라 하더라도 학습 능력을 지니고 있으면 서비스에서 제외되는 경우가 발생하게 된다. 현행 기준대로 한다면 오히려 '학습장애'의 판별기준에 가깝다고 보아야 할 것이므로 4개 항목 말미에 붙어 있는 '학습상의 어려움을 지닌 사람'은 삭제되어야 할 것으로 본다.

2) 미국의 정서 · 행동장애 정의

미국에서는 지난 40년 동안 정서 · 행동장애에 대한 수많은 정의가 만들어졌다. 각각의 정의는 특정 목적을 달성하기 위해 활용되었지만, 어떤 정의도 구체성, 명확성 그리고 유용성의 문제를 해결하지는 못하였다(Kauffman & Landrum, 2013). 현재 사용되고 있는 연방법(IDEA 2004)의 정의는 다음과 같다.

> ① 이 용어는 아래의 5가지 특성 중 하나 또는 그 이상이 장기간에 걸쳐 현저한 정도로 나타나되, 교육적 수행에 부정적인 영향을 미치는 상태를 의미한다.
> a. 지적, 감각적 또는 다른 신체적 요인으로는 규명될 수 없는 학습의 무능력
> b. 또래나 교사들과 만족스러운 대인관계를 형성하거나 유지하지 못함
> c. 정상적인 상황하에서 부적절한 행동이나 감정을 표현함
> d. 항상 불행감과 우울감을 느낌
> e. 학교나 개인 문제에 관련된 정서적 장애 때문에 신체적인 증상, 통증, 공포가 나타나는 경향이 있음
>
> ② 이 용어는 조현병은 포함하되, 정서장애로 판명되지 않은 사회부적응 아동은 포함되지 않는다.

1975년 제정된 「전장애아교육법(PL 94-142)」에 명시된 정서 · 행동장애의 정의는 Bower의 정의를 약간 수정하여 사용하였다. 수정한 내용은 바우어의 정의에서 사용된 '정서적으로 불리한 여건에 있는(emotionally handicapped)'이라는 용어는 '심한 정서장애(seriously emotionally disturbed)'로 바꾸었다. 그리고 '교육적 수행에 부정적인 영향을 미치는 경우'라는 조항을 전제 조건으로 추가하였으며, '조현병은 포함하되, 사회부적응 아동은 포함하지 않는다.'는 조항을 넣었다.

교육적 수행에 부정적인 영향을 미치는 경우라는 조항은 혼돈을 줄 수 있다는 비난을 받고 있다. 학업성취가 평균 정도일 경우에 첫 번째 특성인 '학습의 무능력'과 중복되며, 앞서 기술된 특성 중 하나 또는 그 이상이 장기간에 걸쳐 현저한 정도로 나타나지만 교육적 수행이 높은 학생에 대해서는 어떤 판단을 할 것인가?

그리고 조현병(schizophremia)과 사회부적응에 관한 조항도 필요 없는 조항이다. 조현병 아동은 5가지 특성 중 하나 또는 그 이상을 장기간에 걸쳐 현저한 정도로 차이를 보일 수밖에 없으며, 사회부적응 아동도 5가지 특성 중 하나 또는 그 이상을 장기간에 걸쳐 현저한 정도로 보이지 않으면서 사회적으로 부적응할 수는 없다는 것이다. 어떠한 논리나 연구도 사회부적응과 정서장애의 차이를 설명하지 못한다. 이러한 이유로 많은 전문가들은 현재의 정의에 만족하지 않으며 곧 개정되기를 바랐다(Kauffman & Landrum, 2011).

이와 같이 정서장애에 대한 정의에 문제가 제기되자 1992년 봄, 미국의 정신건강 및 특수교육협회(NMHSEC)가 국회에 '심각하게 정서적으로 일탈된'이라는 표현을 '정서 · 행동장애'로 바꾸어 주도록 요구한 이후에 1993년에 열린 국제 장애아협의회 연차대회(International Convention of the Council for Exceptional Children)에서 다음의 정의를 발표하여 채택되었다(Jensen, 2005).

① 정서 · 행동장애란 학교에서 정서 및 행동 반응이 적절한 연령, 문화, 인종적 규준과 너무 달라서 학업적, 사회적, 직업적, 개인적 기술을 포함하는 교육적 수행에 부정적 영향을 미치는 경우를 의미한다. 이 장애는 다음과 같은 특징을 보인다.

a. 환경 내의 스트레스 사건에 대해 오랫동안 지나치게 반응한다.

b. 두 가지 다른 환경에서 지속적으로 나타난다. 적어도 하나의 환경은 학교와 관련된 환경이다.

c. 일반적인 교육에서 적용되는 직접적 중재에 반응하지 않거나 아동의 상태가 일반적인 교육 중재로 충분하지 않다. 정서 · 행동장애는 다른 장애와 함께 나타날 수 있다.

② 조현병, 정동장애(affective disorder), 불안장애, 품행 또는 적응 장애가 교육적인 수행능력에 영향을 미치면 정서 · 행동장애 범주에 포함된다.

이러한 정의는 정서 · 행동장애 아동과 청소년을 판별하고 교육하는 데 있어서 모든 문제를 해결할 수 없다. 그럼에도 불구하고 이 연합회와 많은 회원 단체는 이 정의가 연방정부의 정의보다 개선되었다고 믿는다. 현재 연방정부의 정의의 주요 문제점은 특수교육 및 관련 정신건강 서비스가 필요한 많은 아동과 청소년을 배제한 것이다.

이 연합회와 30개 이상의 전문가 및 옹호단체는 제안된 새로운 정의를 공식적으로 승인하였고, 이를 연방정부의 법과 규정에 반영하려고 노력하고 있다. 이러한 정의를 지지하는 사람들은 미국이 궁극적으로 이 정의를 표준으로 채택할 것이라고 희망한다(Kauffman & Landrum, 2013).

3) 개념 정의에 대한 생태학적 관점

생태학이란, 생물학의 하위 분야로 시작된 유기체와 환경의 상호작용에 대한 연구

분야이다. 인체생리학에서의 개인은 그 개인을 둘러싸고 있는 환경과 제도의 맥락에서만 연구될 수 있다. 이러한 관점에서 정서 · 행동장애는 아동에게 내재하는 것이 아니며, 특정 환경과 결부될 수도 없다. 정서 · 행동장애는 장애가 있는 개인과 체제의 상호작용 내에 존재하는 것이다.

아동은 부모와 가족, 학교 직원, 친구, 이웃, 사회 봉사요원 등으로 구성된 소규모 사회 체제와 분리될 수 없다. 이러한 작은 체제가 조화롭게 작용할 때, 생태학자들은 이 체제가 조화로운 상태라고 하며 장애가 없다고 한다. 그러나 체제의 균형이 상실되면 부조화가 발생하고 아동의 능력과 환경의 요구 및 기대 간에 불일치가 나타난다고 한다. 이러한 부조화 상태 혹은 불일치를 생태학자들은 정서 · 행동장애라고 정의하기도 한다(Apter, 2002).

부조화의 일차적인 원천은, 아동의 행동 그 자체보다는 부모, 가족 혹은 아동의 영양 상태나 건강에 있다고 할 수 있다. 지능지수가 약 80 정도인 아동을 진료한 예를 들어 보자. 그 아이는 불행하게도 아버지가 졸업한 명문 대학에 입학해야 한다는 높은 기대를 가진 부모의 가정에서 태어났다. 그는 고등학교에서 일반학급에 들어갔으나 성적이 형편없었다. 아버지는 아들이 게으르다고만 하였다. 어머니는 어린아이 취급을 하였고, 형들은 경멸하였으며, 교사는 꾸중하였다. 그 아이는 공부한다고 학교에 오래 남아 있기는 하지만 더 이상 견딜 수가 없었다. 건강은 악화되고 마침내는 우울증에 빠져 자살을 시도하였다. 다행히 살아나서 정확히 검사를 받은 결과, 모든 사람들의 이해와 수용을 얻게 되었다. 이 학생은 심한 부조화에 빠져 있었다. 자기가 할 수 있는 것과 주위 사람들이 그에게 기대하는 바를 조화시키지 못한 것이 명백하다.

우리가 흔히 정서 · 행동장애라고 하는 것은 아동과 체제의 상호작용임을 직접적으로 지적하고 있다. 이 두 용어가 전반적인 내용을 의미하지 못하므로 우리는 문제아동(troubled children)이라는 제3의 용어를 추가시키게 된다. 이 용어 역시 부적절한 함축성을 갖고 있지만, 정서 · 행동장애 분야에서 아주 보편적으로 사용하는 표찰의 부당함을 나타내기 위해서라도 이 용어를 사용한다. 이런 사실은 아동을 정서 · 행동장애라고 규정하기 이전에 얼마나 신중해야 하는가를 상기시켜 주고 있다. 결국, 그것은 우리에게 생태학적으로 생각하도록 도와준다. 즉, 문제아동은 혼란스러운 체제의 실제적인 표본이다. 그러나 여기에서 언급한 어떠한 용어도 프로그램 기획에 충분한 도움이 되지 않는다. 아동이 정서 · 행동장애 또는 문제를 가진 것으로 분류되었다면, 우리는 그 아동을 지도하기 위하여 적절한 교육 프로그램을 개발하여야 할 것이며 그러기 위해서는 보다 구체적인 정보가 필요하다.

특정한 이상행동을 정확하게 지적할 수 있다고 하더라도, 이 행동이 따로 구분되어서 발생하지 않는다는 것을 염두에 두어야 한다. 아동이나 성인의 행동은 상황과 시간에 따라 변한다. 아동에게 가해지는 스트레스의 양과 곤란한 심리적 상황을 다루는 아동 능력의 강도는 아동의 정서 생활을 결정하는 2가지 요소이다.

문제아동이 되었다면, 이 아동의 행동은 일반아동보다 빈도(frequency)와 강도(intensity)에서 차이가 난다는 것을 알아야 한다. 문제아동이 나타내는 대부분의 일탈행동은 일반아동이 하는 행동과 크게 다르지 않다. 다만, 그 행동이 장소나 시간에 부적절하게 나타나기 때문에 일탈아동으로 그리고 일탈행동으로 간주된다.

또한 교사가 그러한 이상행동에 대해서 가지고 있는 '포용범위(range of tolerance)'도 다르다. 심각한 정서 · 행동장애 아동이라고 간주될 수 있었던 아동조차도 어떤 교사들에 의해서 일반교실에 배치될 수 있는가 하면, 또 다른 교사들은 '정상행동'에서 약간만 일탈하여도 참을 수 없는 경우가 있다. 교사의 포용력에 영향을 미치는 4개 요소는 문제행동의 빈도, 심각성, 지속시간, 복합성 등이다. 빈번하게 발생하는 방해 행동은 누적 효과를 가지며, 교사로 하여금 자기 충족적 예언을 발생케 한다. 신체 공격과 같은 심한 행동은 심리적 · 신체적 위협이며 교사들이 참을 수 없지만, 함부로 행동하는 것과 반대인 위축된 행동은 아동에게는 문제가 되지만 교사는 쉽게 참는다. 어떤 부적절한 행동은 순식간에 끝나 버리기 때문에 교사의 인내심을 자극하지 않는다. 그러나 심각하지 않지만 장기간 그리고 자주 행하는 부적절한 행동은 교사의 인내심을 자극하고, 복합적인 문제를 내포하는 행동은 단순 행동보다 교사의 인내심을 쉽게 훼손시킨다.

요약해 보면, 일반아동도 정서 · 행동장애 아동과 같이 일탈 혹은 부적절한 행동을 하는데, 정서 · 행동장애 아동은 그 행동이 보다 심각하고 장기간 지속되며 발생빈도가 높고 복합적이라는 점에서 다르다. 결과적으로, 그들의 행동은 교사나 성인의 포용력을 뒤흔들어 놓는 경향이 있다. 우리는 아동들이 어떠한 환경을 요구하고 있는지 고찰해 보아야 한다. 아동들이 고통을 토로하는 주된 영역은 다양한 일상 활동, 즉 먹고 놀고 잠자는 것 등이다. 정서 · 행동장애 아동의 일반적 징후는 즐기지 못하고 경직된 행동을 하며 긴장해 있는 것이다. 따라서 또래나 성인과의 효과적인 대인관계, 학교에서 만족할 만하게 공부하는 것, 일상의 요구에 적응하는 것, 생활의 즐거움을 발견하는 것, 지적인 판단 등을 조사해 볼 필요가 있다.

4) 정서 · 행동장애 아동의 출현율

출현율(prevalence)이란 한 모집단에서 특정 장애가 있는 총 사례의 수를 말한다. 장애의 출현율은 특정 지역 혹은 특정 기간에 대해 계산된다. 출현율은 한 모집단에 대한 비율로 표현되어, 특정 상태의 총 사례의 수는 한 모집단의 총인구의 수로 나누어진다. **발생률**(incidence)이란 한 모집단에서 특정 장애가 새롭게 발생한 수, 즉 시작 비율을 말한다. 발생률은 특정 장애가 얼마나 자주 발생하는지를 강조하는 반면, 출현율은 얼마나 많은 개인들이 특정 장애를 가지고 있는가에 초점을 둔다.

출현율과 발생률을 추정하는 것은 아동을 가르치는 교사의 입장에서는 커다란 의미가 없다. 그러나 국가 수준, 교육청에서 특수교육 프로그램을 계획하고 관리하는 사람들은 출현율에 기초하여 예산, 직원 고용, 프로그램 계획 등을 요구한다. 교육 행정가는 서비스 대상 학생 비율이 이웃 학교의 학생 수보다 더 많거나 적다는 이유로 예산 증감을 결정하므로 궁극적으로 교사의 근무 여건에 영향을 미칠 수밖에 없다.

정서 · 행동장애의 출현 추정치는 학령기 인구의 0.5%부터 20% 이상까지 다양하게 나타난다. 추정치가 다양한 이유는 첫째, 합의된 정의가 없어서 학생 수를 정확하게 계산할 수 없기 때문이다. 둘째, 정서 · 행동장애 아동의 수를 추정하는 데에는 수많은 방법이 있는데 이러한 방법의 차이는 결과상의 커다란 차이를 초래할 수 있으며, 또한 행동을 관찰하는 교사의 포용 범위와 융통성 등으로 인해 정서 · 행동장애 아동을 정확하게 추정하는 데 많은 문제가 있기 때문이다. 그리고 특정 정의와 방법에 의해 파악된 학생의 수는 전문가 훈련 또는 임상적 판단보다도 사회정책적 요인에 의해 더 많은 영향을 받을 수 있다. 누가 특수교육에 적합한지 또는 적합하지 않은지에 대한 판단은 사회와 경제적 관계에 영향을 받는다(Kauffman & Landrum, 2011).

미국의 국립정신건강연구소(2001)는 1996년부터 1998년 사이에 어떤 유형이든 정신건강 서비스를 받는 아동들이 5~7% 정도였다고 보고하였다. 몇몇 전문가들은 정서 · 행동장애 아동의 출현율을 16~22%로 추정하였다. 그러나 2000~2001년 동안, IDEA하에서 정서 · 행동장애로 인해 특수교육 서비스를 받은 6~21세 학생들의 수는 1% 미만이었다. 이러한 수치는 정서 · 행동장애 아동을 위한 서비스를 제공하기 위해 연방정부가 사용했던 추정치인 2%보다 더 낮은 수치이며, 전문가들에 의해 추정된 수치보다 훨씬 낮은 수치이다. 이러한 사실은 수천 명의 정서 · 행동장애 아동들이 특수교육 서비스를 받지 못하고 있다는 것을 의미한다(Shepherd, 2010).

우리나라 정서 · 행동장애 아동의 출현율에 대한 최근의 연구(국립특수교육원, 2001)에 따르면, 학령기 아동의 2.71%가 장애 아동으로서 이 중에 정서 · 행동장애 아동은 0.15%, 자폐성 발달장애도 0.15%로 나타났다. 6~11세 초등학교 학생 중에서 약 1만 2,000명이 이 장애범주에 속하는 것으로 추정된다.

지금까지 일반적인 경우의 정서 · 행동장애에 대해 언급해 왔다. 하지만 정서 · 행동장애의 유형은 다양하므로 구체적인 장애에 대한 출현율을 추정하는 것은 가능할 것으로 본다. 물론 구체적인 장애의 출현율을 추정하는 것은 정서 · 행동장애의 출현율을 추정하는 것 못지않게 어려운 일이겠지만, 이 책의 각 장의 저자들은 구체적인 장애를 다루는 장에서 가능한 경우에 출현율 추정치를 제공할 것이다.

2. 정서 · 행동장애의 분류

분류(classification)는 관찰하여 신뢰할 수 있는 현상에 근거해야 하고, 특정 장애에 대한 분류는 그 장애가 지니고 있는 본질이나 원인, 과정, 중재 등과 밀접한 관계를 맺고 있어야 한다. 이상적 분류체계는 범주를 구성하고 있는 행동을 측정할 수 있도록 조작적으로 정의된 범주가 포함되어 있어야 한다. 그리고 무엇보다 분류체계는 신뢰할 수 있어야 한다. 한 개인이 일관성 있게 동일한 장애를 가진 것이 여러 관찰자에 의해서 분류되어야 하고, 특정 개인을 한 범주 내에 배정하였던 결과는 일정한 기간 동안 일관성 있게 유지되어야 한다. 이와 더불어 분류체계는 타당성이 유지되어야 한다. 특정 범주 내에 배정하는 작업은 다양한 관찰 방법이나 평정척도를 통해서 결정되어야 하고, 동일한 범주에 속하는 경우에는 특정 문제행동 유형의 출현을 높게 예측할 수 있어야 한다.

이 절에서는 2가지 유형의 주요 분류체계인 정신의학적 분류와 행동적 차원의 분류에 대하여 간략하게 설명하고자 한다. 대안적 분류체계에 속하는 정신의학적 장애행동 분류는 전형적으로 법적 우위의 권위를 가지고 있으나, 교육자들에 의해 많이 적용되는 방법은 행동적 차원의 분류이며 이상적 분류체계에 가장 근접한 방법이라 할 수 있다(Kauffman & Landrum, 2013).

1) 정신의학적 분류

실험적 절차에 의해 질환을 분류하는 신체의학에서 사용하는 체계를 표방하여, 정신의학에서도 증명되었거나 혹은 가정할 수 있는 정신질환과 관련하여 분류체계를 고안하였다. 역사적으로 많은 정신의학적 분류체계는 신뢰성을 갖지 못하였으며, 치료나 특히 교육적 중재를 위해서는 어떤 시사점을 제공해 주지 못하였다. 그러나 정신의학적 분류는 폭넓게 사용되고 있으며, 정서 · 행동장애 아동을 교육할 경우 교육자는 정신의학적 분류명칭에 자주 직면하게 된다. 최근에 정신의학적 분류를 활용하는 사람들이 많이 늘어나고 있다. 현재 사용하는 분류체계는 객관성이 더욱 높아지고 있으며 신뢰성도 높아지고 있다. 그럼에도 정신의학적 범주는 특수교육 적합성을 결정짓는 기준과 부합하지 않는 점이 있기 때문에 정신의학적 진단을 통해서는 특수교육 대상 아동을 발견하기가 쉽지 않다.

가장 보편적으로 사용되고 있는 정신의학적 분류는 미국정신의학회(American Psychiatric Association: APA)에서 고안한 체계이다. 표준이 되는 정신의학적 체계는 APA에서 가장 최근에 개편한 『정신장애의 진단 및 통계편람(Diagnostic and statistical Manual of Mental Disorders: DSM)』이라는 지침서에 제시되어 있다. 현재 다섯 번째 개정판으로 DSM-5가 2013년에 출간되었으며, 한국어판을 2015년에 서울대 의과대학 교수인 권준수 외 13인이 번역하여 학지사에서 출판하였다. 한국어판에서는 'mental disorders'를 '정신질환'으로 번역하면서 그 이유를 대부분의 정신질환에 장애(disorder)를 사용하여 정신 능력의 결함이 있는 것으로 오해를 할 우려가 있고 '장애'라는 용어 사용을 최소화하기 위한 조치라고 설명하였다. DSM-5는 정신질환을 22개 주요한 범주로 나누고 그 하위 범주로 300여 개 이상의 질환을 포함하고 있다. DSM-5에 포함된 주요한 정신질환의 범주를 열거하면 〈표 1-1〉과 같다.

표 1-1 소아기 및 청소년기 주요 장애(DSM-5)

1. 신경발달장애(Neurodevelopmental Disorders)
   지적 장애, 의사소통장애, 자폐스펙트럼장애, 주의력결핍 과잉행동장애(ADHD), 특정학습장애, 운동장애, 틱장애
2. 조현병 스펙트럼 및 기타 정신병적 장애(Schizophrenia Spectrum and Other Psychotic Disorders)
3. 양극성 및 관련 장애(Bipolar and Related Disorders)
4. 우울장애(Depressive Disorders)
5. 불안장애(Anxiety Disorders)
6. 강박 및 관련 장애(Obsessive-Compulsive and Related Disorders)
7. 외상 및 스트레스 관련 장애(Trauma-and Stressor-Related Disorders)
8. 해리장애(Dissociative Disorders)
9. 신체증상 및 관련 장애(Somatic Symptom and Related Disorders)
10. 급식 및 섭식 장애(Feeding and Eating Disorders)
11. 배설장애(Elimination Disorders)
12. 수면-각성장애(Sleep-Wake Disorders)
13. 성기능부전(Sexual Dysfunctions)
14. 성별 불쾌감(Gender Dysphoria)
15. 파괴적, 충동조절 및 품행 장애(Disruptive, Impulse-Control, and Conduct Disorders)
16. 물질관련 및 중독 장애(Substance-Related and Addictive Disorders)
17. 신경인지장애(Neurocognitive Disorders)
18. 성격장애(Personality Disorders)
19. 변태성욕장애(Paraphilic Disorders)
20. 기타 정신질환(Other Mental Disorders)
21. 약물치료로 유발된 운동장애 및 약물치료의 기타 부작용(Medication-Induced Movement Disorders and Other Adverse Effects of Medication)
22. 임상적 주의의 초점이 될 수 있는 기타의 상태(Other Conditions That May Be a Focus of Clinical Attention)

출처: 권준수 외(2015), pp. xiv-xliii.

2) 행동적 차원의 분류

정신의학적 분류는 장애의 유형을 식별하는 데 주로 초점을 맞추고 있다. 행동적 차원의 분류는 하나의 행동 유형을 나타내는 정도가 얼마나 서로 다른지를 설명해 준다.

행동적 차원의 분류란 높은 상관관계를 맺고 있는 행동들끼리의 집합을 의미한다. 행동평정척도에 의해 행동적 차원의 분류를 결정하기 위해서는 요인분석과 같은 통계적 절차를 필요로 한다. 즉, 행동문제를 하나의 행동적 차원의 분류로 규정하기 위해서는 통계적 분석을 통해서 분류된 행동이 함께 발생하는 경향이 있음을 밝혀야 하는 것이다.

행동적 차원이나 유형과 관련된 연구에 의해서 다음의 2가지 행동문제 유형을 발견할 수 있다. 그중 하나는 **외현화(externalizing) 행동문제** 범주이다. 이 범주에는 공격성, 타인에 대한 반항, 충동성, 불복종 행동 등이 포함된다. 다른 하나는 **내재화(internalizing) 행동문제** 범주이며, 여기에는 불안, 사회적 위축, 우울 등이 포함된다. 외현화 행동문제와 내재화 행동문제의 구체적인 예를 소개하면 〈표 1-2〉와 같다.

행동적 차원의 분류체계를 주도하는 주요 개념은 모든 사람은 행동적 차원에 따라 그 표출의 정도에는 차이가 있지만 모든 차원의 행동 특성을 보일 수 있다고 보는 관점이다. 한 아동이 하나의 행동 차원에 있어서만 높은 평정을 받는다고 생각하는 것은

표 1-2 외현화 · 내재화 행동문제의 예

외현화 행동문제	내재화 행동문제
• 사물이나 사람을 향한 공격적 양상을 반복적으로 보인다. • 과도하게 언쟁한다. • 신체적이거나 언어적인 방법으로 다른 사람의 복종을 강요한다. • 합리적인 요청에 응하지 않는다. • 지속적인 역정내기(tantrum)의 양상을 보인다. • 지속적인 거짓말 또는 도벽의 양상을 보인다. • 자기조절력 결핍 및 과도한 행동을 자주 보인다. • 타인이나 교사와의 만족할 만한 인간관계를 개발하고 유지하지 못하거나 물리적 환경의 파괴 등의 특정 행동을 보인다.	• 슬픈 감정, 우울함, 자기비하 감정을 보인다. • 환청이나 환각을 경험한다. • 특정 생각이나 의견 혹은 상황에서 벗어나지 못한다. • 반복적이고 쓸모없는 행동에서 벗어나지 못한다. • 갑자기 울거나, 자주 울거나, 특정 상황에서 전혀 예측하지 못한 비전형적인 감정을 보인다. • 공포나 불안의 결과로 심각한 두통이나 기타 신체적인 문제(복통, 메스꺼움, 현기증, 구토)를 보인다. • 자살 생각을 이야기하고 죽음에 대하여 몰두한다. • 이전에 흥미를 보였던 활동에 대한 관심이 줄어든다. • 과도하게 놀림을 당하거나, 언어적으로나 신체적으로 학대를 당하거나, 무시되거나 또래들에 의하여 기피된다. • 활동 수준이 심각하게 제한된다. • 신체적, 정서적 또는 성적 학대의 증후를 보인다. • 만족할 만한 개인적인 관계 형성 및 유지에 방해가 될 정도의 위축, 사회적 상호작용 회피 또는 개인적인 돌봄의 결여와 같은 기타 특정 행동을 보인다.

자칫 위험한 발상이다. 많은 정서 · 행동장애 아동은 다양한 문제행동을 가지고 있으며, 실제로 여러 행동 차원에 있어서 높은 평정을 받고 있기 때문이다. 행동평정척도 내의 항목에 대한 통계적 관련성에 따라 아동의 행동을 분류할 뿐이지 개인 자체를 분류하는 것이 아니다. 일부 정신의학적 분류 체계에서도 이와 같은 동일한 관점을 취하고는 있지만(즉, 장애행동을 분류하는 것이지 개인 자체를 분류하는 것이 아니라는 관점), 행동적 차원의 분류체계가 더욱 신뢰성 있고 실험적 방법에 근거하여 분류한다는 장점을 가지고 있다.

이와 같은 실제적인 현상에 비추어 볼 때 장애의 정의에 대한 기본적인 개념과 관련하여 정서 · 행동장애의 문제는 '옳다, 그르다'의 현상을 구분하는 작업이 아니라, 우리가 '장애'라고 표찰하기 전에 한 개인의 행동이 타인의 행동과 어떻게 서로 다른지를 밝히는 판단의 작업이다. 즉, 분명하고 명백한 가치체계에 근거하여 판별하게 되는 독단적인 결정 과정을 의미한다. 일반 범주 내에 속하는 장애 유형의 하위 영역을 분류할 경우에도 동일한 개념을 적용한다. 한 개인의 행동에 문제가 있다고 제안하기 전에 특정한 요인이나 행동 차원에 있어서 얼마나 높은 평정척도 점수를 획득했는지 판단하는 작업이다. 판단은 통계적 분석에 근거해야 하나 통계적 분석만으로 판단을 내리는 것은 충분하지 못하다. 정신의학적 분류체계와 마찬가지로, 행동적 차원의 분류체계에 있어서도 단독 분류만으로 특수교육 서비스의 적합성을 결정하는 것은 충분한 조건이 되지 못한다.

정신의학적 분류체계를 사용하느냐 또는 행동적 차원의 분류체계를 사용하느냐에 관계없이 연구자와 임상 전문가들은 아동이 한 가지 이상의 문제나 장애를 보이는 경우를 자주 발견하였다. 복합적 분류는 단일 양상의 분류보다 더욱 빈번하게 나타날 수 있는 경우이다. 예를 들어, 품행장애를 나타내는 아동은 역시 우울증을 보일 수 있고, 정신분열증을 보이는 아동은 품행장애를 함께 동반할 수도 있으며, 전반적 발달장애는 배설장애를 동반할 수도 있고, 아동의 행동이 양극단의 방향으로 빠르게 변화할 수 있다는 특성을 고려하였을 때 아동은 외현화 및 내재화 문제행동 항목에 모두 높은 평정을 받을 수도 있을 것이다. 행동이나 학업의 중복성 문제를 가진 경우, 극단적으로 상이한 복합적인 문제에 대해서는 중재 방법이 없으나, 하나의 개별 문제를 위해서는 효과적인 중재 방법이 많이 개발되어 있다(Kauffman & Landrum, 2013).

3. 정서 · 행동장애의 역사

생활이 비교적 단순했던 옛날에는 정서 · 행동장애와 관련된 문제들이 그렇게 어려운 일이 아니었을 것이다. 옛날 생활은 지금보다 훨씬 단순했겠지만 역사적인 문헌들을 살펴보면 문제행동을 파악하고 그것을 대처하는 일은 항상 어렵고 당황스러운 것이었으며, 현재의 이슈와 사실들은 오랜 역사적인 뿌리를 가지고 있다는 것을 알 수 있다.

현재의 이슈들은 과거와 관련된 연속적인 문제로 조명되어야 한다. 즉, 현재 우리가 직면하고 있는 이슈와 문제점들이 현재 상황이나 환경에서만 발생하였다고 생각한다면 잘 이해할 수 없게 된다. 역사적인 지식을 알게 되면 우리가 잘못을 되풀이하지 않을 수 있지만, 역사를 무시한다면 진보를 하지 못할 경우가 많을 것이다.

교사들은 학생들의 문제행동으로 인하여 늘 도전을 받아 왔다. 아동의 문제행동은 부모와 성인을 화나게 만들었으며, 사회의 행동규범에 어긋났다. 비교적 최근에 시작된 정서 · 행동장애 분야의 역사를 다른 분야와 완전히 구별하여 살펴보는 것은 어려운 일일 것이다. 그 이유는 이 분야의 개념적인 근거가 대부분 심리학이나 정신의학과 관련되어 있기 때문이다. 따라서 정서 · 행동장애 분야의 역사를 다른 분야의 역사와 전적으로 분리하여 살펴볼 수는 없을 것이다.

이 절에서는 우선 우리나라의 정서 · 행동장애 아동 교육의 시작과 변천사를 간략하게 살펴보고, 우리나라 정서 · 행동장애 아동의 교육 발전에 막대한 영향을 끼친 미국의 정서 · 행동장애 분야의 전반적인 역사를 살펴보고자 한다.

1) 우리나라 정서 · 행동장애 아동 교육의 변천

1970년대 우리나라에서는 특수학교가 많이 설립되어 장애 아동들의 취학 기회가 늘어나긴 했으나 주된 4개 영역(시각장애, 청각장애, 지체장애, 정신지체)에 해당하는 아동의 취학 문제조차도 제대로 해결하지 못하는 때였으므로 정서 · 행동장애 아동 교육기관은 엄두를 내지 못하였다.

이때의 정서장애 아동들은 주로 정신지체학교나 청각장애학교에 다녔으나 나타나는 증상이나 특성이 다른 아동과 달라서 소위 말하는 '문제아동'으로 낙인이 찍혀 특수학교에서도 다루기 힘들다고 거부를 당하기 일쑤였다. 이런 때에 1974년 한국구화학교(당시 교장 최병문)에서는 정서장애 아동 학급을 별도로 설치하여 1976년까지 운영하다가 1977년 이후에는 정신지체학급과 통합하여 운영하였다(대한특수교육학회, 1995).

1977년 12월 「특수교육진흥법」 제정 시, 제3조 특수교육대상자에 '정서장애자'가 포함된 이후로 특수교육계에서 많은 관심을 갖기 시작하였다. 1994년 1월에 개정된 「특수교육진흥법」에서는 특수교육대상자 선정기준 중 '정서장애자'가 '정서장애(자폐성 포함)'로 바뀌었다. 이때는 일반적으로 자폐성은 당연히 정서장애에 포함되는 용어로 사용되고 있었으나, 정서장애 아동 교육 기관에서 자폐증 아동을 탈락시키는 사례가 발생하여 자폐증 부모들의 건의로 괄호 속에 '자폐성 포함'이라는 문구를 넣게 되었다. 그러다가 2007년 5월에 제정된 「장애인 등에 대한 특수교육법」의 제15조에서 '정서 · 행동장애'와 '자폐성 장애'로 분리되었다.

대구대학교 대학원 특수교육학과 석사과정에서는 1977학년도부터 정서장애아 교육 전공자를 모집하기 시작하였고, 1979학년도부터는 박사과정에도 정서장애아 교육 전공을 설치하기에 이르렀다. 이 과정의 개설 이후 1980년 한재화가 「과잉행동아의 주의집중 행동형성을 위한 정적강화 훈련의 효과」라는 논문을 통해 정서장애아 교육 전공으로는 국내 처음으로 석사학위를 받았으며, 1983년도에는 「얼굴표정에 의한 정서장애아의 정서 · 인지 연구」라는 논문으로 백운학(전 영남대학교 교수)이 정서장애아 교육 전공으로 첫 번째 박사학위를 받았다(대구대학교특수교육40년사편찬위원회, 2002).

1982년 5월, 서울대학교병원 소아정신과와 한국구화학교가 주최한 '자폐아의 치료와 교육' 연수회가 연세대학교 장기원 기념관에서 3일간 개최되었는데, 자폐증 아동의 교육에 관심이 있는 교사와 전문가들이 전국 각지에서 모여들어 자폐증에 대해 폭넓게 공부할 기회를 가졌다.

1982년 11월 20일에는 우리나라 최초의 정서장애학교인 대구덕희학교가 초등학교 과정 12학급 설립인가를 받아 1983년 3월에 개교하였다. 이 정서장애학교의 설립으로 정서장애 아동의 교육은 더욱 활기를 띠게 되었다. 6년 후인 1989년 3월에는 우리나라 두 번째 정서장애학교인 청주성신학교가 사회복지법인 충북재활원에 의해 문을 열었다. 유치부 2학급, 초등부 12학급 설립인가를 받아 개교한 첫해에는 유치부, 초등부 각각 1학급으로 시작하였으며, 그해 11월에는 중증반 2학급을 더 인가받아 심한 정서장애 아동과 자폐성 아동의 교육기회를 확대해 나갔다. 그리고 1993년 3월에는 사단법인 한국어린이육영회에 의해 15학급 규모의 한국육영학교가 서울에 자리를 잡아 개교하였고, 1997년 3월에는 밀알학교가 서울에서 개교하였으며, 같은 해 11월에 국립학교인 한국경진학교가 40학급의 인가를 받아 경기도 고양시에 문을 열어 정서 · 행동장애 아동 교육 기관이 확대되었다.

1985년 10월에는 '한국정서장애아교육연구회'(초대 회장 강위영)가 발족됨으로써 특수교육 영역에 정서장애 아동 교육이 제자리를 차지하는 계기를 마련하였다. 이 연구회의 폭넓고 적극적인 활동으로 정서장애에 관련된 많은 연구가 이루어져 현장에서 정서장애 아동을 지도하는 교사들의 길잡이 역할을 하였다. 이 학회의 명칭은 1988년에 '한국정서 · 학습장애아교육연구회'로 변경되었고, 2003년 3월에는 '한국정서 · 행동장애아교육학회'라는 사단법인체를 만들어 현재까지 운영되고 있다.

한국정서장애아교육연구회가 창립된 1985년 12월에 『정서장애아교육』 창간호가 발간된 이후, 2012년 12월에 발간된 『정서 · 행동장애연구』 논문집은 제28권 4호에 이르기까지 우리나라 정서 · 행동장애아 교육 발전에 크게 기여하였다. 이 논문집은 2004년 한국학술진흥재단 평가 등재 학술지로 판정을 받은 이후 교육부 평가 A등급 판정을 받는 등 현재까지도 우수 학회지로 평가를 받고 있다.

한국정서 · 행동장애아교육학회에서는 1986년 '정서장애아 및 행동문제아의 진단과 행동수정의 실제'라는 주제로 학술대회를 주최한 이후 2012년까지 20회를 개최하였으며, 교사 및 관련 전문가 연수도 2012년 여름방학까지 42회나 개최하였다. 그동안 학회에서는 거의 매년 학술대회를 개최함으로써 우리나라 정서 · 행동장애 아동 교육의 이론적 정립과 방향 설정에 기여하였고, 연수회를 통해서는 교사 및 관련 전문가들의 현장 활동에 실제적인 도움을 많이 주었다.

1994년 2월에는 자폐인에 대한 이해와 치료 및 교육에 관한 학문적 발전에 기여하고, 회원 간의 정보 교환 및 자폐인의 권익 보호를 목적으로 '한국자폐학회'(초대 회장 홍강의)가 설립되었다. 이 학회는 다학문 간 협력학회로 관련 분야인 소아정신과, 특수교육학, 심리학, 사회복지학, 언어병리학 등의 국내 전문가들의 연구와 치료, 교육에 관한 정보 교류의 장 역할을 하고 있으며, 학술대회, 학회지 『자폐성장애연구』 간행, 전문가 및 부모 교육, 대중 교육과 홍보 등의 활동을 활발히 하고 있다. 우리나라 정서 · 행동장애 아동과 관련된 중요 사건의 연대기를 정리해 보면 〈표 1-3〉과 같다.

표 1-3 우리나라 정서 · 행동장애 아동과 관련된 중요 사건의 연대기

1974. 3: 한국구화학교(당시 교장 최병문)에 정서장애학급을 설치하여 3년간 운영
1977. 3: 대구대학교 대학원 정서장애아 교육 전공 석사과정 개설
1977.12: 「특수교육진흥법」 제정 · 공포(제3조에서 특수교육대상자에 '정서장애자' 포함)
1979. 3: 대구대학교 대학원 정서장애아 교육 전공 박사과정 개설
1982. 5: '자폐아의 치료와 교육' 연수회(서울대병원 소아정신과와 한국구화학교 공동 주체)
1983. 3: 대구덕희학교(초대 교장 원명욱) 개교
1985.10: 한국정서장애아교육연구회(초대 회장 강위영) 창립
1985.11: 『정서장애아교육』(현재, 『정서 · 행동장애연구』) 창간
1987.12: '한국정서장애아교육연구회'를 '한국정서 · 학습장애아교육연구회'로 개명
1989. 3: 청주성신학교(초대 교장 서영차) 개교
1992. 5: 한국특수교육협회 연구영역에 정서장애분과 신설
1993. 3: 한국육영학교(초대 교장 최경식) 개교
1994. 2: 한국자폐학회(초대 회장 홍강의) 창립
1994. 1: 「특수교육진흥법」 개정 시 특수교육대상자 선정기준 중 '정서장애자'를 '정서장애(자폐성 포함)'로 바꿈
1997. 3: 밀알학교(초대 교장 권정순) 개교
1997. 9: 국립 한국경진학교(초대 교장 이석무) 개교
2000. 2: 『자폐성장애연구』 창간
2003. 3: '한국정서 · 학습장애아교육연구회'를 '한국정서 · 행동장애아교육학회'로 개명
2003. 5: 국제행동분석학회(ABAI)에서 '한국정서 · 행동장애아교육학회'를 한국지부로 결정
2007. 5: 「장애인 등에 대한 특수교육법」 제정 · 공포(제15조에서 '정서 · 행동장애'와 '자폐성장애'가 분리됨)

2) 미국의 정서 · 행동장애 분야의 개관적인 역사

(1) 19세기

18세기 말 무렵에 혁명의 시기를 거치면서 '정신이상자'와 '정신지체자'를 위한 인간적이고 효과적인 중재가 나타나기 시작하였다. 정치적 · 사회적으로 혁명적인 시기였던 19세기가 시작되는 무렵에 개인의 자유, 인간의 존엄, 박애, 공교육을 강조하는 흐름은 장애인을 위한 인간적인 중재와 교육의 발판을 마련하는 계기가 되었다. 정신의학자들이 정서 · 행동장애에 대한 생물학적인 원인을 19세기 전반기부터 인식하기 시작하였지만, 조기 양육이나 훈련 등과 같은 환경적인 요인이 더 강조되었다.

1850~1900년대에 심한 정서 · 행동장애와 정신지체에 대한 태도에서 중요한 변화가 나타났다. 1800년대 전반기의 도덕적 중재와 모범적인 사회 프로그램과 연관된 낙관주의, 실용주의, 독창적이고 인도적인 방법들이 남북전쟁(1861~1865)을 거치면서 염세주의와 이론주의에 치우친 경직되고 비인간적인 시설로 변화되기 시작하였다. '백치'나 '정신이상', 비행, 빈곤과 같은 문제를 해결하고자 했던 사설 자선사업이나 공공 프로그램의 운영에서의 실패는 냉소와 환멸의 대상이 되었다. 수용시설을 더 많이 더 크게 짓는 것은 해답이 되지 못하였다.

19세기 말 무렵에 아동과 청소년의 정신이상에 대한 여러 권의 책이 출판되었다. 이 책들은 주로 원인과 분류에 대한 내용을 다루었으며, 또한 운명론적인 관점을 띠고 있어서 그러한 장애를 도울 수 있는 것은 거의 없다는 생각을 갖게 하였다. 정신장애는 자위행위, 과로, 과도한 공부, 유전, 타락, 질병과 같은 다양한 원인에 의해서 유발되고 되돌릴 수 없는 것으로 여겨졌다. 이러한 정신장애와 청소년 비행은 해결점을 찾지는 못하였지만 이를 위한 새로운 노력들이 시도되기 시작하였다(Kauffman & Landrum, 2011).

(2) 20세기 초반

아동과 청소년의 정신 및 신체 건강에 대한 염려가 20세기 초기에 널리 나타나기 시작하였으며, 특수교육 교사 양성 프로그램은 1914년 미시간 주에서 처음으로 시작되었다. 정신건강과 아동을 지도하는 클리닉이 1930년대에 와서 비교적 일반화되기 시작하였고, 그 시대에 소아정신과는 새로운 학문 분야였다.

정서 · 행동장애 아동의 교육에 중요한 영향을 미치는 두 개의 전문가 조직인 특수아동협회(Council of Exceptional Children: CEC)와 미국예방정신의학협회(America Orthopsychiatric Association)가 1920년대에 창설되었다. 특수아동협회는 주로 교육자들로 구성되었으나 다른 분야의 전문가들과 부모들이 참여하였으며, 미국예방정신의학협회는 소아정신과, 임상심리학, 사회복지 분야의 전문가들이 주도하였지만 교육학이나 다른 분야의 전문가들도 참여하였다.

특수학급에 있는 대다수의 학생들은 경도 정신지체 아동들이었다. 정서 · 행동장애 아동을 위한 교육 프로그램은 상대적으로 드물었으며, 대도시를 중심으로 심한 문제행동이나 비행 청소년을 위한 프로그램들이 주로 실시되었다.

미국 최초의 소아정신병원인 Bradley Home이 1931년에 로드아일랜드 주에 설립되었으며, 1940년대에 존스홉킨스 대학교의 Kanner가 현재의 자폐증(자폐스펙트럼장애)이라고 알려진 증후군을 발견하였다(그는 이를 '소아 자폐증'이라고 불렀다).

(3) 20세기 중반과 후반

정서 · 행동장애 아동의 교육에 대한 관심의 물결은 20세기 중반에 일어났다. 정서 · 행동장애 아동의 교육은 그 자체가 하나의 학문 분야가 되었다. 1964년에 특수아동협회(CEC) 안에 행동장애 아동 학회 분과를 새로 만들었으며, 1965년에 미국자폐학회가 설립되었다.

1960년대와 1970년대에 심한 정서 · 행동장애 아동을 포함한 중증장애 아동을 교육하는 것에 대한 관심과 노력이 폭발적으로 증가하였다. 정서 · 행동장애와 관련하여 널리 수용된 모델 중에서 그 효과성에 대한 증거가 제시된 것은 Re-ED라고 알려진 재교육 프로그램이다(Cantrell & Cantrell, 2007). 이 시기에 가장 널리 채택되었고 심한 장애 아동에게 매우 효과적이라고 증명된 중재 방법은 행동수정이었는데, 지금은 응용행동분석으로 더 많이 알려져 있다.

20세기 후반에 새로 설립된 여러 조직 중에 '국립정신건강 및 특수교육연합회'는 새로운 정의와 용어를 제시하였으며, 정신교육과 특수교육 관련 법률의 제정에 영향을 미쳤을 뿐만 아니라 여러 학문 분야의 협력을 증가시켰다. 관련 분야에서 또 다른 이정표는 1989년에 '아동정신건강가족협회'가 조직된 것이다. 이 협회는 현재 정서 · 행동장애 아동의 부모와 가족을 위한 지원과 옹호를 위해 일하고 있다.

1980년대 말 무렵에 장애 학생 교육을 위하여 특수교육과 일반교육을 완전히 통합하고자 하는 주장들이 있었다. 일단의 사람들은 일반교육과 특수교육 체제를 완전히 통합하는 것을 제안하거나 또는 장애 학생을 일반학교가 아닌 다른 교육장소에 배치해서 교육하는 방안을 완전히 폐지하기를 요구하였다. 이러한 주장은 1990년대 완전통합운동(full inclusion movement)으로 발전하였다. 장애 학생들을 일반교육으로 완전히 통합하는 것이 바람직할 수도 있지만, 이러한 완전통합운동은 개별 아동의 요구나 교육의 실행 가능성에 있어서 여러 가지 제한을 초래할 수 있다는 비판도 받았다(Mock & Kauffman, 2005).

1990년대에 연방정부는 정서 · 행동장애 아동 교육을 위한 국가 차원의 계획을 수립하고자 하였다. 정서 · 행동장애 학생들은 일반적으로 낮은 학업 성적과 기타 학업 영역에서 만족스럽지 못한 결과를 보이며 다른 학생 집단들보다 높은 자퇴율과 낮은 졸업률을 보이고 매우 제한적인 장소에 배치되는 경우가 많으며, 소수 인종이나 빈곤 계층 출신들이 많고, 청소년 감호제도를 받아야 하는 경우가 많이 발생하였다. 이러한 학생들의 교육적 목표를 성취하기 위하여 충분한 지원이 제공되었는지, 그리고 국가적인 계획이 필요한 변화를 이끌 수 있을 만큼 충분히 구체적인지에 대해서는 논의의 여지가 있다(Kauffman & Landrum, 2006).

(4) 법의 발달과 정서 · 행동장애 아동 교육

정서 · 행동장애 아동의 교육은 아주 새로운 분야는 아니다. 그들을 위한 여러 가지 서비스는 수 세기 전부터 정서장애, 행동장애 또는 정신장애를 가진 많은 사람들에게 교사, 의사, 심리학자, 정신과 의사에 의해서 제공되어 왔다. 그러나 19세기 후반부터 미국에서는 의무교육이 실시되었지만, 정서 · 행동장애 아동들은 학교에 다니지 못하는 경우가 많았다. 정서 · 행동장애 아동을 위한 교육은 20세기 전반기가 되어서야 일반적인 것이 되었으며, 1960년부터 확장되기 시작되었다. 그러나 1975년까지는 그러한 장애를 가진 아동들을 위한 교육은 주 정부의 땜질식 교육으로 이루어졌으며, 연방 법률에 의해서 실시되지는 못하였다. 특수교육의 중요한 이정표가 된 것은 1975년에 제정된 「**전장애아교육법**(Education for All Handicapped Children Act: EAHCA)」이었으며 이것을 공법 94-142로 부른다. 「전장애아교육법」은 모든 장애 아동이 무상의 적절한 교육을 받아야 한다고 규정하였다. 이 법률은 정서 · 행동장애를 가진 아동들(이 법령에서는 '심한 정서장애'로 지칭함)도 포함하였다. 여기에서는 이 법의 영향과 이 법이 제정된 이후에 이루어진 수정 및 개정된 법률에 대하여 살펴보고자 한다.

① 전장애아교육법(공법 94-142)

1975년에 제정된 미국의 「전장애아교육법」은 정서 · 행동장애 아동에게 중요한 의미가 있다. 첫째, 연방정부 차원에서 정서 · 행동장애에 대한 정의를 제시하였다. 이 법에서는 '심한 정서장애'라는 용어를 사용하였고, 1997년에 개정된 「장애인교육법(IDEA)」에서는 그 용어를 '심한'이라는 단어를 빼고 '정서장애'로 수정하였다. 우리가 일반적으로 지칭하는 '정서 · 행동장애'라는 용어는 연방정부에서 아직 사용하지 않고 현재까지 '정서장애'를 그대로 사용하고 있다.

둘째, 이 법에서는 전체 학령기 인구의 약 2%가 정서 또는 행동 장애를 위한 교육 서비스를 필요로 한다고 추정하고 있다. 전문가 집단이 제시하는 정서 · 행동장애 아동의 출현율은 훨씬 높지만 어떤 연방법도 실제 출현율을 제시하지 못하고 있으며, 정서 · 행동장애의 정의도 완전히 해결하지 못하고 있다.

② **장애인교육법**(IDEA, 공법 101-476)

1990년 「전장애아교육법(공법 94-142)」이 개정되면서 「장애인교육법(공법 101-476)」이 탄생하였다. 이 법에서는 '사람 먼저(person first)'에 대한 시대 정신을 반영한 것으로서 'handicapped children' 대신에 'children with disabilities'를 사용하는 등 용어를 개정하기도 하였으며, 전환교육(transition) 또는 학교에서부터 졸업 후의 성인 환경으로 이동하는 것에 대해 강조하였다. 정서 · 행동장애 아동에게도 전환은 매우 중요한 문제가 되어 왔다. 정서 · 행동장애 아동은 성인 생활 적응에 있어서 많은 어려운 문제들을 경험하는데, 이러한 것에는 사회관계의 어려움이나 감호 및 교정 프로그램을 받는 것, 추가적인 직업 훈련의 필요 등에서부터 독립생활을 하는 데 필요한 지원 등이 포함된다. 정서 · 행동장애 아동이 성인 생활에 적응하는 데 어려움을 겪게 되는 또 다른 문제는 학교를 그만두는 것이다. 이러한 문제들에 대하여 1990년의 「장애인교육법」은 어떤 장애 학생이든지 16세 이전에 개별화교육 프로그램 안에 전환교육 서비스에 대한 내용을 포함하도록 규정하고 있다.

③ **장애인교육법**(공법 105-17)

1997년에 개정된 「장애인교육법」은 정서 · 행동장애 아동의 교육에 직접적인 영향을 미치는 중요한 변화를 담고 있다. 가장 특별한 점은 훈육(discipline)에 대한 변화이다. 이 법에서는 지역 교육청으로 하여금 행동문제를 보이는 장애 학생을 위하여 예방적인 행동계획을 만들 것을 규정하였다. 이렇게 되면 정서 · 행동장애로 판별된 모든 학생이 그 대상이 될 것이며, 다른 장애로 판명된 많은 장애 학생도 해당될 것이다.

행동계획에는 긍정적 행동 중재 전략과 적절한 지원이 포함되며, 문제행동을 일으키는 환경을 체계적으로 분석하는 기능적 행동사정에 근거하도록 하였다. 그리고 행동문제를 보인 학생의 교육 배치를 바꾸려고 하면 10일 이내에 행동계획을 개발하고 실행해야 한다고 규정하고 있다. 개정된 법령의 세부 규칙에는 기능적 행동사정에 대한 세부적인 내용을 제시하지 않고 있는데, 이것은 아마도 관련 학문 분야를 참조하라는 의미로 생각할 수 있다(Yell, 2006).

④ 장애인교육법(IDEA 2004)

장애와 관련된 연방법은 2004년에 「장애인교육법」으로 다시 개정되었다. 이 법은 「장애인 교육육성법(Individual with Disabilities Education Improvement Act of 2004: IDEIA)」이라고 불리기도 한다. 이 개정된 법에는 많은 변화가 있는데, 개별화교육 프로그램(IEP) 절차와 관련해서 IEP를 수정할 때는 IEP 팀을 다시 소집하지 않고서도 IEP 팀과 부모로부터 문서화된 승인을 받으면 가능한 것으로 수정되었다. 그리고 IEP의 구성요소에 있어서도 단기 목표나 기준을 제시하지 않아도 되는 것으로 변화되었다. 그러나 정서 · 행동장애와 관련하여 가장 중요한 변화는 역시 훈육과 관련된 내용이다. 어떤 행동이 학생의 장애와 직접적으로 연관되어 있는지를 결정하는 기준을 단순화함으로써 어떤 행동이 장애에 기인하는 것이 아니라고 결정할 수 있는 여지가 넓어졌으며, 그에 따라 일반학생들과 같은 방법으로 장애 학생을 훈육할 수 있게 되었다(Kauffman & Landrum, 2013).

또한 학교가 훈육적인 이유를 들어 일시적인 대안교육환경(interim alternative education setting)을 사용할 수 있는 가능성을 높여 주었다. 문제행동을 보이는 학생에게 분리된 특수학교나 정학과 유사한 일반학교 안에서의 분리된 배치를 하거나 가정에서의 교육이 가능해졌다. 그러나 가정에서 교육을 받는 것은 IDEA 2004의 조건을 맞추기가 어렵기 때문에 논란의 대상이 되고 있다. 이 법에서는 일시적인 대안교육환경이 무엇인지에 대한 정의를 내놓지 않았고, 단지 어떤 서비스를 제공해야 하는지에 대해서만 기술하고 있다. 그리고 약물이나 총기 사고에 덧붙여 다른 사람에게 심한 상해를 입히는 것도 그러한 대안적인 배치를 할 수 있는 조건으로 포함시켰다. 이러한 변화는 학생을 훈육하는 데 있어서 학교의 권위를 더욱 강화한 것인데, 학교가 학생의 장애 유무와 관계없이 문제행동을 하는 학생들을 학교로부터 배제시킬 수 있게 된 것이다.

(5) 정서 · 행동장애 아동과 관련된 중요 사건의 연대기

미래의 발전은 과거에 많은 공헌을 하였던 사람들의 축적된 지식 위에 세워진다고 한다. 정서 · 행동장애 아동 교육의 발전에 많은 공헌을 한 사람들의 지혜와 지식은 미래 세대의 길잡이가 될 것이다. 과거의 많은 사람들이 미래에 많은 영향을 끼쳐 왔고, 또한 앞으로도 영향을 미칠 것이다. 과거를 무시하는 것은 미래의 길을 잃어버리게 할 것이고, 과거를 알고 존중하는 것은 실제적인 진보를 이루게 할 것이다.

연대기적인 사건들을 살펴본다고 정서 · 행동장애 분야의 역사를 완전히 이해할 수 있는 것은 아니지만, 이러한 연대기적인 기록을 통하여 이론과 동향의 발달 과정에 대한 개관은 할 수 있을 것이다. 1866년부터 2004년까지 Kauffman과 Landrum(2013)이 소개한 미국 정서 · 행동장애 아동과 관련된 중요 사건의 연대기를 요약 정리하면 〈표 1-4〉와 같다.

표 1-4 미국 정서 · 행동장애 아동과 관련된 중요 사건의 연대기

1866: Edward Seguin이 『백치와 생리학적 방법의 치료』라는 도서를 출판함
1909: 전국정신건강협회가 창설됨. Ellen Key는 『아동의 세기』라는 도서 출판, William Healy는 시카고에 청소년 정신병리시설을 개소함
1922: 특수아동협회(Council for Exceptional Children: CEC)를 창설함
1924: 미국예방정신의학협회을 창설함
1931: 미국에서 최초로 소아정신과 병원이 로드아일랜드에 설립됨
1935: Loretta Bender와 그의 동료들은 뉴욕의 벨뷰 정신병원 내에 정신과 문제를 가진 아동을 위한 학교를 개설함
1943: Leo Kanner는 유아자폐증을 처음으로 학계에 소개함
1946: 뉴욕 시 교육위원회는 정서 및 부적응 학생을 위해 600개 학교를 지명함
1953: Carl Fenichel은 브루클린에 중증 정서장애 아동을 위한 최초의 사립학교인 League School을 설립함
1955: Leonard Kornberg는 정서장애 아동을 교실에서 교육하는 것에 대한 최초의 책인 『부적응 아동을 위한 교실』이라는 도서를 출판함
1961: Nicholas Hobbs와 그의 동료들은 테네시 주와 노스캐롤라이나 주에서 Project Re-ED라는 교육 프로그램을 시작함
1964: 행동장애 아동을 위한 분과 학회가 특수아동협회(CEC) 내에 별도로 구성
1965: 미국자폐협회가 창설됨. 정서장애아 교육에 대한 최초의 연례학회가 시라큐스 대학교에서 개최됨
1978: 공법 94-142(1975년에 제정)는 심한 정서장애 아동을 포함한 모든 장애 아동을 위한 무상의 적절한 공교육을 규정함
1986: 공법 99-457이 제정되어 1990~1991학년도부터 3~5세의 모든 장애 아동에게도 공법 94-142에서 규정한 내용을 적용하도록 확대함

1987: 국립정신건강및특수교육연합회를 창설함
1989: 아동정신건강을 위한 부모연합회를 창설함
1990: 공법 94-142의 내용을 개정한 『장애인교육법(IDEA)』을 제정함
국립정신건강 및 특수교육연합회가 새로운 정의와 용어를 제안함
1997: 「장애인교육법」 개정. 정서장애를 지칭하는 연방정부의 용어에서 '심한(seriously)'이라는 용어가 삭제됨
2004: 「장애인교육법(IDEA)」이 「장애인교육육성법(Individuals with Disabilities Education Improvement Act)」으로 개정됨

학습과제

1. 우리나라 「장애인 등에 대한 특수교육법 시행령」에 제시된 정서 · 행동장애의 판별 기준을 설명하시오.
2. 미국의 정신건강 및 특수교육협회가 국회에 정서장애라는 용어를 정서 · 행동장애로 바꾸도록 요구하고, 1993년에 국제 장애아협의회 연차대회에서 발표한 정서 · 행동장애의 정의는 무엇인지 설명하시오.
3. 정서 · 행동장애 개념의 정의를 생태학적 관점에서 설명하시오.
4. DSM-5의 장애 유형 중 '신경발달장애'에 속해 있는 장애는 무엇인지 구체적으로 나열하시오.
5. 외현화 행동문제와 내재화 행동문제에는 어떠한 행동들이 있는지 구체적으로 진술하시오.
6. 우리나라 정서 · 행동장애 아동 교육의 주된 변천사를 설명하시오.
7. 미국의 특수교육 관련 법에 따라 정서 · 행동장애아의 교육은 어떻게 변화되었는지 설명하시오.

제 2 장

정서 · 행동장애의 개념적 지도 모델

학습목표

1. 개념적 모델 이해의 필요성을 설명할 수 있다.
2. 정서 · 행동장애에 대한 개념적 지도 모델들의 기본 관점을 설명할 수 있다.
3. 개념적 지도 모델에 근거해서 정서 · 행동장애의 원인과 발달을 설명할 수 있다.
4. 개념적 지도 모델에 근거한 중재방법들의 특성을 설명할 수 있다.
5. 정서 · 행동장애 아동을 위한 개념적 지도 모델들의 교육적 시사점을 설명할 수 있다.

개념적 모델은 복합적이고 다면적인 변인들과 정보를 조직화함으로써 복잡하고 이해하기 어려운 현상을 체계적으로 이해하고 예측할 수 있게 하는 사고의 틀을 제공한다. 이론적 · 개념적 모델은 복합적인 사건에 대한 논리적인 분석을 용이하게 해 주는 구조와 도구로서 기능한다. 현상에 대한 효과적인 설명 모델이 없다면 정서 · 행동장애 및 정신장애를 가진 아동과 청소년에 대한 이해는 직관적 사고에 의존할 수밖에 없을 것이다(Kauffman & Landrum, 2013).

정서 · 행동장애를 설명하기 위한 이론적 모델과 중재 접근법들은 헤아릴 수 없을 만큼 많을 뿐만 아니라 매우 다양하다. 현재 적용되고 있는 주요 모델로는 신체생리학적, 정신역동적, 심리교육적, 신경심리학적, 행동주의적, 사회 및 생태학적, 발달론적, 인지주의적, 인본주의적, 인지행동주의적 접근 등을 들 수 있다. 각각의 접근법들은 인간발달과 학습특성에 대해 경험적으로 입증되거나 또는 입증될 수 없는, 서로 다른 가설과 이론적 배경에 근거하고 있기 때문에 문제행동에 대한 정의나 행동중재를 위한 전략과 기술, 방법, 절차, 연구법 등을 각기 다르게 제안하고 있다.

또한 정서 · 행동장애 학생을 위한 중재법이 다양하다는 것은 역설적으로 문제를 가진 모든 학생 또는 특정 학생에게 특히 효과적이라고 말할 수 있는 최적의 단일 중재 모델이 존재하지 않는다는 사실을 시사하는 것과 같다. 그러므로 교사는 필요에 따라 각 중재 모델들이 갖는 장점이나 특성의 일부를 선택적으로 취하는, 복합적이고 절충적인 중재계획을 설정할 수 있어야 한다. 모든 중재계획은 학생의 현재 기능수준, 바람직한 행동이나 강점을 나타내는 영역뿐 아니라 문제행동이나 지원이 요구되는 행동 영역에 기초한 개별화된 계획이어야 한다. 그리고 중재계획은 어떤 이론적 모델에 근거하더라도 학생들의 문제행동에 대한 대안으로 새롭고 긍정적이고 적절한 행동을 가르칠 수 있는 예방적 접근이어야 한다. 이러한 예방적 접근방법은 문제행동 발생을 기다리다가 행동 발생 후 이를 중재하는 기존의 반응적 접근과 상반되는 방법으로서, 사회적으로 수용될 수 있는 적절한 행동을 가르칠 뿐 아니라 문제행동의 감소와 제거에도 초점을 두고 있다(Jensen, 2005).

보다 적절한 임상적 실제를 위해서는 단일 개념적 모델이 아니라 다양한 관점들을 취해야 한다는 주장들이 꾸준히 제기되어 왔었다. 그러나 일부 모델들은 상호 대립되는 가정을 가지고 있으므로 다양한 모델들의 개념과 전략을 절충하는 데 있어서 제한

점이 있다. 최근 일부에서는 행동심리학과 인지심리학에 근거한 사회인지적(social-cognitive) 접근이나 생물심리사회적(biopsychosocial) 모델 등 **통합적 모델**들이 제시되고 있다. 사회인지적 접근에 따르면, 인간은 단순히 환경적 산물도 아니며 내적인 힘에 이끌려 행동하는 것만도 아니다. 행동이라는 것은 환경(사회적 그리고 물리적), 개인적 요인들(사고, 감정, 지각) 그리고 행동 그 자체, 이 3가지 변인이 상호 지속적으로 영향을 주고받은 결과이다(Kauffman & Landrum, 2013). 또한 생물심리사회적 모델에서는 생물학적 요인을 중심으로 인지 및 신경심리학적 요인과 행동 및 환경적 요인, 사회적 및 가정적 요인, 사회경제적 및 사회정치적 요인들 간의 상호작용에 초점을 두고 있다(Flick, 2011).

따라서 특수교사들은 정서 · 행동장애를 가진 학생들의 중재에 앞서 주요 접근법들의 이론적 배경이 되는 핵심 개념을 이해할 필요가 있다. 이러한 이해가 선행될 때 각 접근법에서 제시하는 중재방법들을 제대로 적용할 수 있을 뿐만 아니라 개별 학생의 요구와 특성에 맞는 특별한 중재방법을 구안하고 시행할 수 있게 되며, 나아가 개인의 정상적 혹은 비정상적 발달 특성에 대한 폭넓은 조망을 가질 수 있게 된다. 이 장에서는 행동과 행동발달의 보편성과 다양성, 나아가 행동과 사회체계 및 환경과의 관계를 설명하고 있는 여러 개념적 모델 중에서 보편적으로 잘 알려져 있고 교육현장에 시사하는 바가 크다고 간주되는 신체생리적 모델, 정신역동적 모델, 행동주의적 모델, 인지주의적 모델, 생태학적 모델을 중심으로 살펴본다.

1. 신체생리적 모델

신체생리적(biophysical) 모델은 장애행동을 질병이나 의료적 모델, 즉 특정 병리적 특성이 개인 내부에 존재하기 때문이라는 믿음에 근거해서 설명한다. 이와 같은 생각들은 건강한 사고는 건강한 두뇌에서 비롯된다고 가르쳐 왔던 고대 히포크라테스부터 오랫동안 지속되어 온 것이다. 신체생리적 모델 내에서도 여러 가지 다양한 이론들이 제기되고 있지만 근본적으로 이 모델을 지지하는 사람들은 정서 · 행동장애란 신체생리적 원인에 기인된다는 생각들을 가지고 있다.

1) 정의와 기본 관점

> 행동장애 아동이란 기질적 그리고/또는 환경적 영향으로 인해 다음과 같은 특성을 만성적으로 나타내는 아동을 말한다.
>
> ① 자신의 인지적, 감각운동적, 신체적 발달에 상응하는 학습을 하지 못함
> ② 적절한 사회적 관계를 형성하고 유지하지 못함
> ③ 일상 생활환경 내에서 적절하게 반응하지 못함
> ④ 과잉행동이나 충동적 행동에서 우울, 위축에 이르기까지 행동이 과다한 양상으로 나타남
> (Haring, 1963, p. 291)

이 정의는 정서 · 행동장애란 기질적 혹은 환경적 요인에 기인된다는 신체생리적 모델의 관점을 나타내 주고 있다. 신체생리적 모델은 기본적으로 문제(problem) 혹은 병리(pathology)라는 것은 개인의 내적인 측면에 존재한다고 가정하는 의료적 모델의 일종이다. 이 모델을 지지하는 사람들은 정서 · 행동장애라고 불리는 대부분의 문제행동들은 생리학적 비정상성에 기인된 것이라고 주장한다. 이들 중 일부 연구자들은 장애(예: 자폐성 장애)는 전적으로 생물학적 원인에 기인된 것이라고 주장하기도 하고, 일부는 장애[예: 조현병(정신분열증)]는 유전적 소인이나 잠재되어 있던 생물학적 문제가 환경적 스트레스 요인으로 활성화된 것이라고 주장하기도 한다. 즉, 이 모델 지지자들은 장애란 생물학적 소인(素因, predisposition)이 환경적 요인에 의해 발현된 결과이거나, 몇 가지 생물학적 결함(defect)이 복합적으로 나타난 것이라고 보고 있다. 따라서 생리적, 생물학적 비정상성으로 초래된 장애는 의료적 조치를 통해 상태가 완화 또는 치료될 수 있다고 가정한다.

2) 원인과 발달

이 모델에서는 정서 · 행동장애의 원인을 주로 생물학적 요인과 신체적 요인들로 보며 신체질환과 같은 특성을 지니고 있다고 본다. 이 모델에서 주장하는 수많은 생물학적 원인을 범주화하면 크게 유전적, 생화학적 · 신경학적, 기질적 요인으로 분류할 수

있다. 자폐성 장애나 조현병과 같은 중증장애 집단의 경우 주로 유전적, 생화학적 요인으로 설명되고 있다. 이 2가지 장애의 경우 여러 가지 이상한 행동과 반복적인 상동행동, 감각과 의사소통 능력상의 결함 등 유사한 특성을 나타내기 때문에 1970년대 이전까지는 명확하게 차별화되지 않았다. 현재 미국 등 다른 나라에서는 아동기 조현병의 경우 정서 · 행동장애 범주에 포함시켜 특수교육 서비스를 제공하지만, 자폐성 장애는 발달장애로 간주하기 때문에 정서 · 행동장애와 차별화된 접근을 하고 있다.

(1) 유전적 요인

유전적(genetic) 요인이란 인간행동에 영향을 주는 유전자와 대립유전자를 지칭한다. 지난 수세기 동안 정신질환에 영향을 주는 것으로 추정되는 유전적 특성에 대한 연구가 지속되어 왔고, 특히 최근 20년간 놀랄 만한 발전이 이루어졌다. 이는 유전자의 화학적 구성과 유전자 지도(地圖)를 해독하려는 연구들의 성과에 기인된 결과이다. 이 연구들은 예방과 치료의 목적으로 유전적 장애에 대한 이해를 높이거나, 유전공학의 윤리적 · 법적 · 사회적 측면을 고찰하거나, 관련 연구 결과를 대중에게 알리는 등의 목적을 가지고 수행된 것이다.

따라서 조만간 인간의 신체적 구성요인을 분석함으로써 장애를 유발할 수 있는 특정 요인들을 확인할 수 있게 될 것이라는 예상을 할 수 있다. 예를 들면, 조현병이나 조울증 유발요인을 확인하거나 알코올중독, 학습장애, ADHD, 반사회적 성격 등 여러 행동 특성들과 유전적 요인의 관계를 명확하게 설명할 수 있게 될 것이다. 또한 지금까지 증상 중심으로 장애를 범주화해 왔지만, 앞으로는 원인을 중심으로 범주화될 것이며 모든 평가에서 DNA 검사가 필수 항목으로 자리하게 될 것이다.

지금까지 유전과 장애의 관련성에 대한 연구는 주로 일란성 쌍생아와 가계에 있어서의 출현율과 일치율 조사, 입양아 연구 등을 통해 이루어졌다. 그 결과 지능이나 사회성, 정서 표현, 반응 수준 등은 어느 정도 유전적 요인에 영향을 받는 것으로 밝혀지고 있다. 최근 다수의 연구자들은 유전되는 일부 소인이 환경적 영향에 대한 개별적 민감성에 기인하여 표출된다는 사실에 동의하고 있다. 따라서 유전과 환경은 심리적 특성의 발달에 있어서 상호작용적 역할을 하는 것으로 보인다.

(2) 생화학적 · 신경학적 요인

생화학적(biochemical), 신경학적(neurological) 요인에 대한 연구들은 크게 3가지 주제, 즉 신경전달물질, 기질적 원인, 신진대사에 관한 연구들로 나누어진다.

첫째, **신경전달물질**(neurotransmitter)은 신경과 신경 간의 정보를 전달하는 역할을 하는 화학적 물질을 지칭한다. 관련 연구의 예로 자폐 아동의 세로토닌(serotonin) 수준에 대한 연구를 들 수 있다. 자폐 아동은 비장애 아동에 비해 혈중 세로토닌 수준이 높게 나타난다고 보고되고 있다. 세로토닌은 내장의 분비물이나 신경조직, 혈액 내의 혈소판에서 검출되는 신경전달물질로서 뇌의 신경세포 활동에 중요한 역할을 담당하고 있다. 따라서 세로토닌 불균형은 아동의 극심한 부주의와 주의력 산만, 우울증, 공포심, 공격행동, 섭식행동, 수면문제, 통각조절 문제 등의 증상이나 행동을 초래할 수 있다. 조현병의 생화학적 요인 또한 100여 년간 연구되어 왔지만 확실한 신경전달물질은 확인되지 않고 있다. 그러나 조현병에 대한 도파민(dopamine) 활성제의 효과에 근거해서 도파민과 관련이 깊은 것으로 추정되고 있다. 도파민은 정서, 정신, 운동 기능에 상당한 영향을 미치며, 구체적으로 몸동작 기능, 인식능력, 식사 및 음료 섭취, 신경계통 대사물질의 조절 및 선택적 주의력 등 많은 기능과 행동에 큰 영향력을 갖는 것으로 알려져 있다. 그러나 이러한 연구 결과들은 세로토닌이 자폐의, 그리고 도파민이 조현병의 직접적인 원인이라는 점을 입증하는 것이 아니라 이러한 신경전달물질과의 관련성을 시사하는 것으로 받아들일 수 있을 것이다.

둘째, **기질적**(organic) 원인은 뇌의 구조적 비정상성이나 뇌의 기능장애(dysfunction)를 지칭한다. 자폐성 장애, 우울증, 조현병 등에 대해서 다양한 기질적 원인론이 제안되어 왔다. 예를 들면, 자폐 아동이 연상 기능과 의미화에 어려움을 갖는 것을 신경학적 문제에 기인된 것으로 보거나, 자폐 아동의 비정상적 감각운동 행동은 감각 입력과 운동 출력을 조절하는 전정체계의 문제라고 가정하는 연구들이 있다. 신경심리학적 기술의 발달에 힘입어 자폐 아동의 뇌간과 소뇌의 비정상성이 확인되고 있지만 기질적 원인을 입증할 만한 일관성 있는 결과는 제시되지 않고 있다(Coleman, 2005). 기질적이란 용어는 여러 가지 특정 원인론을 포괄하는 일반적 의미로 사용되기 때문에 기질적 원인론에서는 신경전달물질의 비정상성에 기인될 가능성을 부정하지 않는다. 또한 우울증 환자들에게서 발견되는 신경학적 기능부전은 우울증에 대한 생화학적 영향의 가능성을 내포하는 결과로 보인다. 우울한 정서는 뇌의 특정한 부위에 국한되어 나타나는 것이 아니며 뇌조직의 여러 부위에서 정서통제 기제가 복합적으로 나타나기 때문에 우울증의 생물학적 기전을 단순화하는 것은 매우 어렵다(Tucker, 1988)는 주장은 기질적 원인론의 한계를 단적으로 시사하고 있다.

셋째, **신진대사(metabolic) 원인론**은 심각한 비타민 결손에 의해 자폐성 장애나 조현병 등 심한 장애가 유발된다고 믿는 사람들에 의해 제기되었다. 비타민 B_3와 비타민 C를 많이 섭취하는 것은 이상한 행동을 유발하는 독성 화학물질을 없애는 데 도움이 되며, 비타민 B_6를 대량으로 복용함으로써 자폐 아동들의 행동이 개선되었다는 연구들(Rimland, Callaway, & Dreyfus, 1978)이 있다. 심한 행동들의 경우 비타민 결손이나 세로토닌 수준과 관련되지만 ADHD와 같은 보다 가벼운 행동문제들은 알레르기와 관련이 있다는 연구도 있다. 소아 알레르기 전문의인 Feingold(1975)는 ADHD에 대한 원인요인으로 음식 알레르기 요인, 즉 살리실산염(salicylate)에 대한 알레르기 반응과 인공 식품첨가물의 부작용 등을 제시하고 대용량 비타민 요법이나 영양치료 등 식이요법을 통해 상당수의 과잉행동 아동들이 개선될 수 있다고 주장했다.

(3) 기질 요인

기질(temperament)이란 생득적 경향성뿐만 아니라 환경적인 영향으로 표출되는 행동 방식을 말한다. Thomas와 Chess(1977)는 100여 명의 아동을 대상으로 성인기에 이를 때까지 이들의 행동양식과 기질발달에 관한 종단적 연구를 수행하였고, 그 결과 9가지 **기질적 특성**을 밝혀내었다. 즉, 개인의 활동 수준, 생물학적 기능의 균형성, 적응능력, 반응역치, 반응강도, 정서 특질, 산만성, 지속성 그리고 주의력 지속시간의 기질적 요인들은 나이가 들어도 지속되며 안정적으로 나타난다고 한다. 또한 이들은 9가지 기질요소에 대한 통계적 분석 결과에 근거하여 대상아동들의 65%는 다음과 같은 3가지 주요 기질적 양상으로 설명될 수 있다고 주장한다. 반면, 대상아동들의 나머지 35%는 일관성 있는 기질적 양상이 나타나지 않았다고 한다.

① 적응하기 쉬운 아동(easy child): 대상아동의 40% 정도로 욕구불만에 대한 높은 인내력을 갖고 있으며 생리적으로 균형적이고 새로운 자극에 적극적인 반응을 보인다.

② 적응능력이 부족하고 새로운 자극에 위축되는 까다로운 아동(difficult child): 대

상아동의 10% 정도로 흔히 부정적인 태도와 강한 정서를 나타내며, 생리적 기능이 불균형적이다.

③ 서서히 적응하는 더딘 아동(slow-to-warm-up child): 대상아동의 15% 정도로 위의 두 유형이 혼합된 상태로서 새로운 상황과 변화에 대해 늦지만 궁극적으로는 긍정적으로 적응한다.

3) 교육적 시사점 및 요약

신체생리적 모델에서는 정서 · 행동장애에 대한 생리학적 원인이 가정되거나 확인될 때 의료적 중재를 모색하게 된다.

이 모델에서는 전통적으로 약물치료와 영양치료의 2가지 중재방법을 주로 적용해 왔다. 행동 변화에 강력한 효과를 가지는 이 방법들은 장애를 가진 사람들만을 위해 개발되고 사용된 것은 아니며, 의료와 교육 분야에 적용된 이래로 찬반 양론의 논쟁이 계속되고 있다. 그러나 인간 게놈 프로젝트(human genome project)의 연구 결과들은 의학의 급속한 진보를 가져오고 있으며 정신약물학적 치료나 유전자 치료에서 그 효과가 입증되고 있다.

따라서 신체생리적 중재는 주로 의사나 알레르기 전문가, 신경학자 등의 전문가에 의해 이루어지며, 교사의 역할은 관련 전문가들에게 의뢰를 하고 추후 관계를 유지하는 등 비교적 제한적이다. 그러나 교사는 약물치료나 특별한 식이요법 등의 중재로 인한 아동의 교실 내 행동을 점검하는 중요한 역할을 담당하게 된다. 전문가들이 효과적인 중재를 실시하기 위해서는 교실 내에서 일화적 · 체계적 관찰이 뒷받침되어야 한다. 약물치료는 대개 기본 용량에서 시작하여 추이에 따라 용량을 조절하게 되는데, 전문의도 특정 아동에게 얼마의 용량이 적절한지 정확하게 예측하는 것이 어렵기 때문이다. 따라서 교사는 자신이 교실 내에서 아동의 일상적인 행동을 관찰하고 정보를 제공할 수 있는 유일한 사람이라는 점을 유념해서, 약물 처치 후 아동의 행동 변화뿐만 아니라 부작용의 증상들을 부모와 전문가들에게 알려야 한다. 만약 전문가로부터 부작용에 대한 특정 정보를 제공받지 않았을 경우, 반드시 어떠한 점을 주의 깊게 관찰해야 하는지 정보를 요청해야 한다.

부작용의 발생 형태는 매우 다양하다. 또한 한 가지 약물로 발생하는 부작용이라도 그 형태가 사람에 따라서 다르게 나타날 수 있으며, 똑같은 형태의 부작용이 여러 가지 다른 정신 영역 약물에 의해서 나타날 수도 있다. 김정일(2005)은 일반적으로 나타날 수 있는 부작용의 형태를 다음과 같이 예시하며, 이러한 부작용이 확인되면 즉시 전문의와 상의할 것을 제안한다.

① 행동 부작용: 신경과민 증상, 가라앉고 처지는 느낌, 기억손상, 적개심과 공격성이 나타나는 증상, 기분이 반대로 변화되는 증상, 행동 증상이 반대 형태로 나타나는 증상, 학교공포증, 수면장애, 잠들기가 어렵고 잠자는 중간에 깨어서 다시 잠들기가 어려우며 오후에는 피곤하고 졸린 증상, 금단 반응이나 약물 의존증, 정신운동기능과 인지기능의 손상

② 신경근육 부작용: 근육의 긴장, 떨림, 당김, 경련, 통증, 근 경련증, 팔의 떨림이나 혀의 떨림 증상, 운동기능 손상, 추체외로 증상, 지연성 운동장애, 지연성 근긴장이상, 항정신성약물(신경이완제) 악성증후군(근육경직, 불규칙적인 심장박동, 고혈압, 동공확장, 고열 등의 증상)

③ 심장혈관계 부작용: 고혈압성 반응(경미한 두통, 경미한 가슴 두근거림, 갑작스러운 혈압 상승, 머리가 쑤시는 것 같은 통증, 땀 흘림, 숨 막히는 느낌, 메스꺼움, 심한 구토 등), 기립성 저혈압(현기증, 시력장애, 구역질, 때로는 실신 등의 증세)

④ 위장계 부작용: 구강 건조증(입마름), 삼키기 곤란증, 위식도 역류, 구토, 식욕 거부, 타액 증가, 구토, 복통, 변비, 복부 팽창으로 인한 마비성 장폐색(paralytic ileus), 설사

⑤ 내분비 및 대사 부작용: 체중 증가 또는 감소, 월경불순이나 무월경, 갑상선 기능 저하증

이러한 부작용 외에도 발작적 이상이나 국소적 이상 현상이 증가하는 전기생리적 부작용, 재생불능빈혈 등 혈액상의 반응, 간기능장애, 다뇨증이나 요실금과 같은 비뇨생식기계통의 부작용, 성적 충동이나 발기부전 등과 같은 생식계통과 관련된 증상, 피부발진과 같은 피부 반응 등의 부작용도 나타날 수 있다. 따라서 '약물부작용 점검표'(Tsai, 2001, pp. 175-176)와 'ADHD 모니터링 시스템'(진혜경, 2010)과 같은 점검표나 평정척도 등을 활용한다면 보다 용이하게 점검할 수 있을 것이다.

표 2-1 신체생리적 모델의 요약

원인	평가절차	중재방법
• 유전적 요인 • 생화학적 · 신경학적 요인 • 기질적 요인	• 발달력 조사 • 신경학적 평가 • DNA 검사 • 기질 평가	• 유전공학 • 약물치료 • 영양치료(비타민 요법, 식이요법) • 행동치료

2. 정신역동적 모델

정신역동적(psychodynamic) 모델은 장애행동을 설명하는 가장 전통적인 이론적 모델로, 정서 · 행동 문제는 정신 내적 과정상의 기능장애에 기인한다는 가정하에 건강한 정서발달을 촉진시키는 여러 방법을 통해 치료해 오고 있다. 이러한 중재법들은 시간과 비용이 많이 들며, 실질적인 효과에 대한 연구도 그다지 많지 않다. 그럼에도 불구하고 이 모델의 주요 특성들은 발달심리학의 토대가 되어 왔고, 정서 · 행동장애의 중재에 많은 시사점을 제공하고 있다.

다수의 발달 이론은 인간의 사고와 행동을 단계 이론에 근거해서 설명하고 있다. 즉, 적절한 환경적 지원이 주어진다면 모든 인간은 발달의 이정표를 향해 나아가려는 내적 동기를 가지고 있다고 주장한다. 따라서 정서 · 행동장애를 가진 아동은 정서적 성숙이라는 측면에서 발달적으로 지체된 것으로 간주한다. 이 모델은 신체생리적 모델과 유사하게 장애는 개인 내적인 문제라고 보고 있다.

1) 정의와 기본 관점

> 정서장애 아동들은 사회적 규제와 인습에 대하여 적응할 수 없고 효율적으로 기능하는 데 어려움을 갖기 때문에 안전과 정서, 수용, 자아존중감에 대한 자신의 욕구를 만족시키지 못하고 좌절된 아동들이다. 또한 이들은 현실을 정확하게 인지할 수 없고 환경의 일상적 요구를 해결할 수 없기 때문에 갈등과 불안, 죄의식으로 힘들어한다(Blackham, 1967, p. 73).

이 정의에서 제시하는 것처럼 정신역동적 이론가들은 정신 내적 기능의 정상 · 비정상적 발달과 개인의 욕구(needs)에 초점을 둔다. 정신역동적 이론가 중에서 특히 정신분석학자들은 갈등, 불안, 죄의식 등이 성격발달과 밀접한 관련이 있으며, 정서 · 행동 문제는 해결되지 못한 갈등, 방어기제의 과도한 의존, 성격구조의 심한 일탈 등 정신 내적 장애가 가시적으로 드러난 것이라고 보고 있다. 따라서 이 모델에서는 개인의 무의식적 충동, 욕구, 불안, 죄의식, 갈등 등을 주로 평가한다.

2) 원인과 발달

정신역동적 모델은 인간 행동의 동기를 설명하는 정신분석, 자아심리학, 현상학, 게슈탈트 심리학, 인간중심 심리학 등 여러 이론이 복합된 것이다. 그러나 이 모델에 속하는 거의 대부분의 이론들은 Freud의 정신분석학적(psychoanalytic) 이론에 뿌리를 두고 있기 때문에 각각의 이론을 명확하게 차별화해 낸다는 것은 매우 어려운 일이다. 여기에서는 Freud와 신Freud 학파(Horney, Erikson 등)의 정신분석학적 이론과 Rogers와 Maslow로 대표되는 인간중심 이론을 중심으로 고찰하고자 한다.

(1) 정신분석학적 이론: Freud

Sigmund Freud(1856~1939)는 26세 때 비엔나 대학에서 의학 박사학위를 취득한 후, 환자 치료에서 발견한 사실과 자신의 문제에 대한 분석을 토대로 정신분석 이론을 형성했다. 정신분석의 창시자로서 인간행동을 이해하는 새로운 기법을 개발했으며, 그의 기본적 개념들은 지금도 다른 이론을 형성하거나 발달시키는 데 기초가 되고 있다.

인간 본성에 대한 Freud의 기본 관점은 결정론이며, 인간행동은 비합리적인 힘, 무의식적 동기, 생물학적 및 본능적 충동, 생애 초기 6년 동안의 심리성적 사상의 발달에 의해 결정된다고 보고 있다. 정신분석적 관점에 따르면, 성격은 원초아(id), 자아(ego), 초자아(superego)의 세 체계로 이루어져 있으며, 이들은 분리된 요소가 아니라 전체로서 기능한다. 원초아는 생물학적 구성요소로 쾌락의 원리에 지배되며, 자아는 심리적 구성요소로 현실의 원리에 지배된다. 그리고 초자아는 사회적 구성요소로 현실보다는 이상을, 쾌락보다는 완벽을 추구하며 행위의 선악을 구분하는 도덕으로 볼 수 있다. 따라서 초자아는 원초아의 충동을 억제하도록, 자아가 현실적 목표보다는 도덕적 목표와 완벽을 추구하도록 통제한다. 정신분석학에서는 인간을 에너지 체계로 보며, 성격의 역동은 제한된 심리적 에너지를 원초아, 자아, 초자아에 어떻게 분배하는가에 달려 있다고 주장한다(Corey, 1996).

방어기제(defense mechanism)는 개인이 불안을 극복하고 불안에 압도되지 않도록 자아를 보호하는 일을 돕는다. 자아방어기제는 병적 행동이 아니라 정상적 행동으로 간주되며, 현실을 회피하는 생활양식으로 사용되지 않는 한 적응적 가치가 있다고 본다. 개인이 사용하는 방어기제는 개인의 발달 수준과 불안 정도에 따라 다르지만 대부분 현실을 부정하거나 왜곡하며 무의식 수준에서 일어난다.

또한 Freud는 아동이 유아에서 청소년으로 성장하면서 5단계, 즉 구강기, 항문기, 남근기, 잠복기, 성기기 등의 **심리성적**(psychosexual) **발달과정**을 거치게 된다고 가정했다. 생애 초기의 이러한 심리성적 발달과정은 성격 형성을 결정하며, 이들 각 단계의 주요 발달적 과제를 잘 이행하지 못하고 특정 단계에 고착될 경우 〈표 2-2〉에 제시된 것과 같은 적응상의 문제와 비정상적 성격발달이 나타난다고 주장한다.

표 2-2 심리성적 발달단계의 고착으로 인해 야기될 수 있는 적응상의 문제

발달시기	발달단계	적응상의 문제
출생~2세	구강기(oral)	빈정거림, 논쟁적, 탐욕적, 욕심스러움, 과잉 의존, 긴밀한 관계 형성에 대한 불안이나 공포
2~4세	항문기(anal)	분노, 울화와 같은 정서적 발작, 강박적 질서정연, 과잉통제된 행동, 인색함
4~6세	남근기(phallic)	성정체성 확인과 관련된 문제, 부적절한 성적 태도, 지나친 과시욕
6~12세	잠복기(latency)	열등감 형성, 소극적이고 회피적인 성격
12~18세	성기기(genital)	나르시시즘, 지나친 자기애(self-love)

(2) 신Freud 학파 이론: Horney, Erikson

성격의 사회적 제 요인에 대한 Freud의 근시안적 태도에 만족하지 못한 Freud의 추종자들이 고전적 정신분석학을 벗어나 사회심리학에 근거한 정신분석 이론을 펼치기 시작했다. 이들 신Freud 학파(Neo-Freudian)의 대표적인 인물로 Alfred Adler, Erich Fromm, Harry Stack Sullivan 그리고 Karen Horney를 들 수 있다.

이 중 Karen Horney(1885~1952)는 베를린 대학에서 의학을 공부하고 오랫동안 베를린 정신분석학 연구소에서 연구를 했다. 그녀는 정신분석학이 본능적 · 발생학적 심리학에 의해서 설정된 한계에서 벗어나야 한다고 생각한다. 그녀는 Freud의 이론 중 몇몇 개념들, 특히 불안(anxiety)에 대해서는 Freud와 다르게 접근하고 있다. 아동은 적대적이라고 인식하는 세상에서 고립감과 무력감을 느끼게 되고 이로 말미암아 불안의 감정을 가지게 된다. 따라서 안전에 대한 아동의 기본적인 욕구는 살아가면서 주변 사람들의 온정, 지지, 애정 등을 통해 해소되어야 한다.

그러므로 불안하고 불안정한 아동은 고독감과 무력감에 대항하기 위해 다양한 전략을 발전시키게 된다. 예를 들면, 자신을 거부하는 사람에게 복수하거나 지나치게 복종적이거나, 열등감을 보상하기 위해 비현실적인 이상적 자아상을 수립하는 등의 행동 전략을 쓰게 되고 이들 중 어떤 것은 성격의 일부로 고정된다. 이러한 성격상의 양상은 크게 3가지 방향으로 나타난다. 첫째, 다른 사람을 향해서(toward) 나타나는 양상, 즉 애정에 대한 욕구가 강하며 순종적, 복종적 행동으로 표출된다. 둘째, 다른 사람과 맞서는(against) 양상, 즉 권력에 대한 욕구가 강하며 오만하거나 적대적인 행동으로 표출된다. 셋째, 다른 사람으로부터 벗어나려는(away from) 양상, 즉 독립에 대한 욕구가 강하며 사회적 거부, 위축된 행동들로 표출된다. 따라서 정서 · 행동장애란 다른 사람들에 의해 자신이 받아들여지지 않을 때 이러한 3가지 고정된 양상 중 하나를 고집하게 되고 이로 인해 대인관계에서 융통성이 결여된다(Coleman, 2002).

Erik Erikson(1902~1994) 역시 Freud의 이론에 기초하였으나 전통적 정신분석 이론에서 벗어나 '자아'의 역할을 강조하는 견해를 표명했다. 또한 그는 아동기 이후의 발달에서 심리사회적 측면을 강조하였고, 심리성적 발달과 심리사회적 발달은 동시에 일어나며, 생의 각 단계에서 주어지는 특정 요구와 갈등을 적절하게 해결하고 또 사회와 균형을 이루어야 한다고 주장한다.

Erikson에 따르면, 자아는 살아가면서 주어지는 과제를 유능하고 창조적으로 처리할 수 있는 방법과 힘을 가진다. 현재 표출되는 문제는 단순히 초기 아동기로부터의 무의식적 갈등의 반복에 의해 생성된 것이라고 보지 않고 연속성이 있다고 보기 때문에 초기, 후기의 발달단계를 모두 다루고 있다. 그는 Freud의 심리성적 발달단계와 대비해서 전 생애에 걸친 발달을 8단계로 나누었으며, 각 단계마다 해결해야 하는 각기 다른 위기가 있다고 주장한다.

〈표 2-3〉은 Erikson의 심리사회적 발달단계 중 성인기, 중년기, 노년기를 제외한 각 단계에 대한 설명을 제시하고 있다.

표 2-3 Erikson의 심리사회적 발달단계와 적응상의 문제

발달시기	발달단계	적응상의 문제
영아기 (0~1세)	신뢰 대 불신 (trust vs. mistrust)	타인에 대한 불신
초기 아동기 (1~3세)	자율 대 수치와 의심 (autonomy vs. shame and doubt)	자신의 능력에 대한 수치와 의심, 환경에 대한 불신
학령 이전 (3~6세)	주도 대 죄책 (initiative vs. guilt)	독립적 행동을 저해하는 과도한 자의식, 지나친 죄책감
학령기 (6~12세)	근면 대 열등 (industry vs. inferiority)	부정적 자아개념, 자신의 능력에 대한 의심, 사회적 관계에서 열등감, 의존성
청소년기 (12~18세)	정체 대 역할혼미 (identity vs. identity diffusion)	성적 · 윤리적 · 직업적 정체성에 대한 혼란

(3) 인간중심 이론: Rogers, Maslow

인간중심(humanistic) 이론가인 Carl Rogers(1902~1987)와 Abraham Maslow(1908~1970)는 인간은 본질적으로 선하며 사회적으로 주어지는 나쁜 경험과 좌절을 피할 수 있다면 자신의 잠재력을 스스로 실현할 수 있는 능력을 갖춘 존재라는 시각을 가지고 있다. Rogers는 개인이 나타내는 행동은 개인의 참조틀, 즉 그 개인이 경험한 사실과 그 개인이 가지고 있는 세상에 대한 인식, 세계관을 통해서만 이해될 수 있다고 한다.

Rogers에 따르면, 유아는 자신의 기본적 욕구만족을 통해 가치화 과정을 습득하게 되고, 가치화 과정은 유아로 하여금 부정적 경험을 피하고 긍정적인 경험을 선택할 수 있게 한다. 이는 개체 보존과 자아실현을 위한 생득적 지혜의 발현이다. 유아는 점차 성장함에 따라 경험을 통해 자신과 환경을 차별화하며 자아에 대한 개념을 형성하게 된다. 자아개념은 수용과 관심, 존중, 나아가 사회적 가치에 부합되는 행동을 하도록 동기화한다. 결국 자아와 경험의 불일치는 장애와 부적응, 경험의 왜곡과 부정을 초래하며, 자아개념의 심각한 손상은 비합리적이거나 정신증적 행동으로 표출될 수 있다. 그러나 이러한 불일치는 아동이 부모의 무조건적인 긍정적 관심 속에서 성장하고, 그 결과로 이상적인 발달을 한다면 예방될 수 있다. 따라서 Rogers는 학습은 자기주도적

이고 자신의 경험과 일치되는 것이어야 하기 때문에 교사는 교실에서 경험학습의 분위기를 조성하고 학습과정을 촉진하는 역할을 담당하도록 제안한다.

Maslow의 인간 욕구와 동기에 대한 이론은 심리학자나 교육자들에게 많은 시사점을 제시한다. 그의 욕구위계 이론에서는, 안전이나 배고픔, 애정, 안정감, 자아존중감 등과 같은 다소 낮은 수준의 욕구는 중요도상에서는 동일하지만 위계적으로 다소 상위에 속하는 정의, 미, 선 등과 같은 상위 욕구보다 먼저 충족되어야 한다는 점을 강조한다. 이러한 상위 욕구를 내면화하고 실현할 수 있는 사람은 매우 소수지만 이러한 자기실현을 성취한 사람들은 자율성, 자발성, 민주적 가치, 창의성, 순응에 대한 저항 등의 특성을 나타낸다. 그들은 환경을 참아내기보다 초월할 수 있는 완성된 인간상으로 나아갈 수 있다.

(4) 정신역동적 모델의 목적: 건강한 발달

정신역동적 모델에 근거하여 문제행동의 원인을 단순화하는 것은 매우 어렵지만 중재의 목표를 단순화하는 것은 그다지 어렵지 않다. 이 모델에 근거한 중재법들은 건강한 발달을 목표로 지향하고 있기 때문이다. 그러나 중재 목표를 달성하기 위한 과정은 개인 내적인 변인에 따라 결정되기 때문에 단적으로 설명될 수 없지만, 대부분의 이론가들은 다음과 같은 기본적 특성에 대해서 동의하고 있다(Cheney & Morse, 1974).

① 자신에 대한 태도: 자기존중감을 포함하여 자신에 대해 현실적인 시각을 갖는 것
② 스트레스에 대한 저항: 위기 상황과 스트레스가 많은 상황에 성공적으로 대처하는 능력
③ 자율성과 독립성: 자신의 삶을 어느 정도 통제할 수 있으며 적극적으로 참여하려는 의지
④ 대인관계: 타인의 욕구를 인식하고 수용하는 능력 그리고 타인과의 의미 있는 관계를 맺는 능력
⑤ 호기심, 창의성, 표현성: 인간은 좌절할 때보다 수용될 때 잠재력의 가장 긍정적인 측면이 표현됨
⑥ 인지적 · 언어적 기술: 사회적 태도 형성이나 교육적 환경 내에서 성공적인 상호작용을 위해 필수적으로 요구되는 기술

3) 교육적 시사점 및 요약

정신분석학 이론은 20세기 초반 정서 · 행동장애 아동의 교육에 많은 영향을 미쳤다. 부모와 교사들에게 아동의 감정이나 욕구 그리고 성격발달에서 유아기 · 아동기의 중요성을 이해할 수 있도록 했다. 또한 자신들이 아동들의 모델과 동일시된다는 점, 아동들의 관계에서 많은 정서적 문제를 완화시킬 수 있고 안정감과 신뢰감을 창출할 수 있음을 인식하도록 했다.

20세기 중반에 들어서 정신분석학이 주장해 온 결정론적 관점이나 가설적 개념, 환경적 영향이나 아동의 내적 힘과 가능성의 간과 등에 대한 비판이 커짐에 따라 기본 개념은 유지하였지만 많은 수정이 가해졌다. 이후 정신역동적 이론에서는 교육이 억압적이지 않아야 하고, 감정표현을 촉진해야 하며, 아동이 경험하는 위기에 대해 보다 민감하게 반응해야 한다는 주장을 제시하였다. 이러한 주장은 교사나 부모들로 하여금 교육적 환경 내에서 표현의 기회 제공이나 갈등 수용뿐만 아니라 갈등 해결을 적극적으로 지지할 수 있도록 유도했다.

정신역동적 모델이 정서 · 행동장애 아동의 교육 프로그램에 크게 기여한 점은 다음과 같이 정리될 수 있다(Newcomer, 1993).

첫째, 성격 특성은 유아기에 결정된다. 정서 · 행동장애 아동에게 있어 정서불안은 유아기의 가족관계에 의해 일어나고, 학교에서 일으키는 문제는 유아기 정서장애의 반복 현상이다. 그리고 아동이 바람직하지 않은 행동을 한다면, 이는 아동이 부적절한 정서적 욕구를 지녔거나 과거의 결핍에 대한 상처, 두려움, 분노 등에 기인된 것임을 나타낸다. 이러한 사실들은 학교에서의 중재전략보다 아동과 가족에게 더 많은 관심과 지원이 요구된다는 점을 시사한다.

둘째, 정신역동적 모델은 이상행동이란 무의식적 갈등의 증후라는 개념에 바탕을 두고 있다. 따라서 교사는 정서장애 아동이 자신의 부적절한 행동에 대한 합리성이나 동기유발을 의식하지 못하며 스스로 그런 행동을 의식적으로 통제할 수도 없다는 사실을 깨달아야 한다. 또한 표출되는 특정 행동에 국한된 치료나 중재는 또 다른 행동으로 대치되는, 즉 증상 대치(symptom substitution)의 결과를 초래할 수 있기 때문에 지양해야 한다는 점을 시사한다.

표 2-4 정신역동적 모델의 요약

원인	평가절차	중재방법
• 무의식적 충동과 의식적 욕구 간의 갈등 • 개인과 사회적 가치 간의 갈등 • 방어기제의 과도한 사용 • 생물학적(심리성적) 혹은 대인관계(심리사회적) 발달상의 위기 해소 실패	• 투사적 기법(Rorschach 검사, 아동용 주제통각검사 등) • 인물화 검사 • 문장완성검사 • 자기보고식 평정척도	• 인간중심 교육 • 서비스 학습 프로그램 • 치료적 환경 • 생활공간 면접 • 현실치료 • 심리치료(미술, 음악, 놀이 치료 등) • 정서교육

3. 행동주의적 모델

행동주의적(behavioral) 모델이나 응용행동분석(applied behavioral analysis) 이론에서는 장애라고 불리는 행동은 잘못된 학습에 기인된 결과라고 보며, 개인이 어떻게 생각하고 느끼는가보다는 어떻게 행동하는가에 더 많은 관심을 가지고 있다. 이 모델에서는 관찰 가능한 행동으로 표현될 수 없는 인간의 내적 요인은 거의 없다고 본다. 따라서 특수교육 분야에서도 정서장애(seriously emotionally disturbed)라는 명칭보다 행동장애(behaviorally disorder)라고 명명해야 한다고 주장한다. 장애행동은 특정 환경적 영향하에서 기능을 가진다고 보기 때문에 상황적·맥락적 변인들을 중심으로 평가하고 중재하며, 특정 변인들의 조작을 통해 행동의 변화가 가능하다고 믿고 있다.

1) 정의와 기본 관점

> 정서장애는 부적응적 행동들로 구성된다. 이 행동들은 학습된 것이므로 다른 모든 행동들처럼 발전되고 유지되어 왔다(Russ, 1974, p. 102).

이 정의에서 나타난 바와 같이, 행동주의자들은 인간의 모든 행동, 즉 장애행동이나 정상행동 모두가 학습된 것이라고 보며, 장애행동과 정상행동의 차이는 행동의 빈도, 강도, 사회적 적응성에 의해 설명될 수 있다고 한다. 즉, 이 행동들이 지금보다 더 적게, 더 약하게, 더 적응적으로 나타났다면 결코 장애행동이라고 불리지 않을 것이다. 또한 이 행동들은 본질적으로 일탈된 것이 아니라 사회적인 기대에 비해 어느 정도 벗어나 있을 뿐이라고 주장한다.

행동주의 이론은 동물 실험연구를 통해 밝혀진 학습 원리에 근거를 두고 있으며, 다음과 같은 2가지 가정을 제시한다. 첫째, 행동은 관찰 · 분석 · 측정될 수 있는 반응이나 행위로 나눌 수 있다. 둘째, 행동은 강화와 벌의 시행을 통해 통제될 수 있다. 따라서 행동은 학습을 통해 수정될 수 있다.

이 가정을 통해 행동주의 모델의 몇 가지 특징을 확인할 수 있다. 첫째, 부적응행동을 포함한 모든 행동은 학습된 것이므로 잘못 학습된 행동을 제거하거나 새로운 학습을 통해 바람직한 다른 행동으로 대체할 수 있다. 둘째, 행동의 유발과 유지는 주로 환경에 의해 결정된다. 따라서 특정 행동이 일어나는 특정의 환경과 특정 행동 발생 바로 이전과 이후에 일어난 사건들을 강조하며, 모든 자연 현상처럼 행동도 예측 가능하고 통제 가능하다고 본다. 셋째, 개인의 정신 내적인 힘이나 내적인 요인에 관심을 두지 않고 관찰 가능한 행동만을 강조한다. 따라서 성격발달이나 행동 결정에 영향을 미치는 무의식, 전의식을 강조하는 정신역동적 모델과 상반되는 견해를 가지고 있다.

2) 원인과 발달

행동주의 이론을 이해하는 가장 간단하면서도 실제적인 방법은 3가지 학습 이론, 즉 수동적 · 고전적 조건화(respondent · classical conditioning) 이론과 조작적 조건화(operational conditioning) 이론, 사회적 학습(social learning) 또는 모델링(modeling)이라 불리는 이론을 고찰하는 것이다.

(1) 수동적 · 고전적 조건화 이론

행동주의 이론의 발달과 적용에 토대가 되는 고전적 실험으로 다음의 3가지 실험을 예시할 수 있다(Coleman & Webber, 2002).

첫 번째 실험은 1902년 러시아의 생리학자인 Ivan Pavlov가 실험실의 개가 음식 접시가 보이거나 음식을 주는 사람이 오는 소리만 들려도 침을 흘린다는 사실을 우연히 발견한 것에서 비롯되었다. 그래서 그는 개에게 먹이를 제시하지 않아도 타액을 분비

할 수 있도록 먹이를 주기 바로 전에 종소리를 울리는 실험을 설계했다. 처음에는 종소리를 울리는 것만으로는 타액을 분비하지 않았지만 여러 번 이러한 절차를 반복하니 개는 종소리가 들리자마자 타액을 분비하기 시작했다. 개들은 종소리가 먹이의 출현을 신호한다는 것을 학습하고서 설령 먹이가 제시되지 않아도 종소리만 들리면 타액을 분비하게 되었다. 즉, 개들은 정상적으로는 특정 반응을 일으키지 않는 중립자극인 종소리에 반응하여 타액을 분비하도록 조건화되었다. 일반적으로 고전적 조건형성은 자연적 반응을 한 가지 자극에서 이전에 중립적이었던 다른 자극으로 전이해 가는 학습을 포함한다.

Pavlov의 실험을 통해 고전적 조건형성의 4가지 주요 요소를 찾아볼 수 있다. 먹이와 같이 특정의 반응을 유발하는 것은 무조건 자극(Unconditioned Stimulus: UCS)이며, 이 실험의 경우 이 자극에 의해 유발되는 특정의 반응인 타액 분비는 무조건 반응(Unconditioned Response: UCR)이다. 어떠한 특정 반응도 유발할 수 없는 중립적 자극(Neutral Stimulus: NS)인 종소리는 무조건적 자극(먹이)과 계속 결합해서 제시됨에 따라 무조건적 반응(타액)을 유발하는 힘을 가지게 되었다. 이때 종소리는 조건화된 자극(Conditioned Stimulus: CS)이 되며, 조건화된 자극에 의해 유발되는 타액은 조건화된 반응(Conditioned Response: CR)이 된다.

두 번째 실험은 인간을 대상으로 Watson과 Reyner(1920)에 의해 수행되었다. 이 실험은 11개월 된 'little Albert'라 불리는 유아를 대상으로 한 것이다. 앨버트는 큰 소리에 대한 두려움을 보이는 것을 제외하고는 특별한 두려움을 가지고 있지 않았다. 연구자들은 흰쥐를 보여 주면서 실험을 시작하였다. 처음 앨버트는 쥐에 대해 두려움을 보이지 않고 기어와서 쥐와 같이 놀고 싶어 했다. 그러나 앨버트가 쥐에게 접근할 때마다 실험자가 쇠망치를 두들겨 큰 소리를 유발했다. 모든 영아에게서 보편적인 현상인데, 앨버트는 큰 소리에 대해 두려움을 느끼고 울기 시작했다. 이러한 과정이 몇 번 반복되자 앨버트는 쥐를 보면 기어서 도망가고 두려움을 나타내게 되었다. 이 경우 큰 소리(UCS)는 두려움(UCR)이라는 무조건 반응을 유발했다. 다음으로 큰 소리(UCS)를 쥐(NS)라는 중립자극과 결합시켜 제시함에 따라 앨버트는 쥐(조건화된 자극, CS)를 두려워하게(조건화된 반응, CR) 되었다.

세 번째 실험은 Jones(1924)가 아동의 두려움이 고전적 조건형성을 통해 탈학습할 수 있음을 보여 주었다. 2세 남아인 피터는 흰쥐에 대해 두려움을 가지고 있었다. 실험자는 쥐를 피터가 좋아하는 아이스크림과 같은 좋은 경험과 짝지어 주었다. 즉, 피터가 방 안에 혼자 있는 동안 그가 무서워하지 않을 만큼 충분한 거리에 우리에 가둔 쥐를 놓아두고 많은 아이스크림을 먹을 수 있도록 했다. 실험이 진행됨에 따라 점차 쥐가 들어 있는 우리를 피터 가까이 옮겨 두었다. 그러자 결국 피터는 쥐를 두려워하지 않게 되었다. 이 경우 아이스크림(UCS)은 유쾌한 반응(UCR)을 유발했고, 아이스크림을 쥐의 모습(CS)과 결합해 쥐가 있을 때에도 유쾌한 반응(CR)을 나타낼 수 있었다.

이러한 실험들에서는 사람이나 동물이 통제할 수 없는 놀람이나 타액과 같은 반사 또는 불수의적 반응이 포함되어 있다. Pavlov와 Watson 등은 기존에 반사적 반응을 유발하는 자극과 새로운 자극이 반복해서 제시됨에 따라 새로운 자극만으로도 원하는 반응이 유발되며, 사람은 이러한 과정을 통해 새로운 자극이나 환경에 대한 반응을 학습하게 된다고 주장한다.

(2) 조작적 조건화 이론

조작적(작동적) 조건화 이론을 개발하고 발전시킨 대표적인 이론가로는 Thorndike와 Skinner를 들 수 있다. 20세기 초, Thorndike는 일련의 동물 실험을 통해 조작적 조건화 이론의 기초를 수립했다.

그는 굶주린 닭, 개, 고양이를 문제상자(puzzle box)라 불리는 우리에 가두어 두고 막대 조작을 통해 상자에서 벗어날 수 있도록, 음식으로 강화하는 실험을 수행했다. 이 일련의 시행착오를 통한 동물들의 학습 결과를 토대로 **효과의 법칙**(law of effect)을 개념화했다. 즉, 행동은 강화되는 후속결과에 의해 반복되며, 행동 발생 후 강화되지 않거나 벌이 수반되는 경우 그 행동은 다시 발생하지 않는다는 것이다.

조작적 조건형성과 관련하여 잘 알려져 있고 오늘날에도 널리 사용되고 있는 것은 Skinner 상자다. 쥐를 대상으로 할 때 쓰이는 Skinner 상자 내부에는 지렛대가 있고 그 밑에 컵이 놓여 있다. 배고픈 쥐가 우연히 지렛대에 발을 올려놓게 되면 컵 안으로 먹이가 떨어지고 결국 지렛대 누르기 행동이 강화된다. 비둘기용 Skinner 상자도 이와 유사하게 우리 안에 있는 원판을 우연히 쪼았는데, 그로 인해 먹이가 컵 안으로 떨어지게 되고 이러한 행동이 반복됨에 따라 비둘기는 원판 쪼는 행동과 먹이의 관계를 학습하게 된다.

Skinner 역시 수동적 조건화가 학습에 영향을 미친다고 인정하지만, 대부분의 행동은 조작적 조건화, 즉 새로운 반응은 강화라는 후속결과에 의해 산출되고 발달된다고 주장한다. 수동적 조건화는 불수의적이고 행동 발생 이전에 제시되는 자극에 의해 산출되는 반면, 조작적 조건화는 환경으로부터 특정의 바람직한 후속결과(강화)를 산출하는 수의적 반응이다. 따라서 조작적 조건화에서는 행동의 결과가 강조된다.

강화와 벌은 조작적 조건화 이론의 핵심 개념이다. Skinner의 이론을 지지하는 사람들에 따르면, 반응의 강도는 강화에 의해 증가되며, 강화가 없거나 벌이 수반되는 경우 반응의 강도는 감소된다. Skinner에 따르면, 강화는 행동 발생 후 음식 제공과 같은 일련의 사건을 부가함으로써 반응의 가능성을 증가시키는 것이며, 벌은 일련의 부정적 사건(전기충격)을 부가하거나 긍정적 사건(음식)을 제거함으로써 반응의 가능성이 감소되는 것이다. 궁극적으로 환경 내에서 강화와 벌을 조작함으로써 행동 변화가 가능하다는 것이다. 강화와 벌에 대한 용어는 학자에 따라 다소 차이를 보이고 있지만, 〈표 2-5〉에 제시된 기본 개념에 대해서는 거의 대부분 동의하고 있다.

표 2-5 강화와 벌의 개념과 유형

반응(행동) 후 자극 조작	자극의 유형	
	강화적(reinforcing) 자극	혐오적(aversive) 자극
제시(present)	정적 강화(positive reinforcement)	정적 벌(positive punishment)
제거(remove)	부적 벌(negative punishment)	부적 강화(negative reinforcement)

Skinner는 가설적인 행동의 내재적 원인은 증명될 수 없다는 점에 주목한다. 그는 특정 내적 상태의 존재 자체를 부인하는 것은 아니지만 이는 행동 변화에 유용한 개념이 아니라고 믿었다. 대다수의 일탈행동은 조작적 조건화를 통해 학습된 것에 불과하지만, 사회에서 병리적인 것으로 간주하고 있으므로 중재 시 이러한 일탈행동을 유지하는 강화인자를 찾고 변화시켜야 한다고 주장한다. Skinner의 조작적 조건화 개념에 기반을 둔 행동수정 기법은 학교 현장에서 널리 사용되고 있다. [그림 2-1]은 수동적 조건화와 조작적 조건화의 기본 개념을 요약하여 보여 주고 있다.

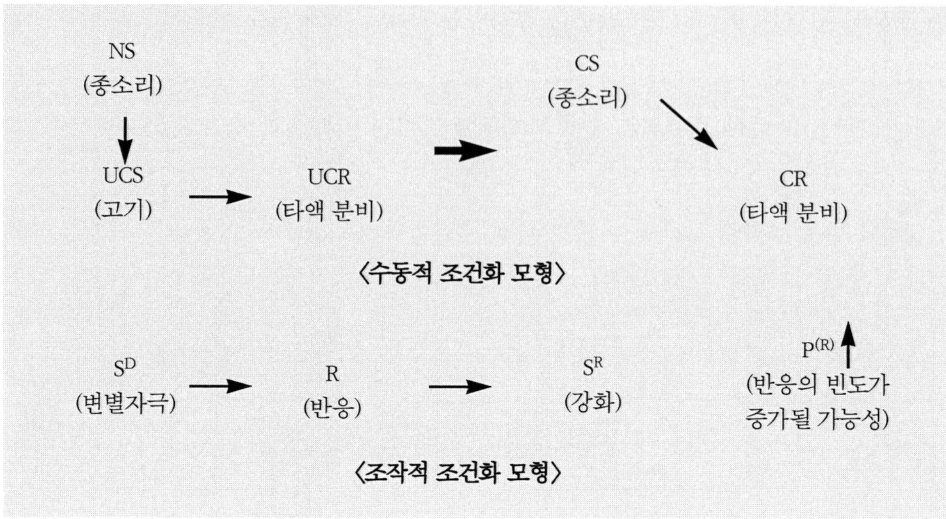

[그림 2-1] 수동적 · 조작적 조건화 모형

(3) 사회적 학습/모델링 이론

사회적 학습 또는 모델링은 행동주의자가 제안한 세 번째 학습 패러다임이다. 이 이론에 따르면, 개인은 관찰이나 타인의 행동을 따라함으로써 새로운 반응을 습득한다. 사회적 학습은 개인이 특정 행동을 직접 수행하거나 학습에 필수적인 직접적인 강화가 주어지지 않아도 학습이 가능하다는 점에서 수동적 조건화나 조작적 조건화와 차별화된다.

관찰자는 모델의 행동을 관찰한 후 새로운 반응을 습득하거나, 행동이 억제 또는 비억제되거나, 이전에 학습된 반응이 촉진될 수 있을 것이다. 예를 들면, 학생들에게 '수업 중 손 먼저 들고 말하기'라는 새로운 기술을 가르치기 위해 모델링을 적용할 수 있다. 이 행동을 개별적으로 가르친 후, 말하기 전에 먼저 손을 드는 행동에 대해 교사가 일관성 없이 반응한다면 이 행동은 억제될 것이다. 또는 손드는 행동을 이전에 학습했지만 개별적으로 사용하지 않았을 경우 교사의 일관성 있는 반응은 학생들로 하여금 이러한 행동을 다시 사용하도록 유도할 수 있다.

관찰에 의해 영향을 받는 정도는 모델의 연령, 성, 지위, 특권 등에 대한 동일시 과정에 따라 달라진다. 또한 실제적 모델인가 영상물을 통한 상징적 모델인가에 따라, 모델이 한 사람인가 여러 명인가에 따라, 그리고 강화 장면인가 처벌 장면인가에 따라 영향력에 차이가 있다. 사회학습 이론가에 따르면, 긍정적 행동뿐 아니라 부정적 행동, 부적응행동, 공포나 두려움과 같은 내재적 행동도 모델링을 통해 학습될 수 있다. 또한 사회학습 이론에서는 자신의 바람직한 행동과 생각에 대해 스스로 강화하는 자기강화(self-reinforcement)의 중요성도 제안한다. 개인의 판단과 감정은 환경 내 타인에 의해 강화되지 않더라도 행동에 크게 영향을 미친다. 따라서 자기강화는 행동통제 기법으로서 학생들에게 가르칠 필요가 있다. Workman 등(1982)에 따르면, 아동은 즐거운 장면이나 강화받는 활동에 참여하는 것을 상상하는 것만으로도 충분히 자기강화를 배울 수 있다.

요약하면, 사회학습 이론에서는 행동은 관찰학습과 대리학습을 통해 학습될 수 있다고 본다. 따라서 대리학습이나 자기강화와 같은 개념을 행동 이론에 추가할 수 있을 것이다. 이러한 개념들은 개인의 내적 중재과정에 기초가 되며, 수동적 또는 조작적 조건화에 의해 쉽게 확인될 수 없는 행동을 설명할 수 있게 해 준다.

3) 교육적 시사점 및 요약

행동주의적 기법은 정서 · 행동장애 학생을 위해 가장 널리 사용되는 중재법으로 다른 이론적 모델에 근거한 중재법에서도 함께 사용되곤 한다. 예를 들면, 정신역동적 중재법에서도 행동계약이나 토큰강화를 병행하고 있다. 행동주의적 기법은 교실 내에서 교수적 목적뿐만 아니라 행동관리의 목적으로도 사용되고 있으며, 어떤 목적으로 사용되더라도 일반적으로 다음과 같은 절차를 거치게 된다.

① 목표 설정: 교사 주도로 학생에게 요구되는 학습 내용이나 습득 수준을 정한다.
② 현재 기능 수준 평가: 설정된 목표와 관련하여 이미 습득된 것과 습득되어야 하는 선수기술을 교육과정중심평가(CBA) 등을 통해 평가한다.
③ 행동목표 기술: 학습목표를 조건, 행위동사, 기준의 요소에 따라 행동목표로 기술한다.
④ 계획: 목표, 수업목표, 학습 활동, 자료, 평가방법 등이 포함된 교수계획을 작성한다.
⑤ 교수 실시: 프로그램 교수, 직접교수, 컴퓨터 보조수업(CAI), 반복 연습, 개별화된 교수 프로그램, 역할놀이, 모델링, 촉구, 우연학습, 행동시연 등 개인 혹은 집단의 특성, 교수목표, 수업계획에 가장 적합하고 효과적인 방법을 찾아 적용한다.

⑥ 성취 점검: 형성평가 등 지속적인 관찰기록을 통해 학습목표에 대한 학생의 성취를 평가해 나간다.

⑦ 성취 평가: 학생의 성취 상태가 다음 단계의 학습목표로 나아가기에 적절한지를 평가한다.

행동주의 이론은 학업이나 사회성 영역의 새로운 행동을 가르치기 위해 적용될 수 있을 뿐만 아니라 문제행동의 감소를 위해서도 널리 적용되고 있다. 이러한 목적을 달성하기 위해서는 행동의 기능평가 정보에 근거해서 다음과 같은 기법들을 적용할 수 있다.

① 관련 선행요인의 변화(구조화와 조직화, 자료와 교육과정의 수정, 교수 속도의 변화 등)

② 대안적 행동의 교수(사회적 기술 훈련 등)

③ 적절한 행동은 강화되고 부적절한 행동은 강화되지 않도록 후속결과의 수정(차별강화 등)

④ 반드시 필요한 경우에만 벌 기법 사용

⑤ 적용되는 행동중재에 대한 점검과 평가

또한 행동 변화를 위한 기본 방법의 예시는 〈표 2-6〉과 같다.

표 2-6 행동 증가와 행동 감소를 위한 기본 방법의 예

중재방법	개념	예시
정적 강화	행동 발생 이후 강화적 자극 제시를 통해 행동의 강도나 빈도가 증가됨	제시간에 출석한 학생에게 칭찬을 해 줌
부적 강화	행동 발생 이후 혐오적 자극 제거를 통해 행동의 강도나 빈도가 증가됨	제시간에 출석한 학생에게 청소를 면제해 줌
정적 벌	행동 발생 이후 혐오적 자극을 제시함으로써 행동의 강도나 빈도가 감소됨	지각한 학생에게 반성문을 쓰게 함
부적 벌	행동 발생 이후 강화적 자극을 제거함으로써 행동의 강도나 빈도가 감소됨	지각한 학생에게 쉬는 시간을 주지 않음

교사는 문제행동을 행동주의 이론에 근거해 이해함으로써 교실 상황에서 적용할 수 있는 다양한 중재방법에 대한 시사점을 얻을 수 있다. 자료수집 방법이나 행동 변화에 영향을 주는 선행사건과 후속결과를 조작할 수 있는 기술은 정서 · 행동장애 아동 교육을 담당하는 모든 교사에게 필요하다. 행동주의 중재방법은 비록 만병통치약은 아니지만, 여러 이론적 모델에서 비롯된 유용한 많은 기법을 활용할 수 있도록 해 준다.

표 2-7 행동주의 모델의 요약

원인	평가절차	중재방법
• 수동적(고전적) 조건화 • 조작적 조건화 • 사회적 학습 (관찰학습, 모델링)	• 검목표(체크리스트) • 행동평정척도 • 행동기록법 • 기능적 행동평가	• 사회적 기술 훈련 • 행동 증가 기법(강화자극 사용, 행동계약, 토큰강화 등) • 행동 감소 기법(차별강화, 타임아웃, 벌, 신체적 구속)

4. 인지주의적 모델

인지주의적(cognitive) 모델에서는 정서 · 행동장애가 인지의 문제로 인해 야기된다고 보고 있다. 인지주의 심리학자들은 지각이나 신념의 변화를 통해 개인들이 자신의 정서 · 행동 반응을 변화시킬 수 있다고 믿는다.

따라서 이 모델에서는 자신의 목표, 행동, 사고에 대해 정확하게 생각하도록 가르치는 방법 혹은 자신의 인지와 세계관을 재구조화하거나 새로운 인지 기술과 전략을 사용하여 이전과는 다르게 생각하는 것을 가르치는 방법을 제안한다. 첫 번째 방법은 학교에서도 사용되지만 주로 임상적 상황에서 상담가의 지도하에 실시된다. 두 번째 방법은 학교나 교육기관에서 주로 사용되며 학생들의 문제해결력, 기억, 이해능력을 증진시키기 위해 체계적인 사고방법을 가르치거나 자신의 행동을 숙고하고 변화시킬 수 있는 다양한 기술을 가르친다.

정서 · 행동 문제에 대한 인지치료는 주로 자기관리와 자기통제를 중심으로 이루어지기 때문에 교사 자신의 심리학적 배경에 따라 다양한 방법들이 채택될 수 있다.

1) 정의와 기본 관점

- 정서와 행동은 경험한 사건에 대한 해석의 결과라고 말할 수 있으므로 임상적인 개선은 사고의 변화에 의해 결정된다(Haaga & Davison, 1991, p. 148).
- 인지주의 심리학자들은 행동에 영향을 주는 개인의 사고, 신념, 기대, 태도 등에 주로 관심을 둔다. 인지상의 장애과정은 심리적 장애를 유발하며, 인지의 변화를 통해 장애행동은 개선될 수 있고 치유될 수 있다(Rosenhan & Seligman, 1989, p. 118).

인지주의적 접근은 근본적으로 행동주의 모델에 대한 차별화된 관점에서 출발했다. 행동주의적 모델에서는 인간의 행동과 장애를 단지 외적 사상(event)의 기능을 통해 설명하고 있다. 그러나 인지주의 심리학자들은 행동이란 외적 사상뿐만 아니라 그 사상에 대한 개인의 해석방법에 의해 결정된다고 주장하며, 나아가 개인의 사고, 감정, 행동 간에는 상호작용적인 관계가 존재하는 것으로 본다(Bandura, 1986).

인지주의직 모델은 정서 · 행동에 대한 외적 사상의 영향은 인정하지만 인간의 내적 과정이 장애의 근본적 원인이라고 가정한다는 점에서 정신역동적 모델이나 신체생리적 모델과 유사성을 가진다. 그러나 이 모델에서의 가장 주된 관심은 개인의 지각과 사고이다. 이 모델에서는 외적 사상이 단일 요인으로 정서 · 행동장애를 유발하는 것이 아니라 외적 사상에 대한 개인의 신념과 왜곡된 사고가 스스로 불행과 두려움을 만들어 낸다고 본다. 자신에 대한 부정적 시각과 삶에 있어서 이겨 낼 수 없는 장애물, 미래에 대한 절망감 등을 떨쳐 내지 못하는 부적절한 인지나 사고가 부적절한 감정과 행동을 유발한다는 것이다.

2) 원인과 발달

개인의 인지과정 분석을 위해서는 사고 패턴에 대한 어느 정도의 이해가 선행되어야 한다. Rosenhan과 Seligman(1989)은 인지과정을 단기(short-term) 의식적 인지과정과 신념체계와 같이 단기과정에 영향을 주는 장기(long-term) 무의식적 인지과정으로 나누어 설명하고 있다.

(1) 단기 의식적 인지과정

① 기대

사람들은 미래 사건에 대해 예상할 때 일어나는 또는 일어날 후속결과에 대한 기대(expectation)를 형성한다. 기대에 대한 개념과 기대가 행동에 미치는 영향은 사회학습 이론을 중심으로 연구되어 오고 있다. Bandura에 따르면, 사람은 직접적인 강화를 통해서 학습되기도 하지만 타인이 강화받는 것을 보는 것만으로도 학습된다. 그 이유는 자신의 동일한 행동도 강화될 것이라는 기대 때문이다. Bandura는 이러한 기대를 결과 기대와 효율성 기대라고 정의하고 있다.

결과 기대는 특정 행동이 특정 결과를 이끌어 낼 것이라고 예상하는 것이다. 좋은 성적을 받아 강화되기를 바라는 학생은 긍정적 결과 기대를 갖게 되고 좋은 성적을 받기 위해 열심히 노력하게 될 것이다. 효율성 기대는 특정 방식으로 수행할 수 있는 자신의 능력에 대한 신념을 갖는 것이다. 사람들은 자신의 능력으로 감당할 수 없다고 믿는 과제나 상황을 회피하고, 스스로 처리할 능력이 있다고 판단되는 활동은 수행하려는 경향이 있다. 그러므로 학생들은 좋은 성적을 받으면 보상이 따른다는 사실을 인지하고 있지만, 좋은 점수를 받을 만큼 수행할 능력이 있다고 판단되지 않으면 시도하고자 하는 동기조차 유발되지 않는다. 효율성 기대는 반응의 시도, 시도 후의 노력 투자, 난관 직면 시의 노력 지속 여부 등을 결정하는 데 영향을 미친다.

부정적 결과 기대와 부정적 효율성 기대는 불안이나 공포와 관련이 있다. 불안이나 공포를 갖는 사람은 바람직하지 않은 어떤 일이 일어날 것이라고 예상한다. 예를 들면, 시험에 떨어질 것이라고 믿는 사람은 시험 전부터 극심한 두려움을 나타내고 실제로 식은땀을 흘리기도 하며, 심한 경우 시험장에서 떠나기도 한다. Bandura는 공포를 치유하기 위한 체계적 둔감법이나 모델링 치료법은 자기효율성 기대를 변화시키는 데 효과적이라고 한다.

② 평가

평가(appraisal)는 자신에게 일어나는 일과 자신이 하는 일에 대해 감정 · 사정하는 것이다. 이러한 자기평가는 의식적으로 행해지기도 하지만 때로는 자동적으로 나타나기도 한다. Beck(1976)은 '행복해지기 위해서는 성공해야 한다.' '행복해지기 위해

나는 언제나 모든 사람들에게 수용되어야 한다.' '나의 가치는 타인이 나를 어떻게 보느냐에 달려 있다.' '내가 실수를 한다면 이는 내가 무능하다는 것을 의미한다.' 등의 생각은 부정적 자기평가와 우울증을 야기할 수 있다고 지적한다. 일상적으로 이러한 생각들로 자신을 부정적으로 평가할 경우 슬픔과 무력감, 나아가 우울증이 나타날 수 있다.

③ 귀인

인간이 자신의 행동과 관련된 인과관계를 어떻게 추론하는지를 설명하려는 귀인(attribution) 이론은 학업성취의 동기 규명에도 널리 활용되고 있다. 귀인 이론의 주된 가정은 결과나 사건의 원인에 대한 개인의 인식은 장래 성취행동에 영향을 준다는 것이다. Weiner(1985)에 따르면, 사람은 개인적 실패, 예상치 못한 사건, 중요한 과제, 무력감을 느끼는 상황뿐만 아니라 일상의 경험에 대해서 '왜'라는 질문을 통해 사건의 원인을 규명하고 사건의 원인에 대한 인과적 귀인을 한다. 성공이나 실패의 원인을 설명하기 위해 개인이 인식하는 요인들은 무수히 많지만, 주요 요인으로 능력, 노력, 운, 과제의 난이도, 기분, 타인의 도움 등을 들 수 있다. 사건의 원인을 개인의 내부 혹은 외부 요인 중 어디에 귀인하는가에 따라, 영속성에 따라, 개인의 의도에 의한 통제 여부에 따라 내적/외적, 안정적/불안정적, 통제 가능/통제 불가능 차원으로 범주화할 수 있다. 이를 요약하면 〈표 2-8〉과 같다.

표 2-8 귀인 차원에 따른 성공 · 실패의 원인

소재성 / 안정성 / 통제성	내적		외적	
	안정적	불안정적	안정적	불안정적
통제 가능	평소의 노력	일시적 노력	교사의 편견	타인의 도움
통제 불가능	능력	기분	과제의 난이도	운

또한 Weiner는 귀인의 기대 성향과 관련해서 목표에 대한 기대만으로는 행동을 결정하는 데 충분치 않으며, 귀인은 정서에 영향을 미치고 정서는 행동을 동기화하는 역할을 한다고 주장한다. 즉, 결과에 대한 귀인은 기대와 정서에 관련되며, 기대와 정서가 합쳐져서 성취행동에 영향을 준다.

부적절한 기대와 귀인이 복합되면 학습된 무력감(learned helplessness)이라는 결과를 낳을 수도 있다. Seligman과 Maler(1967)는 개를 대상으로 회피할 수 없는 전기충격을 가하는 일련의 실험을 수행하였는데, 결국 그러한 전기자극에 반복적으로 노출된 개들은 나중에 가서는 아무런 대응 반응이나 회피하려는 노력을 하지 않고 수동적으로 전기충격을 받아들이게 되었다. 이 연구자들은 이러한 현상은 개들이 사건의 결과와 자신의 반응 간의 무관성, 즉 무력감을 학습하게 되었기 때문이라고 설명하였다. 관련 연구들에서는 인간도 통제 불가능한 사건에 반복 노출될 경우 무기력 현상이 나타난다고 밝히고 있다. 학습된 무력감 이론은 [그림 2-2]에 제시된 것처럼 3가지 일련의 요소로 설명할 수 있다.

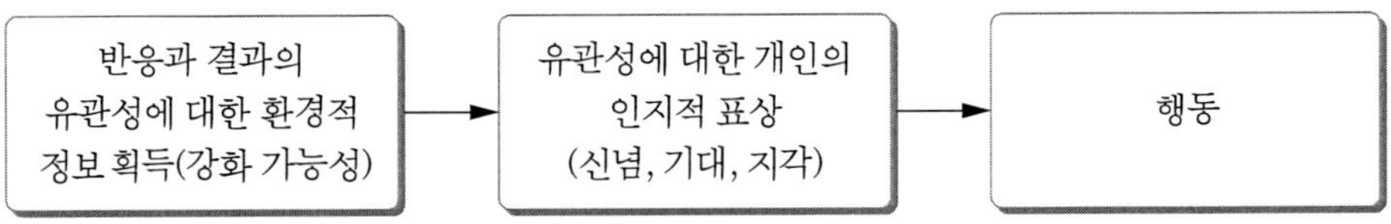

[그림 2-2] 획득된 정보가 행동으로 이행되는 과정

출처: Faulkner(1979), p. 3.

이 이론에 따르면, 학습된 무력감을 느끼는 사람은 3가지 측면에서 결손이 나타난다. 가장 현저한 현상은 반응 시도의 감소라는 동기적 측면에서의 결손이다. 자신의 반응으로부터 아무런 것도 기대할 수 없다는 무기력을 느끼기 때문에 과제에 대한 주도적 반응이 감소하고, 무관심, 게으름, 욕구 결여 등이 나타나며, 심지어 충분히 성취할 수 있는 과제에 대해서도 쉽게 포기하는 인내의 부족이 현저하게 드러난다. 두 번째는 유관적 결과가 변화될 수 있다고 인식하는 인지능력이 저하된다. 인지적 능력의 저하는 의사결정 능력의 저하, 성공 가능성에 대한 지각 실패로 이어진다. 세 번째는 매사 무관심하거나 자기비하, 낮은 자아존중감 등 정서적 측면에서 결손이 나타난다. 이로 인해 우울증, 절망감, 고독감, 불면증, 사회부적응 등의 증상뿐만 아니라 공격성, 분노 등이 나타나기도 한다. 요약하면, 무력감을 느끼는 사람들은 나쁜 사건이 일어날 것이라고 기대하고 이에 대해 자신들은 아무것도 할 수 없다고 믿게 된다.

(2) 장기 무의식적 인지과정

장기 인지과정은 의식적 인지를 지배한다고 가정된 구성 개념이며 추론된 요인이다. 예를 들면, 신념과 같은 것을 말한다. Ellis(1976)는 심리적 장애는 비합리적 신념, 즉 단기적인 기대나 평가, 귀인을 통해 형성되는 신념에서 기인된 것이라고 주장한다. 이후 그의 생각은 여러 가지 심리적 장애를 치료하기 위해 잘못된 신념체계를 재구조화하는 방법인 합리적 정서치료(Rational Emotive Therapy: RET), 더 나아가 합리적 정서행동치료(Rational Emotive Behavior Therapy: REBT)로 발전되었다.

Ellis는 합리적 신념은 자신과 사회에 대해 책임감 있는 행동을 유발하지만, 비합리적 신념은 타인과 사회에 갈등을 초래한다고 주장한다. 그는 ABC 모형을 통해 비합리적 신념에 대해 반박한다. A는 불쾌감이나 짜증을 유발하는 선행사건(activating event)을 의미하며, C는 부정적 정서, 행동, 동작 등 후속결과(consequence)를 의미한다. 대부분의 사람들은 후속결과나 정서, 즉 C는 선행사건(A)의 결과라고 믿고 있다. 그러나 Ellis는 이들의 중간 매개단계인 B(beliefs), 즉 신념이 후속결과의 실질적인 원인이라고 주장한다. B의 진술이 선행사건에 대해 합리적으로 진술된다면 긍정적 · 중립적 후속결과가 야기되는 반면, 사건에 대한 비합리적인 진술은 부정적인 결과를 낳는다. REBT에서는 자신의 비합리적인 신념을 인지하고 반박하며 보다 적응적인 합리적 신념으로 대치하도록 가르친다. [그림 2-3]은 A와 B, C의 관계를 도식화해서 설명한 예시이다. REBT는 효과적인 상담기법으로 알려져 있으며, 경증의 정서문제를 가진 사람들이나 자신의 행동을 변화시키고자 하는 동기를 가진 사람에게 특히 효과가 있다고 한다.

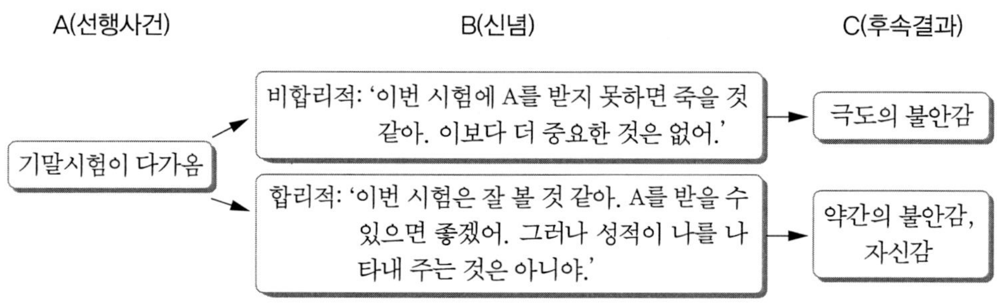

[그림 2-3] 합리적 정서행동치료의 ABC 모형의 예

(3) 인지적 중재

인지적 모델의 가정에 근거한 인지중재(cognitive intervention)는 REBT를 포함하여 다양하게 개발되고 있다. 각 치료법들은 공통적으로 부적절한 사고방식이 감정을 유발하고 나아가 행동에 영향을 준다는 사실을 가정하고 있다. 이 가정에 근거하여 인지주의 치료사들은 **잘못된 사고**가 장애의 원인이 되기 때문에 부적절한 사고방식을 끄집어내어 분석하고 변화시키기 위해 노력한다. 이들은 문제의 소재가 외적 사건에 있다는 가정을 금지하는 것에서 시작하여 인지재구조화(cognitive restructuring) 기법을 통해 역기능적 인지를 찾아내고 확인시킨다. 개인이 어떤 특정한 사건에 관하여 비합리적이고 역기능적인 신념을 가지고 있다면 그것은 자동적(automatic) 사고가 되고, 사건이 일어날 때마다 자동적 사고가 그 사건과 관련되어 일어나게 될 것이다. 이러한 자동적 사고가 왜곡된다면 역기능적인 감정과 행동들이 나타나게 된다.

인지재구조화는 자동적, 비합리적, 역기능적 사고에 직면한 아동과 부모들을 돕기 위한 교육적 기법이다. 이 기법은 아동에게 이론을 요약해서 설명해 주고, 그의 부적절한 감정과 행동을 변화시키기 위해 자동적 사고와 신념을 확인시켜 주어 변화시키도록 가르친다.

아동은 이 기법의 기초적인 개념을 이해한 후, 자신의 역기능적인 사고와 신념들 그리고 새로운 경험들을 왜곡시켜 받아들이는 신념들을 인식할 수 있게끔 지도를 받는다. 이러한 과정을 인식시켜 주기 위해 고안된 기법을 Triple Column Technique이라고 부른다. 그 예는 〈표 2-9〉에 제시된 바와 같다. 이 기법에서 교사나 치료사는 아동에게 그의 자동적 사고를 인식하게끔 안내하고 왜 그것들이 왜곡되었는지를 탐색하게 하며 합리적 반응이 무엇인가를 알게 한다.

표 2-9 Triple Column Technique의 예

자동적 사고	인지적 왜곡	합리적 반응
'나는 학교에서 비참해. 공부를 열심히 할 이유도 대학에 갈 이유도 없어.'	'나는 공부도 못하고 친구관계도 나쁘고 모든 면에서 점점 더 나빠지고 있어.'	'나는 어떤 과목에서는 성적이 좋지 않아. 그러나 다른 과목은 좋아. 모든 사람들은 장점과 단점을 가지고 있어.'

인지재구조화 기법은 자동적 사고에 초점을 두고 있으며 귀인재훈련, 이완훈련, 주장훈련, 사고평가, 자기효율성 훈련, 문제해결 치료 등에도 널리 적용되고 있다. 인지치료는 대부분 임상장면에서 사용되지만 이러한 접근법들의 상당 부분은 학교에서도 적용이 가능하다.

3) 교육적 시사점 및 요약

인지주의 심리학자들은 장애행동이란 인지와 정서 간의 관계를 통해 설명될 수 있다고 한다. 즉, 부적절하거나 잘못된 사고 패턴은 건강하지 못한 정서를 유발하고 그 결과로 인해 문제행동이 표출된다는 것이다. 이들은 부적절한 사고는 부정적 기대와 자기평가, 부정확한 귀인, 비합리적 신념으로 나타나지만 인지과정상에서 나타난 사고기술의 결함은 학습될 수 있다고 주장한다.

사고 패턴에 대한 평가는 주로 자기보고식 질문지, 사고목록화 방법, 소리내어 생각하기, 면담 등의 방법을 통해 이루어진다. 잘못된 사고나 인지적 결함이 확인되면 대안적 인지나 새로운 사고전략이 가르쳐지고 강화된다. 그 결과 정서가 완화되고 보다 적절한 행동이 형성된다. 아동에게 이전과 다른 사고방식을 가르치는 것이 가능하게 된 것은 인지재구조화나 인지전략 훈련 프로그램들의 개발에 기인된 것이다. 앞으로 특수교사가 인지치료, 합리적 정서교육, 문제해결 훈련, 인지행동주의 기법 등에 대해 더 많이 연구할 필요가 있다.

인지주의적 모델은 신체생리적 모델이나 정신역동적 모델과 같이 장애행동을 내적 인지과정의 기능상 문제로 보기 때문에 평가와 중재는 주로 개인에게 초점을 둔다. 인지치료에는 종종 행동시연, 강화, 벌과 같은 행동주의 학습 이론이 내포된다. 그러나 이 모델에 근거한 치료의 핵심은 행동 변화를 위해 외적 변인을 수정하는 것이 아니라 사고, 정서, 행동에 대한 자기관리나 자기규제를 가르치는 것이다. 〈표 2-10〉은 행동주의와 인지행동주의에 근거한 중재방법들과 중재결과의 차이에 대해 비교한 것이다.

표 2-10 행동주의와 인지행동주의 비교

중재배경	중재방법	중재결과
행동주의	• 강화와 벌 • 행동형성, 행동연쇄 • 모델링 • 차별화 훈련 • 용암 • 차별강화 • 혼합기법	→ 행동 변화
인지행동주의	• 문제해결 • 자기관리	→ 인지 변화 → 행동 변화
	• 자기교수 훈련 • 인지적 사회적 기술 훈련 • 스트레스 대처훈련 • 합리적 정서치료 • 합리적 정서 집단 상담	→ 인지 변화 → 정서 변화 → 행동 변화

출처: 이상복 외(2000), p. 55.

자기규제는 특수교육 대상학생들의 행동 개선과 학습에 매우 효과적이라고 알려져 있는 자기점검, 인지전략 교수 등의 방법을 통해 인지의 변화가 수반되어야 가능하다. 아직까지 이러한 개선이 사고의 수정에 기인된 것인지는 명확하게 확인되고 있지 않다. 따라서 인지적 기법은 정서 · 행동장애 학생을 위한 다른 중재방법이나 치료법들과 복합적으로 병행해서 사용되는 것이 바람직하다.

표 2-11 인지주의 모델의 요약

원인	평가절차	중재방법
• 부정적 사고는 부정적 기대, 평가, 귀인 그리고 비합리적인 신념으로 나타남 • 자기관리 또는 자기규제 기술의 결핍	• 자기보고식 질문지법 • 사고목록 기록법 • 소리내어 생각하기 기법 • 면담	• 합리적 정서행동치료 • 대인관계 문제해결 기술 • 자기관리 –자기교수 –자기점검 –자기평가 –인지전략 교수

5. 생태학적 모델

생태학적(ecological) 모델 또는 생태학적 체계(ecological system) 이론은 생태심리학과 지역사회심리학의 개념에 기초하고 있으며, 행동주의 모델에서처럼 정서 · 행동장애의 원인으로 아동을 둘러싸고 있는 환경을 강조한다.

이 모델에 따르면, 아동은 여러 상황과 역할을 통해 또래 및 성인들과 사회적 상호작용을 주고받는 복잡한 사회적 체계 내에서 곤란을 겪고 있는 개인으로 간주된다. 따라서 이 모델은 아동을 둘러싸고 있는 전체 사회 체계를 연구하며, 중재 또한 가능한 한 아동 환경 내 모든 측면에 초점을 둔다. 체계(system)란 상호 의존하는 부분들이 모여서 하나의 특수한 단위를 이루고 있는 집합체를 의미하며, 상위체계와 그것을 구성하는 하위체계로 구분된다. 각각의 체계는 그 자체로서 하나의 완전한 체계이면서 동시에 다른 체계의 상위체계 또는 다른 체계의 하위체계가 될 수 있다. 일반적으로 생태학적 프로그램에서 사용하는 중재방법들은 전체 사회 체계 변화에 적용할 수 있는 방법들과 행동주의 이론 및 사회학습 이론을 강조하고 있다(Kauffman & Landrum, 2013).

1) 정의와 기본 관점

> 행동장애는 충동적이고 공격적인 행동에서부터 우울하고 위축된 행동에 이르기까지의 과도하고 만성적이고 일탈된 행동들로서, 이것들은 적절성과 관련하여 그 행동을 지각하는 사람들의 기대에 어긋나며, 중지하기를 원하는 행동이라고 정의할 수 있다(Graubard, 1973, p. 246).

이 정의는 행동을 지각하는 사람과 지각되는 행동 둘 다를 강조하는 **생태학적 관점**을 나타내고 있다. 즉, 문제행동이라고 정의하기 위해서는 분명히 어떤 유형의 행동이 나타나고, 그 행동으로 인해 불쾌해하는 누군가가 분명히 있다는 점이다. 이 모델의 이론가들은 일탈(deviance)이란 환경 내 어떤 다른 개인(지각하는 사람)과의 상호작용에 달려 있다는 견해를 지지하기 때문에 '생태학적'이라는 용어를 사용한다. 이 모델에서는 특정 행동을 문제라고 규정하는 것은 바로 그 상황적 맥락이기 때문에, 행동이 일어난 그 상황적 맥락에서 행동을 분리해서 논의하는 것은 아무런 의미가 없다고 주장한다 (Coleman & Webber, 2002).

생태학적 접근의 목적은 아동에 대한 환경적 기대와 그 기대를 충족시킬 수 있는 아동의 능력 간의 차이를 줄이는 것으로 기본 가정은 다음과 같이 정리될 수 있다(Apter & Conoley, 1984).

첫째, 아동은 사회적 체계에서 분리될 수 없는 한 부분이다.

둘째, 장애(disturbance)는 아동 내부의 질병이 아니라 체계 내 부조화(균형 부족)에 기인한다.

셋째, 부조화는 개인의 능력과 환경의 요구 또는 기대 간의 차이(아동과 체계 간의 '일치 실패')로 볼 수 있다.

넷째, 중재의 목적은 체계가 작동하도록 만드는 것, 궁극적으로는 중재 없이도 체계가 작동하는 것이다.

다섯째, 체계 내 어떤 특정 부분에서의 개선은 체계 전체를 이롭게 할 수 있다.

여섯째, 중재를 위해 아동, 환경 그리고 태도와 기대라는 3가지 측면에서의 변화가 필요하다.

2) 원인과 발달

생태학적 모델에서 '장애(disturbance)'란 아동이 상호작용해야 하는 다른 사람의 행동적 기대에 달려 있다고 주장한다. 어떤 사람으로부터 장애라고 판정되는 아동이 다른 사람으로부터는 정상이라고 판정될 수도 있고 혹은 어떤 장면에서 비정상이라고 평가되는 아동의 행동이 다른 장면에서는 정상으로 평가될 수도 있다. 예상할 수 있는 분명한 것은 심각한 장애를 가진 것으로 판정되는 아동들은 다른 사람들과 상호작용하는 대부분의 환경에서 부정적인 반응을 일으킨다는 점이다. 그러므로 생태학적 모델에서 장애행동이란 원래부터 '혼란된(disturbed)' 것이라기보다는 '혼란스럽게 하는(disturbing)' 것으로 인식되며, 아동뿐만 아니라 아동의 생태계 내 다른 개인들과 요인도 강조한다. 따라서 생태학적 중재는 처치를 위한 체계적 접근이라고도 불린다 (Coleman & Webber, 2002).

유명한 생태심리학 옹호자 중 한 사람인 Bronfenbrenner는 아동과 환경과의 상호작용을 이해하기 위해 [그림 2-4]와 같은 모델을 개발하였다. 그의 주장에 따르면, 환경이란, 둥지 구조로 인형 안에 또 다른 인형이 들어 있는 러시아 인형세트와 같은 모양이며, 아동이 발달함에 따라 생태학적 환경에 대한 이해와 영향력이 증가한다. 생태학적 체계는 미시체계(microsystem), 중간체계(mesosystem), 외체계(exosystem), 거시체계(macrosystem), 시간체계(chronosystem)를 포함한다(Shepherd, 2010).

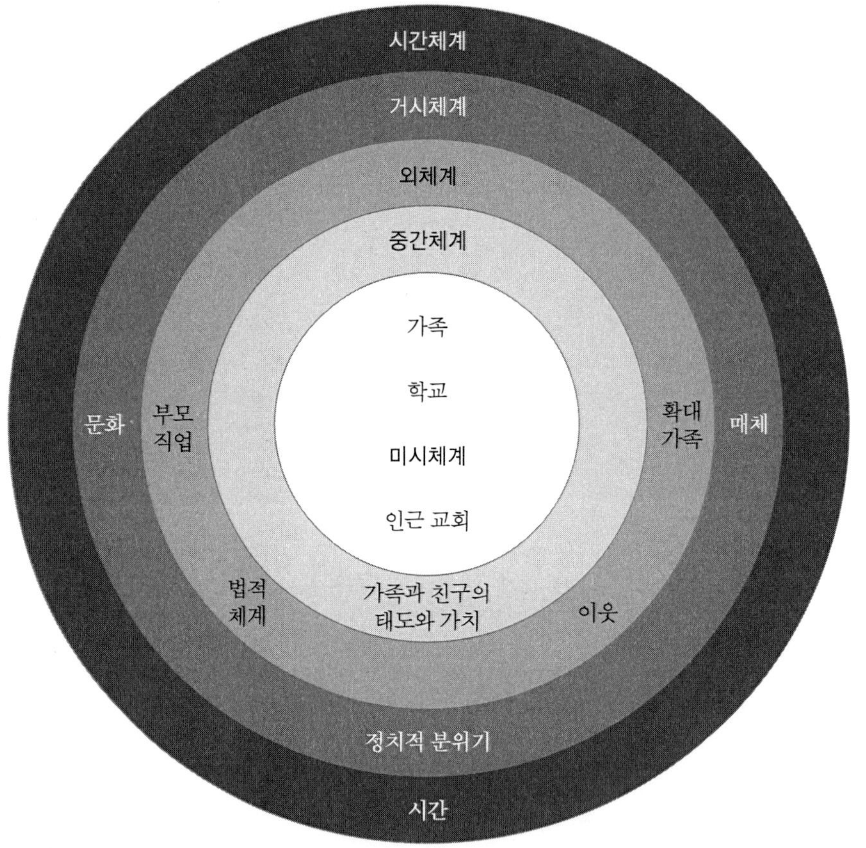

[그림 2-4] Bronfenbrenner의 생태학적 체계

출처: Shepherd(2010), p. 77.

미시체계는 부모, 형제, 학교와 또래 집단 등 아동에게 중요한 영향을 미치는 가장 인접한 환경이다. 이러한 관계는 쌍방향적이며 상호적이다. 즉, 부모와 형제는 아동의 행동에 영향을 미치며 아동도 부모와 형제의 행동에 영향을 미친다. 또한 낮은 사회경제적 지위, 편부모, 부모의 이혼, 학대 및 다른 스트레스 요인 등 미시체계의 기능적 수준도 아동 발달에 영향을 미친다.

중간체계는 가정, 운동장, 학교와 같은 많은 환경들이 포함되며, 이러한 환경들 또한 상호작용한다. 예를 들어, 부모가 학교를 적대적 환경으로 보고 교육에 가치를 두지 않는다면 이러한 태도가 학교에서의 아동 행동과 학업 수행에 영향을 주는 것처럼, 중간체계는 아동에게 있어서 가장 친밀한 학습환경이며 다른 세상에 대한 참조가 된다.

외체계는 아동과 직접 상호작용을 하지는 않지만 아동 발달에 영향을 미치는 부모의 직업, 교사의 가정 생활, 지역교육청, 지역사회 기관 등이 포함될 수 있다. 예를 들어, 아동 양육에 대해 우호적이지 않은 부모의 직장 환경은 가정에서 부모와 아동과의 상호작용 방식에 영향을 미친다.

거시체계는 법, 관습, 문화적 신념과 가치 등이 포함된다. 예를 들면, 총기 사용을 엄격하게 제한하는 국가에서는 아동 상해와 사망이 상당히 적게 나타난다.

생태학적 체계의 마지막 요인은 시간체계이다. 개인적 환경은 아동이 성장하고 발달함에 따라 변화한다. 시간의 흐름에 따라 사춘기, 학교에서 사회로의 전환, 결혼과 은퇴 등의 정상적인 경험과 가족구성원의 죽음, 이혼 등의 사건들을 경험하게 되며, 이는 일생을 통해 발생하며 개인의 발달에 중요한 영향을 미칠 수 있다.

생태학적 모델에 근거한 중재에서는 아동의 변화뿐 아니라 가정, 교육, 지역사회 체계의 변화를 강조한다. 교사가 부모와의 관계를 정립하기를 원한다면, 부모와의 관계에서 교사의 주된 역할은 자문하는 것이라는 점과 아동들에 대해 각기 기대를 달리 하는 것처럼 부모들도 동질적인 집단이 아니라 개인으로 보아야 한다는 2가지 점에 유념해야 한다. 교사는 부모를 교육 파트너로 인정함으로써 부모 및 가족과의 긴밀한 관계를 지속적으로 유지하고 부모들을 조직화하거나 상담 서비스를 의뢰하는 역할을 수행할 수 있다.

교육체계의 변화 중에서 학교 중심 접근의 대표적인 예로는 1960년대 Hobbs가 개발한 Re-ED 프로젝트(Re-Education of Emotionally Disturbed Children and Adolescents)를 들 수 있다. 이 프로젝트에서는 아동뿐만 아니라 아동의 가정, 이웃, 학교, 지역사회를 중재 대상으로 삼는다. 보다 최근에는 아동들이 행동문제로 인해 일반학급에서 분리되지 않고 재통합(reintegration)될 수 있도록 행동평정 프로파일이나 교실 및 교수 욕구분석, 기능적 행동평가(FBA) 등의 생태학적 평가에 근거하여 교실의 물리적 · 사회적 환경을 조성하고, 통합된 장면에서의 요구와 기대에 부합할 수 있는 기술을 직접적으로 가르치는 접근들이 이루어지고 있다. 현재 학교 현장에서 많은 관심을 받고 있는 긍정적 행동지원(PBS)이나 학교차원의 긍정적 행동지원(SW-PBS) 또한 생태학적 접근이라고 말할 수 있다.

체계 변화의 예로는 미국의 CASSP(Child and Adolescent Service System Program)를 들 수 있다. 이 프로그램에서는 조기판별과 예방 서비스를 증진하고 성인 서비스 체계로의 전환을 위해 아동의 사례관리 서비스를 중심으로 직업, 정신건강, 교육, 사회, 여가, 건강 등의 서비스 연계와 협력, 조정을 강조하고 있다.

현재 CASSP 모델과 함께 랩어라운드(wraparound) 모델이 미국 내의 많은 지역사회에서 적용되고 있다. 이 모델은 심각한 정서 · 행동장애를 가진 아동의 문제를 지역사회 전문가, 가족, 학교의 공동협력으로 해결해 나가는 과정이라고 정의할 수 있다(Coleman & Webber, 2002). 랩어라운드 서비스는 가족의 목소리와 선택에 대한 존중, 팀 접근, 자연적 지원, 협력, 지역사회 중심, 문화적 합당성, 개별화, 강점 중심지속성, 결과 중심의 10가지 원칙들을 필수적인 요소로 하며 통상적으로 준비, 계획, 실행, 전이라는 단계를 거쳐 체계적으로 실행된다(Quinn & Lee, 2007).

그러나 랩어라운드 모델이 비록 지역사회 중심으로 발전하였고 정신건강센터가 주축이 되지만 그 대상이 정서 · 행동장애 학생이고 궁극적인 목적은 가정과 학교에서 일반학생과 동일하게 생활하는 것이기 때문에 여기서는 학교 중심의 서비스가 제공된다. 그러므로 실질적으로 집중적인 지원과 혜택을 받는 사람은 교사라고 말할 수 있고, 교사는 팀 구성원으로서 핵심적인 역할을 수행하게 된다(이상훈, 2012).

Eber 등(2002)은 '학교중심의 랩어라운드(school-wide wraparound)'라는 개념을 도입하여 랩어라운드의 구성요소들을 학교의 예방 전략에 통합시키거나 개별화된 교육프로그램을 통해서 사용하며, 랩어라운드와 학교차원의 긍정적 행동지원(SW-PBS)을 상호 유기적으로 연결하여 치료와 교육을 병행할 때 그 효과는 증대될 것이라고 한다. [그림 2-5]는 이상적인 랩어라운드와 학교차원 긍정적 행동지원의 상호 보완점을 나타내 주고 있다.

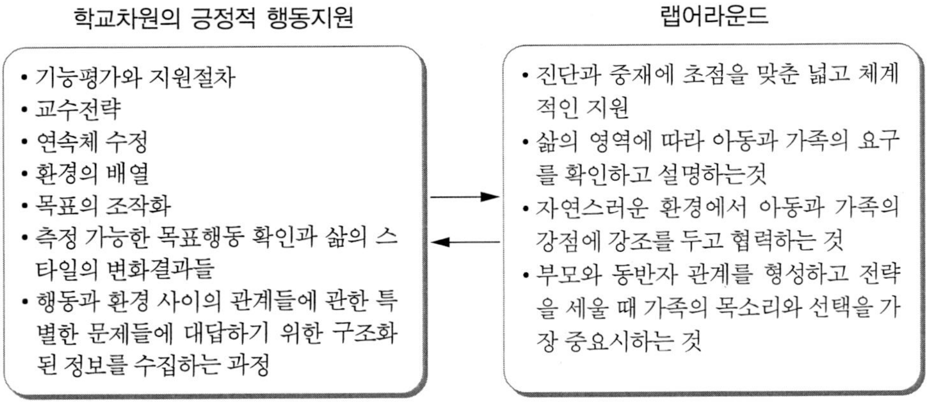

[그림 2-5] 학교차원의 긍정적 행동지원과 랩어라운드의 상호 보완점

출처: 문회원, 이숙향(2010), p. 180.

무엇보다 중요한 것은 랩어라운드 서비스는 팀 협력에 근거하고 있다는 사실이다. 특수교육에서는 이전부터 초학문적 접근(transdisciplinary approach)을 강조해 왔으며, 정서 · 행동장애 아동의 경우 교사, 의료전문인, 치료사, 심리학자, 상담가, 사회사업가를 포함하는 영역 간 서비스(cross-disciplinary services) 제공이 매우 중요하다. 실제로 이러한 학생들이 보이는 내재화, 외현화 행동문제는 전문가 한 사람의 교육과 치료로 해결될 수 없는 매우 복잡한 양상을 띠고 있다. 그러므로 랩어라운드의 원칙에서 명시하고 있는 팀 중심 접근은 정서 · 행동장애 학생을 위한 최상의 중재 실제를 제공한다고도 볼 수 있다(문회원, 이숙향, 2010).

또한 랩어라운드를 우리나라에 적용할 때 한국적 프로그램의 원칙과 철학이 반영될 수 있는 다양한 활동과 단계들을 구체적으로 제시해야 하고, 프로그램의 핵심이 가족이라는 점을 명심하며, 참여하는 모든 책임자의 헌신과 의사소통이 요구된다는 점들을 고려해야 한다(김경양, 2010).

3) 교육적 시사점 및 요약

생태학적 모델에 따르면, 아동이 장애를 가지고 태어나는 것이 아니다. 장애는 생태계, 체계 균형에 있어서의 문제로 인식된다. 아동이 속해 있는 그 사회의 기대와 가치가 아동이 환경과 상호작용하는 것을 부적절하다고 평가할 때, 아동에게 정서 · 행동장애가 나타날 수 있다. 일탈은 아동과 사회적 체계 구성요소들 간의 상호작용에 있어서의 불일치에 기인한다. 아동의 상호작용이 적절하고 환경과 잘 조화될 때 아동과 생태체계는 균형을 이룬다. 이 상호작용이 조화롭고 균형을 이루게 될 때 아동의 행동은 사회적 규준에 의해 수용 가능하다. 반면, 균형을 이루지 못할 경우, 수용될 수 없는 행동들이 발생할 것이다.

그러므로 아동은 문제를 가진 당사자라기보다는 문제의 한 부분으로 파악된다. 문제가 되는 체계의 모든 요소가 문제의 기여 요인으로 분석되어야 하고 아동과 함께 중재의 목표가 되어야 한다. 따라서 생태학적 모델에 근거한 중재에서는 아동이 살고 있고 상호작용하고 있는 다양한 체계 내에서의 중재를 강조하며, 아동의 가정과 학교, 지역사회, 사회적 체계의 변화를 요구한다. 비록 생태학적 중재가 효과를 나타내기 어렵다고 하더라도 교사는 아동과 가정의 변화를 위해 부모 참여를 지원하고 지역사회 중심의 체계적 · 연속적 서비스를 제공할 수 있도록 체계 내 다른 사람과 자원을 연결하는 역할을 수행해야 할 것이다.

표 2-12 생태학적 모델의 요약

원인	평가절차	중재방법
• 생태체계 내의 장애: 가정 학교 지역사회 사회	• 교실 교수 요구 분석(Analysis of Classroom Instructional Demands) • 행동평정 프로파일-2(Behavior Rating Profile-2) • 교수환경척도(The Instructional Environment Scale) • 기능적 행동평가(FBA)	• 부모 참여, 지원, 훈련 집단 • 재통합 • Re-ED 프로젝트 • CASSP 모델 • 랩어라운드 서비스

학습과제

1. 정서 · 행동장애를 설명하기 위한 개념적 지도 모델의 필요성을 설명하시오.
2. 정서 · 행동장애를 설명하기 위한 개념적 지도 모델들이 다양한 이유를 설명하시오.
3. 신체생리적 모델의 기본 가정과 교육적 시사점을 설명하시오.
4. 정서 · 행동장애 아동의 약물치료와 관련하여 교사의 역할을 설명하시오.
5. 정신역동적 모델의 기본 가정과 교육적 시사점을 설명하시오.
6. Freud의 심리성적 발달단계와 Erikson의 심리성적 발달단계를 비교하시오.
7. 행동주의적 모델의 기본 가정과 교육적 시사점을 설명하시오.
8. 수동적 조건화와 조작적 조건화, 사회적 학습이론에 근거한 학습의 예를 각각 제시하시오.
9. 행동 증가와 행동 감소를 지원하기 위한 행동주의적 접근 방법을 각각 예시하시오.
10. 인지주의적 모델의 기본 가정과 교육적 시사점을 설명하시오.
11. 개인의 장기 인지과정에 영향을 주는 요인들을 설명하시오.
12. 합리적 정서행동치료(REBT)의 특성에 대해 설명하시오.
13. 생태학적 모델의 기본 가정과 교육적 시사점을 설명하시오.
14. 학교차원 긍정적 행동지원(SW-PBS)과 랩어라운드(wraparound)의 상호 보완점을 설명하시오.

제 3 장

정서 · 행동장애의 관련 요인

학 습 목 표

1. 정서 · 행동장애에 영향을 주는 생물학적 위험 요인에 대해 설명할 수 있다.
2. 정서 · 행동장애에 영향을 주는 환경적 위험 요인에 대해 설명할 수 있다.
3. 정서 · 행동장애에 영향을 주는 생물학적 요인과 환경적 요인 간의 관련성에 대해 설명할 수 있다.

정서 · 행동장애를 유발할 수 있는 위험요인은 크게 생물학적 요인과 환경적 요인으로 나눌 수 있을 것이다. 생물학적 요인에는 유전, 뇌손상 및 뇌기능장애, 건강 관련 문제, 타고난 기질 등이 포함되며, 환경적 요인에는 가족, 학교, 문화 관련 요인들이 포함된다. 이러한 요인들이 정서 · 행동장애의 발생에 관여한다. 그러나 단일 요인이 정서 · 행동장애의 원인이 되는 경우는 드물며, 다양한 요인들 간의 상호작용의 결과로 정서 · 행동장애가 나타난다. 따라서 이들 요인 간의 복잡한 상호 관련성을 이해하는 것이 중요하다.

Steinberg와 Avenevoli(2000)는 정서장애와 관련된 위험요인을 고려할 때 장애를 발생시키는 요인과 유지시키는 요인을 구분할 것을 제안하였다. 먼저, 아동이 가지고 있는 특정 장애에 대한 생물학적 소인이 환경적 스트레스 요인에 의해 촉발될 때 장애가 발생한다고 보았다. 이때 생물학적 소인과 환경적 요인의 상호작용으로 인한 결과는 다양하게 나타날 수 있다. 예를 들면, 부모의 죽음이라는 생활사건 스트레스는 생물학적으로 우울장애 소인을 가진 아동에게 우울장애를 유발하며, 공격성 관련 소인을 가진 아동에게 품행장애를 유발하지만, 아무런 장애 소인을 갖고 있지 않은 아동에게는 특별한 영향을 주지 않는다. 다음으로, 이미 정서 · 행동장애를 가지고 있는 아동의 경우 환경적 요인이 부적응행동을 반복하게 하거나 심화시키는 유지요인으로 작용할 수 있다. 예를 들면, 비효율적 학급 운영 방식은 학생의 문제행동을 반복하게 만듦으로써 문제행동을 강화하고 유지시킨다.

이렇게 아동에게 생물학적 혹은 환경적 위험요인이 존재한다 하더라도 반드시 정서 · 행동장애가 나타나는 것도 아니다. 동일한 위험요인이 존재하는 경우에도 어떤 아동은 위험요인들에 의해 쉽게 굴복되는가 하면 어떤 아동은 엄청난 역경을 겪으면서도 성공적으로 적응한다. Wicks-Nelson과 Israel(2004)은 그 이유를 적응유연성(resilience) 때문으로 보았으며, 적응유연성은 인내심과 용기와 같은 개인적인 특성에만 국한된 것이 아니라 환경적 요소에도 근거를 두고 있다고 설명하였다.

Wicks-Nelson과 Israel(2004)은 적응유연성을 높이는 첫 번째 요인으로 높은 지능, 사교성, 사회적 유능성, 높은 자아존중감, 느긋한 기질, 자기훈육, 스트레스 대처능력과 같은 개인적 특성을 들었다. 예를 들면, 순종적인 특성을 가진 동생과 반항적인 손위 형제는 가정에 발생한 동일한 문제에 각기 다르게 반응한다. 두 번째 요인으로는 환경적 요인들로 아동이 스트레스를 경험할 때 주어지는 가족의 애정, 권위적 양육, 사회경제적 혜택, 확대가족의 지원 등은 보호요인으로 작용한다. 또한 더 넓은 사회적 환경에 속한 친사회적 개인(교사나 친구, 성직자 등)이나 기관(학교, 교회, 지역아동센터 등)이 제공하는 지원이 아동의 자아존중감과 자기 효능감을 촉진시킴으로써 적응유연성을 발휘할 수 있도록 돕는 것으로 보았다.

1. 생물학적 요인

의학, 유전학과 생리학의 발전은 정서 · 행동장애에 미치는 생물학적 요인의 영향력에 주의를 더욱 기울이게 만들었다. 생물학적 요인이 모든 행동에 전반적인 영향을 미치는 것은 분명해 보이지만 절대적인 것이 아니며, 원인과 결과 사이의 관계를 분명하게 증명하지 못하는 경우도 많이 있다. 또한 환경적 요인이 생물학적 과정에 개입하여 상호작용하면서 영향을 미친다(Kauffman & Landrum, 2013).

1) 유전

대부분의 정서 · 행동 문제에 대한 유전적 관련성이 보고되고 있다. 유전적 관련성은 가족과 친척, 쌍생아, 입양아 연구에 의해 확인된다. 대개 일차 친족 범위에 들어갈 때 유전 가능성은 증가한다. 이는 주요 우울장애를 가진 부모를 둔 자녀가 주요 우울장애에 걸릴 위험이 보다 높음을 의미한다. 부모 혹은 형제와의 일치율을 조사하는 경우, 가족은 동일한 환경에서 생활하기 때문에 환경적 영향을 완전히 배제할 수 없다. 따라서 쌍생아나 입양아를 대상으로 하는 유병률 조사가 보다 확실하게 유전적 요인을 지지해 준다. 대부분의 정서 · 행동 문제는 이란성 쌍생아보다는 일란성 쌍생아에서 일치율이 높고, 입양한 부모보다 생물학적 부모와의 일치율이 높게 나타난다. 또한 아동기 발병 조현병과 같이 어린 연령에서의 발병은 보다 심한 유전적 취약성의 증거로 보기도 한다(Wicks-Nelson & Israel, 2004).

정서 · 행동장애 중 유전적 관련성이 비교적 높은 문제는 조현병(정신분열증)과 우울장애, 특히 양극성 장애 등이다. 반면, 적대적 반항장애나 품행장애는 유전적 영향이 거의 없거나 적은 장애로 알려져 있다. 유전적 관련성이 특히 높은 조현병은 양쪽 부모가 조현병을 가지고 있는 경우 자녀 발병률이 40% 정도이며, 일란성 쌍생아의 경우 한쪽 형제가 조현병이면 나머지 형제에게서도 나타날 가능성은 55%에 이른다(Howline, 2002). 그러나 조현병에 대한 유전적 위험이 높다는 사실이 조현병이 있는 부모의 자녀가 모두 조현병을 갖게 된다는 것을 의미하지는 않는다. 즉, 양쪽 부모가 모두 조현병을 가지고 있는 경우에도 60%에 이르는 자녀들은 조현병이 나타나지 않는다.

특정 유전적 소인이 단일요인으로 유전되어 발병하기도 하지만 다양한 환경적 요인과 상호작용하여 발병을 초래하기도 한다. 조현병의 병인을 설명하는 **병적 소인-스트레스 모형**에서는 조현병에 대한 병적 소인을 가지고 태어난 아동이 출생 후 어떤 스트레스 요인(불행한 생활사건, 가족 역학 등)에 의해 조현병이 발병할 수 있음을 설명한다.

동일 유전적 요인이라도 어떤 환경적 요인과 상호작용하느냐에 따라 결과적으로 다른 장애가 초래되기도 한다. 예를 들어, 부부간에 불화가 없는 부모의 우울장애는 자녀의 우울장애와 불안장애와 같은 내재화된 문제로 이어지고, 부부불화 상태에 있는 부모의 우울장애는 자녀의 적대적 반항장애나 품행문제로 이어질 가능성이 높다(Phares, 2003).

2) 뇌손상과 뇌기능 이상

정서 · 행동장애에 대한 위험을 높이는 뇌와 관련된 생물학적 원인에는 **뇌손상**과 **뇌기능 이상**이 있다. 뇌는 출생 전, 출생 시, 출생 후 다양한 원인들로 인해 손상을 입을 수 있다. 임신 중에 산모가 섭취한 약물이나 독물이 뇌손상을 일으킬 수 있다. 출생 시에 일어나는 대표적인 문제 중 하나인 저산소증으로 인해 뇌조직이 파괴되기도 한다. **외상성 뇌손상**(Traumatic Brain Injury: TBI)은 선천적인 조건으로 인해 생긴 것이 아니라 폭행, 사고, 수술 등 후천적 문제로 인해 생긴 손상으로 눈으로 확인이 가능한 뇌손상 또는 사고나 학대로 인해 외부적인 손상은 없으나 신경조직이 눌리거나 잘려서 생긴 뇌손상 모두를 의미하며, 이로 인해 뇌기능에 이상이 생긴 것이다. 선천적인 원인이나 질병으로 생긴 뇌의 구조적인 비정상성(뇌의 크기 이상, 특정 부위의 기형 등) 역시 뇌기능 이상을 초래하여 정서 · 행동 문제를 야기할 수 있다(Kauffman & Landrum, 2011).

신경조직이나 뇌의 구조적 이상은 발견되지 않으나 뇌의 **신경화학적 불균형**으로 인해 뇌기능 이상이 생길 수 있다. 전두엽 영역에서 신경전달물질인 도파민과 노르에피네프린의 감소는 주의력결핍 과잉행동장애(Attention-Deficit Hyperactivity Disorder: ADHD)와 관련성이 높다. 최근에는 ADHD의 핵심적인 결함을 전두엽과 전전두엽 피질에서 나타나는 실행 역기능(executive dysfunction)으로 보고 있다(Kutcher, 2010). 실행기능은 목표를 계획하고 자신을 적절히 통제하며 체계적인 일의 수행을 통해 최상의 미래의 결과를 성취해 나가기 위해 자신을 이끄는 인지체계인데, ADHD를 가진 학생은 이러한 실행기능을 제대로 활용하지 못한다는 것이다.

3) 기질

기질(temperament)은 성인기 성격의 토대가 되는 심리적인 특성으로 행동 양식(behavioral style)과 정서적 반응 유형을 의미한다(정옥분, 2002). 환경의 영향을 거의 받지 않는 영아들이 나타내는 저마다 독특한 개성과 행동양식은 기질이 선천적으로 타고나는 생물학적 특성임을 보여 주는 증거이다. 타고난 기질이 환경과 상호작용한 결과로 미래의 성격을 형성하게 된다.

Thomas와 Chess(1986)는 기질을 구성하는 9가지 특성(〈표 3-1〉 참조)을 밝히고, 이 특성들을 기준으로 순한(easy) 기질, 까다로운(difficult) 기질, 느린(slow-to-warm-up) 기질로 구분하였다. 40% 정도의 영아가 순한 기질, 10%의 영아가 까다로운 기질, 15%의 영아가 느린 기질을 가지고 태어나며, 나머지 35%의 영아는 특정 유형의 기질로 구분하기 어렵다(정옥분, 2002). 먼저, 순한 기질의 영아는 규칙적인 수유나 수면 주기를 보이며, 새로운 생활습관에 잘 적응하고 좌절에도 적절히 순응한다. 즐거운 기분으로 혼자서도 잘 놀며, 사람들과도 잘 어울린다. 다음으로, 까다로운 영아는 불규칙한 수유, 수면, 배변 습관을 보인다. 활동성이 높으며, 하나의 장난감을 가지고 노는 시간이 짧고 자리 옮김이 심하다. 고집이 세고 자주 불행해하며, 적대적인 정서를 많이 표현하고 조그만 좌절에도 강한 반응을 보인다. 새로운 상황이나 사람에게 적응하는데도 많은 시간이 필요하다. 마지막으로, 느린 기질의 영아는 생물학적 규칙성을 보이며, 활동성이 높지 않으며 수동적이다. 새로운 사건이나 사물을 접할 때 경계심을 가지고 불안해하지만, 탐색할 시간이 주어지면 느리지만 조심스럽게 접근하면서 결국에는 적응하여 흥미를 가지고 참여하는 편이다.

표 3-1 기질의 9가지 특성

기질의 9가지 특성
• 규칙성(rhythmicity): 수유시간, 수면주기, 배변 습관 등에서 어느 정도 규칙적이고 예측 가능한가?
• 활동 수준(activity level): 일상 활동(수유, 목욕, 잠, 놀이 등) 중에 어느 정도로 움직이는가?
• 접근/회피(approach/withdrawal): 새로운 사건이나 자극(사람, 장난감, 음식)에 어떤 방식으로 반응하는가?
• 적응성(adaptability): 변화된 상황이나 자극에 얼마나 쉽게 적응하는가?
• 기분의 질(quality of mood): 슬프고 불쾌한 행동(부정적 기분)과 대조되는 행복하고 기분 좋은 행동(긍정적 기분)을 얼마나 많이 보이는가?
• 반응 역치(threshold of responsiveness): 어느 정도의 자극의 양에서 반응하는가?
• 반응 강도(intensity of reaction): 긍정적 기분이든 부정적 기분이든 어느 정도로 강하게 표현하는가?
• 주의산만(distractibility): 예기치 않은 외부 사건이나 자극에 의해 얼마나 쉽게 산만해지는가?
• 지속성(attention span and persistence): 장애물에도 불구하고 활동을 포기하지 않고 얼마나 오래 지속하는가?

3가지 기질 중 까다로운 기질이 정서 · 행동장애에 대한 위험이 보다 높을 수 있다(Caspi, Henry, McGee, Moffitt, & Silva, 1995). 까다로운 기질을 가진 남아가 청소년기에 이르러 공격성과 같은 외현화 문제를 갖는 비율이 상대적으로 높은 것으로 보고되고 있다(Center & Kemp, 2003). 그러나 이러한 현상은 특정 기질 자체가 장애를 유발한 것이라기보다는 기질과 부모의 양육방식 간의 상호작용에 의한 결과로 보아야 한다. 까다로운 아이와 부모의 양육방식 간의 상호작용 특성을 살펴보면, 까다로운 아이를 돌보는 일이 쉽지 않기 때문에 부모가 자녀의 행동을 지나치게 통제하거나 부정적인 감정을 자주 표현하고, 벌과 같은 강압적인 처벌을 사용하기 쉽다. 부모의 이러한 양육방식은 다시 자녀에게 부정적인 영향을 주어 결국 서로 간에 부정적인 상호작용을 주고받는 악순환이 이어진다. 이렇게 영아의 기질과 부모의 양육방식이 적절한 균형을 이루지 못하는 **조화의 부적합성**(poorness-of-fit) 상태에 이르게 되면 정서 · 행동장애가 유발될 수 있다. 느린 아이의 경우에도 부모가 빨리 행동할 것을 요구하고 다그치게 되면 스트레스를 받아 자신감과 자존감이 낮은 아이로 성장하기 쉽다. 순한 아이라도 항상 부모의 말에 따르도록 강요하면 자율성과 주도성이 낮은 아이로 성장할 수 있는 것이다. 결국 어떠한 기질이든 그 자체로 좋고 나쁜 기질은 없으며, **조화의 적합성**(goodness-of-fit) 모델에 따르면, 까다로운 기질을 가진 아이라도 부모가 자녀의 기질을 잘 이해하고 그에 맞는 양육방식을 사용한다면 올바른 성격의 형성과 정서의 발달

을 이룰 수 있다.

4) 기타 건강 문제

심각한 영양실조가 아동의 발달에 부정적인 영향을 미친다. 뇌발달의 지체, 뇌손상, 정신지체, 사회적 위축과 같은 결과를 야기하거나, 이러한 문제가 복합적으로 나타날 수도 있다(Kauffman & Landrum, 2013). 반응성 애착장애 아동의 경우 학대나 유기로 인한 심한 영양실조 상태와 관련 있을 수 있다.

저혈당증, 비타민이나 미네랄 결핍, 특정한 음식이나 영양물질에 대한 알레르기 역시 아동의 행동에 부정적인 영향을 미칠 수 있다. 그러나 기억할 것은 이러한 문제들을 가진 아동들 모두가 정서 · 행동 문제를 가지는 것은 아니라는 사실이다. 어떤 특정한 음식이나 알레르기가 아동의 인지, 정서, 행동 문제를 일으킨다는 것은 매우 과장된 주장으로 받아들여지고 있다(Kauffman & Landrum, 2013).

2. 환경적 요인

1) 가족 요인

가족은 아동에게 가장 중요한 환경으로서 아동의 정서 · 행동 문제에 지대한 영향을 끼친다. 그러나 과거의 연구들과는 달리 최근에는 아동이 부모의 행동에 미치는 영향이 가족의 상호작용을 결정하는 데 중요한 역할을 하는 것으로 밝혀지고 있다(Kauffman & Landrum, 2013). 결국 가족이 아동에게 일방적인 영향을 제공하는 것이 아니라, 가족과 아동이 서로 영향을 주고받는 복잡한 상호작용이 정서 · 행동발달에 영향을 미치는 것으로 이해해야 한다.

아동과 청소년의 정서 · 행동 문제에 대한 위험성을 증가시키는 가족 요인으로는 부부 갈등, 강압적이고 예측하기 어려운 양육방식, 정서적 지지의 결여, 가족 내 심한 증오와 경쟁, 가족 및 부모 관련 스트레스, 부적응적 가정환경, 문제가 많은 가족 체계, 부모의 부정적 정서와 부정적 통제 등이 있다. ADHD와 적대적 반항장애나 품행장애를 함께 갖고 있는 아동들을 보면, 이러한 부정적인 가족 요인이 큰 작용을 한 경우가 많다(Wicks-Nelson & Israel, 2004).

가족 요인들은 때로 다른 위험 요인들과 함께 나타나기 때문에 아동은 가정환경 내에서 다수의 위험 요인에 쉽게 노출되기도 한다(Phares, 2003). 이는 가족 요인 그 자체로 절대적인 영향력을 가진다고 보긴 어려우며, 생물학적 요인이나 다른 환경적 요인들과의 복잡한 상호작용 관점에서 그 영향력을 이해해야 함을 의미한다. 아울러 가족 요인은 정서 · 행동장애를 일으키는 직접적인 요인이 아니라 장애의 심각성에 영향을 주는 요인으로 이해해야 한다.

(1) 가족의 구조

과거에는 이혼한 가정의 아동이 양쪽 부모가 있는 가정의 아동에 비해 적응에 어려움을 겪는 것으로 보았으나, 최근에는 가족의 형태를 아동의 기능에 가장 결정적인 영향을 주는 변인으로 보지 않는다(Kelly, 2000). 실제로 부모가 이혼한 대부분의 아동들이 이혼 직후에는 분노, 걱정, 우울, 의존, 불순종 등의 문제를 보이는 혼란기를 거치지만 3년 정도가 지나면 새로운 환경에 잘 적응하여 살아가는 것으로 나타난다. 한부모 가정이나 재혼 가정의 아동들의 경우에도 이혼하지 않고 양쪽 부모가 있는 가정의 아동들에 비해 보다 많은 적응 문제를 보이는 경향이 있지만, 양쪽 부모가 있는 가정에 부부 갈등이나 고통, 낮은 사회경제적 지위와 같은 심각한 문제들이 존재할 때는 가족 형태의 차이에 따른 영향력은 별 의미가 없어진다.

따라서 아동이 한부모 가정에서 사는지 양쪽 부모가 있는 가정에서 사는지에 상관없이 부부 갈등에 노출되어 있는지의 여부가 아동 기능에 보다 중요한 작용을 한다고 할 수 있다. 흥미롭게도, 부부간의 싸움이 잦은 가정보다 갈등이 없는 이혼 가정에서 사는 아동과 청소년들이 보다 나은 기능 상태를 보이는 경향이 있다. 이는 결국 이혼 자체가 아동에게 주는 악영향보다는 이혼 과정에서 부모 간에 오고가는 폭력과 좋지 않은 대화가 지속적으로 주는 부정적 영향이 더 중요함을 시사한다(남은영, Gottman, 2007). 부부 갈등은 아동과 청소년의 외현화 문제, 내재화 문제, 사회성 문제나 대인관계 문제와 관련성이 높으며, 특히 내재화 문제보다는 외현화 문제와의 연관성이 보다 높다(Kelly, 2000). 결혼생활에서 부부 갈등이 전혀 없을 수는 없다. 남은영과 Gottman (2007)은 부부가 싸우지 않아야 하는 것이 아니라, 의견이 서로 다를 때 진지한 대화를 통해 해결책을 모색해 나가는 모습을 보여 주는 것이 가정불화의 부정적인 영향으로부터 아동을 보호하는 길이라고 하였다. 부모의 이혼을 경험한 아동의 적응 문제에 영향을 주는 또 다른 요인으로는 이혼 시 아동의 나이, 양육을 담당하는 부모의 특성, 스트레스에 대처하는 아동의 인지적 · 정서적 특성 등이 있다.

위탁가정에서 양육을 받는 아동의 경우에는 양육가정이 자주 바뀌거나 양육기술을 갖추지 못한 위탁부모와 생활함으로써 생기는 불안정감이나 불안정 애착 관계, 적절한 양육의 결핍과 같은 문제가 존재할 때 정서 · 행동장애에 대한 위험성이 높아진다.

(2) 애착

애착은 생애 초기 영아와 양육자(주로 엄마) 사이에 형성되는 친밀한 정서적 유대감이다(정옥분, 2002). 아이와 일차 애착대상이 어떤 애착관계를 형성하는지는 그 아이가 나중에 사회적으로 어떻게 행동할지를 어느 정도 예측 가능하게 해 주는 요인이 된다.

애착은 크게 안정애착(secure attachment)과 불안정애착으로 구별되며, 불안정애착은 회피애착(avoidant attachment), 저항애착(resistent attachment), 혼란애착(disorganized attachment)을 포함한다(〈표 3-2〉 참조). 애착과 부모 양육 간의 관련성을 살펴보면, 생후 3개월에서 3년 사이에 양육자와의 분리는 안정된 애착 형성을 방해하고 이후 대인관계에 부정적인 영향을 미친다. 그러나 양육하는 양적 시간보다 더 중요한 것은 양육의 질이다. **부모의 양육태도**가 애착 형성에 중요한 영향을 미친다. 첫째, 아이와 **안정애착**을 형성하는 부모는 아이가 보내는 신호에 민감하며, 아이의 신호에 즉각적으로 반응하는 경향을 보인다. 양육자의 민감하고 규칙적이고 신뢰성 있는 반응을 받은 아이는 부모와 외부 세계에 대한 신뢰를 형성하게 된다. 둘째, **불안정애착** 중 **회피애착** 유형에 속하는 어머니는 아이의 요구에 민감하게 반응하지 않고, 지속적으로 잘 돌볼지 않는 경향이 있으며, 아이와의 신체 접촉을 회피하고 화를 잘 낸다. 아이는 어머니에게 거절당한 경험으로 인해 엄마가 자신을 안아 주고 위안을 제공해 줄 것이라는 믿음을 갖지 못한다. 셋째, 불안정애착 중 **저항애착** 유형에 해당하는 어머니는 아이가 울면 어떤 때는 반응을 보여 주고, 어떤 때는 무시하는 일관성 없는 양육을 하는 경향이 있다. 아이는 부모가 항상 반응해 줄 것이라는 믿음이 없기 때문에 어머니와 있어도 불안해하고 과장된 의사표현을 하게 된다. 넷째, 불안정애착 중 **혼란애착**에 속하는 아동은 어머니가 위안의 대상인지 또 다른 불안의 대상인지 분간하지 못하고 극심한

표 3-2 애착 유형과 특성

애착 유형	특성
안정애착 (secure attachment)	65% 정도를 차지하는 안정애착 유형의 아동은 낯선 사람보다는 어머니에게 더 확실한 관심을 보인다. 어머니를 안전기지로 삼아 친숙하지 않은 상황에서도 주위를 탐색한다. 어머니와 분리된 상황에서 불안해하지만 능동적으로 위안을 찾으며, 어머니가 돌아오면 반가워하고 쉽게 안정된다.
회피애착 (avoidant attachment)	20% 정도를 차지하는 회피애착 유형의 아동은 어머니에게 별로 반응을 보이지 않는다. 어머니가 떠나고 낯선 사람과 있는 불안한 상황에서도 울지 않고, 어머니가 돌아와도 무시하거나 회피한다. 낯선 사람과 마찬가지로 어머니와의 친밀감을 추구하지 않는다.
저항애착 (resistent attachment)	10~15% 정도를 차지하는 저항애착 유형의 아동은 어머니와 함께 있는 중에도 불안해하며, 어머니 옆에 붙어서 주위를 별로 탐색하려 하지 않는다. 어머니와 헤어질 때 강하게 저항하며, 어머니가 돌아와도 안정감을 느끼지 못하고 화를 내고 거부한다.
혼란애착 (disorganized attachment)	5~10% 정도를 차지하는 혼란애착 유형의 아동은 불안정애착의 가장 심한 형태로 부모가 보이지 않으면 계속 울지만 돌아왔을 때도 얼어붙은 표정으로 어머니에게 접근하거나 어머니가 안아 줘도 먼 곳을 쳐다보는 등 혼란된 모습을 보인다.

혼란 상태에 빠진다. 부모가 경제적인 큰 어려움에 빠져 있거나 심한 스트레스 상황에 있는 경우가 많으며, 우울장애를 가진 어머니의 아이에게서도 많이 나타난다.

애착의 발달은 이후의 또래관계 형성에 영향을 준다. 안정애착을 형성한 아동은 부모에 대한 신뢰를 바탕으로 다른 사람과의 관계에서도 신뢰를 형성한다. 다른 아이들의 욕구나 감정에 민감하게 반응하기 때문에 또래들 사이에서도 인기를 얻는다. 강한 호기심과 탐색 욕구를 가지고 있어 수업에도 적극적으로 참여하기 때문에 학업 성적도 좋은 편이다. 학교에 대한 자신감을 가지고 있기 때문에 교사와도 잘 지낸다. 애착은 학업 성취도보다는 리더십과 보다 직접적인 관련성이 있다. 리더십을 발휘하는 학생 중에 안정애착 유형에 속하는 아동이 많으며, 이들은 특히 문제해결과 타협에 있어 자신감을 보인다. 회피애착 유형에 속하는 아동은 자신의 감정을 위로받아 본 경험이 거의 없기 때문에 자기표현을 억제하고 혼자서 조절하려고 하며, 또래집단과 어울리지 않고 혼자 노는 경우가 많다. 저항애착 유형에 속하는 아동은 또래관계에서도 쉽게 화를 내거나 공격적인 성향을 보인다. 혼란애착 유형에 속하는 아동은 적대적이고 전반적으로 사회성이 떨어진다. 따라서 불안정애착은 이후 학교에서의 불순종, 또래로부터의 고립, 정서 · 행동문제, 우울장애, 품행 문제와 연관될 위험성이 높다.

(3) 아동 관리

많은 부모들은 자신의 자녀가 자라면서 가정이나 사회에서 요구되는 규칙에 따라 행동하는 것을 자연스럽게 배울 것이라고 믿는다. 그러나 훈육의 책임은 부모의 주된 역할 중의 하나로, 사전적 의미처럼 부모는 자녀에게 '품성이나 도덕 따위를 가르쳐 기르는' 훈육을 제공해야 한다.

그러나 부모들 중에는 아이의 잘못된 행동에 대해 비효과적인 훈육 전략을 사용하는 실수를 저지르기도 한다. O'Leary(1995)는 2~4세 자녀를 둔 어머니를 대상으로 조사한 결과, 어머니들이 주로 하는 3가지 훈육 실수(discipline mistakes)는 지나친 관대함(laxness), 과민반응(overactivity), 잔소리(verbosity)라고 하였다. 먼저, 지나치게 관대한 부모는 아이의 요구를 다 들어주고, 규칙을 요구하지 않고, 잘못된 행동에 대해 정적 강화를 제공한다. 다음으로, 과민반응을 하는 부모는 화나 짜증, 비온정적 행동과 같은 훈육 특성을 보인다. 마지막으로, 잔소리로 훈육하는 부모는 자신이 하는 언어적 훈계가 효과가 없는데도 잘못된 행동에 대해 지나치게 장황한 말로 상호작용하는 경향을 보인다. 문제행동 직후 짧고 엄하게 야단을 치지 않고 시간이 지난 후 온건하고 길게 야단을 치는 경우 결과적으로 유아의 잘못된 행동을 높은 수준으로 유지시킨다. 부모의 부적절한 훈육과 자녀의 정서 · 행동장애 간의 관련성은 잘 알려져 있다. 유아의 공격성과 적대적 반항장애는 상당히 관련성이 높은 경향이 있어 중재 개입(부모의 훈육)이 이루어지지 않으면 성장 이후의 비행, 약물 및 알코올 남용, 가정 폭력, 실업, 정신장애 문제로 이어질 수 있다.

훈육의 2가지 주요한 차원은 반응성(responsiveness)과 요구(demandingness)이다. 효과적으로 자녀를 훈육하는 부모는 높은 수준의 반응성과 요구를 모두 사용한다. 이들은 자녀의 요구에 민감하며, 잘 공감해 주며, 주의 깊은 관심을 보이고, 자녀와 긍정적인 상호작용 패턴을 형성한다. 이러한 부모의 따뜻함과 호혜성은 정서적 애착과 유대관계에 기초가 된다. 효과적으로 자녀를 훈육하는 부모는 자녀에게 적절한 요구도 한다. 자녀의 행동을 모니터링하고 나이에 맞게 적절히 감독하며, 행동의 한계도 알려 준다. 자녀의 잘못된 행동에 대해 직접적이고 단호하게 대처하지만 자녀의 행동을 조정하고 강압하려 하지는 않는다. 자녀의 잘못된 행동에 대해서는 엄격하지만 적대적이지 않은 방법으로 명확하게 가르치고 올바른 요구를 하며, 학대적이지 않으면서 바른 반응을 일관되게 보여 준다. 이렇게 반응적이면서 요구적인 훈육방식을 **권위적(authoritative) 훈육**이라고도 부른다. 이는 바른 권위로 자녀의 행동발달에 가장 좋은 영향을 미친다. 권위적 훈육은 아동과 청소년의 흡연 및 음주 비율 감소, 청소년 폭력 감소, 중학생들의 분노와 소외감 수준 감소와 관련성이 있는 것으로 밝혀졌다. 반면, **권위주의적(authoritarian) 훈육**은 반응적이지 않으면서 요구만 한다. 이런 부모는 일방적으로 여러 가지 한계를 정해 놓고 자녀에게 설명도 없이 엄격한 복종만을 요구한다. 권위주의적 부모의 자녀는 쉽게 화를 내는가 하면 다른 사람들과 갈등에 놓이는 일이 많다(남은영, Gottman, 2007).

아동에게 요구하는 것과 아동에게 제공하는 것 사이의 균형이 효과적인 훈육의 핵심이지만, 일반적으로 반사회적 행동을 하는 아동의 가족에서는 이런 상호작용 패턴이 나타나지 않는다. 공격적인 아동의 가족 간의 상호작용은 부정적이고, 악의에 찬 행동을 서로 주고받는다. 아동은 부모에게 혐오적이고 짜증나게 하는 방식으로 행동하며, 부모는 때리기, 소리 지르기, 위협하기 등의 혐오적인 방법을 사용하여 자녀를 통제하려고 한다. 아동의 공격성은 부모와의 상호적인 공격성과 부모의 처벌적인 양육기법에 의해 생성되고 강화된다.

Patterson(1980)은 공격적인 아동의 문제행동이 **부적 강화**에 의해 유지된다고 하였다. 예를 들면, 아동이 밤늦도록 컴퓨터 게임을 하고 늦잠을 잔 날이면 부모는 아이에게 밤늦게까지 게임을 해 늦잠을 잔 것, 제때 학교에 가지 않는 것에 대해 심한 꾸중과 비난을 퍼붓는다. 아동은 듣기 싫은 잔소리에서 벗어나기 위해 소리를 지르며 울화를 터뜨린다. 과격한 아이의 반응에 놀란 부모는 야단치는 것을 멈추게 된다. 이로써 아이는 부모의 야단에서 벗어나게 된다. 밤늦게까지 컴퓨터 게임을 하고 지각하게 되는 문제는 해결되지 않은 채 남아 동일한 상황에서의 다툼이 또다시 되풀이된다. 이러한 혐오적인 상호작용은 되풀이되면서 그 빈도와 강도에 있어 점점 부적 강화를 받는다. 부모는 비효율적인 훈육방법인 강압적인 처벌의 수위를 점점 높여 가고, 아이 역시 울화에서 시작해 점차 기물을 파괴하고, 결국에는 부모를 신체적으로 공격하는 수준에까지 이를 수 있다. Patterson은 이런 강압적인(coercive) 상호작용 패턴을 **부적 강화의 덫(negative reinforcement trap)**이라고 불렀다. 부모와 자녀 간의 강압적인 상호작용을 형제들이 배우게 되어 형제간에도 부적 강화의 덫이 작용한다. 이런 아이들은 당연히 학교와 같은 다른 사회적 맥락에서도 공격적이다. 강압적이고 혐오적인 가족관계는 사회적 · 경제적 빈곤, 약물이나 알코올 중독, 부모의 불화와 별거, 이혼과 같은 상황들과 연계되면 더욱 심각한 결과를 가져온다.

(4) 아동 학대

가족에 의해 행해지는 아동 학대는 신체적 · 심리적 · 성적 학대를 포함한다. 아동에 대한 **신체적 학대**(child physical abuse)는 때리기와 부적절한 신체적 강압을 지속적으로 사용하는 것을 비롯하여 부모가 사용하는 혐오적이고 부적절한 통제 전략을 의미한다. 신체적 학대는 대개 아동의 몸에 남은 상처(손이나 벨트로 맞은 흔적, 데인 흔적 등)로 확인된다. 전문가가 심각한 신체적 학대로 판정을 한 경우에도 부모들은 자신이 자녀에게 신체적 학대를 했다고 생각하지 않는 경향이 있다고 한다. 신체 학대를 받은 아동과 청소년들의 수는 조사마다 큰 차이를 보이는데, 이는 학대받은 아동을 찾아내는 데 어려움이 있고, 사실을 숨기는 속성이 있으며, 진술 제공의 어려움이 있기 때문이다(Phares, 2003).

신체 학대의 위험은 남녀가 동일한 경향을 보이지만, 특히 12세 이하의 남아와 12세 이상의 여아에게서 가장 높다. 한쪽 부모가 다른 쪽 부모를 학대하는 것을 목격한 아동, 신체적 장애나 지적 장애를 가진 아동, 빈곤지역에 사는 아동이 학대에 대한 위험이 보다 높다. 신체적 학대는 아동기 우울장애, 품행장애, 적대적 반항장애, 광장공포증, 범불안장애, 낮은 사회적 능력, 전반적인 손상 등 거의 대부분의 정서 · 행동 문제와 연관될 수 있다(Phares, 2003).

과거에는 학대와 관련하여 부모와 자녀 간의 상호작용적 영향에 대해 별로 고려하지 않았으나 상호작용적 교류 모델(interactional-transactional model)에서는 부모의 학대적 반응은 물론 학대받는 아동의 문제행동도 함께 고려한다. 부모의 처벌에 대한 아동의 반응이 부모로 하여금 점점 더 처벌적으로 변하게 만든다는 것이다. 부모가 자녀의 싫어하는 행동에 대해 처벌을 하고, 결과적으로 자녀의 혐오스러운 행동이 중단된다면 부모는 강화를 받게 된다. 학대받는 아동 역시 처벌로 고통을 받으면서도 부모와의 다툼에서 부적절하고 혐오적인 방법으로 계속 반응하여 결국 부모는 더 세게 때리거나 더 많이 때리게 된다. 이들은 서로 간에 혐오적인 덫에 갇혀 양쪽이 다 신체적 · 심리적 고통을 받게 된다는 것이다.

아동에 대한 심리적 학대(child psychological maltreatment)는 아동의 인지, 정서, 행동, 신체적 기능과 관련하여 아동에게 심리적으로 해를 가하는 행위나 구어 패턴으로 정의된다. 다음은 아동이 받는 심리적 학대의 예이다(Phares, 2003).

- 거부당하기(rejection): 아동이 가족 내에서 적극적으로 거부당하거나 희생양이 될 때, 아동이 지속적으로 자신에 대한 부정적인 평가를 받을 때
- 위협받기(terrorizing): 아동이 과도하게 놀림을 당할 때, 주위 성인들에게 고의적인 위협을 당할 때
- 고립당하기(isolating): 장시간 벽장이나 지하실에 갇히는 것을 포함해 아동이 다른 사람들과 함께 있지 못할 때
- 무시당하기(degrading): 아동이 지속적으로 놀림을 당하거나 경시당할 때(가치 있는 일을 성취했을 때조차)
- 잘못된 사회화(missocializing): 아동이 법을 어기도록 부추김을 당했을 때(부모로 인한 절도), 음주, 흡연, 약물 남용, 성관계와 같은 나이에 부적절한 일을 하도록 부추김을 당했을 때

아동에 대한 심리적 학대는 아동이 부모에게 들은 말로 자신을 비난할 때 발견될 수 있다. 다른 학대와 마찬가지로 심리적 학대 또한 내재화 문제, 외현화 문제, 낮은 자존감과 같은 다양한 문제와 관련된다.

아동을 대상으로 한 성적 학대(child sexual abuse)의 경우 모든 정의에서 나타나는 핵심은 가해자와 아동 사이의 권력(힘)의 차이로 인한 성적 착취이다. 가슴을 만지는 것에서부터 아동의 나이에 부적절한 성행위나 성도구에의 노출, 직접적인 성관계를 포함한다. 출현율 특성을 살펴보면 여학생이 남학생에 비해 성학대에 대한 위험이 높다. 신체적 학대를 받는 어머니와 함께 사는 아동의 경우 12~14배 정도 높으며, 의붓아버지와 살고 성학대 경험이 있으면서 약물에 중독된 어머니와 사는 여아의 경우 위험이 아주 높다. 신체적 · 인지적 장애를 가진 아동의 경우에는 특히 가까운 사람에 의해 성학대를 당할 가능성이 높다.

성학대 후 아동이 심리적 부적응을 일으킬 가능성은 다음의 요인들이 존재할 때 보다 높아진다. 아버지나 아버지상을 가진 사람에 의해 학대를 받은 경우, 성접촉의 정도

가 심한 경우, 성학대가 장기간 지속된 경우, 억압이나 완력과 위협이 사용된 경우, 지원의 결여, 불신, 아동의 보고 후에 희생자 비난이 있었던 경우가 포함된다. 그러나 성학대에 의한 영향은 다양하다. 전혀 영향을 받지 않는 아동도 있으며 심각한 부정적 영향을 받는 아동도 있다. 아동이 부정적(자괴적, 회피적) 대처 전략을 사용하는 경우 부적응 문제는 성인기까지 이어지는 경향이 있다. 과거 성학대 경험이 있는 여성의 경우 대인관계 문제나 성적 어려움을 더 많이 겪는 것으로 보고된다. 성학대는 외상 후 스트레스 장애, 불안장애, 우울장애, 성생활의 어려움, 난잡한 성생활, 십대 임신, 외현화된 문제 등의 정서 · 행동 문제와 관련이 있다(Phares, 2003).

학대를 경험한 아동의 위험성은 희생자–가해자 순환(victim-perpetrator cycle) 현상에 의해 심각해질 수 있다(Shepherd, 2010). 학대의 세대 간 전이로 부모로부터 학대를 받은 아동의 25~30%가 성인이 되어 학대부모가 된다(Wicks-Nelson & Israel, 2004).

2) 학교 요인

(1) 지능과 학업 성취

대부분의 정서 · 행동장애 학생의 IQ 평균은 정규분포상에서 낮은 평균 범위에 속하나, 심한 정신지체부터 높게는 영재 수준에 이르기까지 폭넓게 분포한다. 수많은 연구에 의해 밝혀진 정서 · 행동장애 학생의 IQ 평균은 90~95 정도이다. 장애가 심할수록 IQ도 낮아지는 상관관계가 있긴 하지만, 인과관계로 설명되는 것은 아니다. IQ를 통해 정서 · 행동장애 학생의 학업 성취도와 미래의 사회적응을 예측할 수 있는 정도는 일반아동의 학업 성취도와 미래의 사회적응을 예측할 수 있는 정도와 마찬가지로 절대적이지 않으며 유의미한 정도이다(Kauffman & Landrum, 2013).

정서 · 행동장애 학생의 학업 성취도는 이들의 약간 낮은 지적 능력을 고려한다 하더라도 문제를 보인다. 일부 학생들은 자신의 학년 수준을 유지하거나 그 이상의 우수한 학업 성취를 보이기도 하지만, 대다수의 정서 · 행동장애 학생은 대부분의 교과 영역에서 한 학년 또는 그 이상 지체된 학력 수준을 보인다(Lane & Menzies, 2010). 낮은 학업 성취와 행동문제는 관련성이 매우 높은 위험요소로 상호 간에 영향을 미친다. 즉, 문제행동이 학업 성취도를 떨어뜨리며, 낮은 학업 성취도로 인한 사회적 결과는 또다시 부적절한 행동을 야기한다. 하지만 학업 성취도와 행동문제 간의 인과관계는 아직 명확히 밝혀져 있지 않다.

(2) 학생의 개별성에 민감하지 못함

학습장애와 행동장애로 판별된 상당수의 학령기 아동이 개인차를 고려하지 않는 학교 체계로 인해 실패를 경험한다. 학생이 학급생활을 자율적으로 결정할 수 있을 때 행동과 학업성취가 향상되는 반면, 민감성이 떨어지고 경직된 학교 환경은 반사회적 행동을 키우는 요인이 된다. 즉, 개인차를 허용하지 않는 엄격한 학급 운영은 모든 학생에게 동일한 학업과 행동 수행을 요구함으로써 학업실패나 사회적 일탈을 조장할 수 있다는 것이다. 통제와 억압적 학급 분위기는 학생으로 하여금 분노, 적대감, 파괴행위 또는 수동적 저항 등의 방식으로 반응하도록 만든다. 적절하다 할지라도 명확하게 전달되지 않은 기대와 규칙은 학업의 실패나 반사회적 행동을 조장할 수 있다.

(3) 학생에 대한 부적절한 기대

기대와 관련해 고려해야 할 한 가지 문제는 장애 표찰(labels)의 영향이다. '정서장애'라는 표찰이 교사로 하여금 아동의 부적응행동이나 낮은 학업 성취도를 기대하도록 만들 수 있다. 교사의 낮은 기대는 결국 은연중에 아동에게 전달되게 되고 아동은 이 기대를 성취시킨다는 것이다. 이것이 장애 표찰이 갖는 보편적인 부정적 영향이다. 그러나 다른 장애와는 달리 학습장애나 정서 · 행동장애를 가진 학생의 경우에는 표찰이 자존감이나 사회적 지위에 미치는 영향이 그리 큰 것 같지는 않다. 표찰보다는 자신이 가진 학습과 행동 문제의 결과로 인해 자존감이나 사회적 지위에 손상을 입는 경향이 있다. 때로는 학습적 어려움에 대한 표찰이 오히려 장애인들 스스로에게는 안도감을 주고 타인들에게는 학생을 이해할 수 있는 근거를 제공해 주기도 한다(Kauffman & Landrum, 2013).

교사의 너무 낮은 기대는 학생에게 교사의 기대 이상 성취할 수 없을 것이라는 자기-성취 예언(self-fulfilling prophecies)을 유발하고, 너무 높은 기대는 좌절과 우울, 회피를 초래한다(Kauffman & Landrum, 2013). 학생이 교실에서 성공적으로 기능하기 위해서 필요한 행동 특성에는 정해진 규칙 따르기, 교사의 수업 경청하기, 교사의 지시 따르기, 수업 중 과제 지시대로 수행하기, 또래들의 부추김에 영향을 받지 않기, 교실 규칙을 위반하게 되는 상황 피하기, 학생의 기술 수준에 타당한 성과 내기 등이 있다(Kerr & Zigmond, 1986).

(4) 일관성 없는 행동관리

아동이 자신의 행동에 대한 성인의 반응을 예측하지 못할 때 혼란과 불안을 경험하며 적절한 대안적 행동을 선택하기 어렵다. 즉, 적절한 행동에 대해 좋은 결과를 기대할 수 없게 되면 아동은 적절한 행동 수행에 대한 동기를 쉽게 잃어버릴 것이다. 또한 부적절한 행동의 결과로 어떤 때는 벌을 받고 어떤 때는 벌을 받지 않는 예측 불가능한 상황이 반복되는 경우, 이는 아동이 부적절한 행동을 지속하게 되는 원인이 된다.

교사의 일관성 없는 행동관리가 아동의 문제행동을 촉진한다. 변덕스럽고 일관성 없는 교실 내 훈육은 학생들이 적절한 행동을 배우는 데 도움이 되지 않는다. 기물파괴와 같은 반사회적 행동 역시 교사가 하는 처벌 중심의 일관성 없는 훈육과 관련이 있다. 결론적으로 교사의 일관성 없는 행동관리는 정서 · 행동 문제를 만성화하는 데 기여한다(Kauffman & Landrum, 2013).

(5) 비기능적 기술의 교수 및 비효과적 교수

학생들에게 소용이 없고 의미가 없는 것들을 가르치는 학교는 결국 학생들의 부적응행동, 결석, 중도 포기와 같은 문제를 일으킬 가능성을 증가시킨다. 따라서 교사는 학생의 미래에 중요한 기능적 기술인지를 판단하고 가르쳐야 할 뿐 아니라, 더 나아가 학생들에게도 현재 배우는 기술이 미래에 중요하게 사용될 기술이라는 점을 확신시켜야 한다(Kauffman & Landrum, 2013).

학생의 주된 일이 공부를 하는 것이기 때문에 학업에서 자기효능감을 갖는 것이 중요하다. 학업에서 반복되는 실패를 경험할 때 학생은 좌절, 무기력, 열등감, 과민함, 분노 등에 빠지게 된다. 이것이 바로 학업이 정서적 안녕과 행동발달에 중요한 영향을 미치는 이유이다. 교사는 학생들이 학업적 유능감을 가지고 학습에 임할 수 있도록 도움으로써 정서 · 행동상의 문제 발생을 예방할 수 있다. 장애 학생이 학업 기술을 배우는 데 효과적인 교수법으로는 직접교수가 있다.

학업 기술과 더불어 사회적 기술은 학교생활을 성공적으로 하는 데 필요하다. 그러나 대부분의 공교육 체제에서는 학생들에게 사회적 기술을 명시적이고 체계적으로 가르치지 않는다. 다른 사람과 긍정적인 상호작용을 하기 위해 학생들에게 필요한 구체적 기술을 진단하고, 개별적 혹은 집단적 차원에서 명시적이고 체계적으로 지도하는 노력이 필요하다.

(6) 잘못된 강화 사용

학교에서 교사는 학생의 행동에 대한 후속 반응(특히, 강화)을 적절하게 제공하지 못함으로써 정서 · 행동 문제 발생에 기여할 수 있다. 먼저, 학생의 부적절한 행동에 정적 강화를 제공하는 경우이다. 학생이 부적절한 행동을 했을 때 교사가 하는 꾸중이 정적 강화로 기능할 수 있다. 교사는 꾸중을 들은 학생이 다음에는 교사의 꾸중을 피하기 위해 부적절한 행동을 반복하지 않을 것으로 기대하지만 학생은 꾸중을 교사와 상호작용하거나 교사의 관심을 받은 것으로 인식할 수 있다. 따라서 학생이 교사의 관심을 원한다면 다시 부적절한 행동을 반복할 가능성은 증가하게 된다(정적 강화).

다음으로, 학생의 부적절한 행동에 부적 강화를 제공하는 경우이다. 주어진 과제를 해결해야 하는 시간에 옆 친구를 괴롭힌 학생에게 교사는 교실 뒤쪽에 나가 서 있는 벌을 줄 수 있다. 그러나 학생이 주어진 과제를 하기 싫어 옆 친구를 괴롭힌 것이라면 교사는 학생에게 벌이 아니라 부적 강화를 제공한 것이 된다. 결과적으로 학생은 친구 괴롭히기 행동을 함으로써 하기 싫었던 과제에서 벗어날 수 있었기 때문이다. 따라서 다음에도 하기 싫은 과제가 주어지면 친구를 괴롭히는 행동을 반복하게 될 가능성이 증가하게 된다.

마지막으로, 학생의 바람직한 행동에 정적 강화를 제공하지 않는 경우이다. 교사들이 학생의 적절한 행동에 대해서는 당연히 수행해야 하는 것으로 인식하여 어떤 피드백이나 강화를 제공하지 않고, 학생의 부적절한 행동에 대해서만 주의를 주고 지도하는 일은 흔히 일어난다. 이는 학생들의 적절한 행동을 격려하는 학급 분위기로는 보기 어렵다. 교사가 학생의 바람직한 행동에 좀 더 주의를 기울이고 긍정적 피드백이나 칭찬을 제공하는 일과 적절히 수행한 과제에 대한 신속한 보상으로 짧은 휴식을 제공하는 것과 같이 적절한 행동에 대한 정적 강화와 부적 강화를 효과적으로 활용하는 것이 필요하다. 또한 부적절한 행동에 대해서는 관심을 주지 않는 것이 행동 개선에 도움이 된다.

(7) 바람직하지 못한 행동 모델

학생은 자신과 유사한 모델일 때, 능력 있게 잘 수행하는 모델일 때, 인기가 있고 명성이 있는 모델일 때 더 잘 모방한다(Alberto & Troutman, 2007). 만약 학급에 이러한 특성을 가지고 있으면서 문제행동을 하는 학생이 있다면 공격성을 가진 학생이 이 모델의 문제행동을 모방할 가능성이 커지게 된다. 이러한 사실은 교사가 학급에서 사회적 지위가 높은 학생이 하는 적절한 행동을 보상해 준다면 공격성을 가진 학생이 바람직한 행동을 모방할 가능성을 증진시킬 수 있음을 시사한다.

급우들과 더불어 학급 교사는 학생에게 중요한 모델이 된다. 교사가 학급에서 학생을 부당하게 대하면 학생들 간에는 서로를 적대적으로 대하거나 무시하는 경향이 높아진다. 자신의 일을 조직적으로 처리하지 못하는 교사는 학생들을 산만하게 만드는 경향이 있다. 학교에서 교사가 행하는 체벌은 학생들에게 이를 모방하여 대인관계에서 폭력을 사용하게 만든다. 교사의 낮은 자존감은 학생의 낮은 자존감으로 연결될 수 있다(Kauffman & Landrum, 2013).

3) 문화적 요인

아동은 적응적이든 부적응적이든 자신을 둘러싼 사회문화적 맥락의 영향을 받으며 발달한다. 아동의 발달에 영향을 주는 문화적 요인에는 대중매체, 또래집단, 이웃, 인종, 사회계급, 종교제도, 도시화, 건강과 복지서비스 등이 포함된다.

(1) 대중매체

대중매체는 인쇄물, 라디오, TV, 영화, 인터넷을 통한 전자정보 등을 포함한다(Kauffman & Landrum, 2011). 여기에 소셜 네트워크 서비스(Social Network Service: SNS)가 더해지면서 대중매체의 역할이 확대되었다. 또한 손 안의 컴퓨터 역할을 하는 스마트폰의 보급으로 언제 어디서나 접속이 가능해진 음란물, 게임, 폭력물에 대한 노출은 더욱 빠르고 쉽게 이루어지게 되었다. 청소년의 폭력성은 공격 욕구, 폭력 모델링, 스트레스를 주요인으로 하여 형성된다. 이 중 폭력 모델링은 공격 욕구나 스트레스에 비해 폭력행동을 직접적으로 지배하며, 모방학습이 이루어지기 때문에 무엇보다 중요한 역할을 한다. 특히 아이돌이나 유명인이 아동 · 청소년에게 역할 모델이 되는 경향이 있는데, 그들의 삶에서 나타나는 비행과 성관계를 대중매체가 미화하는 경우 청소년의 문화와 발달에 부정적인 영향을 미친다(Shepherd, 2010). 그러나 폭력 모델링 요인만이 절대적으로 작용한다고 보기는 어려우며, 이 3가지 요인들이 상호 복합적으로 작용한 것으로 보아야 한다(김광웅, 백경숙, 1998).

TV나 영화를 통해 폭력 장면에 장기간 노출된 아동은 폭력에 대한 태도에서 심각한 영향을 받는다. 우선, 아동은 대인관계 문제나 갈등을 대처하는 방법으로 폭력을 당연시하거나 효과적인 것으로 인식하게 된다. 또한, 폭력에 대한 내성이 생겨 폭력 행위나 공격행동을 볼 때 약한 정서적 반응을 보이며, 실생활에서 폭력 장면을 직접 목격하게 되는 경우에도 무관심한 반응을 보이게 된다(김광웅, 백경숙, 1998). TV의 폭력물 시청이 공격행동에 미치는 부정적인 영향에 대해 아동이 TV에서 본 것을 단순히 모방한 것으로만 설명하는 것은 충분하지 않다. 왜냐하면 TV를 많이 시청하지만 전혀 공격성을 보이지 않는 아동도 있기 때문이다. Bandura의 사회인지 모델에 따르면, TV의 영향을 받는 아동의 폭력과 공격성은 개인 변인인 사고와 감정, 사회 환경, 행동이라는 3가지 요인들 간의 상호작용(triadic reciprocality)의 결과로 설명할 수 있다. 즉, 공격행동과 공격행동을 하는 인물에 대해 갖는 아동의 생각과 감정, 학교 · 가정 · 지역사회를 포함하는 아동의 환경, 아동의 TV 폭력물 선택과 문제 상황에 대한 공격적 반응이 서로 영향을 주고받은 결과라 할 수 있다(Kauffman & Landrum, 2013). 대중매체의 폭력적 행동은 아동의 반사회적 행동을 부추기며, 아동을 공격행동에 둔감화시켜 다른 사람들을 돕는 행동을 덜 하게 만들며, 자신이 속한 환경을 보다 공격적이고 위험한 곳으로 인식하게 만든다. Huesmann 등(2003)은 TV 폭력물의 시청이 성인기의 폭력적인 대인관계 행동에 대한 위험을 증가시키는 요인임을 밝혔다.

결론적으로, 연구 결과 폭력과 공격성, 자살을 다룬 대중매체가 정서 · 행동장애의 발생에 대한 영향력에 대해 명백히 밝히지는 못했지만, 행동발달에 어느 정도 부정적인 영향을 주는 것은 분명한 것으로 밝혀졌다. 따라서 TV나 영화, 게임 등에 묘사된 폭력을 줄이고, 친사회적 프로그램을 늘리며, 바람직한 행동을 자주 보도하는 것이 우리 문화의 자기-파괴성 감소와 인간성 회복에 도움이 될 것이다(Kauffman & Landrum, 2013).

(2) 인종

최근 우리나라도 다문화가정의 증가로 인해 한 가족 내에 공존하는 서로 다른 인종과 문화를 이해하고, 조화로운 한 공동체로서 더불어 살아가기 위한 다양한 노력들이 이루어지고 있다. 그러나 여전히 다문화가정 출신의 아동이 경험하는 차별과 빈곤 등으로 인해 많은 문제들이 발생하고 있는 것도 사실이다. 인종과 아동 · 청소년의 행동문제 간에는 관련성이 있는 것일까? Achenbach와 Edelbrock(1981)의 연구에 따르면, 인종에 따른 차이는 없었다. 다만 사회계층에 따라 유의미한 차이가 나타났는데, 낮은 사회계층에 속하는 아동이 높은 사회계층 아동에 비해 문제행동점수가 높고 사회능력점수는 낮았다. 사회계층을 통제하는 경우 인종과 정서 · 행동장애 간의 관련성은 거의 없거나 전혀 없다고 볼 수 있다. 또한 인종과 관련된 것처럼 보이는 정서 · 행동 문제가 실상은 소수민족 내에 존재하는 빈곤에 영향을 받은 문제일 수 있다.

인종은 청소년 비행과 관련된 요인으로 언급되기도 한다. 그러나 미국 백인 청소년에 비해 흑인 청소년의 비행 발생률이 높은 것은 인종에 따른 차이가 아니라 법적 절차에서의 차별로 인해 흑인 청소년의 공식적인 발생률이 높게 보고된 결과일 수 있고, 인종의 영향을 가족이나 지역사회, 사회계층과 같은 요인들의 영향들과 따로 분리하여 보는 것이 거의 불가능하기 때문일 수도 있다(Kauffman & Landrum, 2013).

인종을 둘러싼 문제들이 아주 복잡한데, 이는 인종에 대한 가치, 기준, 기대가 내적으로는 집단구성원들에 의해 형성되고, 외적으로는 소속된 더 큰 문화로부터 압력에 의해 형성되기 때문이다. 따라서 인종의 영향을 분석할 때는 그 사회의 주류문화 집단이 그 외의 인종집단을 어떻게 대우하는지에 따른 영향과 분리하여 분석해야 한다. 주류문화 집단이 소수민족에게 가하는 부당한 차별의 역사가 길면 소수민족 출신의 학생들은 학업능력, 경제적 안정, 정신건강 등을 성취함에 있어 불리할 수밖에 없다(Wicks-Nelson & Israel, 2004). 그러나 이러한 사실과 더불어 반드시 기억해야 할 것은 대부분의 소수인종 학생들이 그들이 경험하는 위험요인에 굴복하지 않고 잘 성장한다는 것이다(Kauffman & Landrum, 2013).

(3) 사회계층과 빈곤

사회계층은 흔히 부모의 직업, 수입 및 교육 수준으로 측정되며, 전반적인 정서 · 행동 문제와 관련성이 있는 것으로 알려져 있다(Wicks-Nelson & Israel, 2004). 특정 유형의 행동문제와의 구체적인 관련성은 아직 잘 알려져 있지 않다. 더욱이 부모의 직업보다 가정불화와 분열, 부모의 낮은 지능, 부모의 범죄, 악화된 생활 조건이 아동의 행동을 더 잘 설명하는 것으로 알려져 있다. 물론 낮은 사회계층에 속하는 부모들이 이런 요인들과 더 많이 결부되어 있는 것도 사실이지만, 사회계층 자체가 아동의 사회적 일탈에 미치는 영향력에 대해서는 명백히 알려져 있지 않다.

오히려 이들 가정이 경험하는 빈곤과 빈곤으로 인해 생긴 온갖 결핍과 스트레스가 행동장애의 발생요인이 될 수 있다(Roberts, Roberts, & Xiug, 2006). 가난 자체가 아동의 학업 실패나 정서 · 행동 문제의 원인으로 작용하는 것이 아니라 빈곤을 구성하는 불충분한 음식과 의복, 부적절한 주거, 혼란스러운 생활 조건, 폭력에의 노출, 따뜻하고 세심한 성인으로부터 배울 기회의 부족과 같은 일부 요인들이 부정적 영향을 미친다. 그러나 실제로 낮은 사회경제적 지위에 있는 가정의 많은 아동들이 정서 · 행동 문제를 보이는 것이 아니므로 가난 역시 직접적인 원인이 아니라 위험을 증가시키는 요인으로 이해해야 한다(Shepherd, 2010).

(4) 이웃과 지역사회

이웃은 같은 지역에 사는 거주자들의 사회계층과 거주지의 물리적 환경, 그곳에서 받을 수 있는 심리적 지원체계까지 포함하는 의미로 이웃과 지역사회는 아동 · 청소년의 행동문제와 관련성이 있다(Kauffman & Landrum, 2013). 범죄율이 높은 지역사회에서는 윤리적인 질서나 사회적 통제, 안정, 공동 책임을 기대하기 어렵고, 이웃의 모니터링과 상호 지지 또한 부족하다. 폭력이 빈번히 일어나는 거주지에서는 실제로 아동 · 청소년의 폭력을 조장하는 경향이 있다. 따라서 이웃과 지역사회는 품행장애나 십대 범죄를 예방하는 데 중요한 역할을 할 수 있다.

요즘 학생들은 집 밖에서 보내는 시간보다는 집 안에서 컴퓨터, 컴퓨터게임, TV, 스마트폰에 열중하며 보내는 시간이 지나치게 많다. 자연과의 접촉이 결여된 아동의 생활은 아동의 신체와 정신 건강에 불리한 영향을 주며, 실내 활동의 증가는 비만, 우울, 주의력결핍장애와 무관하지 않은 것으로 여겨지고 있다. 그러나 이를 확실하게 입증하기 위해서는 후속 연구가 더욱 필요하다.

(5) 또래집단

아동이 성장하면서 또래집단의 비중이 상대적으로 커지게 된다. 또래집단은 사회화, 태도 및 가치관의 형성, 정서적 안정감과 자아개념 형성에 영향을 준다. 또래집단에서 요구되는 규칙 준수, 협동, 타협, 공감과 같은 경험을 통해 자기중심적인 사고나 행동에서 벗어나 사회화된다. 이렇게 또래로부터 적절한 사회화를 이루지 못한 아동은 이후의 삶에서도 적절한 관계를 발전시키는 데 어려움을 겪는다(Kauffman & Landrum, 2013).

또래는 상호 간에 모방과 강화를 통해 영향을 주고받는데, 또래 모델은 성인 모델에 비해 자신과 보다 유사한 특성을 가진 모델이라는 점에서 그 영향력이 훨씬 강하다. 또래집단은 특히 사회적 행동과 공격성에 중요한 영향을 미친다. 예를 들면, 또래가 공격적 행동을 통해 다른 아동을 쉽게 굴복시키는 장면을 관찰하거나 공격적인 행동을 특정한 목적을 달성하는 가장 빠른 방법으로 인식하게 되면 공격적인 행동이 강화를 받거나 모방될 수 있다(정옥분, 2002).

또한 학령기 아동은 또래로부터 인정을 받기 위해 또래집단의 기준이나 가치에 동조하려는 성향을 가지며, 이는 이들의 태도나 가치관 형성에 영향을 준다. 이렇게 형성된 태도와 가치관이 부모의 태도와 가치관과 상충하게 되는 경우 부모의 권위에 도전하거나 심각한 가족 내 갈등을 일으키기도 한다(정옥분, 2002).

아동 · 청소년기 학생에게 또래의 평가는 부모의 평가보다 더 중요하게 작용한다. 또래가 제공하는 수용과 인정은 정서적 안정감과 자아개념 형성에 긍정적인 영향을 주지만, 또래집단으로부터 당하는 소외감은 문제행동을 일으키게 된다. 또래로부터 거절당하는 요인이 되는 아동의 행동 특성을 보면 규칙 위반, 과잉행동, 방해행동, 공격적 행동과 같은 사회적으로 수용되기 어려운 특성과 관련되어 있다. 또한 자기주장과 같은 사회적 기술의 결여 역시 또래들에게 사회적으로 유능하지 못한 것으로 인식되고 결국 사회적으로 무시당하게 된다. 또래로부터 거부당하는 경험이 반복되면서 아동은 자신이 경험하는 사회적 좌절에 대처하는 방식으로서 사회적 위축을 선택하는 경향이 나타난다. 또래집단 내에서 갖는 낮은 지위나 사회적 거부는 이후 아동의 적대감, 방해행동, 공격성, 학업 실패, 자살이나 비행문제와 관련이 된다(정옥분, 2002). 그러나 한 가지 기억해야 할 사실은 사회적 기술과 사회적 지위가 높은 학생들 중에도 부적응행동을 하도록 압력을 가하는 또래집단과 어울리는 학생이 있다는 사실이다.

학습과제

1. 생물학적 요인을 유전, 뇌손상 및 뇌기능 이상, 기질로 나누어 설명하시오.
2. 생물학적 요인과 환경적 요인 간의 상호작용을 설명하시오.
3. 기질과 정서 · 행동장애 간의 관련성을 '조합의 적합성' 모델에 근거하여 설명하시오.
4. 환경적 요인 중 가족의 구조와 정서 · 행동장애와 관련성을 설명하시오.
5. 불안정 애착 유형별로 부모의 양육태도와 아동 · 청소년기의 대인관계 특성을 설명하시오.
6. 권위적 훈육방식을 사용하는 부모의 특성을 훈육의 2가지 차원에 근거하여 설명하시오.
7. 공격행동이 심각해지는 이유를 Patterson의 '부적 강화의 덫'에 근거하여 설명하시오.
8. 신체적, 심리적, 성적 학대가 아동의 정서 · 행동발달에 미치는 위험성을 설명하시오.
9. 아동의 정서 · 행동발달에 부정적 영향을 주는 학교 환경 및 교사 관련 요인들을 설명하시오.
10. 아동의 정서 · 행동발달에 부정적 영향을 주는 문화적 요인 중 대중매체, 사회적 계층 및 빈곤, 또래집단 특성에 대해 설명하시오.

제 **4** 장

문제행동 사정 및 IEP 적용

학 습 목 표

1. 정서 · 행동장애 아동의 문제행동 발생 환경 탐사와 기능분석을 실시하여 문제행동을 이해할 수 있다.
2. 정서 · 행동장애 아동의 문제행동에 대한 조작적 정의를 수립하여 행동 특성에 적합한 측정단위와 측정방법을 선정할 수 있다.
3. 정서 · 행동장애 아동의 문제행동 중재에 적합한 행동관찰 기록지와 그래프 유형을 선택하여 작성할 수 있다.
4. 개별화 교육계획(IEP)의 구성요소를 알고 정서 · 행동장애 아동에게 필요한 정보를 수집할 수 있다.
5. 정서 · 행동장애 아동의 개별화 교육계획(IEP) 작성에 필요한 정보수집에 근거하여 교과별, 문제행동별 장단기 목표를 수립할 수 있다.
6. 정서 · 행동장애 아동의 사례를 중심으로 교과별, 문제행동별 개별화 교육계획(IEP)을 실제 수립할 수 있다.

우리는 지금까지 아동이 보이는 문제행동의 형태에만 주목하여 그 행동 형태를 제거하는 데만 많은 노력을 쏟아 왔다. 이렇게 나타나는 문제행동에만 관심을 기울여서 그 행동을 중재하다 보니 그 행동을 대신하여 또 다른 새로운 행동이 나타나는 악순환을 경험하게 되었다. 예를 들어, 손 흔들기를 없애면 몸 흔들기가 나타나고 그러면 또 몸 흔들기를 없애는 식이 되었다. 따라서 문제행동 중재 시작 전에 학생의 행동에 대한 내면적인 동기, 그 행동들이 갖는 공통적인 기능과 목적을 이해하는 것이 중요하다.

그러므로 이 장에서는 [그림 4-1]에 제시된 내용, 즉 문제행동의 변화를 위한 직접 관찰에 의한 행동사정, 행동의 원인 및 기능을 평가하는 기능사정, 문제행동과 그 대체 행동을 측정 가능한 단위로 정의하는 조작적 정의, 목표행동 발생 수준 측정과 개별화 교육계획 작성을 중심으로 살펴보고자 한다.

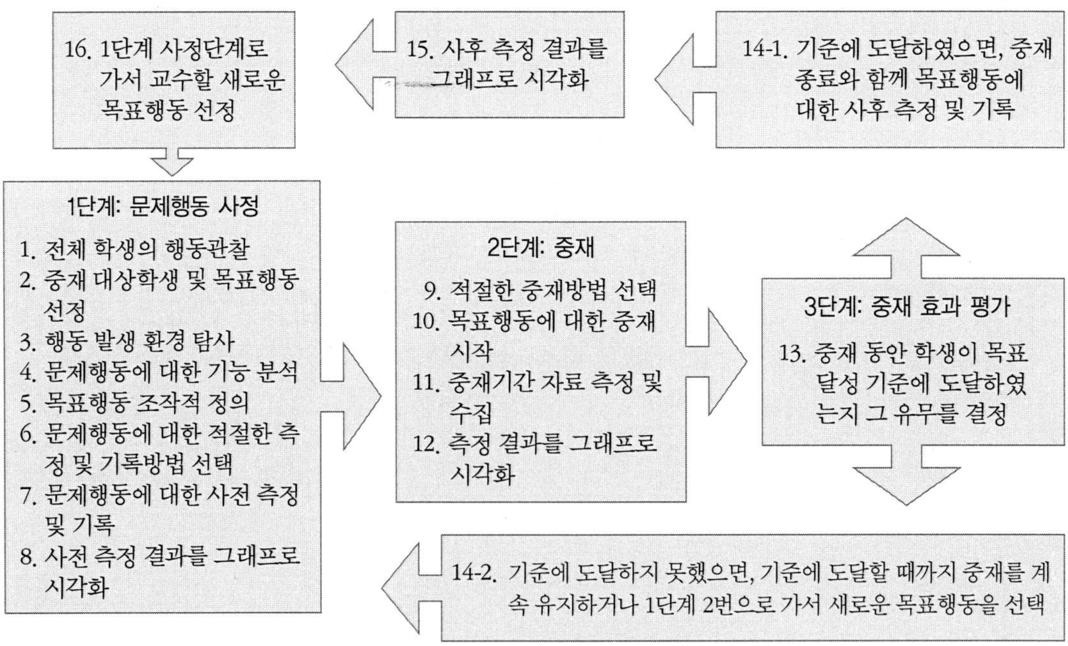

[그림 4-1] 행동지도 중재단계

1. 문제행동 사정 절차

부모 또는 교사가 아동에게 정서적 · 사회적 · 행동적 문제가 있다고 느낄 때, 가장 먼저 쉽게 할 수 있는 사정방법이 직접관찰에 의한 행동사정이다. 행동사정 절차는 행동관찰을 기초로 문제행동을 명확히 정의하는 문제행동의 조작적 정의, 문제행동 발생에 영향을 미치는 환경적 요인과의 인과관계, 즉 기능적인 관계를 밝혀내는 A-B-C 기능 평가, 행동유지 변인과 강화 요인 측정, 문제행동의 측정 및 기록방법 등으로 구성된다.

1) 전체 학생의 행동관찰

학생의 문제행동을 관찰할 때 하나의 상황이 아닌 다양한 상황 또는 환경에서 여러 관찰자료를 수집하는 것이 그 문제행동을 이해하는 데 도움이 된다. 그리고 학급 학생 중 일부 학생뿐 아니라 모든 학생을 대상으로 행동을 관찰한 다음 지도할 목표행동을 선정한다.

2) 중재 대상학생과 그 학생의 목표행동 선정

(1) 문제행동 선정

다음에 제시한 문제행동 중재 순위 선정 시 고려할 사항을 참고로 하여 순서를 정해서 목표행동 목록을 만든다.

① 자신 및 주변 또래의 학습에 지장을 주는 행동(자해, 소리 지르기, 뛰어다니기 등)일 경우

② 이미 학습된 기술을 사용하는 데 지장을 주어 학습된 기술을 소거시킬 수 있는 행동일 경우

③ 사회성 발달에 부정적 영향을 주어 통합에 걸림돌이 되는 정도로 타인에게 혼란과 불쾌감을 주는 행동일 경우

④ 안전상 위험으로 인해 학습 환경에도 부정적 영향을 줄 정도로 자신과 타인 그리고 주변 사물을 상해하는 행동일 경우

(2) 바람직한 대체행동 선정

중재 대상이 되는 부적응행동 또는 문제행동은 그 행동 자체의 감소나 제거를 목표로 중재하는 것보다는 그 행동을 대신할 수 있는 바람직한 대체행동을 가르치는 것이 좋다. 또 그렇게 하는 것이 여러 가지 면에서 장기적인 행동의 변화를 가져올 수 있다. 대체행동을 선택할 때는 다음의 유의사항을 고려하여 선정하는 것이 바람직하다.

① 아동이 현재뿐만 아니라 차후에도 적절하게 사용할 수 있거나 보다 상위적인 바람직한 대체행동을 하는 데 도움이 되는 대체행동일 것
② 아동의 발달 수준에 맞는 대체행동일 것
③ 대체행동의 강화는 물질적 강화보다는 자연적 강화일 것
④ 아동의 선호 매체를 이용할 수 있는 대체행동일 것

3) 상황별 행동 발생 환경 탐사

정서적 · 행동적 문제를 측정 · 분석하는 데 있어 가장 첫 단계는 목표행동 발생 전 선행조건을 분석하는 것이다. 학생이 활동하는 가정, 학교, 지역사회 등의 환경 속에서 흔히 보이는 심리정서적 문제, 행동 문제 등을 기술한 다음, 교사나 부모 등의 외부 도움 정도를 측정함으로써 환경 및 상황별 학생의 독립성을 평가할 수 있다. 이 평가를 통하여 각 상황에 따른 학생들의 외부 도움이나 촉구를 살펴보고, 그 결과에 따라 지도할 목표행동에 요구되는 촉구 수준에서 중재하게 된다. 학생 행동 탐사표(〈표 4-1〉 참조), 가정 상황 질문지(Home Situations Questionnaire: HSQ; 〈표 4-2〉 참조), 학교 상황 질문지(School Situations Questionnaire: SSQ; 〈표 4-3〉 참조) 등을 활용하여 학생의 상황별 환경 탐사를 실시할 수 있다. 가정 상황 질문지와 학교 상황 질문지는 가정 상황에 대한 16개의 질문과 학교 상황에 대한 12개의 질문으로 구성되어 각각의 상황에 대한 상황들의 수(number)와 심각도 간 점수의 평균을 계산한다.

표 4-1 학생 행동 탐사표의 예

학생 이름: ______________ 날짜: ______________ 작성자: ______________

작성방법: 학교 환경에서 각 장소에 따라 학생이 흔히 보이는 문제행동들을 기술한 다음, 교사의 도움 및 지원을 필요로 하는 정도에 ∨표 하시오.

주된 환경: 가정	부모의 도움이나 지원 정도		
	다음 항목 중 하나에 ∨표 하시오		
장소/활동	거의 모든 단계에 도움 필요	일부 단계에 도움 필요	독립 수행
1. 수업시간 중 과제를 완수할 때까지 주의집중하기			
2. 수학시간에 교실 돌아다니지 않고 자기 자리에 앉아 있기			
3. 시간 내에 학교 등교하기			
4. 학교에 준비물 및 숙제 들고 오기			
5. 수업 시작 종이 울리면 해당 교과서를 가방에서 꺼내어 책상 위에 올려놓기			
6. 학교 급식시간에 줄을 서서 차례 지키기			
7.			

⋮

표 4-2 가정 상황 질문지

아동 이름: ____________ 평가자: ____________

위 아동은 다음의 상황에서 문제가 되는 행동을 합니까? 문제가 된다면 얼마나 심한 정도입니까?

상황	예 / 아니요	정도								
		가볍다 ←				→				심하다
혼자 놀 때	예/아니요	1	2	3	4	5	6	7	8	9
다른 아이들과 놀 때	예/아니요	1	2	3	4	5	6	7	8	9
식사 중	예/아니요	1	2	3	4	5	6	7	8	9
옷 입을 때	예/아니요	1	2	3	4	5	6	7	8	9
씻을 때	예/아니요	1	2	3	4	5	6	7	8	9
어른이 전화 걸 때	예/아니요	1	2	3	4	5	6	7	8	9
TV 볼 때	예/아니요	1	2	3	4	5	6	7	8	9
손님이 왔을 때	예/아니요	1	2	3	4	5	6	7	8	9
다른 집에 데리고 갔을 때	예/아니요	1	2	3	4	5	6	7	8	9
식품점, 가게, 교회, 식당 등 공공장소에서	예/아니요	1	2	3	4	5	6	7	8	9
집에서 심부름 시킬 때	예/아니요	1	2	3	4	5	6	7	8	9
잠 잘 때	예/아니요	1	2	3	4	5	6	7	8	9
자동차 안에서	예/아니요	1	2	3	4	5	6	7	8	9
가사도우미 등 돌보는 사람과 있을 때	예/아니요	1	2	3	4	5	6	7	8	9
학교에서	예/아니요	1	2	3	4	5	6	7	8	9
숙제할 때	예/아니요	1	2	3	4	5	6	7	8	9

표 4-3 학교 상황 질문지

학생 이름: ______________ 평가자: ______________

위 학생은 다음의 상황에서 문제가 되는 행동을 합니까? 문제가 된다면 얼마나 심한 정도입니까?

상황	예/아니요	정도								
		가볍다 ←→ 심하다								
등교하는 시간에	예/아니요	1	2	3	4	5	6	7	8	9
혼자 책상에서 자습할 때	예/아니요	1	2	3	4	5	6	7	8	9
소집단 활동에서	예/아니요	1	2	3	4	5	6	7	8	9
학급 내 자유놀이 시간에	예/아니요	1	2	3	4	5	6	7	8	9
학급 내 수업 중에	예/아니요	1	2	3	4	5	6	7	8	9
쉬는 시간에	예/아니요	1	2	3	4	5	6	7	8	9
점심시간에	예/아니요	1	2	3	4	5	6	7	8	9
복도에서	예/아니요	1	2	3	4	5	6	7	8	9
화장실에서	예/아니요	1	2	3	4	5	6	7	8	9
소풍 가서	예/아니요	1	2	3	4	5	6	7	8	9
조회 시간에	예/아니요	1	2	3	4	5	6	7	8	9
학교 버스에서	예/아니요	1	2	3	4	5	6	7	8	9

4) 문제행동 이해와 기능분석

(1) 행동의 원인 및 기능

아동이 하는 모든 행동에는 이유가 있다. 물론 문제행동도 이유가 존재한다. 그러므로 우선 문제의 원인을 파악하여 문제행동의 발생을 최소화해야 한다. 교사는 아동의 문제행동 자체에 중점을 두기보다는 그 문제를 통해 나타내고자 하는 의사표현을 이해하려고 노력하고 아동이 보다 긍정적인 의사표현 방법을 사용하도록 도와주어야 한다. 또한 교사는 아동의 문제행동을 안전이나 학습을 방해하거나 또래 구성원의 안전 및 학습에 방해가 되지 않는 선에서 문제중심적인 시각이 아닌 아동의 특성으로 보려는 시각을 갖고 있어야 한다.

따라서 교사는 행동중재 초기에 이런 문제행동의 원인, 기능 및 의미를 알아 내어 긍정적 대체행동을 중재하게 된다. 이런 문제행동의 원인을 밝혀내는 목적은 아동 자신이 좋아하는 물건이나 활동 얻기, 관심 끌기, 과제나 혐오자극 회피, 자기 자극 등이 문제행동을 유발하는 기능인지를 검증하여 중재 시작 전에 환경을 조정하여 문제 발생을 예방하기 위한 것이다.

(2) 행동의 기능평가

기능평가는 흔히 응용행동분석 혹은 행동분석 때로는 기능분석 평가로 일컬어진다. 기능평가는 아동의 문제행동과 환경적 상황 사이에 어떤 기능적 연계변인이 작용하는가를 분석·평가함으로써 중재계획의 효율성을 극대화하고자 하는 분석적이며 조작적인 기능적인 평가에 속한다. 다시 말해, 문제행동의 기능이 무엇인지 알아보는 절차로 문제행동의 선행사건, 후속결과, 문제행동을 유지시키는 강화요인 등을 따져 문제행동의 기능을 알아내는 것이다. 행동 기능평가를 위해서는 다양한 상황(예: 교실, 운동장, 악기 연주 중), 시간대(예: 아침, 점심, 저녁), 특정 상황(예: 점심시간, 휴식시간) 또는 특정 시간(예: 시늉을 하면서 말할 때)에 학생의 행동을 관찰해야 하며, 아동을 직접 관찰하는 방법, 양육자와의 면담이나 체크리스트 작성 등의 행동기능을 평가하는 방법이 있다.

〈표 4-4〉에 제시된 바와 같이 아동의 행동 발생 전 상황인 선행 사건과 행동 발생 그리고 행동 발생 후 후속결과를 분석하여 평가하는 A-B-C 평가가 있다.

A-B-C 평가기법은 아동의 문제행동을 개선하기 위한 목적으로 문제행동 발생 직전과 직후의 환경적 사건을 행동이 일어날 때마다 기록·분석함으로써 문제행동의 유지변인이 되는 선행사건이나 결과적 사건의 내용을 확인할 수 있는 방법이다.

표 4-4 A-B-C 평가의 예

연속적인 문제행동 발생	선행사건(A) 지원적 환경 조성	행동(B) 긍정적인 행동 발생	후속결과(C) 후속강화
행동 발생: 교실 돌아다님 환경자극 분석: 과제 회피	아동이 좋아하는 활동+또래 협력+주의집중하기 좋은 학습 공간 제공	앉아서 과제 수행	또래 승인+교사의 칭찬+또 다른 교육/흥미 유발 과제 제공

(3) 행동 기능분석

문제행동을 효과적으로 수정하기 위해서는 현재의 문제행동이 아동에게 어떤 기능을 하고 있는지 분명하게 파악하는 과정이 필수적이다. 아동의 문제행동이나 부적응행동에는 그 행동을 하는 원인과 목적, 기능이 있다. 따라서 아동의 행동관찰을 토대로 문제행동의 기능이 무엇인지를 파악하여 중재를 하는 것이 중요하다. 이렇게 행동의 원인을 검증하는 과정이 바로 행동의 기능분석 과정이다. 〈표 4-5〉에 제시한 기능분석 과정에 필요한 정보를 수집해야 한다.

〈표 4-5〉에 제시된 정보를 수집한 다음 행동의 발생과 그 행동의 유지와 관련되었다고 가정되는 변인을 조작한다. 즉, 그러한 변인의 존재, 부재, 고양, 감소에 따라 행동 변화가 일어나는가를 실험해 보는 과정이 기능분석이다. 〈표 4-6〉은 행동 발생에 영향을 미치는 여러 변인들을 조작하여 행동의 원인을 밝혀내는 기능분석의 예시를 자세히 제시하고 있다.

행동문제에 대한 기능분석 실험에서 선호하는 물건이나 활동 얻기, 관심 끌기, 과제나 혐오자극 회피, 자기자극 및 유희 등의 다양한 변인 중 그 행동의 기능이 하나인지

표 4-5 기능분석 과정에 필요한 정보

	필요한 정보	구체적 내용
1	어떤 행동을 나타내는가? 그 행동에 영향을 줄 수 있는 환경적 사건들은 무엇인가?	선정한 문제행동이 구체적으로 어떠한 형태로 나타나며, 어느 수준의 빈도, 지속시간, 강도(세기)로 나타나는지에 대한 정보를 수집
2	행동에 영향을 주는 실제적 주변 환경요소들과 행동 발생의 확인 결과는?	약물 복용 여부와 약물의 효과 및 부작용, 식습관, 일과활동, 가족구성, 각 사항과 행동 간의 영향에 대한 의견 수집
3	행동에 영향을 준다고 예상되는 구체적 사건이나 상황들의 확인 결과는?	언제, 어디서, 누구와 있을 때, 어떤 활동을 할 때, 중재 대상 행동이 가장 많이 발생하고 가장 적게 발생하는지에 대한 정보, 기타 구체적인 상황, 부모의 대처방안 등을 확인
4	예상되는 행동의 원인들은?	무엇을 얻기 위해서, 무엇을 회피하기 위해서라고 추측되는지 확인
5	환경 조정이 되었을 때 아동의 반응은?	아동이 그 행동을 할 때 관심을 주는 경우, 어려운 과제를 주는 경우, 좋아하는 음식을 주는 경우, 혼자 있게 하는 경우, 일상적인 변화를 제공하는 경우 등의 상황에 따른 아동 행동의 증가, 감소 및 기타 영향 여부의 확인
6	강화인자 및 기타 사항은?	대체행동 중재를 위한 강화물 목록 작성

표 4-6 기능분석의 예

학생 이름: 김수호 평가자: ○○○

1. 교실 배회 행동 발생 상황
   수학시간에 교사가 수호에게 수학 문제지를 주면서 문제를 풀도록 했는데, 수호는 자리에서 일어나서 교실 안을 배회하였다. 교사가 자기 자리에 앉으라고 여러 차례 주의를 주었는데도 듣지 않아 수호는 교실 밖 복도에 무릎 꿇고 손들고 있는 벌을 받게 되었다. 수학시간에 개별 과제를 줄 때마다 수호는 교실 안을 배회하였다.
2. 기능분석 실험
   가능한 여러 변인들을 살펴본 다음, 각각의 변인들을 통제하면서 교실 배회 행동에 각 변인들이 어떤 영향을 미치는지 그 변인들을 통제해 본다.

가정에 대한 결론: 과제난이도, 교사의 관심 끌기와 수학 교과에 대한 비선호도가 수호의 교실 배회 행동에 영향을 주는 변인으로 기능함.

다음은 수호의 교실 배회 행동에 대한 기능 분석 실험의 예시이다.

가능한 변인요인	변인	변인조작(통제)	행동 변화 관찰
1. 과제 난이도	과제가 어려워 과제 회피	• 이전에 확실히 수행했던 과제를 제시한다. • 과제를 좀 더 쉽게 느낄 수 있도록 많은 시각적인 촉구들을 제시한다.	• 수학시간에 수호의 교실 배회 행동의 빈도가 감소함
2. 선호하는 물건이나 활동 얻기(수학시간 마치기 5분 전에 수학 연습문제 5개를 주어 푸는 순서대로 휴식)	휴식 시간 연장	• 수호에게는 5분에 5문제가 아닌 3문제를 제시하여 풀게 한 다음, 그 보상으로 충분히 쉴 수 있는 시간을 준다.	• 교실 배회 행동의 변화가 없음
3. 관심 끌기	교사의 관심	• 수호가 자기 자리에 앉아서 수학문제를 풀면 교사가 많이 쳐다봐 주고 앉아서 수학문제를 푸는 행동에 대해 칭찬해 준다. • 교실을 배회할 때 쳐다보지 않고 제자리에 앉으라는 지시를 단호한 어조로 전달한다.	• 수호의 착석 행동이 증가함 • 교실 배회 행동이 감소함

4. 과제나 혐오자극 회피	수학과제에 대한 선호도	• 수학시간이 아닌 다른 교과 시간에 수호의 교실 배회 행동을 관찰 비교한다. • 수학시간 종료 5분 전 국어교과 과제를 제시한다.	• 다른 교과시간에 비해 수학시간에 교실 배회 행동이 많이 나타남 • 수학시간에 국어 과제 수행 시 배회 행동이 나타나지 않음
5. 자기자극	수호에게는 해당되지 않은 변인임		

* 가정에 대한 결론: 과제 난이도, 교사의 관심 끌기와 수학교과에 대한 비선호도가 수호의 교실 배회 행동에 영향을 주는 변인으로 기능함

복합적인지를 검증한 결과, 수호의 문제행동에 영향을 미치는 변인은 과제 난이도, 교사의 관심 끌기와 수학교과에 대한 선호도 변인이었다.

이 외에도 다양한 변인들이 학생의 행동에 영향을 미칠 수 있다. 요구로부터의 회피, 유관적인 사회적 관심과 혼자 있는 조건 등의 변인들도 자해행동, 방해행동의 기능분석 실험에 많이 사용된다.

(4) 문제행동 발생동기의 평가

학생의 특정 행동문제가 어떤 기능을 유지하는지에 대한 문제발생 동기를 먼저 파악할 수 있어야 강화자를 결정할 수 있다. 문제발생 동기가 확인되면 독립변인이 되는 행동 발생 이전의 환경적 조건이나 행동 발생 이후의 강화인자 기능을 조직화함으로써 문제행동을 통제할 수 있는 중재계획을 수립할 수 있다. 행동을 유지하게 하는 변인을 측정하기 위해서 〈표 4-7〉에 제시된 문제행동 발생동기 사정척도(Motivation Assesment Scale: MAS)를 사용할 수 있다(Durand & Crimmins, 1988).

표 4-7 문제행동 발생동기 사정척도

이름: ______________ 평가자: ______________ 날짜: ______________

표적행동: ____

주어진 환경(상황): ____

지시: 중재할 목표행동을 선정한 다음, 아래 질문을 주의 깊게 읽고 관찰을 토대로 아동의 목표행동을 가장 잘 나타낸 번호에 동그라미를 치시오.

연속적인 문제행동 발생	척도				
	전혀	가끔	보통	대부분	항상
	0	1	2	3	4
1. 아동을 혼자 둘 때 목표행동이 일어나는가?					
2. 어려운 과제 수행 시 목표행동이 일어나는가?					
3. 아동이 보는 앞에서 다른 사람과 이야기할 때 그에 대한 반응으로 표적행동이 일어나는가?					
4. 아동이 가지고 있지 않은 장난감, 음식 혹은 활동을 갖기 위해 그런 반응이 일어나는가?					
5. 주변에 사람이 없을 때 오랫동안 같은 방식으로 목표행동이 반복되어 일어나는가?					
6. 아동이 어떤 과제를 요청받을 때 목표행동이 일어나는가?					
7. 아동에게 관심을 기울이지 않을 때 표적행동이 일어나는가?					
8. 좋아하는 장난감, 음식물, 활동 등을 멈출 때 목표행동이 일어나는가?					
9. 목표행동의 수행을 즐기는 것처럼 보이는가?					
10. 요구한 것을 아동에게 시키려 할 때 뒤집거나 괴롭히는 행동을 하는 것처럼 보이는가?					
11. 아동에게 관심을 보이지 않을 때 타인을 괴롭히기 위해 목표행동을 하는 것처럼 보이는가?					
12. 아동이 요구한 장난감, 음식, 활동 등을 제공한 후 곧 목표행동이 멈추었는가?					
13. 표적행동이 일어날 때 아동은 주변을 인식하지 못하는 것처럼 보이는가?					
14. 아동에게 주어진 결정이나 과제를 멈춘 후(1~5분) 잠깐 목표행동의 발생이 멈추었는가?					
15. 아동은 교사와 시간을 보내기 위해 목표행동을 하는 것처럼 보이는가?					
16. 아동이 원했던 것을 갖지 못하게 된 것을 알았을 때 목표행동이 일어나는가?					

감각변인	회피변인	관심변인	(물질적) 보상변인
1. ______	2. ______	3. ______	4. ______
5. ______	6. ______	7. ______	8. ______
9. ______	10. ______	11. ______	12. ______
13. ______	14. ______	15. ______	16. ______

전체점수:______ 평균점수:______ 상관순위:______

5) 지도할 목표행동의 조작적 정의

정서적 · 행동적 문제를 측정 · 분석하는 데 있어 두 번째 단계는 행동의 조작적 정의를 설립하는 것이다. 문제행동 중재 프로그램 구안 및 계획을 위해 가장 먼저 이루어지는 과정은 문제행동에 대한 구체적인 정의를 내리는 것이다. 즉, 아동의 문제행동 중재계획을 위해서 문제행동에 대한 조작적인 정의를 설립하는 것이다.

(1) 문제행동의 조작적 정의

문제행동의 조작적 정의를 내릴 때 객관적이고 구체적인 행동단위로 기술하여야 하며 목표수준을 설정하여야 한다. 이것은 목표행동이 발생되는 활동, 상황과 환경에서 아동의 구체적인 반응 및 행동과 함께 목표성취 기준을 기술해야 함을 의미한다. 목표 수준의 설정 방법은 다음과 같다.

① 발생 상황에 대한 설명: 목표행동이 발생하는 상황, 조건들을 목표행동 앞에 제시한다.
② 목표행동의 조작적 정의 설정: 아동의 현행 수준에 적합하게 구체적인 행동단위로 세분화하여 세부행동 단위들로 기술한다.
③ 목표달성(성취) 기준 설정: 행동의 조작적 정의 제시 후 아동이 목표행동 숙지 수준을 제시하여 목표달성 기준에 도달하였을 때 행동목록에 있는 다음 순위의 행동중재로 옮겨 간다.

(2) 바람직한 대체행동 선정

중재 대상이 되는 부적응행동 또는 문제행동은 그 행동 자체의 감소나 제거를 목표로 중재하는 것보다는 그 행동을 대신하는 바람직한 행동을 가르치는 것이 바람직하다. 중재목표 설정 시 '○○행동 증가시키기'와 같이 긍정적인 문장으로 목표를 진술한다.

2. 문제행동 측정 및 기록 방법

1) 측정단위 선택 및 측정 방법

정서·행동장애 학생들의 행동을 직접 관찰한 다음 문제행동의 발생 환경을 탐사·측정·기록하는 방법에는 일화기록법, 빈도기록법, 지속시간 기록법, 동간기록법, 시간표집법, 반응 비율 그리고 영구적 산물과 같은 여러 가지 방법들이 있다.

(1) 일화기록법

일화기록법(event recording)은 집이나 학교 등 학생이 일상적으로 생활하는 환경에서 발생하는 모든 사건의 시작, 그 사건과 문제행동의 상호 관계적 작용 그리고 행동의 종결을 지속적으로 기록하는 방법이다. 이 기록법은 **계속/연속기록**(continuous recording)이라고도 하는데 관찰자는 관찰 시 발생한 모든 것을 기록한다(〈표 4-8〉 참조).

표 4-8 일화기록의 예

학생 이름: 김○○　　학년: 2　　연령: 9세
교사 이름: ______　　날짜: ______　　기록자: ______

상황	선행자극	학생의 행동 및 반응	행동 결과 및 후속자극
국어시간 새로운 어휘 학습	교사가 단어카드를 학생 앞에 제시함	학생이 그 단어카드를 집어 들어 바닥에 던져 버림	교사가 학생에게 야단을 침
	바닥에 던진 카드를 집도록 지시함	위를 쳐다보면서 가만히 앉아 있음	교사가 신체적 촉구를 사용하여 학생을 자리에서 일으켜 세워서 던져진 카드가 있는 곳으로 가게 함

(2) 빈도기록법

빈도기록법(frequency recording)은 학교 수업시간과 같이 일정한 시간 동안에 일어나는 행동의 발생빈도를 계산하는 방법이다. 이 기록법은 어떤 유형의 비연속적 행동을 누가적으로 기록하는 방법으로, 행동이 발생할 경우 그 빈도를 계산하는 것이다. 빈도기록의 한 가지 방법은 그 횟수를 연필로 노트에 계수하는 것이다. 이 방법은 낮은 빈도나 적은 횟수로 발생하는 공격적 행동이나 분노폭발 같은 행동을 기록하는 데 적합한 방법이다.

(3) 지속시간 기록법

지속시간 기록법(duration recording)은 아동의 문제행동이 지속되는 시간을 측정하는 방법으로, 학교 수업시간에 과제를 수행하는 시간이나 짜증을 내는 지속시간 등 오랜 시간 지속되는 행동들에 가장 유용한 방법이다. 특정 행동의 지속시간은 일정한 관찰 기간에 기록된다. 스톱워치는 지속시간 기록법에 있어 가장 유용한 기구이다.

예를 들어, 한 번 울기 시작하면 10분 이상을 지속적으로 우는 것은 시간측정이 가능한 문제행동에 속한다. 이러한 종류의 문제행동의 경우에는 관찰자가 10분 이상씩 우는 행동이라는 목표행동이 일어난 시작점과 종결점을 기록하여 지속시간을 계산하여 중재 시 변화를 검토하는 데 기초 자료로 이용할 수 있다.

(4) 동간기록법

동간기록법(interval recording)은 각 관찰 회기를 동일한 시간으로 나눈 후, 관찰자가 각 시간 간격마다 행동의 발생 유무를 기록한다. 동간기록법에는 부분 동간기록법과 전체 동간기록법이 있다. 동간기록법의 주된 장점은 관찰된 행동의 빈도와 지속시간을 동시에 나타낸다는 점이다. 또한 한 사람의 관찰자가 둘 혹은 셋의 기록표를 가지고 여러 유형의 행동을 동시에 기록할 수 있다.

① 부분 동간기록

부분 동간기록은 행동의 발생 여부만을 기록하는 것으로, 그 시간 사이에 행동이 몇 번 일어났는가는 상관없이 한 번이라도 일어났으면 목표행동 발생으로 기록된다. 따라서 실제 발생된 행동 수는 포함되지 않으므로 행동기록의 제한된 결과를 가져올 수 있다.

② 전체 동간기록

전체 동간기록은 정해진 시간 간격 동안 지속되는 행동을 기록하는 것으로, 각 시간 간격 내내 목표행동이 지속되었다면 목표행동이 발생한 것으로 기록한다.

(5) 시간표집법

시간표집법(time sampling)은 순간 표집법으로도 불리우며 시간적 · 인적 자원이 제한되어 있어 일정 시간 동안에 자료를 수집할 수 있는 경우에 사용되는 방법이다. 시간표집법은 일정 시간에 수집된 자료가 전체 시간을 대표하는 정보를 제공해 준다는 데 근거한 것으로 계속적인 관찰을 필요로 하지 않는다는 점을 제외하고는 동간기록법과 유사하다.

관찰 회기는 동일한 간격으로 나누되, 행동은 각 시간 간격의 마지막 시점에서 기록된다. 정해진 시간 간격의 마지막 시점 순간에 목표행동이 관찰되면 발생한 것으로 기록된다. 시간표집법의 장점은 교사가 수업을 진행하면서도 사용할 수 있다는 점으로 교사가 정상적인 수업을 계속하면서 행동의 계속적인 발생에 대한 추정치를 얻을 수 있다.

(6) 기회에 대한 반응 비율

반응할 수 있는 기회를 주고 그 기회에 대해 실제적으로 반응한 횟수를 계산하여 주어진 기회에 대해 비율이나 퍼센트의 형식으로 반응 발생률을 기록하는 방법이다.

(7) 영구적인 산물

영구적인 산물(permanent product)은 유기체의 행동은 경우에 따라 영속적인 성과를 낳는다. 이러한 성과는 관찰과 계수가 가능한 영구적인 구체물을 낳게 된다. 이것은 실제적으로 파괴한 물건의 수나 과제수행 결과물 등의 영구적인 결과로 남게 된 증거를 행동에 대한 측정기록으로 대신하는 방법이다.

행동 결과물의 직접측정법은 정확한 기록, 즉 대개 수량적 단위로 전환시킬 수 있는 영속적 기록으로, 이 결과물은 학습상의 중요한 행동에 있어서 최종적인 결과이다.

2) 기록방법

문제행동의 감소나 바람직한 대체행동의 증가를 목표로 하여 학생의 행동을 중재

표 4-9 행동관찰 기록지의 예

교사: 김○○ 날짜: 10월 12일
학생: 강○○ 시간: 10:00~10:30 과학시간
장소: 3학년 1반 교실

작성방법: 지도하고자 하는 행동(목표행동)을 정한 후, 그 행동이 어느 정도 나타나는지 관찰하여 횟수를 관찰회기란에 각각 적는다.

	관찰 회기					
지도할 행동(목표행동)	1(월)	2(화)	3(수)	4(목)	5(금)	6(토)
1. 자리이탈 행동	10회/30분					
2. 착석 행동	10회/30분					
3. 과제 완수 행동	1/3회					
4. 교실 뛰쳐나가기	5회					
5. 물건 던지기	5회					
6. 교사 지시 따르기	1/5회					
7. 지각	1회					

표 4-10 목표행동 기록지

훈련자: ________ 날짜와 시간: ________ 교수자료: ________ 아동: ________
관찰자: ________ 장소: ________ 중재단계: ________

회기	문제행동 발생 횟수	대체행동 발생 횟수	정반응(%)	오반응(%)	무반응(%)
1					
2					
3					
4					
5					
6					
7					
8					
9					
10					

전에 미리 관찰하여 행동목록표를 작성한다. 〈표 4-9〉에서 볼 수 있듯이, 지도할 행동들의 발생 수준을 측정한 다음, 발생 수준뿐 아니라 학생의 건강 및 안전 등 여러 요인들을 고려하여 중재순위를 정한다.

그리고 목표행동 발생 수준을 적절한 측정단위를 사용하여 중재 전, 중재 동안, 중재 종료 후에 걸쳐 목표행동의 변화를 측정한 다음 기록지에 기록한다. 〈표 4-10〉, 〈표 4-11〉과 같이 행동발생 빈도를 측정하여 백분율(%)로 나타내거나 아동의 독립수행

표 4-11 독립수행 사정

영역: ________ 목표행동: ________ 날짜: ________ 학교명: ________

학생명: ________ 교사명: ________ 교수목적: ________________

사용방법: 각 목표행동 핵심 단계에 따른 독립수행 수준에 해당되는 척도단위에 ○표 하시오.

〈척도〉 4: 독립수행 3: 시각적, 언어적 촉구 2: 몸짓 촉구 1: 신체 촉구

0: 신체 촉구에도 불구하고 목표기술을 수행하지 못함 N: 적용 불가능

목표행동 구성요소	학생행동 단계	사정 1 날짜: / /						사정 2 날짜: / /						사정 3 날짜: / /					
	1	4	3	2	1	0	N	4	3	2	1	0	N	4	3	2	1	0	N
	2	4	3	2	1	0	N	4	3	2	1	0	N	4	3	2	1	0	N
	3	4	3	2	1	0	N	4	3	2	1	0	N	4	3	2	1	0	N
	4	4	3	2	1	0	N	4	3	2	1	0	N	4	3	2	1	0	N
	5	4	3	2	1	0	N	4	3	2	1	0	N	4	3	2	1	0	N
	6	4	3	2	1	0	N	4	3	2	1	0	N	4	3	2	1	0	N
	7	4	3	2	1	0	N	4	3	2	1	0	N	4	3	2	1	0	N
	8	4	3	2	1	0	N	4	3	2	1	0	N	4	3	2	1	0	N
	9	4	3	2	1	0	N	4	3	2	1	0	N	4	3	2	1	0	N
	10	4	3	2	1	0	N	4	3	2	1	0	N	4	3	2	1	0	N
	11	4	3	2	1	0	N	4	3	2	1	0	N	4	3	2	1	0	N
	12	4	3	2	1	0	N	4	3	2	1	0	N	4	3	2	1	0	N
행동단계 척도점수 합계(A)																			
평균 척도점수 (A/총 단계 수)																			

방법: 평균수행력 척도점수에 해당되는 수준만큼 색칠하여 막대그래프 만들기

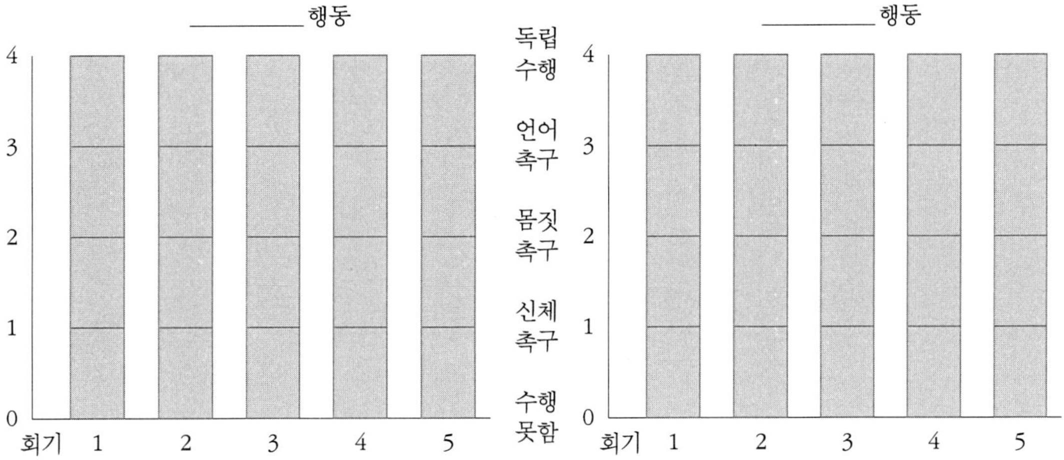

[그림 4-2] 막대그래프 작성표

정도를 척도점수화하여 기록지에 기록한 다음, 그 결과를 [그림 4-2]처럼 선이나 막대그래프로 나타낼 수 있다.

3. 개별화 교육계획 적용

효과적인 중재를 위해 중재계획을 세울 때는 중재 대상이 되는 행동 정의, 자료수집, 자료분석, 중재방법과 중재 수준의 결정, 중재 효과 측정, 일반화 등 일련의 과정을 거치게 된다. 문제행동 사정과 측정 다음 단계는 행동중재계획을 설정하는 단계이며, 행동중재계획에 따라 학생에게 효과적인 행동지도 프로그램을 작성하여 개별화 교육계획(Individualized Education Plan: IEP)을 작성하게 된다.

1) 행동중재계획 절차

행동중재계획을 세울 때 8단계 과정을 거치게 된다(〈표 4-12〉 참조). 가장 먼저 행동의 원인을 파악하여 기능분석 결과에 따라 환경을 조정하여 문제발생을 최소화한다. 그런 다음 문제행동을 감소시키고 그 문제행동 대신에 각 상황에서 요구되는 바람직한

표 4-12 행동중재계획 절차

1. 행동의 기능분석
2. 기능분석 결과에 따른 환경 조정
3. 문제행동 감소와 바람직한 대체행동 증가를 위한 중재방법 선택
4. 목표행동 기초선 측정
5. 실제 자연환경에서의 중재방법 적용 실행
6. 중재 효과 점검
7. 행동 변화 유지
8. 다양한 환경에서의 행동의 일반화

대체행동을 증가시킬 수 있는 효과적인 중재방법을 선택한다. 중재방법을 적용하기 전에 목표행동에 대한 기초선 자료를 측정한다.

중재방법을 적용 · 실행할 때는 가능한 한 실제 자연환경에서 실시한다. 그리고 중재기간 동안 행동 변화에 대한 자료를 지속적으로 수집하여 중재 효과를 관찰한 다음 행동 변화가 목표달성 기준에 도달하면 중재를 종료한다. 그리고 중재에 의한 행동 변화가 중재 종료 후에도 유지되는지, 다양한 환경으로 그 변화가 전이되는지를 살펴본다.

2) 개별화 교육계획 작성

정서 · 행동장애 학생을 중재하는 교사들은 학생 개개인의 특성에 맞게 개별화 교육계획(IEP)을 작성하여야 한다.

(1) IEP의 구성요소

학생의 인적사항, 현재 수행능력, 장단기 교육목표, IEP 운영위원회, 아동에게 제공될 특정 특수교육이나 관련 서비스, 아동이 일반교육 프로그램에 참여할 수 있는 정도의 진술, 서비스의 시작 일자 및 지속기간의 계획, 적어도 1년에 한 번 정도 실시하는 진보에 대한 형식적인 평가, 교육과정 진도계획표, 월간 · 주간 교수 · 학습 계획안 그리고 학습평가(평가준거 및 평가절차)로 이루어져 있다.

① 학생의 인적사항 기록

ⓐ 학생에 대한 기본 정보: 학생의 인적사항은 성명, 소속 학년반, 성별, 주민등록번호, 장애유형, 장애등급, 발병시기, 장애 원인, 장애자 등록번호, 장애 판정기관, 입학 전 교육경력 등에 대한 정보를 수록한다. 그러나 지체부자유 학교에서는 보장구에 관한 사항, 정신지체·정서장애 학교에서는 약물복용에 관한 사항, 중복장애 유무 등에 관한 정보를 기록한다.

가정환경에 대한 내용은 가족구성원에 대한 정보, 생활 정도, 전화번호, 형제관계, 종교 등에 관한 정보로 구성되어 있어 장애에 대한 가족사를 기록함으로써 구체적인 병인을 찾을 수 있다.

ⓑ 생육력에 대한 정보: 생육력에 대한 정보는 출생력, 발육 및 건강 상태 등으로 나누어 분석한다. 생육력은 임신 전, 임신 중, 출생 시, 출생 후로 나누어 조사한다. 임신 전 조사 항목은 건강 상태, 질병 유무, 약물복용 유무, 정서 상태로, 임신 중 조사 항목은 건강 상태, 질병 유무, 약물복용 유무, 정서 상태, 모체 이상 유무, 기타의 문제점으로 구성된다. 또한 출생 시 조사 항목은 부모연령, 분만 상태, 아기 체중, 문제점, 이상 발생시기로, 출생 후 조사 항목은 수유, 건강 상태, 눈맞추기, 목가누기, 이유식, 옹알이 시기, 치아의 발치시기, 첫 단어의 발어시기, 대소변 가리기, 기타 등으로 구성된다.

② 현재 수행 능력

다양한 진단검사나 심리검사를 사용하여 학생의 수준을 평가한다. 표준화된 형식적 검사와 비형식적 검사는 학생의 적절한 교육적 배치, 행동 특성, 강점과 약점 영역을 파악하여 치료교육이나 재활서비스를 제공하는 목적으로 사용된다. 다양한 발달 영역 또는 교과 영역별 현재 수행능력의 측정은 학생의 장단기 목표를 설정하는 근거가 된다.

정신지체 및 정서장애 학교는 사회, 언어, 인지, 예능, 건강, 직업 등의 교육과정 영역 또는 교과에 따라 조사하는 방법과 신체발달, 언어발달, 인지발달, 정서·행동 발달, 사회성 발달 등으로 조사하는 방법 등이 있다. 대체로 학생의 행동 특성은 교사에 의한 직접관찰 또는 부모의 면접조사에 의하여 측정된다.

③ 장단기 교육목표

학생의 장기목표는 1개 학년 동안 이수해야 할 목표로 진술된다. 대체로 장기목표(연간목표)는 현재 수행 능력에서 몇 단계 상위단계로 진술된다. 단기목표는 1개월 정도에 도달할 수 있는 수준으로, 장기목표를 상세화한 내용 중에 한 항목으로 구성한다.

학교에 따라서는 1학기 또는 학년별 교과목표를 장기목표로 활용하기도 한다(시각·청각·지체부자유 학교). 그리고 장기목표는 교과 또는 영역 활동을 통하여 최종적으로 도달하려는 목표이기 때문에 각 교과 또는 영역 활동을 통하여 달성하려는 목표보다는 포괄적이다. 단기목표는 월별, 주별 성취목표에 해당한다.

〈표 4-13〉에 제시된 IEP 양식에서는 단기목표를 월별목표 상단에 기술하고 하단에는 교육활동의 주요 내용을 적는다. 월별 주요 교육활동 내용은 교과 단원목표를 상세화하여 제시하게 되며, 그 결과는 1~5단계의 도달 수준을 표시한다.

표 4-13 장기목표 및 교과별 단기목표의 관계

학교급별:	학생명:	학년/반:	지도교사:

장기목표(연간목표):

영역 교과	현재 수행 수준	1학기 성취목표	3월 성취목표 교육활동 내용	결과	4월 성취목표 교육활동 내용	결과
				1 2 3 4 5		1 2 3 4 5
				1 2 3 4 5		1 2 3 4 5

년 월 일

IEP 위원: ○○○(인)

학부모 또는 학생: ○○○(인)

④ IEP 운영위원회

대부분의 특수학교 IEP는 IEP 운영위원회의 승인을 받아야 한다. IEP 위원회의 위원은 학교장, 교감, 교무부장 또는 연구부장, 담임, 교과전담교사, 치료교사로 구성된다. 그러나 일부 학교에서는 이전 담임, 현 담임, 각부 부장교사, 관련 치료사, 재활교사, 양호교사, 사회사업가, 서비스 영역 담당자를 포함하는 경우도 있다.

⑤ 월간 · 주간 교수-학습 계획안

월간 · 주간 교수-학습 계획안은 실제로 교실에서 수업하기 위한 자료이다. 대부분의 학교에서 월간 계획서는 개인별로 작성하고, 주간 교수-학습 계획안은 집단별로 작성하는 경우가 많다.

⑥ 학습평가

학습평가는 IEP의 최종 도달점을 확인하는 과정이다. 현재 학생의 수행능력에 의하여 계획된 IEP는 장기목표와 단기목표 또는 월간목표를 수행하는 과정에서 도달할 수준을 밝히는 것을 의미한다.

(2) IEP 작성 예시

① 인적 사항

대상아동의 개인정보 양식은 〈표 4-14〉와 같다.

표 4-14 장기목표 및 교과별 단기목표의 관계의 예

학생 이름	강○○	작성일	2017년 6월 1일
생년월일	2009년 1월 1일 (만 8세 5개월)	교육기간 및 재평가	교육기간: 2017년 9월 1일~ 2017년 11월 30일(3개월) 재평가일: 2017년 12월 1일
지역	○○○	교사	박○○
학교 및 학년	○○ 초등 1학년	배치	정서 및 행동장애

② 현재 수행능력

ⓐ 배경 정보: 아동은 통합유치원에 다니고 있는 여자 아동으로, 인지학습을 시작하게 되면서 아동의 전반적인 발달 정도를 평가하여 아동에게 적합한 교육을 실행하고자 실시하게 되었다.

ⓑ 검사 시 아동의 태도: 아동은 검사 시 물건을 산발적으로 꺼내 어지럽히거나 과제 수행이 적절하게 이루어지지 않아 주로 어머니와의 인터뷰에 의해 이루어졌다.

ⓒ 수행능력 자료

- 지적 능력: Wechsler 아동용 지능검사 전체점수 78
- 시력: 정상 • 청력: 정상
- 포테이지(Portage) 발달검사: 검사결과 아동은 신변처리 3세 4개월, 운동성 3세 5개월, 사회성 2세 4개월, 인지 2세 4개월, 언어 2세 4개월로 전체 발달연령이 2세 9개월 정도로서 아동의 현 연령에 비해 3세 정도 발달이 지체되었다. 발달평가에 의해 산출된 발달연령은 〈표 4-15〉와 같다.

표 4-15 대상아동의 발달연령

발달 영역	발달연령
신변처리	3세 4개월(40개월)
운동성	3세 5개월(41개월)
사회성	2세 4개월(28개월)
인지	2세 4개월(28개월)
언어	2세 4개월(28개월)
전체	2세 9개월(33개월)

ⓓ 해석

- 신변처리: 혼자서 식사를 할 수 있다. 바지, 티셔츠, 스웨터 벗고 입기와 양말과 신발 신고 벗기를 약간의 도움을 받아 할 수 있으나 단추를 채우거나 푸는 것은 아직 못한다. 아직 스스로 대소변을 가리지는 못하나 대소변 시 도움을 청하며 잠자리 소변을 가리는 연습을 한다. 언어적 지시를 따르지는 않으나 모방을 통해서는 가능하다.
- 운동성: 소근육이 발달하여 퍼즐 맞추기, 가위 사용, 망치질 등의 활동이 가능하지만, 대근육 발달은 아직 미숙하여 발끝으로 걷기, 팔을 교대로 흔들기, 발을 바

꾸어 가며 계단 올라가기, 행진하기 등의 활동은 제대로 수행하지 못한다.

- 사회성: 부모가 부탁했을 때 50% 정도 도울 수 있지만 스스로 부모를 도와줄 수는 없다. 지시에 따라 다른 방에서 물건을 가져오거나 사람을 데려올 수 있으며, 5~10분짜리 음악이나 이야기에 주의를 기울일 수 있다. 부탁과 감사의 표현 및 자신의 감정을 언어로 표현하지 못하며, 물어보면 스스로 선택하지 못한다.
- 인지: 특정 책을 찾아올 수 있고 일상적인 그림 4개의 이름을 말할 수 있다. 수직선 긋기를 모방하며 원을 그릴 수 있지만 수평선 긋기나 십자 긋기는 아직 못한다. 기능이나 같다/다르다에 의해서는 분류하지만 크다/작다 및 색깔에 따라서는 분류할 수 없다. 또한 지시에 따라 안/밖, 위/아래를 구별하지 못한다. 즉, 개념과 사물 사이의 관련성을 인식하지 못한다.
- 언어: 두 단어구(예: 아빠 공, 내 의자)나, 2단어 표현(예: 여기 의자)에서 '여기' '저기'를 사용하여 말할 수 있으나 소유격, 부정형, 복수형, 동사 형태, 의문문을 사용하여 말하지는 못한다. 일상적인 활동에 대한 질문에는 대답하지만, '어디에?'라는 질문에는 대답하지 못한다. 자신의 이름이나 나이는 표현할 수 있지만 성별을 말하지는 못한다.

ⓔ 아동의 행동관찰

- 주의력 결함과 산만성 문제: 아동은 주의력결핍 과잉행동장애의 특성을 보인다. 흔히 다른 일을 하거나 놀이를 할 때 지속적으로 주의를 집중하지 못한다. 검사 시에도 다른 물건을 꺼내어 산발적으로 어지럽히는 행동을 보였다. 과제가 주어졌을 때 그 일에 대해서 끝까지 집중하지 못하고 자신의 의자를 뒤로 쭉 빼는 행동을 보인다.
- 상동행동: 아동은 양 손목을 흔드는 상동행동을 보이고, 특히 어떤 물체를 돌린 후 돌아가는 모습을 지켜보며 손목을 흔든다. 물체를 돌리거나 굴려서 나는 소리를 주의 깊게 들으려고 한다.

③ 장 · 단기 교육목표

ⓐ 장기목표

- 국어: 육하원칙에 관련 질문에 2~3개 단어로 구성된 표현구를 사용하여 답할 수 있다.

- 통합교과(슬기로운 생활): 다양한 선 긋기(−, +, ×, ○, /, \)를 학습한 다음, 도형 그리기(세모, 네모와 동그라미)와 문자쓰기(ㅅ, 아)로 연결하여 학습할 수 있다.
- 수학: 사물을 크기, 색깔별로 분류하고 비교 용어(예: 더 크다, 더 길다, 더 무겁다)와 비교 기호(예: <, =, >)를 사용하여 표현할 수 있다.
- 학급행동: 부주의 관련 행동문제와 상동행동 문제를 줄일 수 있다.

ⓑ 단기목표

- 국어
  - 육하원칙 중 '누가'에 관련 질문에 대해 2~3개 단어로 구성된 표현구를 사용하여 답할 수 있다.
  - 육하원칙 중 '언제'에 관련 질문에 대해 2~3개 단어로 구성된 표현구를 사용하여 답할 수 있다.
  - 육하원칙 중 '어디서'에 관련 질문에 대해 2~3개 단어로 구성된 표현구를 사용하여 답할 수 있다.
  - 육하원칙 중 '무엇을'에 관련 질문에 대해 2~3개 단어로 구성된 표현구를 사용하여 답할 수 있다.
  - 육하원칙 중 '어떻게'에 관련 질문에 대해 2~3개 단어로 구성된 표현구를 사용하여 답할 수 있다.
  - 육하원칙 중 '왜'에 관련 질문에 대해 2~3개 단어로 구성된 표현구를 사용하여 답할 수 있다.
- 통합교과(슬기로운 생활)
  - 다양한 선 긋기(−, +, ×, /, \)를 할 수 있다.
  - 다양한 선으로 구성된 도형(세모, 네모와 동그라미)을 그릴 수 있다.
  - 다양한 선으로 구성된 문자(ㅅ, 아)를 쓸 수 있다.
- 수학
  - 사물을 크기별로 분류하고, 비교 용어(예: 더 크다, 더 작다, 같다)와 비교 기호(예: <, =, >)를 사용하여 표현할 수 있다.
  - 사물을 길이별로 분류하고, 비교 용어(예: 더 길다, 더 짧다, 같다)와 비교 기호(예: <, =, >)를 사용하여 표현할 수 있다.
  - 사물을 무게별로 분류하고, 비교 용어(예: 더 무겁다, 더 가볍다, 같다)와 비교 기

호(예: < , =, >)를 사용하여 표현할 수 있다.

– 사물을 색깔별로 분류하고, '같다'와 '다르다'를 사용하여 표현할 수 있다.

• 학급행동

– 부주의 관련 행동문제를 줄일 수 있다.

: 주의 산만성을 줄이고 정리정돈하는 습관을 습득할 수 있다.

: 주어진 시간 내에 과제를 완성할 수 있다.

: 의자를 뒤로 빼는 행동을 줄이고 바른 자세로 앉아 수업에 참여할 수 있다.

– 손목 흔드는 상동행동을 교정하여 과제 수행과 완성을 할 수 있다.

④ IEP 위원회 구성원

	서명
교장: 박○○	______________________
담임교사: 이○○	______________________
부모: 정○○	______________________
의사: 김○○	______________________
언어치료사: 고○○	______________________
행동치료사: 황○○	______________________

학생을 정서 · 행동장애 지도 프로그램에 배치하기 위해 이 계획에 동의한다.

학부모 서명: ________________ 날짜: ________________

⑤ 행동중재 프로그램의 실행

ⓐ 목표행동: 아동의 의자 뒤로 밀기 행동

ⓑ 목표행동의 조작적 정의: 의자에 앉은 상태에서 배를 허벅지에 붙이고 한쪽 다리로 의자를 뒤로 밀고 일어난다.

ⓒ 목표 수준 설정: 수업시간에 강○○은 의자 뒤로 밀기 행동을 하루 평균 2회 수준으로 줄일 수 있다.

ⓓ 기능분석: 분석 결과 강○○의 주의력 부족과 과다행동 특성은 수업시간에 조용히 앉아서 주의집중을 하여 스스로 수업활동에 참여하는 행동에 저해요인으로 작용한다.

ⓔ 기초선 측정: 아동의 의자 뒤로 밀기 행동을 빈도기록법에 의하여 기록한다. 오전 활동 시간 4시간을 일주일 동안 관찰하여 기초선을 작성한다.

〈밀기행동 빈도〉

요일	월	화	수	목	금
빈도	10	15	13	11	11

ⓕ 중재적용 절차: 의자 뒤로 밀기 행동의 감소를 위해 발표시키기, 정적 강화 중재(〈표 4-16〉 참조)와 행동 계약 등의 중재절차가 적용된다.

- 발표시키기: 의자 뒤로 밀기 행동을 줄이기 위해서 아동에게 수업시간 동안 발표를 많이 시킨다. 그럼으로써 자연스럽게 자리에서 일어날 수 있는 기회를 준다.
- 정적 강화: 교사의 칭찬과 함께 급우들의 긍정적인 관심과 지지를 유도한다.
- 행동 계약서: 행동 계약서 절차(〈표 4-17〉 참조)에 따라 교사와 아동이 함께 행동 계약서(〈표 4-18〉 참조)를 작성하여 아동 자신의 행동을 스스로 알고 통제할 수 있게 한다.

표 4-16 대상아동의 발표시키기 및 정적 강화 중재

- 국어수업 시간에 교사가 아동의 배를 허벅지에 붙이는 행동을 관찰하게 된다.
- 교사는 읽을 부분을 손가락으로 짚어 주면서 "강○○아, 일어나서 우리 여기를 한 번 읽어 보자." 라고 한다(부주의로 인해 교사의 수업 지시사항을 듣지 못한 상황에서 의자 뒤로 밀기 행동이 발생할 경우 촉구에 의한 환경 수정).
- 교사는 짧은 글이나 시를 주어 다 읽었을 때, "우리 강○○이 너~무 잘 읽었네요. 우리 다같이 박수 쳐 줘요~." 하면서 교사의 칭찬과 함께 다른 학생들의 박수를 유도한다(정적 강화기법).
- 교사는 발표하기 좋아하는 아동에게 발표를 시킬 때 "바르게 앉아 있는 강○○이 일어나서 한 번 발표해 보자." 하고 말하여 아동 스스로가 바르게 앉아 있어야지만 발표를 할 수 있다는 인식을 하게 한다.

표 4-17 대상아동의 행동 계약서 절차

- 아동에게 자신의 행동을 알 수 있도록 행동 계약서를 만든다.
- 목표행동을 몇 번 하는지 스스로 점검할 수 있게끔 행동 계약서를 표로 만들어 코팅하여 책상에 붙인다.
- 목표행동을 하루 2회 이하로 하면 교사는 아동이 원하는 활동이나 강화물을 준다.
- 목표행동을 하루 3회 이상 하면 아동은 오늘 자신이 좋아하는 활동을 하지 못하게 된다.

표 4-18 대상아동의 행동 계약서의 예

이런 행동 하지 말아요!!!!!!!!

학생 이름: 강○○
저는 수업시간에 의자를 뒤로 미는 행동을 하지 않겠습니다.
한 번이라도 하면 컴퓨터 게임을 할 수 없습니다.
저는 약속을 잘 지키는 어린이입니다.

내용	했습니다	하지 않았습니다
• 이번 시간에 의자를 뒤로 미는 행동을 몇 번 했는지 점검해 보세요.		
• 의자를 뒤로 미는 행동을 안 했을 때 상(보상, 강화물)으로 무엇을 하고 싶은가요?		

학생 서명 ____________
선생님 서명 ____________

이 장에서는 정서 및 행동장애 학생이 가정이나 학교에서 문제행동을 보일 때 사용할 수 있는 중재를 제시하였다. 그 중재단계는 직접관찰에 의한 행동사정, 기능분석 및 사정, 문제행동과 대체행동의 조작적 정의, 목표행동 발생 수준 측정과 IEP 작성 등의 내용으로 구성되었다. 이 장에서는 행동지도단계에 따라 행동 사정 및 측정을 하여 학생의 현행 수준을 파악한 다음, 그 수준을 토대로 행동지도 프로그램을 작성하여 IEP에 적용해 보는 것을 목표로 한다.

학습과제

1. 정서 · 행동장애 아동의 문제행동에 대한 조작적 정의를 수립하고 기능분석을 하시오.
2. 정서 · 행동장애 아동의 문제행동에 적합한 측정단위, 측정방법의 선정 근거를 제시하시오.
3. 정서 · 행동장애 아동의 문제행동 유형별 적합한 행동 발생 기록지를 설명하시오.
4. 정서 · 행동장애 아동의 개별화 교육계획(IEP) 수립 시 필요한 구성요소를 제시하시오.
5. 정서 · 행동장애 아동의 개별화 교육계획(IEP) 작성에 필요한 교과별, 행동별 장단기 목표를 제시하시오.
6. 실제 정서 · 행동장애 아동의 사례를 적용하여 가상의 중재계획을 작성하시오.

제 2 부

정서 · 행동장애의 하위 유형

제 5 장

주의력결핍 과잉행동장애

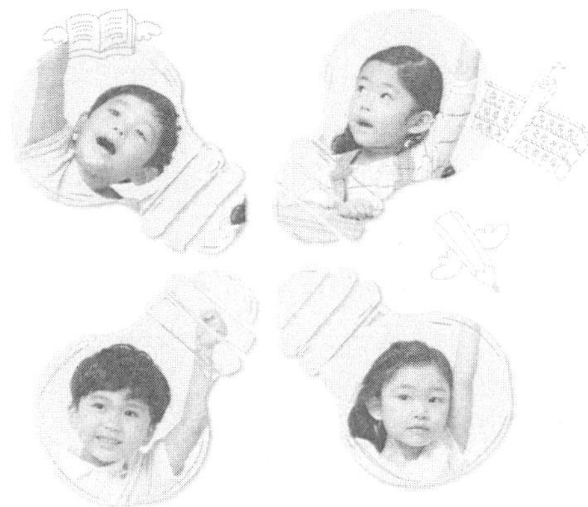

학 습 목 표

1. ADHD의 정의를 설명할 수 있다.
2. ADHD의 핵심적 특성과 이차적 특성을 설명할 수 있다.
3. ADHD의 다양한 원인과 예방을 설명할 수 있다.
4. ADHD를 진단할 수 있다.
5. ADHD의 중재방법 및 교육방법을 설명할 수 있다.

1. 정의 및 출현율

주의력결핍 과잉행동장애(Attention-Deficit Hyperactivity Disorder: ADHD)는 상당히 오랜 과정을 거치며 개념화되었다(Barkley, 2003; Milich, Balentine, & Lynam, 2001). 셰익스피어는 『헨리 8세』의 등장인물 가운데 하나에서 주의집중의 질병에 대해 언급했다. 과잉행동 아동에 대한 이후의 좀 더 구체적인 언급은 1800년대 중기 독일 의사인 Heinrich Hoffman이 쓴 시에 나타나며, 오늘날 ADHD로 불리는 사람들이 경험하는 것과 비슷한 어려움을 가진 성격의 한 유형에 대해 기술하고 있다. 예를 들면, '충동이 너무 즉각적으로 행동으로 튀어나와 억제가 불가능한 성격 유형' 등이다.

그러나 ADHD에 대한 진지한 임상적 관심은 영국 의사인 George Still(1902)이 '왕립의사 아카데미'에서 강연한 출판물에서 **'도덕적 통제에 결함이 있는'**으로 정의한 20명의 아동집단에 대해 처음으로 보고했다. 이와 비슷한 특징을 가진 아동들에 대한 관심으로 미국에서는 1917~1918년에 유행한 **뇌염**을 앓고 난 뒤 알려지게 되었다. 이런 경우들과 출생 시 외상, 머리 외상, 독소에 대한 노출과 감염으로 아동들에게 나타났다. 이 개념은 이후에 **미세뇌손상**으로 발전했고, 많은 경우에 대뇌 외상의 증거가 없다는 점에서 이 명칭에 대한 의문이 제기되자 마지막에는 **미세뇌기능장애(MBD)**로 발전했다. 1950년대 후반까지는 이러한 아동들의 과잉행동과 운동 불안정성이 강조되었고, '과잉운동증' '과잉운동증후군' '과잉행동아동증후군' 등의 용어로 다양하게 사용되었다.

공식적인 진단명으로 DSM-II(APA, 1968)에서는 **아동기 과잉운동 반응**(hyperkinetic reaction of childhood)이라고 명명하였으며, 다음과 같이 정의되었다.

> 이 장애는 어린 아동들에서는 과잉행동, 침착하지 못함, 쉽게 분산되는 것, 짧은 주의집중 시간으로 나타난다. 이 행동은 보통 청소년기가 되면 사라진다. 이 행동이 기질적인 대뇌 손상 때문에 생긴다면, 이 장애는 적절한 비심리적이고 기질적 대뇌증후군으로 진단되어야 할 것이다.

1970년대까지의 연구들은 이 장애의 특성을 이해하는 데 있어서 과잉행동과 더불어 지속적인 주의집중과 충동적 통제의 중요성을 강조하면서 장애가 4가지 중요한 결함으로 구성된다고 이론화하였다(Douglas, 1972). 첫째, 주의와 노력의 투자, 조직화와 유지, 둘째, 충동적 행동을 억제하는 능력, 셋째, 상황의 요구에 맞추어 각성 수준을 조절하는 능력, 넷째, 즉각적인 강화를 추구하는 성향이 비정상적으로 강하다. 이 장애가 도덕적 발달의 심각한 문제와 관계가 있다는 Douglas의 관찰은 70년 전에 Still이 관찰한 것과 비슷한데 당시에는 주목을 받지 못했다. 주의, 충동성과 이 장애의 다른 인지적 문제들에 대한 수많은 연구들과 더불어 Douglas의 중요한 논문은 1980년에 DSM-III가 나올 때 이 장애를 **주의력결핍장애**(ADD)로 재명명하게 해 주었다. 이로서 과잉행동에 초점이 맞추어져 있던 것이 과잉행동의 중요성은 감소되면서 주의력결핍이 부각되었다. 이러한 개념상의 변화는 DSM-III(APA, 1980)에 반영되어 가장 중요한 임상적인 특징을 주의력결핍으로 보고 주의력결핍장애(Attention Deficit Disorder: ADD)라 명명하고, 이 범주 내에서 과잉행동을 수반한 주의력결핍장애, 과잉행동을 수반하지 않은 주의력결핍장애, 잔재형 주의력결핍장애 등 3가지 유형으로 나누었다. 이와 같이 나눔으로써 과잉행동 문제를 둘러싼 논란을 일단 잠정적으로 해결한 셈이다. 1980년대에 접어들면서 DSM-III가 '**과잉운동**' 대신 '**주의력결핍**'이라는 용어를 진단명으로 채택한 것은 이러한 아동들, 특히 여아의 경우에는 문제의 핵심이 과잉행동보다는 오히려 주의력결핍에 있다는 학계의 잠정적인 판단을 함축하고 있었다.

그 후 연구들에서 과잉행동을 수반하지 않은 주의력결핍장애는 그 발병률이 매우 낮고, 또한 임상적으로도 진단을 내리기가 어려운 면이 있다고 생각되어서, DSM-III-R (APA, 1987)에서는 최근에 사용하고 있는 ADHD라고 명명하였고, DSM-III에서 명명한 과잉행동을 수반하지 않은 주의력결핍장애에 대해서는 미분화된 주의력결핍장애라고 명명하였다.

DSM-IV(APA, 1994)와 DSM-IV-TR(APA, 2000)의 진단 준거에서는 ADHD의 특성을 부주의, 과잉행동-충동성으로 나누고, 각각의 9가지 증상 중 6가지(또는 그 이상) 증상이 최소한 6개월 이상 지속되고, 연령 기준은 각각의 증상이 7세 이전에 나타나야 했다. 진단 유형으로 ① 주의력결핍 과잉행동장애, 복합형, ② 주의력결핍 과잉행동장애, 주의력결핍 우세형, ③ 주의력결핍 과잉행동장애, 과잉행동-충동성 우세형 등으로 나누어, 최근 6개월 동안 우세했던 증상을 기초로 제시하고 있다.

최근 DSM-5(APA, 2013)는 DSM-IV-TR(APA, 2000)의 진단 준거와의 특이한 차이로 주의점을 추가하여 감별진단의 명료성을 높였으며, 후기 청소년이나 성인(17세 이상)의 경우에는 부주의, 과잉행동–충동성 각각의 증상에 대해 5가지 증상만 충족되어도 진단할 수 있게 되었다. 몇 가지의 부주의 또는 과잉행동–충동성 증상이 12세 이

표 5-1 주의력결핍 과잉행동장애 진단준거(DSM-5)

A. 기능 또는 발달을 저해하는 지속적인 부주의 및 과잉행동–충동성이 '1. 부주의' 그리고/또는 '2. 과잉행동–충동성'의 특징을 갖는다.

1. **부주의**: 다음 9개의 증상 가운데 6개 이상이 적어도 6개월 동안 발달 수준에 적합하지 않고 사회적 · 학업적/직업적 활동에 직접적으로 부정적인 영향을 미칠 정도로 지속됨
   ☞ 주의점: 이러한 증상은 단지 반항적 행동, 적대감 또는 과제나 지시 이해의 실패로 인한 양상이 아니어야 한다. 후기 청소년이나 성인(17세 이상)의 경우에는 적어도 5가지의 증상을 만족해야 한다.
   a. 종종 세부적인 면에 대해 면밀한 주의를 기울이지 못하거나, 학업, 작업 또는 다른 활동에서 부주의한 실수를 저지름(예: 세부적인 것을 못 보고 넘어가거나 놓침, 작업이 부정확함)
   b. 종종 과제를 하거나 놀이를 할 때 지속적으로 주의집중을 할 수 없음(예: 강의, 대화 또는 긴 글을 읽을 때 계속해서 집중하기가 어려움)
   c. 종종 다른 사람이 직접 말을 할 때 경청하지 않는 것처럼 보임(예: 명백하게 주의집중을 방해하는 것이 없는데도 마음이 다른 곳에 있는 것처럼 보임)
   d. 종종 지시를 완수하지 못하고, 학업, 잡일 또는 작업장에서의 임무를 수행하지 못함(예: 과제를 시작하지만 빨리 주의를 잃고 쉽게 곁길로 샘)
   e. 종종 과제와 활동을 체계화하는 데 어려움이 있음(예: 순차적인 과제를 처리하는 데 어려움, 물건이나 소지품을 정리하는 데 어려움, 지저분하고 체계적이지 못한 작업, 시간 관리를 잘하지 못함, 마감 시간을 잘 맞추지 못함)
   f. 종종 지속적인 정신적 노력을 요구하는 과제에 참여하기를 기피하고, 싫어하거나 저항함(예: 학업 또는 숙제, 후기 청소년이나 성인의 경우에는 보고서 준비하기, 서류 작성하기, 긴 서류 검토하기)
   g. 과제나 활동에 꼭 필요한 물건들(예: 학습과제, 연필, 책, 도구, 지갑, 열쇠, 서류 작업, 안경, 휴대폰)을 자주 잃어버림
   h. 종종 외부 자극(후기 청소년과 성인의 경우에는 관련이 없는 생각들이 포함될 수 있음)에 의해 쉽게 산만해짐
   i. 종종 일상적인 활동을 잊어버림(예: 집안일하기, 심부름하기, 후기 청소년과 성인의 경우에는 전화 회답하기, 청구서 지불하기, 약속 지키기)

2. **과잉행동–충동성**: 다음 9개의 증상 가운데 6개 이상이 적어도 6개월 동안 발달 수준에 적합하지 않고 사회적 · 학업적/직업적 활동에 직접적으로 부정적인 영향을 미칠 정도로 지속됨
   ☞ 주의점: 이러한 증상은 단지 반항적 행동, 적대감 또는 과제나 지시 이해의 실패로 인한 양상이 아니어야 한다. 후기 청소년이나 성인(17세 이상)의 경우, 적어도 5가지의 증상을 만족해야 한다.
   a. 종종 손발을 만지작거리며 가만두지 못하거나 의자에 앉아도 몸을 꿈틀거림

b. 종종 앉아 있도록 요구되는 교실이나 다른 상황에서 자리를 떠남(예: 교실이나 사무실 또는 다른 업무현장, 또는 자리를 지키도록 요구되는 상황에서 자리를 이탈)
c. 종종 부적절하게 지나치게 뛰어다니거나 기어오름(주의점: 청소년 또는 성인에서는 주관적으로 좌불안석을 경험하는 것에 국한될 수 있음)
d. 종종 조용히 여가 활동에 참여하거나 놀지 못함
e. 종종 '끊임없이 활동하거나' 마치 '태엽 풀린 자동차처럼' 행동함(예: 음식점이나 회의실에 장시간 동안 가만히 있을 수 없거나 불편해함, 다른 사람에게 가만히 있지 못하는 것처럼 보이거나 가만히 있기가 어려워 보일 수 있음)
f. 종종 지나치게 수다스럽게 말함
g. 종종 질문이 끝나기 전에 성급하게 대답함(예: 다른 사람의 말을 가로챔, 대화 시 자신의 차례를 기다리지 못함)
h. 종종 자신의 차례를 기다리지 못함(예: 줄 서 있는 동안)
i. 종종 다른 사람의 활동을 방해하거나 침해함(예: 대화나 게임, 활동에 참견함, 다른 사람에게 묻거나 허락을 받지 않고 다른 사람의 물건을 사용하기도 함, 청소년이나 성인의 경우 다른 사람이 하는 일을 침해하거나 가로챌 수 있음)

B. 몇 가지의 부주의 또는 과잉행동-충동성 증상이 12세 이전에 나타난다.
C. 몇 가지의 부주의 또는 과잉행동-충동성 증상이 2가지 또는 그 이상의 환경에서 존재한다(예: 가정, 학교나 직장, 친구들 또는 친척들과의 관계, 다른 활동에서).
D. 증상이 사회적·학업적 또는 직업적 기능의 질을 방해하거나 감소시킨다는 명확한 증거가 있다.
E. 증상이 조현병 또는 기타 정신병적 장애의 경과 중에만 발생되지는 않으며, 다른 정신질환(예: 기분장애, 불안장애, 해리장애, 성격장애, 물질 중독 또는 금단)으로 더 잘 설명되지 않는다.

☞ 다음 중 하나를 명시할 것

314.01(F90.2) 복합형: 지난 6개월 동안 진단기준 A1(부주의)과 진단기준 A2(과잉행동-충동성)을 모두 충족한다.

314.00(F90.0) 주의력결핍 우세형: 지난 6개월 동안 진단기준 A1(부주의)은 충족하지만 A2(과잉행동-충동성)는 충족하지 않는다.

314.01(F90.1) 과잉행동/충동 우세형: 지난 6개월 동안 진단기준 A2(과잉행동-충동성)는 충족하지만 A1(부주의)은 충족하지 않는다.

☞ 다음의 경우 명시할 것

부분 관해 상태: 과거에 완전한 진단기준을 충족하였고, 지난 6개월 동안에는 완전한 진단기준을 충족하지는 않지만 여전히 사회적, 학업적 또는 직업적 기능에 손상을 일으키는 상태다.

☞ 현재의 심각도를 명시할 것

경도: 현재 진단을 충족하는 수준을 초과하는 증상은 거의 없으며, 증상으로 인한 사회적, 학업적 또는 직업적 기능의 손상은 경미한 수준을 넘지 않는다.

중등도: 증상 또는 기능적 손상이 '경도'와 '고도' 사이에 있다.

경도: 진단을 충족하는 수준을 초과하는 다양한 증상 또는 특히 심각한 몇 가지 증상이 있다. 혹은 증상이 사회적 또는 직업적 기능에 뚜렷한 손상을 야기한다.

전에 나타나야 하는 것으로 연령을 조정하였다(〈표 5-1〉 참조).

ADHD는 학령기 아동의 흔한 정신과적 질환으로서 **과잉행동**(hyperactivity), **부주의**(inattention), **충동성**(impulsivity)이 그 주요 증상이다. 주의집중결함은 인지영역의 장애인 반면, 과잉행동과 충동성은 행동영역의 장애들로서 여러 가지 문제를 야기한다. 즉, 가정생활뿐 아니라 학교생활에서 통제가 어렵고 학습부진이나 학습장애, 공격적 행동, 분노발작 또는 또래들과의 잦은 싸움으로 인한 사회적 고립감 및 소외감 등을 나타낸다. 이상과 같은 문제들이 내면화되면서 정서적 불안정, 사회적 위축, 자존감의 결여 등이 부수적으로 수반된다. 이러한 행동문제들은 학령전기 아동에서는 발달과정상 정상적으로 나타날 수 있는 현상이지만, ADHD 아동은 유아기부터 신경행동학적 특성이 일반아동과 다를 수 있어 이를 발달장애로 보기도 한다. 한편, ADHD 아동의 약 50% 정도는 청소년기 ADHD로 이행되고, 이들 청소년 ADHD의 30~70%는 성인기에서도 사회 심리적 문제를 야기한다.

ADHD는 빠르게는 3, 4세 무렵부터 시작되어 평생을 두고 지속되는 만성적인 장애로, 학령전기 또는 학령기에 흔히 관찰되며, 출현율은 연구자에 따라 다양하지만 학령기 아동의 약 5~20%가 이 장애를 보이는 것으로 알려져 있고, 우리나라의 경우 소아정신과 외래 장애아동 중 8.7%와 일반아동의 7.6%가 이 장애를 가지고 있다고 보고하고 있다(조수철, 신윤오, 1994; 홍강의, 홍경자, 1980). 정동선(2006)은 2005년 9월부터 12월 사이에 서울시에 거주하는 초 · 중 · 고등학교 19개교 2,622명을 대상으로 한 소아청소년 정신건강 역학조사 결과 4.58%의 출현율을 보고하고 있으며, 미국의 경우 APA에서의 추정치는 ADHD가 아동의 약 5%, 성인의 약 2.5%의 출현율을 보고하고 있다(APA, 2013).

남녀 성비는 국내 연구를 종합한 결과 김민동(2010)은 남자 대 여자가 5.1:1로 남아가 약 5배 정도 높게 나타났다고 보고하였으며, 미국의 경우 APA(2000)에서 제시한 비율은 4:1~9:1이었고, APA(2013)에서는 아동은 2:1, 성인에서는 1.6:1의 성비로 출현한다고 보고하고 있다.

2. 행동 특성

ADHD는 주의력결핍과 과잉행동-충동성의 핵심적 특성과 이차적 특성으로 운동

기술, 지능과 학업성취, 실행기능, 적응기능, 사회적 행동과 사회적 관계에 대해 살펴보면 다음과 같다.

1) 핵심적 특성

(1) 주의력결핍

주의의 문제는 아동이 같은 나이의 다른 아동들만큼 주의를 유지하지 못하거나, 과제나 놀이 활동에 반응하지 못하고, 규칙이나 지시를 따르지 못하는 데에서 나타난다. 이 문제는 또한 아동이 같은 또래의 다른 아동들보다 더 조직적이지 못하고, 주의가 산만하고, 쉽게 잊어버리는 데에서도 나타난다. 부모나 교사들은 이들이 그 연령대에 기대되는 만큼 듣지 않고, 주의집중을 할 수 없고, 쉽게 주의가 산만해지고, 과제를 마치지 못하고, 백일몽을 꾸며, 활동을 더 자주 바꾼다고 불평한다(Barkley, DePaul, & McMurray, 1990). 이러한 특징들은 정상 아동들과 비교할 때 과제로부터 더 잘 이탈하고, 다른 아동들만큼 과제를 마치지 못하고, 자신에게 요구된 활동으로부터 더 쉽게 한눈을 팔고, 지루한 활동을 정확하게 수행하는 데 있어서 지구력이 떨어지고, 일단 중단된 활동으로 돌아가는 것이 더 느릴 뿐만 아니라 또 덜 돌아가는 특징이 있다(Milich & Lorch, 1994; Schachar, Tannock, & Logan, 1993).

주의에는 서로 다른 많은 유형이 있기 때문에 아동이 주의력결핍이 있다고 말하는 것으로는 충분하지 않다. 아동은 다음과 같은 주의 유형 중 하나 혹은 그 이상의 결합을 가지고 있을 수 있다(Bjoklund, 1995). **선택적 주의**는 관련된 자극에만 집중하고, 환경으로부터의 방해자극에 산만해지지 않는 능력이다. 즉, 어떤 과제를 하고 있을 때 주변의 자극에 의해 얼마나 쉽게 산만해지는가로 선택적 주의의 결핍을 기술하는 데 통상적으로 사용하는 용어는 산만이다. **주의용량**은 우리가 주의를 기울일 수 있는 단기기억 속에 있는 정보의 양이다. 즉, 불러 주는 숫자를 듣고 몇 짜리 숫자까지 기억하는가를 뜻하는 것이다. **주의지속**은 시간이 지나면서 혹은 피곤할 때 지속적으로 관심의 초점을 유지하는 능력이다. 주의지속에 대한 다른 용어로는 주의경계가 있다.

지속적 주의를 평가하는 방법에는 연속 수행검사(Continuous Performance Tests: CPT)가 있다.

(2) 과잉행동-충동성

Barkley(2006a)는 ADHD 아동의 과잉행동을 언제나 뛰어다니고 가만히 있지 못하며, 안절부절못하고 얌전히 앉아 있지 못하는 것으로 묘사한다. 교실에서 수업 중에 꾸준히 앉아 있는 일은 그들에게는 불가능할 수 있다. 그들은 안절부절못하고, 몸부림치고, 기어오르며, 목적 없이 교실을 뛰어다니고, 보이는 것은 모두 만지며, 연필을 소리나게 두드리거나 혹은 다른 아동들을 난폭하게 밀칠 수도 있다. 부모와 교사들은 ADHD가 있는 아동을 '모터로 움직이는', 즉 언제나 끊임없이 활동하며 이야기하는 것으로 묘사하곤 한다. 아동의 행동은 매우 힘이 넘치며, 격렬하고, 목표지향적이지 않다. 이들은 매우 행동적이지만, 높은 에너지 수준을 가지고 있는 다른 아동들과는 달리 자신이 해야 할 과제를 끝내는 일이 별로 없고, 해야 할 과제와 상관없는 일을 하거나 다른 사람에게 말을 걸어 방해한다.

충동성은 자신의 즉각적인 반응을 억제할 수 없거나 행동하기 전에 생각할 수 없는 특성이라고 할 수 있다. ADHD 아동은 보지도 않고 도로에 달려들거나, 원상태를 어떻게 할 것인지 전혀 생각하지 않고 값비싼 시계를 분해할 수도 있다. ADHD 아동은 상황적 요구나 다른 사람의 기대에 따라 멈추거나 조절하기가 매우 어렵다. 그 결과, ADHD 아동은 질문이 아직 끝나지 않았는데도 틀린 대답을 하거나 부적절한 말들을 불쑥 해버릴 수도 있다. 충동적인 아동은 일반적으로 빨리 반응하거나 너무 자주 반응하면서, 기다리거나 차례 지키는 것을 어려워한다. 또한 ADHD 아동은 대화를 자주 방해하고, 다른 사람의 행동을 방해하고, 스스로 당황하게 되면 좌절해서 심하게 욕을 하는 경우도 있다. 주의와 마찬가지로 충동성도 서로 다른 유형을 가지고 있다. 이 유형은 인지적 충동성과 행동적 충동성이다. **인지적 충동성**은 비조직화, 성급한 사고 그리고 지시에 대한 요구를 반영한다. **행동적 충동성**은 교실에서 큰 소리로 외치거나 자신의 행동의 결과를 고려하지 않은 채 행동하는 것이다. 인지적 충동성과 행동적 충동성은 행동의 차원을 분리시키면 전자는 부주의성과 관계가 있으며, 후자는 과잉행동과 관련이 있고, 둘 다 학업성취의 문제를 예언한다. 그러나 행동적 충동성만이 반사회적 행동을 예언하므로(White, Moffitt, Caspi, Bartusch, Needles, & Stouthamer-Loeber, 1994) 행동적 충동성은 반항성과 품행문제에 대한 위험의 구체적 신호가 될 수 있다.

MFFT(Matching Familiar Figures Test)는 충동성을 평가하는 대표적인 검사이며, Stop Task는 반응 억제에서의 아동의 결함을 평가하기 위해 사용되고 있다.

2) 이차적 특성

(1) 운동기술

운동조절장애는 ADHD 아동 가운데 절반가량에게 영향을 미치며, 이는 비교집단보다 많은 숫자다(Barkley, 2006a). 행동이 서투르고, 운동발달 지표가 늦게 나타나며, 스포츠도 잘 못하는 등의 어려움을 보인다. 이들은 가벼운 신경학적 징후를 보일 수 있으며, 여러 검사에서 미세한 운동조정과 타이밍에 결함이 나타난다. ADHD 아동은 복잡한 동작과 순서가 포함된 과제에서 특히 어려움을 겪는데, 이는 행동의 조직화와 조절 같은 상위 통제 과정에 ADHD가 영향을 주고 있음을 시사한다(Kalff et al., 2003).

(2) 지능과 학업성취

집단의 평균으로 비교해 보면, ADHD 아동은 지능검사에서 비교집단에 비해 평균 9점 정도 더 낮다(Barkley, 2006b). 이들의 지능은 일반적인 지능의 범위에 속하며, 때로 영재의 범주까지도 포함한다. 많은 아동들이 읽기, 수학, 기타 학업 영역에서 특정한 학습장애를 나타내는데, 이는 낮은 지능 때문이 아니다. 낮은 학업성취도는 ADHD 아동에게 매우 두드러지는 특징이다. 학교 입학 이전의 기술 결핍이 학령 전 ADHD 아동에게서 나타난다는 보고가 있으며(DuPaul, McGoey, Eckert, & VanBrakle, 2001), 입학 초기 몇 년 동안 학업 문제가 뚜렷이 나타날 수 있다. 이들의 학업 실패는 낮은 학교 성적, 학년 진급의 지연, 특수학급 배치를 통해 알 수 있다. 56% 아동들이 개별 학습지도를 필요로 하고, 30%는 유급을 하고, 30~40%는 적어도 한 번씩 특수학급에 배치된 경험이 있다(Barkley, 2006b). 뿐만 아니라 10~35%는 고등학교를 졸업하지 못한다.

(3) 실행기능

ADHD 아동은 실행기능(executive function)의 문제로 해석되는 여러 가지 실험 및 신경심리 과제에서 장애를 나타낸다. 실행기능이란 목표지향적인 행동에 필요한 여러 인지과정을 가리키는데, 활동의 계획, 조직화 및 자기조절과 관련이 있으며, 작업기억, 언어적인 자기조절, 행동억제, 정서조절, 운동통제 등이 포함된다. 이러한 상위 과정들은 뇌 전두엽 및 그 연결망과 연관이 있다.

(4) 적응기능

ADHD 아동은 그들의 전반적인 지능수준에 비해 일상적인 적응행동의 많은 영역에서 문제를 보인다. 그 불일치의 정도는 비교집단 아동이나 다른 장애가 있는 아동들에 비해 더 크다. 많은 아동들이 자신의 능력수준보다 더 미성숙한 행동을 하며, 일반적으로 예상되는 정도보다 더 많은 성인의 감시 · 감독을 필요로 한다.

일상생활에 필요한 기술을 학습하지 못하기도 하지만 이미 알고 있는 기술을 제대로 수행하지 못하는 것이 더 치명적일 것이다(Barkley et al., 2002). ADHD가 목표지향적인 행동을 하도록 돕는 실행기능의 장애를 포함하기 때문에 이를 '알기' 영역의 장애라기보다 '하기' 영역의 장애로 보는 것이 더 적절할 것이다(Clark, Prior, & Kinsella, 2002).

(5) 사회적 행동과 사회적 관계

많은 ADHD 사례에서 보고되는 사회성 문제들은 성인들이 전문가의 도움을 구하게 만드는 중요한 이유다. 산만하고 과도하게 활동적이고 부적절하게 말이 많고, 다른 사람을 방해하므로 다른 사람들로부터 부정적인 반응을 얻는다. 이러한 특성이 때로 ADHD와 연결되는 불복종 및 공격성과 합쳐지면 이들의 사회성 문제는 더욱 가중된다.

ADHD의 사회성 문제에 대해 여러 가지 보고가 있다. 이들이 단지 사회적 · 정서적인 단서를 제대로 처리하지 못하는 것뿐일 수도 있다(Cadesky, Mota, & Schachar, 2000). 아니면 어떤 것이 적절한 행동인지 알지만, 흥분하거나 자극을 받았을 때는 적절한 행동을 하는 것이 불가능할 수도 있다. 이들이 문제를 일으킬 것으로 예상되는 사회적인 목표를 세울 수도 있다. 예를 들면, 규칙을 어김으로써 얻어지는 재미를 추구할 수 있다(Melnick & Hinshaw, 1996). ADHD 복합형의 아동이 자신의 사회성, 품행, 학업능력에 대해 긍정적인 편향을 갖고 있다는 점도 사회성 문제와 관련이 있다(Gerdes, Hoza, & Pelham, 2003; Hoza et al., 2004). ADHD 아동은 자신이 남들에게 미치는 부정적인 영향을 알지 못하며, 다른 사람과 자신과의 관계를 지나치게 긍정적으로 평가하며, 다른 사람이 자신을 좋아하고 받아들여 준다고 과대평가한다.

또래 및 교사와의 관계에서는 사회적 행동에 대한 이러한 특성으로 인해 ADHD 아동은 친구를 사귀고 친구관계를 유지하는 데 어려움이 있다. 또래 친구들은 그들을 좋아하지 않으며 그들을 거부한다. 또래 친구들은 ADHD 아동을 단지 몇 번만 보고 나면 이들이 방해꾼이고 예측불허인 것을 곧바로 알아차리고 거부와 물러서는 반응을 보인다(de Boo & Prins, 2007). 충동적이고 과잉행동적인 아동에 대해서는 부정적인 반응이 강하게 나타나는 반면, 주의력결핍 문제만 있는 아동은 무시당하는 경향이 있다(Hinshaw, 1998; Hinshaw, 2002). 또래관계의 문제는 청소년기까지 계속되거나 청소년기 때 처음 나타날 수도 있다(Bagwell, Molina, Pelham, & Hoza, 2001).

한 연구에서 유치원 교사들이 평정한 것을 보면 ADHD 아동들은 비교집단의 아동들에 비해 문제행동들을 더 많이 보이고 사회적 기술이 부족한 것으로 나타났다(DuPaul et al., 2001). 또 다른 연구에 따르면, 협동성과 긍정적 행동 부족이 모든 종류의 ADHD 하위유형에 해당되며, 과잉행동-충동성은 다른 사람을 방해하고 자기통제가 부족한 행동과 관련이 있다고 본다(Lahey et al., 1998). 교사는 ADHD 아동과 상호작용할 때 지시적 · 통제적이 되는 경향이 있다.

가족관계에서 ADHD는 분명 가족 간의 상호작용에 부담을 준다. 일반적으로 부모-자녀 간의 갈등이 생겨나면서 부모가 자녀에게 주는 보상은 줄어들고 자녀에 대해 더 부정적이고 지시적이 된다(Barkley, 2006c). 부정적 상호작용은 빠르면 학령 전 아동기부터 나타날 수 있는데(DuPaul et al., 2001), 이 시기는 아마도 부모에게 특히 스트레스일 것이다. 아버지-자녀 간의 상호작용에서도 어려움이 있지만, 어머니-자녀 간의 관계가 아버지-자녀 간의 상호작용보다 더 어려워 보인다(Barkley, 2006c). 어머니가 딸보다 아들에게 더 많은 지시와 보상을 주고 상호작용도 더 감정적이고 적대적이라는 증거가 있다. 부정적인 상호작용은 아동의 행동에서 기인하는 듯이 보이는데, 갈등은 아동이 반항적인 것과 깊은 관련이 있다. ADHD나 적대적 반항장애가 있는 청소년의 가정에서는 보통의 가정보다 더 많은 말싸움과 부정적 의사소통, 적대감이 나타난다(Edwards, Barkley, Laneri, Fletcher, & Metecia, 2001).

ADHD와 연결된 광범위한 가족 기능 장애도 당연히 부모-자녀 관계에 영향을 미친다. 부모의 스트레스, 부모 역할에 대한 자신감 저하, 친척과의 교류 감소, 음주 증가, 결혼생활의 갈등 증가, 별거, 이혼 등이 이들 가정에서 나타나는 문제이다(Barkley, 2006c). ADHD 자녀를 둔 부모들도 유전적으로 ADHD를 포함한 다양한 문제 가능성을 갖고 있다. 부정적인 가족 프로파일은 아동이 반항적이 되거나 품행문제를 나타내는 것과 특히 관련이 있다.

3. 원인과 예방

1) ADHD 이론

ADHD에 대한 다양한 인지적 · 신경심리학적 설명들이 제안된 바 있다. 주로 강조된 것은 주의, 각성, 보상에 대한 반응, 시간에 대한 지각, 작업기억, 억제, 실행기능, 자기조절 등이다(Nigg, Hinshaw, & Huang-Pollock, 2006; Rapport, Chung, Shore, & Isaacs, 2001).

(1) 각성 수준

각성은 경계 또는 자극에 대한 반응 강도나 속도를 말하며, 여러 가지 방법으로 이를 측정할 수 있다. 각성 조절은 중요한 기능요소다. ADHD 아동은 과잉각성을 나타내거나 과소각성을 나타낼 수 있는데, 후자에 대한 증거가 더 많다(Nigg et al., 2006). 예를 들면, 이들은 여러 가지 실험실 과제에서 느린 반응을 보이며 뇌 반응에서도 더 낮은 흥분 상태를 보인다. 낮은 각성은 ADHD에 대한 인지적 에너지 모형의 구성요소 가운데 하나인데, 이 모형에서는 ADHD 아동이 과제 완료를 위해 노력을 기울이고 인지자원을 활성화하는 능력이 부족하다는 문제점을 폭넓게 제기한다(Sergeant, 2006).

(2) 보상에 대한 민감성

일관성 있는 관찰은 아니지만 보상에 대한 ADHD 아동의 특별한 민감성이 보고되었다. 예를 들면, 이들은 다른 강화가 별로 없는 상황에서 간헐강화 계획을 적용할 때 수행이 저조한 것으로 나타났다(Slusarek, Velling, Bunk, & Eggers, 2001). 또 한 가지 두드러지는 점은 지연보상보다 즉시보상을 비정상적으로 강하게 선호하는 것이다(Tripp & Alsop, 2001). 최근 한 연구는 ADHD 아동이 강화와 벌에 대해 비정상적인 심장 반응을 나타낼 수 있음을 시사하였다. 이러한 결과들은 보상체계의 이상을 의미할 수 있으며, 따라서 주의를 기울이고 과제에 집중하고 규칙을 따르는 등의 일상적인 상황에 비정상적으로 반응할 수 있다.

(3) 지연에 대한 혐오

일반적으로 지연 혐오(delay aversion)는 지연 상황을 회피하거나 그 상황에서 빠져나가려고 하는 것이다(Sonuga-Barke, De Houwer, De Ruiter, Ajzenstzen, & Hollands, 2004). ADHD 아동이 지연보상보다 즉시보상을 선호하는 것은 보상 자체보다도 지연상황 회피와 더 관련이 있을 수 있다. 지연을 피할 수 없는 상황에서 이들은 시간이 빨리 지나가는 것처럼 느끼게 해 주는 요소에 주의를 기울일 것이라는 주장이 있다. Antrop 등(2000)은 ADHD 증상이 있는 아동과 없는 아동을 자극이 거의 없는 방에 들어가서 기다리게 해 놓고 관찰하였는데, 어떤 경우에는 ADHD 아동들이 주관적인 지연의 느낌을 덜 느끼게 해 주는 활동을 더 많이 하였다. 다른 연구에서 Sonuga-Barke 등(2004)은 지연을 암시하는 환경 단서에 ADHD 아동들이 더 민감하다는 예측을 지지해 주는 증거를 발견하였는데, 그들에게 지연은 특별한 정서적 · 동기적 의미를 갖기 때문이다.

(4) 억제기능과 실행기능

ADHD 아동은 계획, 조직화, 목표지향적 행동 실현 등에 필요한 고차원 기술인 실행기능의 결여를 보인다. 실행기능의 한 가지 요소는 반응을 억제하는 능력이다. ADHD 아동에게서 많이 나타나는 억제력 결여는 이 장애를 설명하는 데 핵심적이다.

과잉행동-충동성 우세형에게만 적용된 Barkley(1998; 2006d)의 다면 모형은 반응억제가 이 장애의 핵심요소라고 본다. 행동과 관련된 운동통제에 영향을 미치는 4가지 실행기능의 작동에 가장 중요한 것이 행동억제다.

행동억제는 3가지 능력요소로 구성되는데, 첫째는 강화를 받은 적이 있거나 강화를 받을 가능성이 큰 강력한 반응을 억제하는 능력이다. ADHD에서 가장 심하게 결여된 것이 이 능력일 것이다. 둘째는 이미 진행 중이지만 효과가 없다고 판명된 반응을 중지하는 능력이다. 이 능력은 자기조절을 위해 실행기능이 작동될 수 있는 시간을 만들어 준다. 셋째는 경쟁자극을 억제해서 실행기능이 방해받지 않고 작동하도록 보호하는 능력이다. 이 능력은 방해자극으로부터의 자유로 간주될 수 있다. 강력한 반응을 억제하고 비효율적인 반응을 중지하고 방해자극을 차단하면 행동억제를 통해 자기조절이 이루어지며, 그 과정에 실행기능이 포함된다.

이 모형에 포함된 4가지 실행기능은 비언어적 작업기억, 언어의 내재화, 정서 · 동기 · 각성에 대한 자기 조절, 재구성이다. 먼저, 비언어적 작업기억은 정보를 마음속에 온라인 상태로 유지시켜 주는 기억체계의 일부로서, 뒤에 올 반응을 통제하는 데 사용될 수 있다. 여기에는 감각–운동 반응 표상과 과거 감각경험의 이미지를 마음속에 불러일으키는 능력이 포함된다. 둘째, 언어의 내재화는 언어적 작업기억으로 간주할 수 있다. 이것은 행동지침으로 내재화된 규칙과 지시를 마음속으로 생각할 수 있게 해 준다. 셋째, 정서 · 동기 · 각성에 대한 자기 조절은 정서와 동기를 조절할 수 있게 해 주는 처리 과정들을 포함한다. 그 안에는, 예컨대 동기와 각성을 변화시키는 분노를 지연시키거나 가라앉히는 것이 포함될 수 있다. 넷째, 재구성을 통해 언어적 · 비언어적 정보들을 분석 · 통합하고 해체 · 재조합할 수 있다. 재구성은 새롭고 창조적인 행동 또는 일련의 그러한 행동들을 할 수 있게 해 준다.

(5) 이중경로 모형

억제기능과 실행기능이 ADHD와 관련이 있다는 비교적 강력한 증거들이 있다. 그렇지만 일부 연구자들은 ADHD 발생과 관련하여 2가지 독립된 경로를 제안한다 (Sonuga-Barke, Dalen, & Remington, 2003). 하나는 실행기능 결여에 의한 경로이고, 다른 하나는 지연 혐오에 의한 경로다. 이 두 경로에 대한 기저에는 다소 상이한 뇌 회로가 관여하고 있는 것으로 보인다. 실행기능의 결여는 주의력결핍 증상과 관련이 있는 것 같고, 지연혐오는 과잉행동–충동성과 관련이 있는 것 같다. ADHD와 관련이 있는 다양한 인지적 · 신경심리적 기제 및 그 기제와 생물학적 · 환경적 변인과의 관계에 대해 더 많은 연구가 필요하다.

2) ADHD의 원인

원인이 아동이 보이는 행동의 직접적이고, 바로 인접한 필요충분 사건을 의미한다면, ADHD의 정확한 원인은 현재 알려져 있지 않다고 말해야 한다. ADHD의 원인이 더 밝혀져야 하지만, ADHD 아동의 위험과 관련된 많은 요인이 밝혀져 왔으며, 이러한 간접적인 형태의 인과관계를 제시하면 다음과 같다.

(1) 신경학적 요인

ADHD와 관련 있는 뇌는 전두엽과 그 아래 연결된 두정엽, 측두엽, 뇌량, 소뇌 등이 거론되고 있다. 예를 들면, 이러한 영역들의 부피가 감소하였다는 보고가 있었고(Durston et al., 2004; Sowell, Thompson, Welcome, Henkenius, Toga, & Peterson, 2003), 몇몇 영역에서는 회질의 증가와 백질의 감소가 발견되었다.

전두엽과 선조체 간의 연결에 특히 관심이 집중되었다. 우선 전두엽의 기능과 손상은 억제력, 작업기억, 실행기능, 고차적인 운동통제 등 ADHD의 핵심 증상과 관련이 있다(Semrud-Clikeman, Steingard, Filipek, Biederman, Bekken, & Renshaw, 2000). 뿐만 아니라 평균보다 작은 우측 전두 영역, 꼬리핵, 창백핵이 ADHD와 관련이 있다(Barkley, 2006e; Yeo et al., 2003).

신경생물학적인 또 다른 연구 주제는 뇌의 생화학 기제다. ADHD에는 여러 가지 신경전달물질이 관여되었을 수 있지만, 가장 확실한 증거는 도파민과 노르에피네프린의 결핍이며 이 물질은 전두엽과 관련된 뇌 영역의 기능에 중요하다. ADHD 치료를 위한 각성제 사용이 뉴런의 시냅스 전막의 도파민과 노르에피네프린 재흡수를 차단함으로써 이 물질들이 시냅스에 더 오래 머물도록 한다는 것이다.

이 같은 뇌 연구로부터 몇 가지 결론을 도출할 수 있다. 첫째, 전두엽과 선조체 영역의 이상이 핵심적인 것으로 보이기는 하나 전두-소뇌 신경망을 포함하는 다른 영역도 관련이 있다(Durston et al., 2007). 둘째, 뇌의 각성 저하 가능성이 시사되었다. 셋째, 도파민과 노르에피네프린의 결핍이 시사되었다. 넷째, ADHD는 주의와 행동 조절에 관여하는 뇌 영역 또는 뇌 신경망의 다양한 이상으로 인한 복합적인 장애이다.

(2) 유전적 요인

ADHD 아동들의 직계가족의 10~35%가 장애를 가지며, ADHD 아동들의 형제가 장애를 가질 확률은 거의 32%에 이른다(Biederman, Faraone, & Lapey, 1992; Biederman, Faraone, Keenan, & Tsuang, 1991). 또 다른 증거는 입양된 아동들의 연구에서 나오는데, Cantwell(1975)은 과잉행동 아동들이 친부모들이 양부모보다 더 높은 수준의 과잉행동을 보인다고 보고했다. 쌍생아에 대한 연구들은 ADHD에 유전적 요인이 작용함을 보여 주는 또 다른 증거이다. 이러한 연구에서는 이란성 쌍생아보다 일란성 쌍생아가 더 높은 일치도를 보였다.

끝으로, 분자생물학 연구에서도 작은 영향력을 미치는 몇 개의 유전자를 밝혀냈는데, 정량적 특성 위치(Quantitative Trait Loci: QTLs)가 그것이다. 대개 DRD4 유전자와 DAT1 유전자를 연구하였는데 둘 다 도파민과 관련이 있다(Plomin, 2005). 이들이 ADHD와 관련이 있다는 증거는 많지만 그 관련성이 항상 발견되는 것은 아니다. 이처럼 결과의 일관성이 없는 한 가지 이유는 아마도 ADHD가 각기 다른 유전자와 관련이 있는 여러 하위 유형으로 나뉘기 때문일 것이다(Todd et al., 2005).

(3) 출산 합병증과 태아기 요인

일부 연구에서는 출산 과정에서 손상을 입었거나 저체중이었던 아동 가운데 ADHD 가능성이 높다고 보고하고 있다. 태아기의 상황들은 ADHD 진단 또는 증상들과 일관성 있는 관련성을 보이지 않는다. 태아기 요인에서 인과관계를 찾기는 어렵지만, 태아기 때 산모의 흡연과 음주가 위험할 수 있는 것 같다. 핀란드에서 이루어진 대규모 표집의 연구에서는 산모의 흡연이 다른 변인을 통제한 이후에도 과잉행동과 상관이 있다는 것을 보여 주었다(Kotimaa et al., 2003). 광범위한 미국 연구에서는 임신했을 때부터 출생한 아동이 14세가 될 때까지를 추적하였는데, 임신 중의 음주가 아동의 활동성 수준, 주의력결핍, 과제 조직력 결여 등과 관련이 있었다(Streissguth, Bookstein, Sampson, & Barr, 1995).

(4) 심리사회적 요인

심리사회적 요인으로 가족 요인이 특히 중요하게 여겨지고 있다. 가정의 경제 곤란, 가족 간의 갈등, 별거, 정신건강과 적응기술의 취약성 같은 가정 문제들이 아동의 ADHD와 관련이 있는 것으로 연구되었다(McGee, Prior, Williams, Smart, & Sanson, 2002). 어머니가 우울증이나 불안장애 병력이 있는 가정에 ADHD 남자 아동이 있을 경우가 많았다(Nigg & Hinshaw, 1998). Tully 등(2004)은 저체중으로 태어났던 5세 쌍생아들의 ADHD 증상을 관찰하였는데, 어머니의 따뜻한 보살핌이 효과가 있었다. 그러나 가족 요인에 대한 연구결과의 일관성이 부족하고 가족의 심리사회적 환경이 유전 요인이나 아동의 ADHD 특성과 어떻게 상호작용하는지에 대해 별로 알려진 것이 없으므로 유의하여 접근해야 할 것이다.

3) 예방

부모의 돌봄이 ADHD의 발현 자체를 예방하는 데 어느 정도 영향력을 미칠 수 있을 것이라는 생각을 할 수 있을 것이다. 그렇지만 가장 효과적인 예방방법은 증상의 조기 개입과 건강한 발달을 저해하는 이차적인 문제를 최소화하는 것이다. 지금까지 살펴보았듯이, ADHD의 일차 증상은 여러 영역의 기능에 즉각적이면서도 부정적인 영향을 미칠 뿐 아니라 연쇄적으로 문제를 야기할 수 있다. 많은 경우 시간이 지나면서 증상이 완화되지만 사라지지 않고 남아 있는 문제들도 있다. 예방과 관련하여 이 점을 고려하는 것이 중요하다. 예를 들면, 개인별 학업지도는 많은 ADHD 아동이 경험하는 학교에서의 문제들을 피할 수 있게 해 준다. 또한 부모에게 ADHD 아동을 다루는 방법을 훈련시키면 나중에 적대적 반항장애나 품행장애로 발전할 수도 있는 불복종이나 반항 행동 발생을 예방할 수 있다(Anastopoulos, Rhoads, & Farley, 2006).

4. 사정

평가의 목적이 ADHD 여부를 확인하는 것인지, 치료 계획을 세우는 것인지 혹은 둘 다인지에 관계없이 ADHD의 몇 가지 특징이 유용한 가이드 역할을 한다(Pliszka & The AACAP Work Group on Quality Issues, 2007).

- ADHD는 생물심리사회적 장애이므로 평가 또한 광범위하게 이루어져야 한다.
- ADHD는 발달장애이므로 아동의 발달사가 중요하고 발달 수준에 따라 평가도 달라진다.
- ADHD의 증상이 광범위하고 상황에 따라 달리 나타날 수 있기 때문에 상황별 정보가 있어야 한다.
- 다른 심리장애를 수반하는 비율이 매우 높으므로 그러한 동시 발병 장애와 구분하기 위한 주의 깊은 평가가 필요하다.

1) 질문지형 평가도구

(1) WWP 활동평정척도

WWP 활동평정척도(Werry-Weiss-Peters Activity Rating Scale: WWPARS)는 처음에 7가지 장면에 관한 31문항으로 구성(Werry et al., 1970)되었으나, Routh 등(1974: 서경희, 윤점룡, 윤치연, 이상복, 이상훈, 이효신, 1999 재인용)이 '학교'와 '과제' 관련 항목을 삭제하여 22문항으로 재구성하였다.

이 검사도구는 부모를 위한 가장 쉬운 질문지 중의 하나로 5가지 장면, 즉 식사시간, TV 보는 시간, 노는 시간, 잠자는 시간 그리고 공공장소에서의 시간 등이 포함된 다양한 상황에서 나타나는 아동 행동에 관한 22문항으로 구성되어 있다. 3세부터 9세 아동에게 적용할 수 있으며, 특히 과잉행동에 중점을 둔다. 따라서 이 검사결과는 집중, 불안 또는 충동에 대한 정보는 매우 제한되어 있지만 약물치료나 행동치료로 개선되는 행동에 대해서는 세밀하게 알 수 있다. 또한 이 검사도구는 어린 아동의 행동이 과잉행동 범주에 들어가는지를 알 수 있는 최선의 도구로 알려져 있다. 이 검사에서 높은 점수가 나타나고 부모가 대부분의 상황에 동의를 한다면, 자녀는 과잉행동일 가능성이 높다.

각 문항을 '아니요' '약간' '매우'로 평정하도록 되어 있으며, 채점은 아니요를 0점, 약간은 1점, 매우는 2점을 부여하여 총점을 낸다. Routh, Schroeder 그리고 O'Tuama (1974: 서경희 외, 1999 재인용)가 140명의 3세부터 9세 일반아동을 대상으로 보고하였으며, 이 규준은 아동과 부모의 성별에 관계없이 모두 적용된다. 20점 이상의 점수를 받거나 평균에서 2 표준편차 상위의 점수를 받으면, 과잉행동을 동반하는 것으로 간주한다.

이 검사는 ADHD 아동의 부모가 양육과정에서 관찰한 사항을 체크하는 것으로 외부로 드러나는 과잉행동에만 초점이 맞추어져 있으며, 부모가 갖는 행동의 인지척도에 의해 아동을 '아니요' '약간' '매우'라는 척도로 평가하게 되어 객관성을 유지하기 어렵다.

(2) Conners 부모평정척도

Conners 부모평정척도(Conners Parent Rating Scale: CPRS)는 Conners가 1970년에

처음 개발한 93문항으로 구성된 것과 Goyette 등(1978)이 그것을 개정하여 만든 48문항 개정판(CPRS-R)이 있으며, 주로 개정판을 사용하고 있다.

이 검사는 ADHD를 처음으로 진단하는 것으로 사용되기보다는 약물효과나 부모훈련 효과 혹은 아동의 자기조절 훈련의 효과를 알아보고자 하는 데 더욱 효과적이다. 그리고 3세부터 17세 아동 570명을 대상으로 한 진단기준도 보고되고 있다.

CPRS는 각 문항을 0점부터 3점까지 평정하도록 되어 있으며, 채점은 '전혀' '조금' '꽤' '매우'를 각각 0, 1, 2, 3점으로 하여 요인별(품행, 학습, 심신, 충동-과잉행동, 불안, 과잉행동 지수)로 소계를 내고, 그것을 요인별 문항 수로 나누어 개인의 요인별 점수를 구한다.

ADHD의 진단은 2가지 기준이 적용될 수 있는데, 하나는 과잉행동 지수의 점수가 1.5 이상인 경우이고, 다른 하나는 각 요인별로 규준집단의 평균치에서 상위 2 표준편차 이상인 경우이다.

이 검사 또한 ADHD 아동의 부모가 일상생활에서 관찰한 사항을 체크하는 것으로 부모가 갖는 행동의 인지척도에 의해서 평가되므로 객관적인 평가가 되기 어렵고, 행동의 양을 4점 척도('전혀' '조금' '꽤' '매우')로 계량화하는 기준 또한 객관적이지 못하고 경향성만을 제시한다고 볼 수 있다.

(3) 가정 상황 질문지

가정 상황 질문지(Home Situation Questionnaire: HSQ)는 Barkley(1987)가 개발한 것으로 '어떤 상황에서 문제가 발생하는가?', 즉 상황변인에 대한 평정을 하는 질문지이다. 부모는 16개의 각 항목을 읽고, 그 상황에서 문제가 발생하는지에 대해 '예, 아니요'로 답을 하고, '예'로 답한 경우에 1부터 9까지 문제의 정도를 평정하도록 되어 있다. 따라서 평정 점수는 두 가지로 산출된다. 즉, '예'로 대답한 항목의 수와 문제의 정도에 대한 평균치가 그것이다. 기준을 보고한 연구자들은 5항목 이상에서 '예'로 선택된 아동의 경우 문제의 정도 기준에서 평균 상위 2 표준편차 이상의 점수를 받게 될 것이며, 7항목 이상에서 '예'라고 선택된다면 문제를 가지고 있을 확률은 거의 100%에 가깝다고 보고하였다.

DuPaul과 Barkley(1990: 서경희 외, 1999 재인용)는 몇 개의 문항을 수정하여 HSQ를 개정(HSQ-R)하였는데, 개정된 HSQ-R의 기준은 6세부터 12세까지 연령별로 보고하고 있다.

이 검사도구는 각 상황(예: 혼자서 놀면서, 다른 아동과 함께 놀면서, 식사시간, 옷 입을 때 등)에서 부모의 지시에 따르거나 순종하는 일에 문제가 나타나는가를 평정하는 도구로서 부모의 주관성 개입이 가능하다. 즉, 어떤 상황에서 부모가 지시를 할 때 아동의 성취기준을 제시하지 못함으로써 부모의 주관에 의해, 부모가 아동에게 기대하는 수준에 의해 평가될 수 있다. 다음으로는 아동의 주관성 개입이다. 즉, 아동의 감정이 배제된 평가 도구인 것이다. 예를 들어, 아동이 평가 전에 친구와 싸우고 집에 왔거나 외부 자극에 의해 우울함을 느끼고 있을 때 부모가 순종을 요구한다면 올바른 평가가 이루어지는 것에 문제가 발생할 수 있다. 여기에서 제시한 변인이 통제되어야 객관성을 확보할 수 있다.

(4) Conners 교사평정척도

Conners 교사평정척도(Conners Teacher Rating Scale: CTRS)는 처음 Conners(1969)가 39문항으로 구성하였으나, Goyette 등(1978)이 이것을 바탕으로 개정(CTRS-R)하여 28문항으로 구성되었다.

CTRS-R은 행동문제, 과잉행동 등을 측정하는 데 유용하지만, 우울이나 불안 등의 문제를 측정하는 데에는 유용하지 않다. 따라서 ADHD를 진단하기 위해 이 검사만을 사용하는 것은 적합하지 않다. 그러나 3세부터 17세 아동 383명을 대상으로 한 진단기준이 보고되고 있다. CTRS-R은 약물효과 혹은 처치 프로그램의 효과를 알아보는 데 효과적으로 이용된다.

CTRS-R의 채점은 0점(전혀)부터 3점(매우)까지 요인별(품행문제, 과잉행동, 부주의-수동성, 과잉행동 지수)로 점수를 합하고, 그것을 요인별 문항 수로 나누어 개인의 요인별 점수를 산출한다. 이 중에서 과잉행동 지수의 점수가 1.5 이상이거나 각 요인별로 평균보다 상위 2 표준편차 이상의 점수를 받으면 ADHD로 진단될 수 있다.

이 검사 또한 CPRS가 갖는 문제점처럼 ADHD 아동을 가르치는 교사가 학교생활에서 관찰한 사항을 체크하는 것으로 교사가 갖는 행동의 인지척도에 의해 주관적인 평가가 될 위험에 노출되어 있으며, 행동의 양을 4점 척도('전혀' '조금' '꽤' '매우')로 계량화하는 기준 또한 객관적이지 못하므로 경향성만을 제시한다.

(5) 주의력결핍 과잉행동장애 종합 교사평정척도

주의력결핍 과잉행동장애 종합 교사평정척도(The ADD-H Comprehensive Teacher's Rating Scale: ACTeRS)는 미국 일리노이 대학교 아동행동·발달연구소의 연구자들(Ullmann & Sleator, 1984)이 개발한 평정척도로, 5세부터 12세까지 1,000명 이상의 아동을 대상으로 표준화하였다.

이 검사는 주의집중(6문항), 과잉행동(5문항), 사회성 기술(7문항), 적대적 행동(6문항) 등의 영역에 대한 아동 행동 특성을 파악하는 24개의 문항으로 구성된 검사도구이다.

이 검사를 개발한 연구자들은 ADHD의 가장 주된 결함을 주의력결핍으로 보았기 때문에 주의집중 영역을 특별히 중요하게 다루었다. 즉, 주의집중 영역에서 낮은 점수를 받는가의 여부는 ADHD를 진단함에 있어 중요한 변인이 된다. 여아의 경우 주의집중 영역에서 17점을 받으면 백분위 점수 20 이하이며, 14점을 받으면 백분위 점수 10 이하이다. 남아의 경우 15점이 백분위 점수 20 이하이며, 13점이 백분위 점수 10점 이하이다. 연구자들은 주의집중 영역에서 백분위 점수 10 이하의 점수를 받으면 다른 영역에서 몇 점을 받았는지에 상관없이 ADHD로 진단된다고 하였다. 백분위 점수가 10~25이면 ADHD일 가능성이 많은데, 이때는 다른 영역의 점수를 참조하여 진단하여야 한다. 예를 들어, 어떤 아동이 주의집중 영역에서 백분위 점수 20점을 받았고 다른 영역에서도 손을 가만히 못 둔다거나 과잉행동적인 요소가 발견되었다면, 그 아동은 ADHD로 진단될 수 있다. 그러나 주의집중 영역에서 백분위 점수 25 이상인 경우에는 ADHD로 진단되지 않는다. 한편, 과잉행동 영역에서는 여아의 경우 15점이 백분위 점수 20에, 18점이 백분위 점수 10에 해당되며, 남아의 경우 17점이 백분위 점수 20에, 20점이 백분위 점수 10에 해당된다.

이 도구는 교사가 24개 항목을 읽고 아동 행동을 또래의 행동과 비교하여 가장 근접한 번호에 ○표 하도록 되어 있는 5점 척도로 된 평정척도이다. 여기서 또래 행동의 표준이 제시되지 않으므로 인한 기준의 혼란을 야기할 수 있다. 즉, 모범생의 기준으로 아동을 평가할 수도 있으며, 최소한 이 정도는 되어야지 하는 교사의 주관으로도 평가될 수 있을 것이다.

(6) 학교 상황 질문지

학교 상황 질문지(School Situation Questionnaire: SSQ)는 HSQ와 마찬가지로 어떤

상황에서 아동의 문제행동이 나타나는지를 교사가 평가하도록 고안된 것이다. 교사는 학교의 12가지 상황에서 대상 아동의 문제행동이 나타나는지의 여부와 어느 정도(가볍게 1부터 심각하게 9까지)로 나타나는지를 평가하도록 되어 있다. HSQ와 마찬가지로 문제가 되는 상황의 수('예'로 표시된 문항 수)와 정도의 평균치를 산출하여 5가지 상황 이상에서 '예'에 표시가 되면 문제를 가질 가능성이 크다.

SSQ는 Breen과 Altepeter(1990)에 의하여 판별기준이 보고되었고, DuPaul(1990)이 8개 문항으로 재구성한 개정판을 보고하였다.

이 검사도구는 HSQ와 마찬가지로 각 상황(예: 등교 시, 개별적으로 과제를 수행하는 동안, 소집단 활동 시간 동안 등)에서 교사의 지시에 따르거나 순종하는 일에 문제가 나타나는가를 평정하는 도구로서 교사의 주관성 개입이 가능하다. 즉, 어떤 상황에서 교사가 지시를 할 때 아동의 성취기준을 제시하지 못함으로써 교사의 주관에 의해, 부모가 아동에게 기대하는 수준에 의해 평가될 수 있다. 다음으로는 아동의 주관성 개입이다. 즉, 아동의 감정이 배제된 평가도구인 것이다. 예를 들어, 아동이 평가 전에 쉬는 시간에 친구와의 관계 등 외부 자극에 의해 우울함을 느끼고 있을 때 교사가 순종을 요구한다면 올바른 평가가 이루어지 것에 문제가 발생할 수 있을 것이다. 이처럼 변인들이 통제되어야 객관성을 확보할 수 있다.

(7) 축약형 질문지

축약형 질문지(Abbreviated Symptom Questionnaire: ASQ)는 Goyette 등(1978)이 CPRS-R과 CTRS에서 ADHD의 핵심적인 병리요인에 대한 문항을 모아서 재구성한 것이다. ASQ는 Goyette 등이 개발한 것 외에도 몇 가지 유형이 더 있으나(Ullmann, Sleator, & Sprague, 1985), Conners는 Goyette 등에 의한 축약형이 가장 유용하다고 밝혔다. 연구자들은 3세부터 17세 아동 570명을 대상으로 한 기준을 보고하였다. ASQ의 채점은 CPRS-R과 마찬가지로 '전혀'부터 '매우'까지 각각 0, 1, 2, 3점을 부가하여 총점이 18~20점 이상이면 ADHD를 의심해 보아야 한다. 이 검사 또한 CPRS와 CTRS가 갖는 문제점처럼 ADHD 아동의 부모가 일상생활에서 관찰한 사항을 체크하는 것으로 부모가 갖는 행동의 인지척도에 의해 일방적이고 주관적인 평가가 될 위험에 노출되어 있으며, 행동의 양을 4점 척도('전혀' '조금' '꽤' '매우')로 계량화하는 기준 또한 객관적이지 못하므로 경향성만을 제시한다.

2) 신경심리 평가도구

(1) T.O.V.A.

T.O.V.A.(The Test of Variables of Attention)는 주의력을 측정하는 데 사용되는 객관적이고 표준화된 연속수행검사로서 시각적 주의력 검사와 청각적 주의력 검사로 구성되어 있다. T.O.V.A.는 총 21.6분이 소요되는 검사로 충분히 긴 시간 동안 과제를 수행하도록 하였으며, 비언어적인 방식에 기초하여 언어적 능력을 요구하지 않기 때문에 학습, 문화적 영향, 학습장애 등의 영향을 최소화하도록 고안되었다. 또한 검사의 전반부에는 목표 자극이 낮은 빈도(목표자극 대 비목표자극이 1:3.5의 비율)로 제시되고,

표 5-2 T.O.V.A.의 측정 변인들

변인	변인의 정의	해석 전략
누락 오류	목표자극에 반응하지 않는 경우	부주의를 측정
오경보 오류	비목표자극에 반응하는 경우	충동성이나 반응억제의 실패를 측정
정반응 시간	목표자극에 제대로 반응한 처리시간	주의력결핍을 보이는 아동들이 비장애 아동보다 정반응 시간이 느리다고 가정
반응시간 표준편차	정반응 시간의 표준편차	유동성이나 비일관성을 측정
예기 반응	자극 제시 후 200밀리초(msec) 이내에 반응하는 경우	제대로 주의를 기울인 반응이 아니라 단지 추측에 기인하는 반응으로 판단하여 오류, 반응시간, 유동성의 계산에 고려하지 않으며, 검사 타당도의 측정치로도 간주됨
오경보 오류 후 반응시간	오경보 오류 후의 자극에 대한 반응시간	대부분의 경우에는 오경보 오류를 범하였을 때, 다음 자극에 대한 반응시간이 느려지거나 품행장애의 경우에는 느려지지 않거나 더 빨라지는 경향을 보이기 때문에 품행장애와 주의력결핍장애를 구분하는 데 유용함
다중 반응	하나의 목표자극에 대해서 여러 번 반응한 경우	신경학적 상태를 반영하는 것, 비특정적인 신경학적 미성숙이나 역기능을 시사하는 것으로 해석
반응 민감성	오경보 비율에 대한 정반응의 비율	신호 탐지 이론에 기초한 것으로 시간 경과에 따른 수행 감소의 측정치

후반부에서는 목표자극이 높은 빈도(목표자극 대 비목표자극이 3.5:1의 비율)로 제시됨으로써 낮은 중추신경계 각성 상태와 높은 중추신경계 각성을 모두 유발할 수 있도록 하였다. T.O.V.A.에서 측정하는 변인은 총 8가지로 〈표 5-2〉에 제시하였다.

(2) GDS

GDS(The Gordon Diagnostic System)는 충동 통제와 주의력 결함을 측정하기 위해 고안된 검사로서 ADHD의 진단을 위한 보조도구로 개발되었다. 이 검사는 아동의 지연능력과 자기 통제 능력을 측정하는 행동적 측정도구로서 지연과제, 경계과제, 분산(방해) 과제 등의 세 가지 종류의 과제로 분류할 수 있다. 지연과제는 충동적인 행동 반응을 억제하거나 지연시키는 능력을 측정하는 것으로서 충분한 지연간격(적어도 6초)을 두고 버튼을 누르도록 하는 것이다. 경계과제는 지속적인 주의를 요구하는 상황에서의 주의력과 자기통제를 유지하는 능력을 측정하는 것으로서 특정 숫자('1') 다음에 특정 숫자('9')가 나타날 때에만 버튼을 누르는 과제다. 분산(방해) 과제도 역시 지속적인 주의를 요구하는 상황에서의 주의력과 자기통제 능력을 측정하는 것으로서 특정 숫자('1') 다음에 특정 숫자('9')가 나타날 때에만 버튼을 누른다는 점은 경계과제와 동일하지만 목표 자극 양 옆으로 방해자극들이 제시되기 때문에 이 방해자극들을 무시하고 중앙에 있는 목표자극에만 반응해야 하는 과제다.

(3) CPT

CPT(Continuous Performance Test)는 어떠한 자극을 일정한 간격으로 제시하고, 미리 정해진 특정한 자극이 나타날 경우 이에 반응하도록 하는 경계과제다. 제시되는 자극으로서 글자나 도형, 숫자, 소리 등 여러 가지 종류의 자극이 사용되어 왔으며, 이에 따른 여러 가지 형태의 CPT가 있다. 그중 Conners가 고안하고 Multi-Health System Inc에서 제작한 CPT 프로그램은 동시판별과제를 이용한 표준연속수행검사로서, 영어의 알파벳이 무작위 순으로 컴퓨터 화면에 제시되고, 'X'를 제외한 다른 문자가 목표문자가 되어서 'X' 이외의 글자가 나오면 키보드의 단추를 누르도록 되어 있다. 한 글자당 제시되는 시간은 25/100초(sec)이고, 자극 간의 간격은 1.0초이며, 각각 3개의 하위블럭을 포함하여 모두 6개의 블록으로 되어 있다. 본 검사가 시작되기 전에 연습을 하게 되어 있으며, 검사에 소요되는 시간은 14분 정도이다(Conners, 1995). 이 검사에

표 5-3 CPT 결과의 의미

CPT의 결과	결과의 의미
정반응 수	• 목표자극에 정확하게 반응한 수
누락 오류	• 목표자극에 반응하지 않은 수 • 부주의 신호
오경보 오류	• 비목표('X') 자극에 반응한 수 • 과잉행동 또는 충동성의 신호
정반응 시간	• 1/1000초까지 6개의 모든 하위 블록에서 목표자극에 정반응하는 데 걸린 시간을 의미
정반응 시간의 표준편차	• 반응시간의 일관성, 목표자극에 반응하는 데 걸린 시간을 표준편차로 나타냄 • 부주의, 과잉행동, 충동성의 신호
표준편차의 다양성	• 일정한 반응시간을 계산하기 위한 여러 가지 방법 • 부주의, 과잉행동, 충동성의 신호
민감도	• 서로 다른 목표자극과 비목표자극을 잘 판별하기 위한 방법 측정 • 부주의의 신호
반응기준	• 개별적 반응의 경향성 • 과잉행동과 충동성의 신호

서 측정되는 것은 정반응 수, 누락 오류, 오경보 오류, 정반응 시간, 정반응 시간의 표준편차, 표준편차의 다양성, 민감도, 반응기준 등이며, 각 결과에 대한 의미는 〈표 5-3〉에 제시하였다.

(4) 계층적 주의력 수행검사

김은이와 정찬섭(1997)은 자극의 모호성에 기초하여 지각판단 과제의 난이도를 변화시킴으로써 ADHD 아동을 증상에 따라 진단할 수 있는 평가도구를 고안하였다. 이 평가도구에서는 자극의 난이도를 계층적으로 조정하여 피검자의 주의력을 측정하므로, 계층적 주의력 수행검사(Stratified Test of Attention: STA)라 하였다. 이 검사에서는 도형을 자극으로 사용하여 주의력 수행이 언어능력의 영향을 받지 않도록 했으며, 검사 시간을 14분으로 줄임으로써 임상 장면에서 널리 쓰이고 있는 기존의 검사에 비해 짧은 시간에 효과적으로 평가를 할 수 있도록 했다. 이 검사의 가장 두드러진 특징은 자극의 난이도를 세 가지 수준으로 나누어 ADHD 아동을 그 증상의 경중에 따라 변별할 수 있도록 했다는 점이다.

STA에서는 화면에 제시되는 자극의 변별 난이도를 체계적으로 변화시킴으로써 기존의 평가도구들이 지능에 의해서 영향을 받는 문제의 해결을 꾀하고 있다. 즉, STA에서는 인지적 처리의 부하량을 늘리게 되는데, 이는 지능이 높은 ADHD 집단의 피험자가 기타의 다른 인지적 능력을 사용하여 주의력 부족을 보상하는 것을 방해하기 위함이다. 이렇게 함으로써 STA는 인지요인에 영향을 받지 않은 순수한 주의력 결함만을 측정할 수 있게 해 준다는 것이다.

STA의 검사자극은 가로 6cm, 세로 6cm, 밀도 10%의 무선점으로 된 배경 한가운데에, 표적 자극은 가로 3cm, 세로 3cm의 무선점으로 된 정사각형이고, 비표적 자극은 밑변 3.5cm, 높이 3.5cm의 무선점으로 된 삼각형이다. 세 가지 수준의 과제 난이도는 표적과 배경의 밀도 대비가 작을수록 표적 탐지가 어려워진다는 점을 이용하여, 표적 및 비표적 자극 구성점 밀도가 54%(저수준), 36%(중수준), 24%(고수준)인 자극으로 제작되었다. 따라서 연구에 사용된 자극의 수는 2(표적, 비표적) × 3(저, 중, 고 난이도)의 총 6가지이다.

검사결과의 분석지표는 누락 오류율, 오경보 오류율, 정반응 시간, 정반응 시간의 표준편차, 민감도, 반응기준의 8가지로 분석하였다. 검사결과, STA는 ADHD의 특징인 부주의와 충동성을 효과적으로 측정할 수 있는 것으로 나타났다. 특히, 쉬운 난이도 과제에서 통제집단과 차이를 보이지 않는 임상집단 피험자들이 난이도가 높아지면서 통제집단과 차이를 보이는 것으로 나타났다고 보고하고 있다.

(5) 한국판 주의력 장애 진단 시스템

신민섭, 조성준 그리고 홍강의(1999)에 의해 개발된 한국판 주의력 장애 진단 시스템(ADHD Diagnostic System: ADS)은 시각 및 청각 검사로 구성되었다. 검사는 시각 검사인 경우 표적 자극은 정사각형 안에 세모가 그려진 것이고, 비표적 자극은 정사각형 안에 원이나 네모가 그려진 것이다. 청각 검사인 경우 표적 자극은 '삐 삐 삐'이고, 비표적 자극은 '삐 삐' 혹은 '삐 삐 삐 삐'이다. 측정의 기본 변인은 누락 오류, 오경보 오류, 정반응 시간, 정반응 시간 표준편차이다. 충동성은 반응시간, 반응시간의 표준편차의 표준점수 T점수에서 70점 이상일 때 장애로 진단하고, T점수 60점 이상일 때 문제가 있음을 시사한다. 변인으로 부주의(누락 오류)는 피검자가 목표자극에 반응하지 않았을 때를 말한다. 누락을 평가할 때 원점수들도 고려해야 하는데, 1~2개의 오류가 통계적으로 유의하게 나타날 수도 있으나 유의미하지는 않다. 민감도는 지각적 수준에서 자극을 변별할 때 주의결함 정도를 측정하는 것인데, 신호 탐지 이론에 기초한 것으로 오경보 비율에 대한 정반응 비율을 말한다. 이는 시간 경과에 따른 수행감소를 나타내 주는 측정치로 목표자극을 비목표자극으로부터 변별해 내는 정도를 측정한다. 충동성(오경보 오류)은 충동성과 탈억제를 측정하는 것으로, 피검자가 비표적 자극에 반응을 했을 때 발생한다. 즉, 누르지 않아야 할 때 반응을 충동적으로 누르는 경우에 해당한다.

5. 중재 및 교육

수많은 연구들이 ADHD 아동을 위한 중재의 효과를 검증하기 위해 실시되었다. 다른 장애와 비교할 때, ADHD의 출현율이 높고 학교에서 ADHD 행동이 쉽게 눈에 띄기 때문에 중재연구에 대한 관심을 기울이게 되었을 것이다. 지금까지 가장 널리 사용되고 단기치료로서 효과도 입증된 방법은 각성제 처방과 행동치료 그리고 두 가지를 병행하는 치료법이다(APA, 2007).

1) 약물치료

아동기의 행동장애 치료에 각성제 약물을 처방한 첫 번째 사례로 대개 Bradley의 1937년 보고가 인용된다(Greenhill et al., 2002). 그 후로 여러 가지 약물이 ADHD 치료에 사용되어 왔으나 각성제가 가장 많이 선택되고 있다. 각성제는 주로 ADHD 아동에게 가장 많이 처방되는 향정신성 약물로서 초등학생, 청소년, 성인에게 처방하는 사례도 점차 늘고 있다(Connor, 2006; Wolraich, 2003).

각성제는 ADHD 아동의 뇌에서 문제가 있다고 여겨지는 뇌 영역에 널리 분포된 도파민과 노르에피네프린 신경망에 영향을 준다. 가장 많이 사용되는 약물은 메틸페니데이트(리탈린, 콘설타), 덱스트로암페타민(덱시드린), 암페타민(아델라, 아델라 XR)이다. 각성제의 효과는 빠르게 나타나지만 몇 시간 후면 사라지므로 보통 하루에 2~3회 복용한다. 약효가 천천히 오래 지속되는 콘설타와 아델라 XR은 하루에 한 번만 복용해도 되고 붙이는 패치형 메틸페니데이트도 있다(Faraone & Giefer, 2007).

각성제 사용과 관련하여 많은 논란이 있지만 대부분의 전문가 입장에서 볼 때 그 이유는 약물이 ADHD의 주요 증상을 빨리 없애지 못해서가 아니다. 약물 투여 아동의 약 75%가 주의력 향상과 충동성 및 활동성 감소를 보인다(Connor, 2006). 각성제는 ADHD의 핵심 증상뿐만 아니라 그에 수반되는 공격성, 불복종 행동, 반항 행동도 감소시킬 수 있다. 주의력, 산만함, 충동성 관련 지표와 사회적 행동 및 학교 행동에서 효과가 입증되었다(Wolraich, 2003). 부모와 교사들이 약물치료를 받는 아동과 더 긍정적인 상호작용을 하게 되는 것은 당연하다(Chronis, Pelham, Gnagy, Roberts, & Aronoff, 2003).

그렇지만 ADHD에 대한 약물치료를 우려하는 목소리도 있다. 첫 번째 우려는 각성제의 효과가 제한적이라는 것이다. 각성제를 복용해도 ADHD의 일차 증상이 완화되지 않는 아동이 10~20%에 달한다. 증상이 완화될 때에도 보통 아동과 유사한 수준의 행동은 50% 정도에서만 발견된다. 뿐만 아니라 학업 성취에서는 약간에서 보통 정도의 효과만 관찰된다. 장기적인 효과는 보고된 것이 별로 없으며, 약물 복용을 중단하면 효과도 사라진다.

약물치료의 두 번째 우려는 생물학적 부작용 가능성이다. 부작용이 발생하는 비율은 4~10%이며(Greenhill et al., 2002), 학령 전 아동이 학령기 아동보다 부작용을 더 많이 경험할 수 있다. 수면장애, 식욕 감퇴, 복통, 두통, 짜증, 불안 등이 보고되고 있다. 이러한 부작용은 2~3주 후 또는 약물 복용량을 줄이면 감소한다.

세 번째 우려는 나중에 알코올이나 약물 중독이 될 가능성을 증가시킨다는 것이다. 위험이 없다는 결과와 위험이 더 많아진다는 결과, 그리고 오히려 더 감소한다는 결과를 보고한 연구들의 수가 거의 비슷하다(APA, 2007). 최근에 수행된 한 지역사회 연구에서는 ADHD 청소년의 약물남용 증가가 발견되지 않았는데, 약물남용 증가는 ADHD와 외현화 장애를 함께 보일 때 나타났다(August, Winters, Realmuto, Fahnhorst, Botzet, & Lee, 2006). 이와 관련된 또 다른 문제는 각성제의 불법남용이다. 약물남용이 조금이라도 의심된다면 각성제를 처방하지 않는 것이 좋다(Connor, 2006).

2) 행동치료

ADHD 치료에 대한 행동중재 전략들이 과잉행동과 관련된 행동을 향상시키는 데 효과적이라고 보고되고 있다. 또한 긍정적인 강화뿐만 아니라 행동감소 절차를 사용하는 프로그램에도 효과적이라고 입증되었다. 예를 들면, 과잉행동 아동의 출석률은 사회적인 강화와 반응대가에 의해 긍정적인 변화를 보였다. 과제수행 행동도 긍정적인 강화에 의해 향상되었다는 보고도 있다. ADHD 학생들에게 일상적인 일과와 구조를 제시하는 것이 효과적이었다. 즉, 과제분석, 분명하고 일관된 규칙, 조용한 학습 공간, 짧은 학습시간, 반복적인 언어교수, 사전 조직도, 밑줄 긋기 같은 학습전략은 출석 문제와 충동성을 감소시킬 수 있다(Reid, 1999). 교사들은 ADHD 학생들에게 환경에 대한 명료함과 순서를 제시함으로서 그들의 기능수준을 향상시킬 수 있다.

3) 부모훈련

부모훈련은 ADHD 아동을 위해 흔하게 이루어진다. ADHD를 다루는 일은 가정의 스트레스가 될 수 있으며, 그 부모들은 지친 나머지 지나치게 지시적이다. 또한 부모 스스로 양육기술이 부족하다고 생각하기 시작한다(Anastopoulos, Smith, & Wien, 1998). 이러한 사실이 부모가 자녀 행동에 미치는 명백한 영향력과 결합되면 가정은 자연스럽게 치료의 중심이 된다. 하지만 부모훈련을 항상 선택할 필요는 없다(Anastopoulos, Rhoads, & Farley, 2006). 부모훈련은 4~12세의 아동에게 효과적이고 아동의 ADHD 증상이 그 가정의 가장 핵심적인 문제일 때 적합하다. 만일 부모가 부부간의 갈등이나 다른 문제로 인해 스트레스를 심하게 받고 있다면 부모훈련은 적절하지 않을 수 있다. 부모훈련 프로그램은 조금씩 다를 수 있지만 아동을 다루는 기술을 가르쳐 준다는 공통의 목표를 가지고 있다. 한 예로, ADHD 아동 훈육에 있어 ADHD 아동의 행동에 대해 부모들이 더욱더 지시적이고 비판적이 되면 아동과의 관계가 더욱더 악화되어 부모-자녀 간에 신뢰성이 낮아져 양육에 스트레스를 받게 된다. 이것은 자녀에 대해 강화보다는 벌을 적용하는 경우가 흔해진 결과이므로 자녀와의 신뢰성을 확보하기 위하여 자녀에게 보다 많은 강화(칭찬)와 더불어 보다 적은 지시를 해야 할 것이다. 따라서 교사는 부모와 상담을 통해 [그림 5-1]을 활용하여 ADHD 아동에게 칭찬할 때와 꾸

자녀에게	
칭찬할 때	꾸중할 때
•	•
•	•
•	•

[그림 5-1] 자녀에게 칭찬할 때와 꾸중할 때

중할 때의 목록을 작성해 보게 한 후 꾸중하는 목록을 최소화하고 칭찬하는 목록을 많이 개발하여 가정에서 숙지하고 시행할 수 있도록 하여 자녀와의 신뢰성 회복으로 자녀양육에 자신감을 갖도록 하는 것이 중요하다. 이는 부모훈련은 반항행동을 나타내는 ADHD 아동의 치료에 가장 효과가 있는 방법 가운데 하나이다.

4) 학교에서의 행동관리

학교를 중심으로 한 행동치료는 주의력결핍, 수업 방해 행동, 학업수행 문제에 대해서는 효과적이다. 치료방법에는 보통 토큰강화, 차별강화, 타임아웃, 반응대가 등이 있다. 아동과 교사가 상호 동의하에 아동의 바람직한 행동과 그에 따른 상벌 내용을 문서로 만들어서 서명하는 쌍방 행동계약이 도움이 되기도 한다. 매일 부모에게 보내는 알림장은 아동이 학교에서 한 행동에 대한 기록을 담고 있어 매우 중요하다. 알림장은 아동에게 피드백을 제공해 주고 부모에게 아동의 행동에 진전이 있을 때 보상을 해 줄 수 있도록 관련 정보를 제공하며, 교사와 부모 간의 의사소통을 돕는다.

행동치료는 대개 유관성 원리에 기초한 행동 관리에 초점을 맞추지만, ADHD 아동에게는 학습과제 및 교실 환경의 조직화와 구조화도 중요하다. 학급규칙을 잘 보여 주는 학급규칙이 붙어 있고 잘 조직화되어 있으며 예측 가능한 교실 환경이 ADHD 아동에게 특히 도움이 된다. ADHD 아동의 책상을 다른 아동의 책상으로부터 좀 떨어지도록 배치하고 교사 가까이에 앉히면 부적절한 행동에 대한 또래 아동의 강화를 줄일 수 있고, 교사의 모니터링과 피드백을 촉진할 수 있다. 학습 과제 자체와 관련해서 몇 가지 유용한 전략이 있는데, 그중 하나는 과제 안에서 자극을 증가시키는 것이다. 예를 들면, 색깔, 모양, 녹음 자료 등을 이용하여 과제 지속시간이 아동의 주의 폭을 벗어나지 않도록 하고 학습 자료와 형식을 다양화한다. 과제와 관련된 선택을 할 수 있게 해주면 작업 생산성이 촉진된다는 증거가 있다. 또한 세분화된 과제, 명확한 규칙, 빠른 피드백이 포함된 컴퓨터 학습은 주의력과 작업생산성을 향상시킨다. 이러한 전략들은 누구나에게 도움이 되겠지만 ADHD 아동에게는 특히 커다란 도움을 준다.

교실의 학습 환경과 행동치료 프로그램을 시행하는 데는 교사의 영향력이 절대적이다. 따라서 교사는 부정적인 유관 규칙보다는 긍정적인 유관 규칙을 선호하며, 약물치료만 하는 것보다 행동치료와 병행하는 것을 선호하고, 시간 소모가 많은 치료법(예: 반응대가)보다는 시간이 덜 드는 방법(예: 알림장)을 선호한다. 일반적으로 교사의 지식, 신념, 태도, 융통성, ADHD 아동에게 많이 나타나는 방해행동에 대한 인내심, 상호작용 방식 등이 학교에서의 치료 프로그램 성공 여부에 중요한 요인이 될 수 있다.

학습과제

1. ADHD의 정의를 설명하시오.
2. ADHD의 핵심적 특성을 설명하시오.
3. ADHD의 이차적 특성을 설명하시오.
4. ADHD와 관련된 이론을 설명하시오.
5. ADHD의 원인에 대해 설명하시오.
6. ADHD 진단을 위한 질문지형 평가구도에 대해 설명하시오.
7. ADHD 진단을 위한 신경심리 평가구도에 대해 설명하시오.
8. ADHD 약물치료에 대해 설명하시오.
9. ADHD의 행동치료에 대해 설명하시오.
10. ADHD의 부모훈련 및 학교에서의 행동관리에 대해 설명하시오.

제 6 장

품행장애와 적대적 반항장애

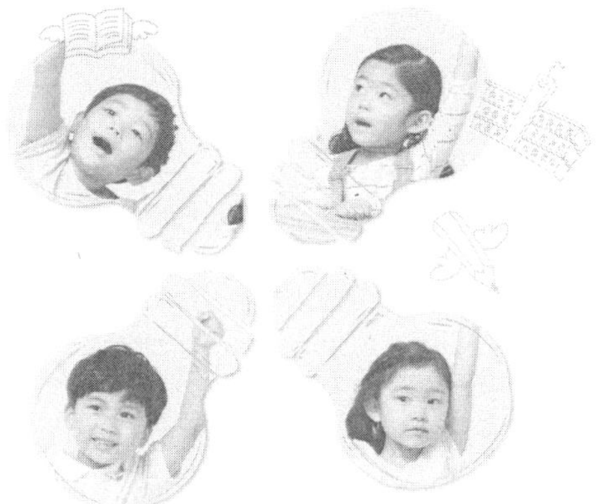

학 습 목 표

1. 품행장애의 정의와 유형별 진단기준 및 특성을 설명할 수 있다.
2. 품행장애와 관련된 위험 요소들에 대해 설명할 수 있다.
3. 품행장애에 대한 다양한 중재기법을 설명할 수 있다.
4. 적대적 반항장애의 정의와 유형별 진단기준을 설명할 수 있다.
5. 적대적 반항장애의 원인 및 임상 특징을 설명할 수 있다.

1. 품행장애

1) 품행장애의 정의 및 진단기준

품행장애(conduct disorder)는 정서 및 행동장애 분야에서 비교적 오랫동안 관심을 받고 있는 장애인데, 아동이 겪는 여러 장애 중 개선시키기 어려운 문제 중의 하나이다(과거에는 품행장애를 행위장애라고도 했음). DSM-5(APA, 2013)에 따르면, 품행장애는 문제행동이나 적대적 행동 등의 다양한 양상을 보이며, 필수적 요인은 최소한 6개월 동안 사회적 규범이나 연령에 적합한 규준에 위배되는 활동 또는 타인의 권리를 침해하는 행동패턴의 지속과 반복에 있다.

어떤 행동들을 품행장애라고 정의하는가에 대해서는 연구자들 간에 어느 정도는 의견일치를 보이고 있지만, 이러한 행동들을 분류하는 방법에 있어서는 차이가 있다. 품행장애의 경우는 대개 통계학적 분석 결과 2가지 유형으로 구분되고 있다. 첫 번째 유형은 비사회화된 공격성 또는 공격적 행동이라고 명명하며, 이에는 싸움, 불순종, 비협조성, 무분별함, 무례함, 파괴적 행동, 분노폭발 등이 포함된다. 두 번째 유형은 사회화된 폭력 또는 비행이라고 명명하며, 나쁜 친구 사귀기, 비행을 일삼는 친구들에 대한 충성, 무단결석, 도벽, 거짓말하기, 방화 등이 포함된다.

품행장애는 대단히 빈번하게 보고되는 아동기 행동장애인데, 전체 학령기 아동의 약 5~10% 정도의 출현율을 보이고 있으며, 그 가운데 6~16%는 소년, 2~9%는 소녀이며, 열악한 환경에서 양육된 아동의 경우에 출현율이 더 높게 보고되고 있다. 만성적인 품행장애는 결과적으로 동료나 가족구성원 간의 사회적 관계에 있어서 많은 문제를 야기한다. 유아기에 발현된 품행장애는 종종 청소년까지 지속되고, 성인기의 생활에도 상당한 영향을 미친다.

표 6-1 품행장애의 진단기준(DSM-5)

A. 다른 사람의 기본적 권리를 침해하고 연령에 적절한 사회적 규범 및 규칙을 위반하는 지속적이고 반복적인 행동 양상으로, 지난 12개월 동안 다음의 15개 기준 중 적어도 3개 이상에 해당되고, 지난 6개월 동안 적어도 1개 이상의 기준에 해당된다.

1. 사람과 동물에 대한 공격성
   - 자주 다른 사람을 괴롭히거나, 위협하거나, 협박함
   - 자주 신체적인 싸움을 걺
   - 다른 사람에게 심각한 신체적 손상을 입힐 수 있는 무기 사용(예: 방망이, 벽돌, 병, 칼, 총)
   - 다른 사람에게 신체적으로 잔인하게 대함
   - 동물에게 신체적으로 잔인하게 대함
   - 피해자가 보는 앞에서 도둑질을 함(예: 노상강도, 소매치기, 강탈, 무장강도)
   - 다른 사람에게 성적 활동을 강요함

2. 재산파괴
   - 심각한 손상을 입히려는 의도로 고의적으로 불을 지름
   - 다른 사람의 재산을 고의적으로 파괴함(방화로 인한 것은 제외)

3. 사기 또는 절도
   - 다른 사람의 집, 건물 또는 자동차를 망가뜨림
   - 어떤 물건을 얻거나 환심을 사기 위해 또는 의무를 피하기 위해 거짓말을 자주 함(즉, 다른 사람을 속임)
   - 피해자와 대면하지 않은 상황에서 귀중품을 훔침(부수거나 침입하지 않고 상점에서 물건 훔치기, 문서위조)

4. 심각한 규칙 위반
   - 부모의 제지에도 불구하고 13세 이전부터 자주 밤늦게까지 집에 들어오지 않음
   - 친부모 또는 양부모와 같이 사는 동안 밤에 적어도 2회 이상 가출, 또는 장기간 귀가하지 않은 가출이 1회 있음
   - 13세 이전에 무단결석을 자주 함

B. 행동 장애가 사회적, 학업적 또는 직업적 기능 영역에서 임상적으로 현저한 손상을 초래한다.

C. 18세 이상일 경우, 반사회성 성격장애의 기준에 부합되지 않는다.

☞ 다음 중 하나를 명시할 것

312.81(F91.1) 아동기 발병형: 10세 이전에 품행장애의 특징적인 증상 중 적어도 1개 이상을 보이는 경우이다.

312.82(F91.2) 청소년기 발병형: 10세 이전에는 품행장애의 특징적인 증상을 전혀 충족하지 않는 경우이다.

312.89(F91.9) 명시되지 않는 발병: 품행장애의 진단기준을 충족하지만, 첫 증상을 10세 이전에 보였는지 또는 10세 이후에 보였는지에 대한 정보가 없어서 확실히 결정하기 어려운 경우이다.

☞ 다음의 경우 명시할 것

제한된 친사회적 정서: 이 명시자를 진단하려면 적어도 12개월 이상 다양한 대인관계나 사회적 장면에서 다음 중 적어도 2개 이상의 특징을 보여야 한다. 이러한 특성은 해당 기간 동안 그 개인의 대인관계적·정서적 기능의 전형적인 형태를 반영해 주며, 몇몇 상황에서만 가끔 발생하는 것이 아니다. 따라서 명시자를 평가하기 위해서는 다양한 출처에서 정보를 얻는 것이 필수적이다. 자가보고 뿐만 아니라 그 개인을 장기간 동안 알고 있는 사람들(예: 부모, 교사, 동료, 친척, 또래)의 보고를 반드시 고려해야 한다.

5. 후회나 죄책감 결여: 본인이 잘못을 저질러도 나쁜 기분이나 죄책감을 느끼지 않는다(붙잡히거나 처벌을 받는 상황에서만 양심의 가책을 표현하는 경우는 배제해야 한다). 자신의 행동으로 인한 부정적인 결과에 대해 일반적인 염려가 결여되어 있다. 예를 들면, 다른 사람을 다치게 하고도 자책하지 않거나 규칙을 어겨 발생하는 결과에 대해 신경을 쓰지 않는다.
6. 냉담, 즉 공감의 결여: 다른 사람의 감정을 무시하거나 신경 쓰지 않는다. 다른 사람들은 이들을 차갑고 무정한 사람으로 묘사한다. 심지어 자신이 다른 사람에게 상당한 피해를 주는 경우에도, 자신이 타인에게 미치는 영향보다는 자기 자신에게 미치는 영향에 더 신경을 쓴다.
7. 수행에 대한 무관심: 학교나 직장 또는 다른 중요한 활동에서 자신이 저조한 수행을 보이는 것을 개의치 않는다. 심지어 충분히 예상 가능한 상황에서도 좋은 성과를 보이기 위해 필요한 노력을 기울이지 않으며, 전형적으로 자신의 저조한 수행을 다른 사람의 탓으로 돌린다.
8. 피상적이거나 결여된 정서: 피상적이거나, 가식적이고, 깊이가 없는 정서(예: 행동과 상반되는 정서 표현, 빠른 정서 전환)를 제외하고는 다른 사람에게 자신의 기분이나 정서를 드러내지 않는다. 또는 얻고자 하는 것이 있을 때만 정서를 표현한다(예: 다른 사람을 조종하거나 위협하고자 할 때 보이는 정서 표현).

☞ 현재의 심각도를 명시할 것

경도: 진단을 충족하는 품행 문제가 있더라도, 품행 문제의 수가 적고, 다른 사람에게 가벼운 해를 끼치는 경우(예: 거짓말, 무단결석, 허락 없이 밤늦게까지 집에 들어가지 않는 것, 기타 규칙 위반)이다.

중증도: 품행 문제의 수와 다른 사람에게 끼치는 영향의 정도가 '경도'와 '고도'의 중간에 해당되는 경우(예: 피해자와 대면하지 않는 상황에서 도둑질하기, 공공기물 파손)이다.

고도: 진단을 충족하는 품행 문제가 많거나, 또는 다른 사람에게 심각한 해를 끼치는 경우(예: 성적 강요, 신체적 잔인함, 무기 사용, 피해자가 보는 앞에서 도둑질, 파괴와 침입)이다.

2) 품행장애와 관련된 위험 요소

품행장애는 전형적으로 다결정인자의 구조 안에서 발현된다. 사회적으로나 경제적으로 불리한 생활환경, 역기능적인 양육, 아동의 특이한 특성 등의 3가지 요소는 아동의 이러한 문제와 일관되게 관련되어 왔다(문장원, 2001).

(1) 생활환경 요인

생활상의 빈곤은 모든 아동과 성인에 있어서의 불리한 정신건강의 결과와 관련이 있다. 예를 들면, 미국의 경우에 국민 의료연금의 혜택을 받는 아동에서의 문제행동의 비율이 더 나은 경제적 배경에서 생활하는 아동의 경우보다 현저히 높다는 연구 결과들이 많이 보고되고 있다. 물론 빈곤 상황이 아동기의 문제행동에 영향을 미치는 결과에 대해서는 정확하게 파악하기는 사실 어렵다. 그러나 상관관계적인 데이터는 환경적 스트레스와 태아기, 주산기 그리고 아동기 건강관리 등과 연계된 우울 등이 결정적인 변수로 작용하기도 한다.

잘 조직화되지 않은 교실 환경은 행동표출의 경향을 쉽게 조장한다. 한 연구(Kasen, Johnson, & Cohen, 1990)에 따르면, 갈등이 많은 학교 환경(싸움, 교사가 지시를 할 수 없는 분위기, 기물파손, 반항적인 학생들 등)은 9세부터 16세 사이의 학생들의 경우 품행장애가 증가하는 것으로 주장한다.

품행장애와 관련된 여러 연구들은 관련 요인으로서 가족의 역동성이나 가족환경적인 요소들이 많이 있다는 견해이다.

(2) 부모환경

역기능적 양육은 유아기 행동장애에서 대단히 큰 비중을 차지하는 유발 요인이다. 몇몇 상관연구와 실험연구들은 특이한 부모–아동 상호작용 양식이 다루기 힘든 행동을 유발한다고 주장하고 있다. 역기능적 양육과 품행장애 간의 연계는 Patterson과 그의 동료들(1989)의 종단적 연구에서 가장 확실하게 밝히고 있다. Patterson의 공헌 중 가장 핵심적인 것은 강압이론(coercion theory) 또는 강화의 덫(reinforcement trap)이라 불리는 상호작용 양식의 발견이다. 이는 부모가 어떻게 자기도 모르는 사이에 아동을 공격적이고 반사회적인 성향으로 양육하게 되는가를 보여 준다. 이 강압이론에 따르면, 가혹한 대인관계 양식, 적대적 모델링, 반항성 불응행동 등에 대한 강화를 통해 아동들의 반사회적 행동을 촉진하는 것으로 나타난다. 아울러서 역기능적 양육, 즉 부모의 우울, 빈곤과 관련된 스트레스 상황, 매일 반복되는 말다툼, 부부간의 불화나 부모의 교육 수준 등과 관련이 있다(Coleman & Webber, 2002).

현재까지의 연구 결과는 소위 '나쁜 부모가 나쁜 아동을 만든다.'로 요약할 수 있다. 즉, 부모가 아동의 행동에 원인 제공을 한다는 것이다. 대부분의 증거는, 아동은 공격적이고 다루기 힘들며 상과 벌에 둔감한 경향과 유전적인 성향을 가진다는 기질적인 맥락에서 나오게 된다. 행동적인 수준에서도 증거가 있다. 예를 들어, 품행장애가 아닌 아동과 상호작용을 할 때 품행장애 아동의 어머니는 다른 어머니들과 다를 바가 없다. 그러나 품행장애 아동과 상호작용을 하게 될 때에는 품행장애 아동의 어머니들은 보통의 어머니들보다 더 부정적이고 통제적이라는 것이다.

특히 소아기, 청년기의 정서적인 문제가 품행장애로 이행되는 과정과 가정 내의 역기능과 부모의 부정적인 양육행동 간의 연관성에 대한 연구들(진혜경, 김경빈, 이종일, 양승은, 안동현, 1998; 홍강의 외, 1986; Offord & Bennett, 1994; Riggs, 1995)이 있는데, 가정 내의 위험요소인 부모의 정신병리와 양육행동이 상호 연관관계가 있다는 지속적이고 일관성 있는 보고들이다.

(3) 아동의 특성

특이한 아동의 성격 또한 품행장애의 전조가 되기도 한다. 이러한 장애를 갖는 아동은 종종 유아기의 까다로운 기질, 짧은 주의 폭, 충동적이면서 미숙한 자기조절, 과잉행동, 언어와 의사소통의 어려움 등에 있어서 문제를 보인다. 이러한 특성은 사회적 환경(예: 부모의 행동, 동료의 행동, 스트레스를 주는 상호작용)에서 더욱 비난받기 쉬운 아동으로 만들고, 아동의 적절한 사회적 인지발달에 많은 부정적인 영향을 주며, 적절한 사회적 행동기술을 성공적으로 학습하는 데 있어서 어려움을 겪게 한다.

품행장애의 원인에 대해 현재 심리학적, 사회문화적 그리고 신경생물학적 연구들이 수행되고 있다. 이처럼 다양한 접근방식이 공존하는 이유는 품행장애가 단일 요인에 의해 발생되는 것이 아니라 생물심리사회적(biopsychosocial) 요인들의 결합에 의해서 유발된다고 판단되기 때문이다. 이 중에서 신경생물학적 연구들은 품행장애를 호르몬이나 유전자 또는 염색체의 이상으로 설명하고, 가족관계 모델에서는 문제성이 많은 부모의 태도와 잘못된 양육방식 그리고 무질서한 가정환경이 품행장애와 관련성이 높다고 주장한다. 또한 정신역동적 모델에서는 부모의 반사회적 욕구를 아동이 행동화한 것으로 보며, 이 외에도 품행장애가 낮은 사회경제적 수준과 관련이 있다는 주장과 문제 청소년의 인격발달상의 문제나 정서적 갈등이 주 요인이라는 주장들이 제기되고 있다.

청소년이 갖는 반사회적 행동에 영향을 미치는 요인으로는 개인적 요인, 기질적 요인, 사회적 요인을 들 수 있다. 개인적 요인으로 기질상의 문제, 초기의 반사회적 행동, 학교상황에서의 실패, 약물사용 등이 있다. 기질적 요인으로는 경제적 수준, 부모의 약물 사용 여부, 이혼, 가족구성원의 폭행, 부모로서의 자질 부족 등이 있다. 또한 사회적 요인으로는 불공평한 교육적 기회, 방송매체에서의 폭력조장 등을 들 수 있다. 이러한 개인적인 특성이 반사회적 행동을 야기하는 발달상의 어떠한 형태를 제공한다고 본다. 특히 개인적인 특성에 해당되는 기질상의 문제가 아동-부모 사이의 관계를 파괴하는 경향이 있으며 갈등을 야기할 수 있는 상황을 만들 가능성이 높다고 주장한다. 즉, 청소년의 공격적인 행동이나 반사회적인 행동은 개인적인 요인뿐만 아니라 개인과 환경 사이의 상호작용으로 인한 맥락에서 파악할 필요가 있다.

3) 품행장애의 경과와 예후

(1) 품행장애의 자연적 경과

품행장애 여부를 결정할 경우 생활연령을 고려해야 하는데, 아동의 경우는 일반적으로 연령이 증가하면서 공격행동이 감소하는 경향이 있다. 품행장애의 경우는 어려서부터 연령에 적절하지 않은 공격성을 보이며, 비교적 오랜 기간 동안 공격행동이 지속적으로 나타난다(Walker, Ramsey, & Gresham, 2004).

전형적인 경우 학교에 입학한 후에 무단결석을 시작하고, 그 후 학업에 어려움이 생기고, 이후에 알코올 남용을 거쳐 무분별한 성적인 행동이 나타나고, 점차 약물남용, 비행, 학업 중단의 과정을 거치게 된다.

4세부터 16세 사이의 2,600명을 대상으로 한 연구(Achenbach & Edelbrock, 1981)에서는 어려서 논쟁적이고, 옹고집이며, 떼를 많이 쓰는 아동들이 점차 커 가면서 반항적 행동, 불장난과 도벽이 생기고 이후에 무단결석, 파괴 행위와 약물남용을 하는 경과를 보인다고 보고되었다. 전체적으로 연령이 증가하면서 떼쓰기와 싸움은 감소하나, 거짓말은 나이가 들더라고 일관되게 나타나고, 훔치기는 10세까지 증가하다가 점차 줄어들며, 무단결석과 약물남용은 연령이 높아지면서 점차 증가하는 추세를 보인다.

하지만 품행장애를 보이는 아동의 50% 정도는 성인이 되어 만족할 만한 사회적 적응을 할 수 있다고 알려져 있으며, 40세 이후에는 반사회적 행동 문제의 빈도가 감소되는 경향이 있다고 한다.

(2) 품행장애와 성인기의 반사회적 행동 간의 관계

소아기의 품행장애는 청소년기까지 지속되는 경우가 많고, 성인기의 반사회적 행동을 예측해 주는 중요한 인자가 된다. 특히 정도가 심하고 공격적인 유형의 경우 미래의 반사회적 행동에 대한 위험 인자가 된다. 사춘기 이전의 아동의 경우, 집안에서만 일어나는 공격적 행동은 장래의 범법행위를 예측해 주지는 않지만, 가정 이외의 상황에서 나타나는 소아기의 공격적 행동은 청소년 비행과 성인 범죄를 예측하게 한다. 한 연구(McCord, 1978)에서는 13세에 극단적인 공격적 행동을 보이는 아동의 50%가 성인이 되어서 범죄 행위를 저질렀고, 낮은 정도의 공격성을 보인 아동은 14%만이 성인기에 범죄를 저지르고 그 심각성도 적었다는 연구도 있다. 이러한 공격성에 과잉행동이 더해지는 경우 성인기의 범법행위를 예측할 수 있는 강력한 요인이 된다고 생각된다.

소년원에서 출소한 청소년을 대상으로 한 9년간의 추적연구(Moffitt, 1993)에서는 94%가 성인기에 범법 기록을 가지고 있으며, 73%는 난폭한 범죄를 저질렀고, 10%만이 고등학교를 졸업하였다.

품행장애로 진단된 9,945명의 아동을 대상으로 수행된 연구(Jones & Jones, 2000)에서는 18세까지 35%가 체포된 경험이 있으며 이 중 6%는 반복적인 범죄를 저질렀는데, 이 6%가 행한 범죄행위의 숫자가 전체 연구 대상이 행한 비행 행동의 50%를 차지하였다고 보고하기도 했다.

한 역학연구(Baltaxe & Simmous, 1988)의 결과는 소아기의 품행장애가 성인기의 정신장애, 즉 반사회적 인격, 약물남용, 조증, 조현병(정신분열증), 강박장애와 연관성이 매우 높음을 보여 준다. 만 6세 이전에 8가지 이상의 품행 문제를 보이는 심한 경우 71%에서, 6~12세에 시작하는 경우 53%에서, 12세 이후에 시작하는 경우 48%에서 성인기의 반사회적 행동을 보인다. 5~7가지의 중등도의 품행 문제를 보이는 경우 6세 이전에 시작한 경우 24%에서, 6세부터 12세 사이에 시작한 경우 16%에서, 12세 이후 시작한 경우 10%에서 성인기의 반사회적 행동을 보이며, 3~4가지의 경도의 품행 문제를 보이는 경우에는 6세 이전에 시작하면 3.2%에서, 6~12세 사이에 시작하면 1.9%에서, 12세 이후에 시작하면 0.9%에서 성인기에 반사회적 행동을 보인다.

요약하면, 15세 이전에 적어도 3가지의 품행 문제를 나타내는 소아청소년의 1/4 정도는 자라서 성인기에 반사회적 성격장애가 된다고 생각된다.

이 밖에 학업실패 및 정학이나 퇴학, 법률적 문제의 유발, 싸움으로 인한 신체 손상, 사고, 성병, 십대의 원치 않는 임신, 성매매, 피살, 가족의 포기, 약물중독, 자살이나 타살과 같은 심각한 후유증이 초래된다.

(3) 예후

품행장애 아동이나 청소년 중 예후가 좋은 경우를 살펴보면, 경한 정도의 증상을 보일 때, 공존하는 정신병리가 없을 때, 정상적인 지능을 가질 때, 사회성이 좋고 다양한 사회 경험을 가질 때, 가족 숫자가 적을 때 등을 들 수 있다.

반면에 예후가 나쁘거나 만성화될 가능성이 높은 경우를 살펴보면, 어려서 문제가 시작될 때, 다양한 증상을 보일 때, 높은 정도의 공격성을 보일 때, 주의력결핍 과잉행동장애를 동반할 때, 지능이 낮을 때, 어린 나이에 재판을 받을 때, 친구들에게서 따돌림을 받을 때, 사회성이 없을 때, 가족 간의 불화가 있을 때 등을 들 수 있다.

4) 품행장애의 중재

품행장애 아동 및 청소년의 증상과 심각성의 정도에 따라서 치료는 법적인 처벌, 가족에 대한 중재, 사회적 지지의 제공, 개인이나 가족의 정신병리에 대한 정신치료, 약물치료 등 다양하게 이루어지고 있다. 또한 치료 장소는 가정, 학교, 병원(외래, 입원, 주간치료센터), 기숙학교, 특수한 비행 프로그램, 교도시설 등 매우 다양하다. 치료적 접근방법도 다양하여서 개인 혹은 집단 치료, 행동치료, 부모교육, 인지치료 그리고 약물치료 등이 치료하는 사람들이 가진 품행장애에 대한 개념에 따라서 시행되고 있다(문장원, 2001).

극소수의 품행장애에서는 한 가지의 치료방법이 결정적으로 중요할 수도 있겠지만, 대부분의 경우에는 다양한 치료방법을 동시에 사용하여 치료해야 효과를 볼 수가 있다.

치료의 시작부터 끝까지 필수적인 사항은 다음과 같다. 첫째, 바람직하지 못한 행동을 억제하고 견제해 주는 구조(틀)를 확고히 한다. 둘째, 안전과 치료 환경을 동시에 제공해 주는 효과적인 한계를 설정한다.

가정 안에서의 한계 설정은 부부간의 갈등, 부모의 부재, 일관성 없는 훈육, 애매하거나 낮은 기대, 부모의 우울 등에 의해 방해받는 경우가 많다. 한계를 새로이 수립하거나 고쳐 나가는 것은 부모상담, 부모치료, 가정에서의 지도 관찰, 학교에서의 주기적 감독, 법률 기관의 이용 등을 통해 이루어질 수 있다.

우선 해당 아동 및 청소년의 '행동이 얼마나 위험한가?' 그리고 '환경적 인자가 얼마나 아동의 품행문제에 기여하는가?'라는 관점에서 우선 아동이나 청소년을 집에서 다니면서 치료를 할 것인가, 아니면 가족으로부터 격리하여 치료할 것인지를 결정하여야 한다. 그 이후에 다음과 같은 여러 가지 치료적 접근이 이루어지게 된다.

품행장애의 경우 치료를 시작하는 연령이 매우 중요한데, 이는 비적응적인 행동이 오래되면 될수록 더 견고한 증상이 되어 치료하기 어렵기 때문이다.

(1) 아동 · 청소년에 초점을 둔 중재방법

① 약물치료

품행장애에 선택적인 치료효과를 보이는 약물은 아직 없다. 하지만 품행장애 청소년 중 충동적이거나 공격적인 행동으로 자신이나 타인에게 위험한 경우, 주의력 집중이 약해서 치료에 협조하기가 어려운 경우, 우울증 등 다른 정신장애가 동반되는 경우에는 약물치료가 매우 효과적일 수 있다. 그러나 약물치료만으로 모든 문제가 해결되는 것은 아니므로 다른 치료방법을 같이 사용해야만 한다.

- 중추신경 자극제: 품행장애 청소년의 경우 과잉행동이나 주의집중력에 있어서 장애를 보이는 경우가 많다. 품행장애 아동과 청소년에서 실제 중추신경 자극제를 사용하게 되면 거짓말, 과다한 요구, 불복종, 다른 사람을 곤경에 빠뜨리는 행동과 충동적 행동의 증상이 호전된다. 과잉행동의 과거력이 있고 충동적인 공격성을 보이는 경우에 사용이 고려되어야 한다.
- 항우울제: 사춘기 이전의 아동 중 우울증이 시작될 때 품행장애의 증상들이 앞서 나타나는 경우가 많으며, 우울증이 치료되면 대부분의 경우에서 품행장애의 증상들이 사라지는 것을 볼 수 있다. 또한 우울증이 재발했을 때 품행장애의 증상들이 다시 나타나는 것을 볼 수 있다.
- 리튬: 기분이 들뜨고 흥분 상태와 과대 사고 등을 나타내는 조증에서 보이게 되는

공격적 행동의 조절에 효과적이다. 폭발적인 난폭 행동을 보이는 아동과 청소년에게도 효과적이다.

② 행동중재

문제행동을 목표 증상으로 하여 문제행동들을 직접적으로 교정하고 훈련시킨다. 모델링(modeling), 강화(reinforcement), 연습(practice), 역할놀이(role playing) 등과 같은 직접적인 훈련을 통해 새로운 행동양식을 습득하게 하는 것으로, 가정이나 학교와 같은 문제행동이 실제로 발생하는 상황을 놓고 훈련이 이루어진다. 전통적인 상담에 비해 문제행동을 줄이는 데 2배 이상의 효과가 있다고 보고되고 있는 등 여러 치료 현장에서 가장 많이 이용되고 있으며, 가장 효과적인 치료법의 하나로 인정받고 있다.

부모와 교사의 행동지도 훈련과 가족, 학교, 치료자와의 긴밀한 협조체계가 필요한데, 부모와 교사는 청소년의 행동을 어떻게 관찰하고 정의하고 기록할 것인가를 배운 후에, 재강화를 통하여 어떻게 긍정적인 행동을 증진시키고, 타임아웃(time-out), 반응대가(response cost) 등의 기법을 통해 부적절한 행동을 어떻게 감소시켜 나갈 것인가를 배우게 된다.

중증인 경우에는 입원치료 기관에서의 24시간 행동치료 프로그램이 적용되기도 한다.

③ 인지행동중재

인지행동중재는 앞에서 언급한 행동치료적 기법과 환자의 자기조절 및 문제해결 능력에 대한 인지적 훈련을 동시에 시행하는 것이다(Kendall, 1991). 인지행동중재 기법은 분노 조절, 충동 조절 및 의사소통 능력 증진에 있어서 효과적이다. 어느 정도 나이가 들었고 지능이 높은 경우에 사용될 수 있다.

문제해결 기술훈련(Problem-Solving Skills Training)은 청소년이 문제를 명확히 정의하고 다양한 해결책을 찾아내고 각 해결책의 결과를 예상하여 스트레스 상황을 처리하는 가장 적절한 방법을 발견하도록 도와주는 방법이다.

이 치료의 특징은 다음과 같다. 첫째, 청소년이 상황에 접근하는 방법에 대해 강조한다. 그 결과로 나타나는 행동보다는 사고과정에 초점을 맞춘다. 둘째, 청소년이 대인관계에서 생기는 문제를 해결하기 위해 한 걸음 한 걸음 단계적으로 다가가도록 가르친다. 문제나 과제의 효과적인 해결에 이르는 방법에 직접적인 주의를 기울이도록 도와준다. 셋째, 게임이나 학습 활동, 이야기 등 조직화된 과제를 사용한다. 그리고 치료 과정에서 배운 문제해결 기술이 점차 일상에서의 실생활에 적용되게 한다. 넷째, 치료자의 적극적인 역할이다. 인지과정을 배우게 하고 그 결과를 특수한 문제에 적용시키게 하고, 배운 기술의 이용을 촉진하도록 단서를 제공하고 피드백을 해 주며, 칭찬을 적극적으로 해 준다. 다섯째, 연습, 역할극, 모델링 그리고 재강화와 약한 정도의 처벌과 같은 여러 가지 방법을 동시에 실시한다.

④ 개인정신치료

반사회적 행동의 정신적인 바탕이 되는 갈등과 심리적 과정에 초점을 맞추어 이루어진다. 치료자와의 새로운 대인관계를 경험하면서 자신의 행동에 대한 통찰을 제공하고 행동의 새로운 양식을 탐색함으로써 올바른 감정적 경험을 하게 한다.

⑤ 집단정신치료

비슷한 문제를 가진 청소년 집단을 대상으로 시행되는 것으로 동료들에 의한 격려와 안심, 피드백이 주어지고, 리더십과 집단 응집력을 경험하며, 자신 이외의 다른 사람의 느낌과 경험을 알 수 있는 기회를 갖는 등의 집단에서 생기는 고유한 심리사회적 경험을 중요하게 생각하는 치료방법이다. 동병상련의 관점에서 서로 간에 긍정적인 나눔을 촉진하고 사회적 기술을 증진시키는 데 효과적이다.

⑥ 입원치료

다른 치료법을 사용하는 과정에서 어려움을 겪는 경우, 가정 등의 환경적인 영향을 많이 받는 경우, 위험성이 높은 품행 문제를 보이는 경우에 고려할 만하다.

⑦ 기타 보조 치료 프로그램

수공예, 꽃꽂이, 요리 실습 등 작업치료를 실시하면 청소년들이 실제 기술을 배우고 자신들이 만든 작품을 보면서 성취감을 느끼게 된다. 마음을 잘 열지 않는 청소년들의 경우 그림, 붓글씨, 종이 공작과 같은 미술치료, 음악치료, 놀이치료, 심리극 등을 통하여 자신의 숨은 감정을 표현하고 승화시킬 수 있는 기회를 제공해 준다. 레크리에이션과 운동을 통하여 욕구불만을 해소하고 집단에서의 소속감을 증진시키는 것도 필요하다(윤점룡 외, 2013).

(2) 가족에 초점을 둔 중재방법

① 부모훈련

부모가 바람직한 행동에 대해 무반응적이거나 비행에 대해 지나치게 가혹한 처벌을 줌으로써, 결과적으로 자녀는 여러 가지 비행을 저지르게 되고, 그 결과 부모의 관심을 얻게 되는 악순환이 반복되는 경우가 많다. 이렇게 부모가 자녀의 바람직하지 않은 행동을 조장하는 경우에 품행장애나 비행이 생긴다는 이론적 배경하에 부모훈련이 실시된다.

부모는 자녀가 따를 수 있는 규칙을 정하고, 적합한 행동에 대해서는 긍정적인 강화를 해 주며, 바람직하지 못한 행동에 대해서는 가벼운 벌을 주고, 타협을 해 나가는 것을 배우게 된다. 즉, 부모가 가정에서 청소년의 행동을 변화시키기 위한 훈련을 받는 것이다. 부모는 자녀를 다루고 대화하는 기술을 지침서, 비디오를 이용하여 익히게 된다. 실제 부모훈련은 문제해결 기술훈련과 같이 이루어지면 매우 효과적이다. 이 방법은 부모의 동기가 있고 비교적 기능을 잘하는 가족에서 실시된다.

② 가족중재

적응에 문제가 있는 가족구성원 사이에 상호작용과 의사소통을 변화시키려는 시도를 한다. 품행장애 가족은 가족구성원끼리 서로 지지적인 관계가 이루어지지 못하고, 희생양이 생기거나 한 구성원이 고립되는 경우가 많다. 다른 가족과 비교해서 서로 간의 의사소통이 방어적인 경우가 많고, 주로 처벌을 사용하고 부정적이며, 상호 간의 지지가 부족하다.

그러므로 상담의 주 목표는 가족 상호 간의 긍정적인 재강화를 촉진하고 명쾌한 의사소통을 확립하고, 가족들 사이에 서로 원하는 행동을 말(언어화)하는 것을 돕고, 문제 발생 시에 서로 간에 건설적으로 타협하도록 도와주는 것이다.

하지만 실제 품행장애 청소년의 가족을 보면 부부간의 불화가 있거나, 결손가정이거나 경제적인 어려움 때문에 상담 및 중재에 어려움을 겪는 경우가 많다.

③ 가족상담

대처하기 어려운 자녀의 까다로운 행동을 적절하게 다루고, 충동적 행동에 대한 효과적인 한계 설정을 할 수 있도록 부모의 의사 결정을 도와주고 조언을 해 주는 것이 필요하다. 아울러서 부모 자신이 겪는 정서적 어려움에 대해서도 상담을 하는 것이 좋은데, 특히 기능이 낮은 가정의 경우 사회적 관심과 지지가 필요하다.

(3) 학교에서의 중재

학교 환경이 다른 환경에 비해 비교적 강압적이고 처벌적이기는 하지만(Goldstein & Conoley, 1997; Mayer, 1995), 품행장애 학생들의 문제점을 조기에 발견해서 교육적 중재를 제공하면 이들이 성장하여 사회에 미칠 수 있는 부정적인 영향을 미리 감소시킬 수 있다(박미화, 신수진, 2010). 학령기 품행장애 학생들을 관리하는 데 있어서는 무엇보다도 담임교사의 역할이 지대하다. 물론 해당 학생 가족구성원과의 원활한 의사소통이나 협력이 가장 기본적인 요소이지만, 담임교사가 품행장애에 대해 어떻게 인식하고 있으며 어떻게 지도하느냐 또한 대단히 중요한 부분이기도 하다.

행동관리에 특별한 관심을 가지고, **긍정적 행동지원**(Positive Behavior Support: PBS), **개별화 교육계획**(Individualized Education Plan: IEP)과 직업 및 전환 교육 등을 적용하여 학습에 관련된 문제를 도와주는 것이 필요하다.

(4) 지역사회에서의 중재

품행장애 청소년의 개인적 자질과 대인관계 능력을 증진시키는 데 도움이 될 수 있는 또래와 함께 참여하는 지역사회 프로그램들이 필요하다. 청소년으로 하여금 실습, 답사와 견학, 야영 수련회, 봉사활동, 독서 프로그램, 강연회나 세미나 참석, 심리극 활동과 같은 다양한 정신건강과 연관된 수련 활동을 경험하게 해 주는 것이 품행장애 개선에 도움이 된다. 이러한 활동은 친사회적 행동을 증진시키고 반사회적 행동을 감소시켜 준다.

요약하면, 품행장애의 치료에서 매우 중요한 것은 아동이나 청소년의 관점에서 세상을 바라보는 것처럼 공감적으로 상대방을 이해해 주고, 이들 스스로에게 변화를 위한 동기를 부여해 주는 것이다. 환경적으로 일관성 있는 규칙을 정하여 다양한 문제행동을 조정하도록 해 주고, 따뜻한 환경 내에서 적절한 사랑과 관용을 지속적이고 일관되게 제공함으로써 내적 억제력을 향상시키고 긍정적인 자아상을 회복하며, 새로운 적응 기술을 획득하도록 도와주는 것이 필요하다.

5) 품행장애의 예방

(1) 예방의 목표

품행장애 예방을 위해서는 우선 품행장애 발생의 위험인자를 줄이고 회복인자를 증진시켜 주는 것이 예방 활동의 초점이 된다. 범죄의 발생을 막는 것을 목표로 한다면 사춘기 이후는 이미 늦다는 점을 명심하고 조기에 중재해야 한다. 특히 초등학교 저학년을 대상으로 한 문제행동 아동의 조기발견 중재가 효과적인데, 이 시기는 변화의 가능성이 많은 시기이고 비뚤어진 동료의 영향이 적은 연령이기 때문이다.

① 위험인자

- 부모: 부의 범죄, 모의 정신병리, 약물남용, 사회적 고립, 부부 불화
- 가족 환경: 부적절한 지도감독, 불충분한 훈육, 무관심 혹은 거절, 4명 이상의 많은 형제 수
- 학교: 학업의 어려움, 학교와의 유대 결여, 친구로부터의 따돌림, 사회 기술의 부적절한 발달, 빗나간 또래와의 어울림
- 사회 환경: 빈곤, 무질서한 사회
- 본인: 심한 주산기 합병증, 발달의 지연, 은근한 문제행동(훔치기, 거짓말하기, 방화)의 조기 발생, 까다롭고 충동적인 기질, 남자, 장남

② 회복인자

- 빗나가지 않은 친구 집단과 사귀려는 자발적 노력
- 사회경제적 환경의 개선
- 부모나 다른 성인과의 긍정적이고 따뜻한 가까운 관계
- 긍정적인 경험
- 효과적 대응전략
- 좋은 학교

(2) 예방 프로그램의 종류

① 전체를 대상으로 하는 예방 프로그램(universal preventive intervention)

모든 영유아에게 소아마비 예방 접종을 시행해서 소아마비를 예방하는 것과 같이 일반 소아청소년을 대상으로 시행하는 프로그램으로, 예를 들면 학교폭력 예방 프로그램이 해당된다. 품행장애라는 딱지나 낙인이 붙지 않는다는 점과 모든 청소년을 대상으로 할 수 있다는 장점이 있으나, 고비용에 비해 효용성이 낮다는 단점이 있다.

② 고위험군을 대상으로 한 표적예방 프로그램(targeted preventive intervention)

동성애자나 마약 사용자를 대상으로 한 에이즈 예방 프로그램과 같이 품행장애의 위험인자를 가지고 있는 청소년들을 대상으로 예방 프로그램을 시행하는 것이다. 매우 효과적일 수 있다는 장점이 있으나, 대상군을 잘못 선정할 가능성이 있고, 대상 청소년이 참여를 거부하거나, 대상 청소년과 가족에게 낙인이 찍히고, 일반인의 관심이 멀어질 위험성이 있다.

(3) 국외 품행장애 예방 프로그램 소개

① 태아/유아 사업(The Prenatal/Early Infancy Project, 1990)

저체중아와 미숙아의 발생을 예방하고 산모와 유아의 건강증진을 위해 노력하고 양육 기술을 향상시킬 목적으로 낮은 사회경제적 상태의 젊은 독신 어머니를 대상으로 실시하는 프로그램이다. 임신과 육아 기간 동안 간호사의 정기적인 가정 방문을 통하여 식이요법이나 위생관리를 도와주고, 음주와 흡연을 금지하며, 자녀를 양육하는 기술을 교육한다. 연구에 따르면, 프로그램에 참여하지 않는 집단과 비교해서 유아의 체중이 더 나가고, 아동 학대나 방임이 줄고, 어머니의 흡연이 감소하였다고 보고되기도 했다.

② 휴스턴 부모-아동발달센터(The Houston Parent-Child Development Center, 1990)

1세 된 자녀를 가진 사회경제적으로 취약한 부모를 대상으로 유아 행동 관리에 관한 교육, 양육에 대한 상담, 개인 상담, 사회적 지지를 제공하는 프로그램이다. 연구에 따르면, 2년간 정기적으로 제공한 후 초등학교 2, 3학년 때 아동에 대한 재평가를 시행하였는데, 이 프로그램에 참여한 부모의 아동들은 대조집단에 비해 학교에서 공격적 행동을 덜 보이고, 지능이 높았으며, 문제행동과 관련하여 서비스에 의뢰되는 경우가 적었다.

③ 학교 중재 프로그램

훈육에 문제를 보이고 학업성적이 낮은 6, 7학년 학생(우리나라의 경우 초등학교 6학년, 중학교 1학년)을 대상으로 실시하는 프로그램으로, 문제행동을 보이는 학생을 돕기 위한 교사들의 회의, 아동들 자신의 집단모임, 부모회의가 주된 내용으로 구성되어 있다. 연구에 따르면, 5년 후에 추적 조사한 결과는 대조집단에 비해 범죄 행동이 적고, 학교에서 문제가 적었으며, 약물남용이 적고, 취업 상태가 양호했다.

6) 품행장애의 조기중재

품행장애가 갖는 중증 및 전반적인 문제들은 조기중재와 예방의 노력을 필요로 한다. 품행장애의 가능성이 높은 아동에 대한 성공적인 예방중재는 조기판별, 모자 상호작용, 또래 상호작용, 다른 성인과의 상호작용 및 적절한 기술들을 가르치는 것 등의 다양한 내용들로서 중재하는 것을 필요로 한다. 효과적인 중재는 장기적이고 아동의 행동에 적합하게 개별화되어야 한다. 왜냐하면 단기적인 중재는 아동 행동에 있어서 즉각적 변화를 가져오기는 하지만, 그 변화는 시간이 경과됨에 따라 지속되기 어렵다. 학령 전 아동에게 중재에 적합한 환경을 조성하거나 아동의 인지와 행동기술을 가르치거나 일관성 있는 의사소통 기술을 습득하게 하는 것은 대단히 중요하다.

(1) 조기중재의 방법론적 고려사항들

위험 상황을 갖고 있는 유아들에 대한 예방연구에 있어서는 방법론적 시도가 많이 이루어지고 있다. 예를 들면, 신뢰할 수 있는 조기판별, 아동이 유발한 상황에 의해 스트레스를 받는 부모, 아동에게 적합한 인지적 · 발달적 · 실용적 중재 설계, 발달적 유지와 변화를 충분히 반영할 수 있는 결과 측정의 선택 등이다.

3세 이하 유아에 대한 판별의 결과에 대해서는 그다지 믿기 어렵다. 왜냐하면 품행장애의 전형적인 측정은 유아에게는 적용되지 않기 때문이다. 예를 들면, 3세에 문제행동을 보인다고 이야기한 어머니들의 많은 보고에서는 차후에 품행장애의 진단과는 거의 상관관계가 없었다(Campbell & Zwing, 1990). 물론 3세 유아의 경우에도 심각한 문제행동 양상을 나타내는 경우와 심각한 불순종을 나타내는 경우는 향후 어느 정도 문제행동을 예견할 수는 있다. 부모의 자녀양육 기술, 연령에 적합한 행동에 대한 지식 그리고 정상 발달에 있어서의 다양성은 아동의 행동에 대한 부모의 판단을 혼동시킬 경우도 있기 때문에 부모의 보고서가 조기판별에 충분한 기초가 되지는 않을 경우도 있지만, 대개 거의 모든 조기중재는 부모의 보고에 근거를 둔다. 적대적 행동이나 심각한 수준의 불순종을 유도해 내기 위해 설계된 구조적 상황에 그들의 부모나 다른 가족과 함께 아동을 관찰하는 것이 부모의 보고만을 신뢰하는 것에 대한 대안방법을 제공해 주기도 한다.

품행장애의 치료에 있어 부모의 참여는 필수적인 부분이다. 행동중재에 관한 여러 연구들은 위험한 아동보다 오히려 문제행동으로 판별된 아동을 대상으로 수행되었다. 더 나아가 많은 아동과 함께 하는 성공적 중재, 특히 부모가 참여하는 중재로 인해 많은 기술을 습득한다.

(2) 중재에 영향을 미치는 요인들

Kaiser와 Hester(1997)는 그들의 연구에서 품행장애 및 그와 관련된 행동들의 위험요인 모델을 제시하였다. 위험요인 모델은 환경적 스트레스, 부모의 성격, 아동의 특성 그리고 부모-아동 상호관계 패턴, 초기 아동기 발달에 관련된 모든 것이 차후 아동의 행동결과에 전조가 되는 위험이 높은 아동들이 나타낼 수 있는 행동을 종합적으로 제시해 주고 있다. 이 모델은 빈곤(뚜렷한 경제적 궁핍, 제한적인 교육 및 건강보건, 열악한 학교 환경, 가정 주위의 물리적 시설, 분명히 표현할 수 없는 그들 조건 내에서의 생활의 손상)과 관련된 환경적 자극원에 대한 설정에 기본이 된다. 이러한 자극원은 부모의 우울증 악화에 직접적으로 영향을 미치고, 아동의 빈약한 건강상태나 성장, 발달 그리고 태어나면서부터 부모-아동 상호관계에 영향을 미친다고 알려져 있다.

품행장애의 위험이 있는 아동의 부모가 갖는 역기능적 양육 방식과 사회적 의사소통 패턴 등이 아동의 행동에 영향을 미친다. 부모의 행동은 세밀함, 정서적인 온화함 그리고 아동과의 긍정적 연대를 포함한 것이어야 한다. 그러나 이러한 긍정적 행동들은 품행장애를 보이는 아동의 부모들에게서 비교적 낮은 비율로 나타나는 것으로 확인되었다. 부정적 행동들은 아동의 관리에 있어 처벌이나 가혹한 양육 방식, 부정적 행동에 대한 빈번한 주의, 긍정적 행동으로의 전환에 대한 실패, 아동의 행동을 세밀하게 관찰하는데 있어서의 어려움 등을 포함하고 있다. 이 위험률이 높은 집단의 부모들은 대개 부적절한 사회적 의사소통 기술과 아동의 언어발달을 지지하기 위한 전략의 미약함, 특히 아동에게 설명하는 데 있어서 언어의 융통성 있는 사용이 빈약하다.

위험률이 높은 환경에 있는 어린 아동들의 경우는 특별히 부모의 긍정적이거나 부정적인 행동패턴의 취약점을 설명하기보다는 오히려 행동적 특성과 학습이 존재한다고 가정된다. 특별히 어떤 아동의 특성(짧은 주의 폭, 과잉활동, 충동행동, 표현언어 사용에 있어서의 지체 등을 포함)이 분명히 적대적, 불순종, 반항적 행동을 나타내는 경우는 이러한 문제들을 관리하는 것이 대단히 어려울 수도 있다. 아동의 행동은 부모의 행동에 영향을 받으며, 부정적인 양육 형태는 초기 아동기의 행동패턴과 관련이 있다(Kerr & Nelson, 2010).

(3) 조기중재의 형태

위험요인에 대한 조기중재의 형태는, 더 나은 사회적 의사소통 기술 발달을 지원하고 아동의 행동을 관리하기 위해서 실시하는 아동의 부모에 대한 즉각적인 훈련, 아동에게 성인이나 동료와의 행동적, 사회적 및 의사소통 기술을 강화시켜 주기 위해서 가르치는 즉각적이고 직접적인 교육이나 지속적인 훈련 및 습득한 기술들을 유지할 수 있도록 해 주기 위한 지속적인 훈련과 지원(전환교육) 등으로 나누어서 고려할 수 있다.

① 부모관리 훈련

부모-자녀 상호작용을 향상시키기 위해 고안된 다양한 전략들은 조기중재에 관련된 많은 정보를 제공해 준다. **부모관리 훈련**(Parent Management Training: PMT)은 일반적으로 가장 널리 추천되는 품행장애를 위한 중재 중 하나인데, 이것은 치료자가 부모를 훈련시키며 가정에서 실시할 수 있는 적절한 절차를 제안한다. 이 행동관리 전략은 집단적으로나 혹은 개별적으로 교수할 수 있으며, 일반적으로 구두 지침, 코칭, 피드백을 부모와 아동의 상호작용하는 회기 동안 사용한다.

여러 연구들에서 부모관리 훈련을 통해 다양한 연령이나 여러 문제행동을 가진 아동의 행동에 상당한 단기 효과를 가져다준다고 밝히고 있다.

아동이 나타내는 의사소통기술을 지원하기 위한 부모교육을 위한 중재의 부모-아동 상호작용에 있어서의 향상은 조기 언어중재에 관련된 연구들에서 입증되고 있다.

② 직접적인 중재

연령이 높은 품행장애 아동을 위한 중재는 사회적 인지중재이지만, 4세 이하의 유아의 경우에는 사회적 의사소통 훈련, 행동관리 및 직접적인 중재를 통해 적절한 의사소통 행동과 또래들과의 상호작용을 통한 행동을 지원하는 것들이 그들의 행동 개선에 좀 더 발달적으로 적절한 접근방법이 되기도 한다. 놀이집단과 자유놀이 시기에 아동을 보호하고 교수하기 위한 내용을 학령기 이전에 제공해 주는 것으로는 사회적 의사소통 기술, 긍정적 사회행동 기술 및 또래들과 이러한 기술들을 연습하는 것 등을 포함한다.

취학 전 아동에게 사회적 상호작용 기술을 가르치는 중재전략에 대한 연구들은 비교적 폭넓게 연구되고 있다. 품행장애에 대한 예방이나 중재는 사회적·인지적 행동치료, 가족치료, 또래 및 학교 중심 프로그램, 지역사회 프로그램 등의 다양한 형태로 개발되고 적용되어 왔다. 그러나 그 효과성은 양적으로나 질적으로 아직 충분하게 연구되지는 못하였다. 품행장애와 관련된 연구들은 품행장애에 대한 보다 정확한 이해, 예방 및 치료 그리고 효과성 평가 등의 3가지 정도의 측면에서 균형 있게 이루어져야 한다.

③ 유지와 전환 지지

1980년대 후반부터 유치원이나 제한적인 취학 전 조기중재 환경에 놓여 있는 아동들의 전환교육(transition education)을 지원하기 위한 연구가 시도되고 있다. 전환교육 시에 받는 프로그램에 좀 더 성공적으로 참여하기 위해서는 아동과 가족 모두에게 체계적으로 계획하고 지원해야 한다.

몇몇 전환교육 계획에 관한 모델들은 위급한 기술들을 교수함에 있어서 아동 준비, 계획과정 내에서의 부모참여 및 스태프들의 참여를 강조하고 있다. 이러한 전환의 형태는 예방적 노력이 필수적이고, 높은 위험성을 가진 아동들을 위한 장기적 중재의 필요성이 요청된다.

품행장애의 예방은 충분히 가능하다는 마음가짐이 필요하다. 환경, 부모, 발달 변인 등의 원인으로 인해 위험이 높은 아동은 언어나 사회적 발달(예: 유치원 교육환경에서의 사회성 기술을 위한 효율적인 교육과정이나 행동관리)을 지원해 주는 일상적이고 낮은 수준의 중재를 목표로 할 수 있다. 부가적으로, 아동에게 있어서의 중재방법의 적용은 부모나 교사의 보고에 의한 위험요인의 파악, 조기에 의사소통의 지체나 문제행동의 전조를 통해서 계획을 수립할 수 있다. 부모관리 훈련이 비록 전문성을 요구한다 할지라도 그들 아동의 의사소통을 지원하고 행동의 효과적 관리를 위한 전략을 교육하는 것은 필수적이다. 결론적으로, 유치원이나 초등학교 저학년에 이르는 아동들을 지속적으로 판별하는 것은 예방적인 차원에서 대단히 중요하다. 그 이유는 학교 환경에서 의사소통에서의 문제나 행동의 결함은 아동에게 있어서 그 시기 동안에 성공해야 할 적절한 발달적 기술을 지원하는 데 중요한 영향을 미치며, 향후 청소년기나 성인기에 있어서도 지속적인 영향을 미칠 가능성이 많기 때문이다.

부모가 아동의 행동관리에 무능력할 때나 환경이 특별히 열악하거나 스트레스가 많을 경우에는 학령기 초기를 성공적으로 보내기 위해서는 아동에게 집중적인 학교중심 지원을 제공하는 것이 무엇보다도 필요하다.

2. 적대적 반항장애

1) 적대적 반항장애의 정의 및 진단기준

적대적 반항장애(oppositional defiant disorder)는 뚜렷하게 반항적이고 불복종적이고 도발적인 행동을 보이지만, 규칙을 어기거나 혹은 타인의 권리를 침해하는 반사회적 행동이나 공격적 행동이 두드러지지 않는 특징을 갖는다. 일부 학자들은 이를 품행장애와 질적으로 다른 장애가 아니라 품행장애의 가벼운 형태로 간주하기도 한다. 국제질병분류(International Classification of Diseases: ICD-10, WHO, 1992)에서는 적대적 반항장애를 품행장애의 한 아형으로 분류하지만(이근후, 1995), DSM-5(APA, 2013)에서는 품행장애와는 별개로 분류하고 있다(APA, 2013).

적대적 반항장애의 출현율은 1~11%이며, 평균 출현율은 약 3.3%로 추정된다(APA, 2013). 연령이나 성별에 따라 출현율이 다양한데, 청소년기 이전의 적대적 반항장애는 여아보다 남아에게서 다소 빈번하게 나타나는 경향이 있다(남아 : 여아=1.4 : 1).

품행장애와 달리 타인의 권리에 대해 중대한 침해가 없으면서, 따지고 말을 잘 안 듣

표 6-2 적대적 반항장애의 진단기준(DSM-5)

A. 분노/과민한 기분, 논쟁적/반항적 행동 또는 보복적인 양상이 적어도 6개월 이상 지속되고, 다음 중 적어도 4가지 이상의 증상이 존재한다. 이러한 증상은 형제나 자매가 아닌 적어도 1명 이상의 다른 사람과의 상호작용에서 나타나야 한다.

1. 분노/과민한 기분
   - 자주 욱하고 화를 냄
   - 자주 과민하고 쉽게 짜증을 냄
   - 자주 화를 내고 크게 분개함
2. 논쟁적/반항적 행동
   - 권위자와의 잦은 논쟁, 아동이나 청소년의 경우는 성인과 논쟁함
   - 자주 적극적으로 권위자의 요구나 규칙을 무시하거나 거절함
   - 자주 고의적으로 타인을 귀찮게 함
   - 자주 자신의 실수나 잘못된 행동을 남의 탓으로 돌림
3. 보복적 특성
   - 지난 6개월 안에 적어도 두 차례 이상 악의에 차 있거나 앙심을 품음

☞ 주의점: 진단에 부합하는 행동의 지속성 및 빈도는 정상 범위 내에 있는 행동과 구별되어야 한다. 다른 언급이 없다면, 5세 이하의 아동인 경우에는 최소한 6개월 동안 거의 매일 상기 행동이 나타나야 한다. 5세 이상의 아동인 경우에는 6개월 동안 일주일에 최소한 1회 이상 상기 행동이 나타나야 한다(진단기준 A8). 이런 빈도에 대한 기준은 증상을 기술하기 위한 최소 기준을 제공한 것일 뿐이며, 반항적 행동이 동일한 발달 수준에 있고 성별이나 문화적 배경이 같은 다른 사람들에게서 전형적으로 관찰되는 것보다 더 빈번하고 강도가 높은지와 같은 다른 요인들도 고려해야 한다.

B. 행동 장애가 개인 자신에게, 또는 자신에게 직접적으로 관련 있는 사회적 맥락(예: 가족, 또래집단, 동료) 내에 있는 상대방에게 고통을 주며, 그 결과 사회적, 학업적, 직업적 또는 다른 중요한 기능 영역에서 부정적인 영향을 준다.

C. 행동은 정신병적 장애, 물질사용장애, 우울장애 또는 양극성장애의 결과 중에만 국한에서 나타나지 않는다. 또한 파괴적 기분조절부전장애의 진단기준을 충족하지 않아야 한다.

☞ 현재의 심각도 명시할 것

경도: 증상이 한 가지 상황(예: 집, 학교, 직장, 또래 집단)에서만 나타나는 경우이다.

중등도: 증상이 적어도 2가지 상황에서 나타나는 경우이다.

고도: 증상이 3가지 이상의 상황에서 나타나는 경우이다.

는 행동이 특징적이다. 또한 뻔뻔하고 부정적이고 도발적이다. 이와 같은 행동은 특히 교사와 부모를 대상으로 나타내는 경우가 많고, 또래관계에서도 나타나기는 하지만 그 강도는 적다.

이들은 논쟁에서 자기학대적 태도를 취한다. 즉, 부모와의 논쟁에서 지거나 자존심이 손상될 때는 오히려 자기가 원하는 것을 기꺼이 포기해 버린다(예: "그래 그러면 내가 안 사면 그만이잖아."). 가벼운 정도의 수동-공격적이거나 비열한 행동을 하는 경우도 있지만, 때로는 지나치게 순종적이거나 완벽하게 행동하기도 한다.

적대적이고 반항적인 행동은 대부분이 부모나 교사의 권유에 의해 전문병원으로 의뢰된다. 아동들은 스스로는 잘못이 없고 타인(부모, 성인, 또래)의 탓으로 돌린다. 진단에서 가장 중요한 것은 지속적이라는 것이다. 빠르게는 '공포의 2세'라는 말이 있듯이 2~3세의 걸음마기 유아부터 청소년에 이르기까지 아주 폭 넓게 반항적 행동이 나타난다. 만일 이 시기라도 이러한 행동이 6개월 이상 지속적일 때는 진단을 내릴 수 있다(〈표 6-2〉 참조).

그 외에 품행장애나 기분장애와의 감별이 중요하고, 과잉행동장애의 동반 여부, 지적장애, 경계선 지능, 학습장애의 동반 여부 등의 감별이 중요하다.

2) 적대적 반항장애의 원인

발달학적 특성으로 보아 정상적인 적대행동은 18~24개월에 절정에 달한다. 이 시기의 유아는 자기주장을 고집하고 작은 일에도 화를 내고 성질을 부린다. 이런 자기주장과 타인에 대한 거부적 행동은 아주 어릴 때는 정상적으로 본다. 이런 과정을 거치면서 유아는 자율성, 주체성, 내적 기준과 자기조절을 확립해 나간다.

그러나 이런 행동이 연령이 높아져도 연장되어 발생되면 병적이 되는 것이다. 이런 아동은 체질적으로 또는 기질적으로 자기주장이 강하고, 좋아하는 것을 강하게 표현하고, 독단적인 성향이 있다. 부모가 자신의 필요에 의해 이들의 행동을 힘이나 권위로써 억제하려 하면 투쟁이 일어나고 적대적 반항장애가 발병하게 된다.

적대적 반항장애의 원인으로는 생물학적 원인과 환경적인 원인이 존재한다. 생물학적 원인으로는 부모 가운데 한쪽 부모가 반항장애 또는 기분장애, 품행장애, ADHD, 반사회적 성격장애 또는 물질 관련 장애를 겪었던 경험이 있었을 경우 그렇지 않은 경우에 비해 장애 발생률이 높다(김미경, 2008). 환경적인 원인으로는 부모가 자신의 필요에 의해 이들의 행동을 힘이나 권위로써 억제 하려 하면 투쟁이 일어나고 적대적 반항장애가 발병하게 된다. 또한 아동의 부적응적인 학교생활로 인한 학업 실패 및 사회적 고립을 경험함으로써 적대적 반항장애를 야기할 수 있다. 그러나 생물학적 원인, 환경적 원인 어느 한 가지의 원인이 장애 발생에 직접적인 영향을 미치는 것보다 대부분의 경우 다양한 요인이 복합적으로 작용하여 발생한다(Wicks-Nelson & Israel, 2015).

유전적 · 신경학적 · 기질적 요인도 관여되지만, 현재로는 심리사회적 기전이 중요한 것으로 알려져 있으며, 부적절한 훈육, 충동조절의 문제를 갖는 부모의 역할 모델에 따른 아동의 동일시, 부모의 부재 등이 그 원인으로 알려져 있다.

감별진단 발달단계의 특정 시기, 즉 어릴 때의 적대행동은 정상적이므로 구분되어야 한다. 스트레스가 심할 때 적대행동이 일시적으로 나타나는 경우가 있는데, 이때는 적응장애로 진단하여야 한다. 품행장애, 조현병, 기분장애의 경우에도 적대행동이 나타나는데, 이런 경우에는 적대적 반항장애로 진단하지는 않는다.

적대적이고 거부적인 행동은 ADHD, 인지장애, 지적장애의 경우에도 발현될 수 있는데, 이때는 문제행동의 심한 정도와 기간에 따라 적대적 반항장애의 진단을 내릴 수도 있다.

3) 적대적 반항장애의 임상 특징

적대적 반항장애의 경우, 흔히 성인과 논쟁을 하고 신경질을 부리고 쉽게 화를 낸다. 성인에게 복종하지 않고 규율을 따르지 않으며, 성인을 화나게 한다. 집에서나 서로 잘 아는 사람이나 친구들에게 그런 행동을 보이나 밖에서나 학교에서는 그렇지 않을 수도 있다. 따라서 진찰실에서는 장애가 보이지 않는 수가 있음을 유의해야 한다.

이러한 아동은 자신들의 문제행동을 정당화하려고 친구나 다른 사람을 곧잘 비난한다. 만성화하면 거의 대부분 대인관계에 있어서 많은 문제가 있어 친구도 없게 되고, 학교생활에 문제가 많이 생긴다.

적대적 반항장애의 증상들은 한 가지 상황에서만 제한적으로 나타날 수도 있으며, 가정 내에서만 문제를 보이는 경우가 가장 흔하다. 반항 행동은 형제자매 간에서 흔히 보일 수 있기 때문에 형제자매가 아닌 다른 사람들과의 상호작용에서도 나타나는지 확인할 필요가 있다(APA, 2013). 적대적 반항장애의 경우, 전형적으로 성인과의 상호작용이나 개인적으로 잘 아는 또래들과의 관계에서 그 증상들이 나타나는 경향이 있으므로, 임상 면담이나 검사 장면에서는 그 증상이 명확하게 파악되지 않을 수도 있으니 유의해야 한다(권준수 외, 2015).

이들의 지능은 정상이나 학업성적이 나쁜 경우가 많다. 대개 좌절해 있고 열등감이 있으며, 우울하고 참을성이 적다. 청소년기에는 술이나 정신활성물질(본드, 부탄가스 등)을 남용하기 쉽다. 또한 자주 행동장애나 기분장애로 발전되기도 한다.

4) 적대적 반항장애의 경과 및 예후

적대적 반항장애의 경과와 예후는 여러 가지 변수, 즉 병의 심한 정도와 지속 기간, 품행장애, 학습장애, 기분장애, 물질관련장애(Substance-Related Disorders) 등과 같은 질환의 공존 여부 및 가족관계에 따라 다양하다.

적대적 반항장애 환자의 약 1/4 정도는 예후가 좋아서 수년 내에 호전되기도 한다. 증상이 그대로 유지되고 다른 사람의 권리를 침해하는 품행장애로 이행되는 경우에는 그 예후가 상당히 좋지 않다.

5) 적대적 반항장애의 중재

개인 정신치료를 우선 시행한다. 의사는 아동과의 좋은 치료관계를 통해 아동이 자기행동의 파괴성과 위험을 이해하고 자존심을 회복하여 외부로부터의 지배에 대해 자동적인 방어를 할 필요가 없음을 알게 하고 독립과 새로운 적응기술을 습득하도록 도와준다.

또한 행동중재를 통해 문제행동은 무시하고 바람직한 행동은 선택적으로 칭찬하고 격려하고 강화한다. 그리고 부모에게는 이런 방법으로 문제행동을 개선시킬 수 있음을 교육시키고, 아동을 다루는 기술에 대해 부모와 상담하고 지도하여야 한다.

학습과제

1. 품행장애의 정의 및 하위 유형별 특성을 설명하시오.
2. 품행장애와 관련된 위험요소들에 대해 설명하시오.
3. 품행장애와 성인기의 반사회적 행동 간의 관계에 대해 설명하시오.
4. 품행장애의 중재방법 중 아동 · 청소년에 초점을 둔 중재방법에 대해 설명하시오.
5. 품행장애의 중재방법 중 가족에 초점을 둔 중재방법에 대해 설명하시오.
6. 품행장애의 중재방법 중 학교 및 지역사회에서의 중재방법에 대해 설명하시오.
7. 품행장애의 위험인자에 대해 설명하시오.
8. 품행장애에 대한 조기중재의 형태에 대해 설명하시오.
9. 적대적 반항장애의 정의 및 진단기준에 대해 설명하시오.
10. 적대적 반항장애의 원인에 대해 설명하시오.
11. 적대적 반항장애의 임상 특징에 대해 설명하시오.

제 7 장

불안 · 섭식 · 배설 장애

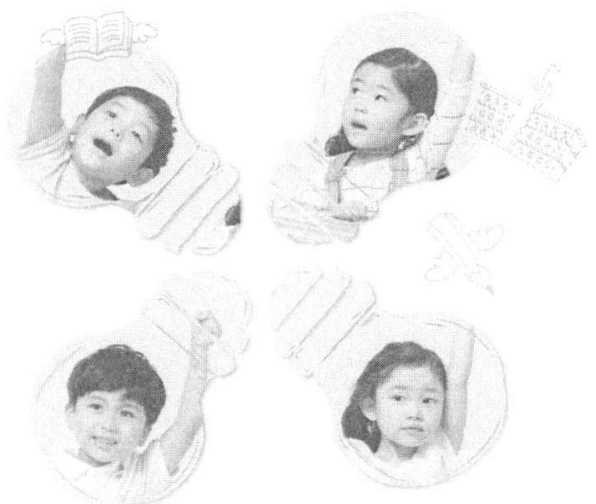

학 습 목 표

1. 불안장애의 유형, 진단기준, 원인 및 중재방법을 설명할 수 있다.
2. 섭식장애의 유형, 진단기준, 원인 및 중재방법을 설명할 수 있다.
3. 배설장애의 유형, 진단기준, 원인 및 중재방법을 설명할 수 있다.

1. 불안장애

불안장애(anxiety disorder)는 아동과 청소년들의 가장 흔한 심리 및 정신건강 문제이다(Gelfand & Drew, 2003). 아동은 흔히 정상적인 성장과정에서도 공포, 걱정, 불안, 수줍음 등을 일시적으로 경험한다. 그러나 심한 불안 때문에 고통을 받고 있는 아동은 학교나 교우관계 및 자유활동 등을 회피함으로써 자신의 삶에 지속적으로 부정적인 영향을 미치게 된다(Jensen, 2005).

심리학과 의학에서 아동의 두려움에 대한 연구는 오랫동안 많이 이루어져 왔지만, 아동의 불안장애에 대한 체계적인 연구는 비교적 최근에 이루어졌다. 흔히 아동의 불안은 가볍고 일시적인 장애로 간주되어 왔다. 정상적인 생활 경험에서 초래된 일시적 괴로움은 시간이 지나면 사라진다고들 한다. 이러한 일반적인 생각과 달리, 정도의 차이는 있지만 불안장애가 있는 많은 아동은 청소년기와 성인기에도 지속적인 적응상의 문제를 보이곤 한다. 아동과 청소년 중에는 고소공포증, 발표불안, 신체적 호소 등 다양한 불안 증상을 보이는 이들이 있는데, 이는 학업 수행이나 사회적 기능과 같은 여러 가지 심리사회적 측면에 부정적인 영향을 미친다. 불안장애는 아동기와 청소년기에 일찍 시작되어 성인기까지 이어지고 시간의 경과에 따라 악화될 수 있으며 우울증까지 유발할 가능성이 있기 때문에 조기 발견하여 중재하는 것이 중요하다.

1) 불안의 정의와 분류

(1) 불안의 정의

불안 또는 공포에 대한 정의는 일반적으로 의견이 일치하고 있다. 보통 불안 또는 공포는 지각된 위협에 대해 3가지 유형의 복잡한 양상으로 나타난다(Barrios & O'Dell, 1998). 이 3가지 양상에는 외현적 행동 반응(행동체계: 도망치기, 떨리는 목소리, 눈감기), 생리적 반응(신체: 심장박동 및 호흡의 변화, 근육 긴장, 복통) 그리고 주관적 반응(인지: 무섭다는 생각, 자신을 비난하는 생각, 신체 위험에 대한 심상)이 포함된다(Wicks-Nelson & Allen, 2003). 이들 중 한두 가지는 불안장애를 가진 여러 아동들에게서 명백히 나타나기 때문에 증상의 3가지 범주 또는 그에 따르는 반응 양상을 이해하는 것이 필수적이다.

불안 관련 용어들 간에는 개념상 차이가 있다. 먼저, **공포**(fear)는 현재 일어나고 있는 실제적으로 지각된 위험에 대한 강한 정서적 반응으로 회피나 도피를 유발한다. 다음으로, **공황**(panic)은 극도의 두려움이나 테러에 갑작스럽게 압도되는 상태를 말하고, 마지막으로 **불안**(anxiety)은 미래에 발생할지도 모르는 나쁜 사건에 대한 걱정이 두드러지며 더 지속적인 특징이 있다(Gelfand & Drew, 2003).

공포는 연령이 증가하면서 약간 감소하기는 하지만, 학교와 관련된 공포는 꾸준히 남아 있고 사회적인 공포는 오히려 증가한다. 유아와 아동 및 청소년의 가장 일반적인 공포의 시기와 유형이 〈표 7-1〉에 제시되어 있다. 보편적으로 어린 아동은 나이 든 아동보다 어둠을 더 무서워하는 경향이 있고, 나이 든 아동은 어린 아동보다 죽음을 더 두려워하는 경향이 있다. 죽음이라는 것이 피할 수 없는 상황이라는 것을 아직 어린 아동은 이해하지 못한다. 일반적으로 유아는 양육자에 대한 상실과 큰 소음을 두려워한다. 낯선 사람에 대한 공포는 생후 7~12개월에 시작되며 대개는 2~3세까지 계속된다. 부모로부터 떨어지는 공포는 12개월에서 시작되어 7~8세까지 지속된다. 학령 전 아동의 일반적인 공포는 어둠, 작은 동물, 상상 동물, 거대한 물체, 환경 변화, 혼자 자는 것 등이다. 좀 더 나이 든 아동은 사회적 상황, 시험, 폭탄, 유괴, 상처, 질병, 죽음 등을 두려워한다. 청소년은 여러 사회적 공포를 가지고 있는데 대부분은 가볍고 일시

표 7-1 아동 및 청소년의 일반적인 공포와 걱정

연령	공포와 걱정의 유형
0~6개월	지지의 상실, 큰 소음
7~12개월	낯선 사람
1세	부모로부터의 분리, 상처, 화장실 문제, 낯선 사람
2세	큰 소음, 동물(특히, 개), 어두운 방, 부모로부터 분리
3세	어둠, 동물, 부모로부터의 분리
4세	부모로부터의 분리, 어둠, 소음
5세	동물, 어둠, 부모로부터의 분리, 신체 상처
6세	유령(귀신), 신체 상처, 천둥과 번개, 어둠, 부모로부터의 분리
7~8세	유령(귀신), 어둠, 무당, 혼자 있는 것, 신체 상처, 부모로부터의 분리
9~12세	학교 시험, 학교 성적, 신체 손상 또는 상처, 외모, 천둥과 번개, 죽음
청소년기	인간관계, 외모, 학교, 미래, 동물, 초자연적인 현상, 자연재해

적이다(조현춘, 송영혜, 조현재, 2001 재인용).

(2) 불안의 분류

불안의 범주는 신체적/공황(somatic/panic), 일반 불안(general anxiety), 분리불안(separation anxiety), 사회공포증(social phobia), 학교공포증(school phobia)의 5가지로 분류될 수 있는데, 그 증상은 〈표 7-2〉에 제시되어 있다.

일부 아동은 분리에 대한 극도의 반응, 사회적 회피, 일반화된 걱정과 같이 뚜렷하고 지속적인 불안의 형태를 보이게 되는데, 이를 불안장애라고 한다. 불안장애는 불안이라는 주관적인 경험이 명백하게 존재할 때 진단이 이루어진다. 한 종류의 불안장애를 가진 사람이 또 다른 유형의 불안장애를 가질 수 있는데, 이를 **공존병인**(comorbidity) 현상

표 7-2 불안 범주와 그 증상

불안 범주	증상
신체적/공황	• 신경이 예민하다. • 놀랐을 때 그 일을 현실 같이 느끼지 않는다. • 심장박동이 빠르고 잘 떤다. • 이유 없이 잘 놀란다. • 당황하였을 때는 숨을 쉬기가 어렵다.
일반 불안	• 다른 사람들이 나를 좋아할 것인지를 걱정한다. • 자신을 포함하여 다른 것들에 대해서도 걱정을 한다. • 걱정이 너무 많다. • 미래 및 과거의 지나간 일에 대해서도 걱정한다.
분리불안	• 집에서 부모와 떨어져 잘 때 두렵다. • 어디에 가더라도 부모를 따라간다. • 나쁜 일이 일어나는 악몽을 꾼다. • 집에 혼자 있는 것을 두려워한다.
사회공포증	• 낯선 사람들과 함께 있는 것을 좋아하지 않는다. • 모르는 사람들과 함께 있으면 신경이 예민해진다. • 사람들에게 모르는 것을 이야기하기가 어렵다. • 잘 모르는 사람들과 이야기하는 것을 부끄러워한다.
학교공포증	• 학교에 있으면 머리가 아프다. • 학교에 갈 시간이 되면 배가 아프다. • 학교에 가는 것이 걱정스럽다. • 학교에 하루 종일 머무르기가 어렵다.

이라고 부른다.

2) 불안장애의 유형

DSM-5에서는 아동의 반응과 회피의 원인을 정의하는 범주로 불안장애를 구분하고 있는데, 이러한 범주는 요인분석 연구에서 나타난 불안의 몇몇 범주를 반영하고 있다. DSM-5에서는 아동 및 청소년이 보일 수 있는 불안장애를 7개 유형으로 분류하고 있다(American Psychiatric Association, 2013). 각 불안장애의 유형과 주요 특징이 〈표 7-3〉에 제시되어 있다.

표 7-3 불안장애의 7개 유형과 주요 특징

유형	주요 특징
분리불안장애	• 부모와의 분리, 집에서 떨어지는 것에 대한 부적절하고 과도한 불안 • 만성적 또는 과장된 걱정과 긴장
선택적 함구증	• 사회적 관계에서 먼저 말을 꺼내지 못하거나 대답하지 못함 • 높은 수준의 사회불안을 나타냄 • 학교에서 읽기능력의 평가가 어려움
특정 공포증	• 위험이 거의 없거나 전혀 없는 특정 대상 또는 상황에 대한 극도의 무력한 공포 • 공포에는 동물, 높은 곳, 주사 등이 포함됨
사회불안장애	• 관심의 초점 또는 꼬치꼬치 따지는 것 • 아주 굴욕적인 어떤 것을 할 때 따르는 공포
공황장애	• 계속적으로 압도되는 공포 • 예고 없는 공황발작(panic attack)
광장공포증	• 공황발작 상황에서 도주하기 어려운(또는 압도하는) 불안 • 도움을 이용할 수 없는 상황이나 장소에 대한 불안 • 흔한 상황은 집 밖이나 도는 대중이 붐비는 장소
범불안장애	• 실제와는 달리 거의 재난을 끊임없이 예견하는 것(염려스러운 기대) • 걱정은 떨림, 근육긴장, 두통과 메스꺼움과 같은 신체증상 동반

(1) 분리불안장애

① 분리불안장애

분리불안장애(separation anxiety disorder)의 기본 진단 특징은 집이나 애착 대상과 분리될 때 과도하게 나타나는 불안이다. 분리에 대한 불안은 아동의 연령과 발달 수준에 비추어 부적절하고 적어도 4주 이상 지속되어야 한다. 분리불안장애 아동은 애착 대상과 분리되어 있을 때 애착 대상이 어디에 있는지 알고 싶어 하고 그들과 접촉하기(예: 전화)를 원한다. 일부는 집에서 떨어져 있을 때 고통스러울 정도로 심한 향수병과 불편감을 느끼며, 집에 돌아가기를 갈망하고 재결합의 환상에 사로잡히기도 한다. 주된 애착 대상과 분리되어 있으면, 애착 대상이나 자신에게 사고나 질병이 생기지 않을까 하는 두려움에 사로잡히기도 한다. 이런 아동은 부모를 잃고 재결합하지 못할 것이라는 두려움을 나타내기도 한다. 또 이들은 집이나 친근한 장소에서 멀리 떠나 독자적으로 여행하는 것을 불편해하고, 어떤 장소에 혼자 가는 것을 회피하며, 학교가기, 야영하기, 친구 집을 방문하거나 친구 집에서 잠자기, 심부름 가기를 싫어하거나 거절한다. 이런 아동은 방에 혼자 남아 있을 수 없고, 부모를 '붙들고 매달리는' 행동을 보이며, 항상 집 주변에서 부모와 가까이 있으려 하고, '그림자'처럼 따라다니려 한다. 그뿐 아니라 아동이 두려워하는 내용(예: 방화, 살인에 의한 가정 파괴 또는 큰 재해)이 표현되는 악몽을 꾸기도 하고, 분리되거나 분리가 예상될 때 복통, 두통, 오심, 구토 같은 신체 증상이 흔히 나타난다. DSM-5의 분리불안장애 진단기준은 〈표 7-4〉와 같다.

분리불안장애 아동의 관련 특징을 살펴보면 대부분 매우 밀착된 가족관계 속에서 성장한다. 집이나 주요 애착 대상으로부터 분리될 때 이들은 사회적 위축, 무감동, 슬픔을 보이고, 과제와 놀이에 집중하지 못한다. 아동의 연령에 따라 동물, 괴물, 어둠, 폭력, 강도, 유괴범, 자동차나 비행기 사고, 가족이나 자기 신변에 위험을 줄 수 있는 상황에 두려움을 느낀다. 죽음이나 죽는 것에 대한 걱정이 흔하며, 학교 가기를 거부하여 학업장애와 사회적 고립이 초래되기도 한다. 어느 누구도 자신을 사랑하지 않고 돌보아 주지 않는다고 호소하고, 남들이 자신이 죽기를 바라고 있다고 불평하기도 한다. 분리가 예상되어 기분이 상할 때는 화를 내거나 때로는 분리를 강요하는 사람을 구타하기도 한다. 혼자 있을 때(특히, 밤에) 어린 아동은 일상적이지 않은 지각 경험(예: 누가 자기 방을 훔쳐본다, 무서운 형체가 자기에게 다가온다, 누군가가 자신을 주시하고 있다 등의

표 7-4 분리불안장애의 진단기준(DSM-5)

A. 애착 대상과의 분리에 대한 공포나 불안이 발달 수준에 비추어 볼 때 부적절하고 지나친 정도로 발생한다. 다음 중 3가지 이상이 나타나야 한다.
  1. 집 또는 주 애착 대상과 떨어져야 할 때 과도한 고통을 반복적으로 겪음
  2. 주 애착 대상을 잃거나 질병이나 부상, 재앙 혹은 죽음 같은 해로운 일들이 그에게 일어날 것이라고 지속적으로 과도하게 걱정함
  3. 곤란한 일(예: 길을 잃거나, 납치당하거나, 사고를 당하거나, 아프게 되는 것)이 발생하여 주 애착 대상과 떨어지게 될 것이라고 지속적으로 과도하게 걱정함
  4. 분리에 대한 공포 때문에 집을 떠나 학교, 직장 혹은 다른 장소로 외출하는 것을 지속적으로 거부하거나 거절함
  5. 집이나 다른 장소에서 주 애착 대상 없이 있거나 혼자 있는 것에 대해 지속적으로 과도하게 두려워하거나 거부함
  6. 집에서 떠나 잠을 자는 것이나 주 애착 대상 곁이 아닌 곳에서 자는 것을 지속적으로 과도하게 거부하거나 거절함
  7. 분리 주제와 연관된 반복적인 악몸을 꿈
  8. 주 애착 대상과 떨어져야 할 때 신체 증상을 반복적으로 호소함(예: 두통, 복통, 오심, 구토)

B. 공포, 불안, 회피 반응이 아동 · 청소년에서는 최소한 4주 이상, 성인에서는 전형적으로 6개월 이상 지속되어야 한다.

C. 장애가 사회적, 직업적 또는 다른 중요한 기능 영역에서 임상적으로 현저한 고통이나 손상을 초래한다.

D. 장애가 다른 정신질환으로 더 잘 설명되지 않는다. 예를 들어, 자폐증에서 변화에 대한 저항으로 인해 집 밖에 나가는 것을 회피하는 것, 정신병적 장애에서 분리에 대한 망상이나 환각이 있는 경우, 광장공포증으로 인해 믿을 만한 동반자 없이는 밖에 나가기를 거부하는 경우, 범불안장애에서 건강 문제나 다른 해로운 일이 중요한 대상에게 생길까 봐 걱정하는 것, 질병불안장애에서 질병이 발생할까 봐 걱정하는 것 등이다.

느낌)을 보고하기도 한다. 이런 장애 아동은 지나치게 요구하고 강요하고 지속적인 관심을 요구한다. 과도한 요구는 양육상의 좌절의 원인이 되고, 이로 인해 가족 내에 분노와 갈등을 일으킨다. 때로 이들은 지나치게 양심적이고 복종적이며 다른 사람을 기쁘게 해 주려고 한다. 이들은 신체 증상을 호소하여 신체검사와 내과적인 처치를 받게 되기도 한다.

분리불안장애는 스트레스(예: 친척이나 애완동물의 죽음, 아동이나 친척의 질병, 전학, 새로운 곳으로의 이사, 이민) 후에 발생할 수 있으며, 12세 미만 아동에서 가장 흔한 불안장애이다. 아동기나 청소년기 그리고 성인기로 가면서 유병률이 감소한다. 전형적으

로 악화와 호전 기간이 반복된다. 어떤 경우에는 분리 가능성에 대한 불안, 분리되어야 하는 상황(예: 대학 진학)에 대한 회피가 몇 년 동안 지속될 수 있다. 그러나 대다수의 분리불안장애 아동들은 나중에 불안장애를 보이지 않는다.

② 등교거부와 학교공포증

어떤 아동은 학교에 가는 날 아침에 식탁 앞에서 창백하면서도 조용히 앉아 있고, 눈에는 눈물이 차 있으며, 숟가락은 밥그릇 주위를 맴돌고 있다. 부모의 회유에 아동이 숟가락 가득히 밥을 떠서 먹거나 우유를 한 잔 가득 부어 마시는 것은 아주 힘든 일이다. 곧 토하거나 배변을 위해 화장실에 가야 한다고 말한다. 학교 버스를 타야 하는 시간이 가까워질수록 점차 흥분하고 애원하며 울고 어머니를 비난하기도 한다. 그러한 행동을 꾀병 부리거나 주의를 끌기 위한 것으로 오해해서는 안 된다. 이는 강한 공포로 나타나는 행동적 · 생리적 특징이다. 그러나 집에 머무르도록 허용한다면 아동은 안심하고 일상적인 활동으로 돌아갈 것이다.

이런 증상은 '등교거부(school refusal)' 혹은 '학교공포증(school phobia)'이라 불린다. 이는 학교 환경의 어떤 측면에 대한 공포나 보호자로부터의 분리에 대한 불안에 기인할 수 있다. 이 중 전자에 해당하는 것이 엄밀한 의미의 '학교공포증'이고, 후자에 해당하는 것이 '분리불안장애'의 특수한 형태라 볼 수 있다. 즉, 자기가 없을 때 어머니에게 어떤 해가 일어나지 않을까 하는 두려움 때문에 학교 가기를 꺼려할 수 있다.

어린 시절 숙제를 안 했다거나 교사에게 꾸중 들을 것이 걱정이 되어 학교에 가기가 싫었는데 갑자기 배가 아픈 것처럼 느껴지는 경우를 흔히 경험했을 것이다. 이때 실제로 배가 아픈 경우도 있고 아픈 것처럼 느끼는 경우도 있다. 그런데 이런 증상이 심각해서 학교에 가는 것을 두려워하며 아침식사 시간에 메스꺼움, 복통 그리고 다른 신체 증상으로 고통을 받다가도, 학교에 가지 말고 집에 있어도 좋다는 허락을 받으면 증상이 곧 없어지는 경우가 있다. 청소년기에 들어와서는 '학교에 가기 싫다.'는 직접적인 표현보다 집에서는 학교에 간다고 하고 다른 곳에서 시간을 보내거나 비슷한 또래들과 어울려 폭력이나 비행에 빠지기도 하고 심하면 가출까지 하는 경우도 있다. 어떤 청소년은 또래들로부터 따돌림을 당하기도 하고, 개인적 문제나 학교 성적과 관련해서 스트레스를 받기도 하는데, 이는 신체적으로 급격한 변화와 자아가 발달되는 민감한 시기에 있는 청소년의 성격 형성과 학교 및 사회생활 전반에 영향을 미칠 수 있다.

특히, 새로운 환경에 대한 경험과 이해가 부족할 뿐 아니라 대처능력이 부족한 아동으로서는 학교생활에 거는 기대감보다 무서움과 두려움을 더 많이 느끼게 된다. 이 같은 우려를 씻고 아동이 새로운 환경에 잘 적응하도록 하기 위해서는 미리 아동의 정신건강 상태를 살피고 심리적으로 안정할 수 있도록 도와주어야 한다. 아동이 이런 행동을 보이기 시작하면 주의 깊게 관찰해 보는 것이 좋다. 처음에는 별일이 아닐 거라 생각하고 넘기기 쉽겠지만, 시간이 가고 문제가 쌓이게 되면 증세가 심해지며 또 다른 문제를 파생시킬 수 있기 때문이다.

(2) 선택적 함구증

선택적 함구증(selective mutism) 아동은 집에서나 다른 장면에서는 큰 소리로 자주 이야기하지만 사회적 상황에서는 이야기를 하지 못한다. 선택적 함구증은 비교적 드문 장애로 어린 아동에게서 더 많이 발생하며 DSM-5에 보고된 유병률은 0.03~1%이다. 주로 5세 이전에 발병하는데, 사회적 관계가 증가하는 학교생활 전까지는 발견이 되지 않을 수도 있다. 흔히 사회불안장애가 동반되며, 선택적 함구증이 극복되더라도 사회공포증 증상이 남을 수 있다. 환경적으로는 부모의 억제와 과잉보호적이고 지시적인 태도가 원인으로 작용할 수 있다.

선택적 함구증의 필수 증상은 다른 상황에서는 말을 잘함에도 불구하고 말을 해야 하는 **특정한 사회적 상황**(예: 학교, 놀이 친구와 함께 있을 때)에서는 말을 하지 않는 것이다. 이 문제가 교육 혹은 직업 성취나 사회적 의사소통을 저해하며, 적어도 1개월 이상 지속되고 입학 후 초기 1개월(많은 아동이 말하기 어려워하고 부끄러워하는 기간)에만 국한되지 않아야 한다.

이런 장애 아동은 표준말로 의사표현을 하지 않고 몸짓, 고개 끄덕이기, 머리 흔들기, 몸 잡아당기기, 밀치기 등으로, 어떤 경우에는 단음절의 짧고 일정한 목소리로, 어떤 경우에는 변경된 목소리로 의사표현을 한다. 선택적 함구증에 수반되는 특징으로는 심한 부끄러움, 사회적인 어려운 상황에 대한 두려움, 사회적 위축, 매달림, 강박적 특성, 거절증, 울화, 통제하거나 반항하는 행동(특히, 집에서)이 있다. 또한 사회 및 학업 기능에 심한 손상이 초래되기도 하며, 또래들에 의해 놀림당하고 희생양이 되는 경우가 흔하다. 일반적으로 이런 장애 아동은 정상 언어기술을 지니고 있으나, 때로는 의사소통장애(예: 음성학적 장애, 표현성 언어장애, 수용-표현 혼합형 언어장애)나 조음에

표 7-5 선택적 함구증의 진단기준(DSM-5)

A. 다른 상황에서는 말을 할 수 있음에도 불구하고 말을 해야 하는 특정 사회적 상황(예: 학교)에서 일관되게 말을 하지 않는다.
B. 장애가 학습이나 직업상의 성취 혹은 사회적 소통을 방해한다.
C. 이러한 증상이 최소 1개월 이상 지속된다(학교생활의 첫 1개월에만 국한되지 않는 경우).
D. 사회적 상황에서 필요한 말에 대한 지식이 부족하거나, 언어가 익숙하지 않은 것으로 인해 말을 하지 않는 것이 아니다.
E. 장애가 의사소통장애(예: 아동기 발병 유창성장애)로 더 잘 설명되지 않고, 자폐스펙트럼장애, 조현병 또는 다른 정신병적 장애의 경과 중에만 발생되지는 않는다.

이상을 일으키는 의학적 상태를 수반하기도 한다. DSM-5의 선택적 함구증 진단기준은 〈표 7-5〉와 같다. 선택적 함구증의 원인 및 중재 등의 세부 사항은 제9장에서 다루어질 것이다.

(3) 특정 공포증

전에는 단순 공포증으로 불리던 **특정 공포증**(specific phobia)은 다른 사람들 앞에서 당황하거나 수행하는 상황에 대한 두려움으로 특징되는 사회공포증과는 달리, 대상이나 상황에 대해 현저하며 지속적인 공포를 갖는 것을 말한다. 아동기에 흔히 나타나는 공포증은 주로 높은 장소, 어둠, 천둥과 같은 큰 소리, 주사, 벌레, 개, 작은 동물 등을 포함한다. 학교공포증도 아동기에 흔하기는 하지만, 정확한 진단 및 치료계획을 위해서는 등교를 거부하는 행동에 대한 기본적인 동기를 파악해야 한다. 진단을 받으려면 공포가 6개월 이상 지속되어야 하고 기능상의 현저한 장애나 스트레스가 유발되어야 한다. DSM-5의 특정 공포증 진단기준은 〈표 7-6〉과 같다.

아동의 공포증 반응은 불안의 3가지 측면, 즉 인지적 · 행동적 · 생리적 측면에서 나타난다. 공포증 아동의 인지는 공포자극에 노출됨과 동시에 어떤 끔찍한 일이 일어날 거라고 예측하는 것으로 특징지어진다. 또한 이로 인해 걱정 근심이 많고 항상 공포자극에 대해 경계하는 행동을 보이며, 심장박동이 빨라진다거나 땀을 흘린다거나 손 또는 몸을 떤다거나 위장에 탈이 나는 등 생리적 증상을 나타낸다. 특정 공포증의 유형에는 동물형, 자연환경형(예: 고공, 폭풍, 물), 혈액-주사 손상형, 상황형(예: 비행기/엘리베이터 타기, 폐쇄된 장소), 기타형(예: 큰 소리, 전설적 인물과 같은 자극) 등이 있다.

표 7-6 특정 공포증의 진단기준(DSM-5)

A. 특정 대상이나 상황에 대해서 극심한 공포나 불안이 유발된다(예: 비행기 타기, 고공, 동물, 주사 맞기, 피를 봄).
☞ 주의점: 아이들의 경우 공포나 불안은 울기, 발작, 얼어붙거나 매달리는 것으로 표현될 수 있다.
B. 공포 대상이나 상황은 대부분의 경우 즉각적인 공포나 불안을 유발한다.
C. 공포 대상이나 상황을 회피하거나 아주 극심한 공포나 불안을 지닌 채 참아낸다.
D. 공포나 불안이 특정 대상이나 상황이 줄 수 있는 실제 위험에 대한 것보다 극심하며 사회문화적 맥락에서 통상적으로 받아들여지는 것보다 심하다.
E. 공포, 불안, 회피 반응은 전형적으로 6개월 이상 지속된다.
F. 공포, 불안, 회피는 사회적, 직업적 또는 다른 중요한 기능 영역에서 임상적으로 현저한 고통이나 손상을 초래한다.
G. 장애가 다른 정신질환으로 더 잘 설명되지 않는다. 공포, 불안, 회피가 광장공포증에서 공황 유사 증상이나 다른 당황스러운 증상들과 관련된 상황, 강박장애에서 강박 사고와 연관된 대상이나 상황, 외상 후 스트레스 장애에서 외상 사건을 상기시키는 것, 분리불안장애에서 집이나 애착 대상으로부터 분리되는 것, 사회불안장애에서의 사회 상황과 연관된 경우가 아니어야 한다.
☞ 다음의 경우 명시할 것
-공포자극을 기준으로 한 부호화
: 동물형(예: 거미, 곤충, 개)
: 자연환경형(예: 고공, 폭풍, 물)
: 혈액-주사-손상형(예: 바늘, 침투적인 의학적 시술)
: 상황형(예: 비행기, 엘리베이터, 밀폐된 장소)
: 기타형[예, 질식, 구토를 유발하는 상황. 아이들의 경우, 예를 들면 큰 소리나 가장 인물들(가장 캐릭터)]

일부 아동은 특정 공포를 갖고 있고 그것이 10세까지 빨리 발달했다가 차츰 사라지게 된다. 그러나 만약 아동의 공포가 연령에 부적절하게 시작되었거나 비합리적이거나 과장해서 지속될 때에는 사건이나 사물의 회피를 가져오고 정상적인 생활에 지장을 초래하는데, 이를 **공포증**(phobia)이라고 부른다. 특정 공포증을 가지고 있는 아동은 사물이나 상황을 둘러싸고 있는 확실히 식별할 수 있는 뚜렷하고 지속적인 공포를 보인다. 특정 공포증을 가지고 있는 아동은 위험이나 위협이 거의 없는 어떤 것에 대해서도 극도의 통제할 수 없는 공포를 나타내고, 그러한 사물이나 상황을 항상 경계하는 것처럼 보인다. 예를 들면, 천둥과 번개를 두려워하는 아동은 집을 나서기 전에 일기예보를 확인하거나 하늘을 바라보기도 한다. 개를 무서워하는 아동은 담장 안 우리 속에 있는 개를 피하기 위해 상당히 먼 길을 돌아가기도 한다. 단순 공포증 아동은 심장박동이 빨라지거나, 땀을 흘리거나, 숨이 차거나, 손이나 몸을 떨거나, 위장에 탈이 나는 등 공황반응과 일치하는 생리적 증상을 보이기도 한다.

(4) 사회불안장애(사회공포증)

사회불안장애(사회공포증)[social anxiety disorder(social phobia)]란 관찰되거나 당황스러운 장면에 노출되면 성인과 또래와의 사회적 또는 수행 상황에서 현저하고 지속

표 7-7 사회불안장애(사회공포증)의 진단기준(DSM-5)

A. 타인에게 면밀하게 관찰될 수 있는 하나 이상의 사회적 상황에 노출되는 것을 극도로 두려워하거나 불안해한다. 그러한 상황의 예로는 사회적 관계(예: 대화를 하거나 낯선 사람을 만나는 것), 관찰되는 것(예: 음식을 먹거나 마시는 자리), 다른 사람들 앞에서 수행을 하는 것(예: 연설)을 들 수 있다.

☞ 주의점: 아동에서는 성인과의 관계가 아니라 아동 집단 내에서 불안해할 때만 진단해야 한다.

B. 다른 사람들에게 부정적으로 평가되는 방향(수치스럽거나 당황한 것으로 보임, 다른 사람을 거부하거나 공격하는 것으로 보임)으로 행동하거나 불안 증상을 보일까 봐 두려워한다.

C. 이러한 사회적 상황이 거의 항상 공포나 불안을 일으킨다.

☞ 주의점: 아동의 경우 공포와 불안은 울음, 분노발작, 얼어붙음, 매달리기, 움츠러듦 혹은 사회적 상황에서 말을 하지 못하는 것으로 표현될 수 있다.

D. 이러한 사회적 상황을 회피하거나 극심한 공포와 불안 속에 견딘다.

E. 이러한 불안과 공포는 실제 사회 상황이나 사회문화적 맥락에서 볼 때 실제 위험에 비해 비정상적으로 극심하다.

F. 공포, 불안, 회피는 전형적으로 6개월 이상 지속되어야 한다.

G. 공포, 불안, 회피는 사회적, 직업적 또는 다른 중요한 기능 영역에서 임상적으로 현저한 고통이나 손상을 초래한다.

H. 공포, 불안, 회피는 물질(예: 남용약물, 치료약물)의 생리적 효과나 다른 의학적 상태로 인한 것이 아니다.

I. 공포, 불안, 회피는 공황장애, 신체이형장애, 자폐스펙트럼장애와 같은 다른 정신질환으로 더 잘 설명되지 않는다.

J. 만약 다른 의학적 상태(예: 파킨슨병, 비만, 화상이나 손상에 의한 신체 훼손)가 있다면, 공포, 불안, 회피는 이와 무관하거나 혹은 지나칠 정도다.

☞ 다음의 경우 명시할 것

-수행형 단독: 만약 공포가 대중 앞에서 말하거나 수행하는 것에 국한될 때

적인 두려움을 나타내는 것을 말한다. 그 결과 그들은 이러한 상황을 회피하기 위해 오랫동안 시간을 보내거나 자신의 공포감이 없는 얼굴로 공포를 숨기려고 무척 애를 쓰는 상황에 부닥치게 된다. 사회공포증 아동은 낯선 사람에 대한 공포로서 정상적인 것으로 여겨지는 연령 이후에도 오랫동안 잘 모르는 사람에 대해서 계속 움츠러드는 경향이 있다. 다른 아동이나 성인들 앞에 있을 때는 얼굴이 빨개지고 조용하며 부모에게 매달리고 숨으려고 한다. DSM-5의 사회불안장애 진단기준은 〈표 7-7〉과 같다.

사회불안장애 아동과 청소년은 친구가 거의 없으며 집단활동에 참여하기를 꺼린다. 부모나 친구들은 이들이 수줍음을 잘 타고 조용하다고 생각한다. 또한 학교에서도 교우들 앞에서 소리 내어 책을 읽거나 말하기, 교사에게 도움 청하기, 체육활동, 집단활동, 시험, 학교 식당에서 식사하기와 같은 또래들과의 접촉 등 다양한 상황에 대해 두려움을 느낀다. 교사들은 사회불안장애 아동을 '외톨이'로 볼 수도 있다. 이러한 아동은 학급 일정 동안 흔히 따로 떨어져 있거나 특정 친구 한 명과 함께 짝을 이루는 경우가 많다. 또한 집단 미팅이나 학교 모임 등에 참석하는 것도 꺼린다. 그뿐 아니라 가정에서도 가족 모임에 빠지려 하고, 전화나 초인종 소리에 응답하기를 피하려고 하며, 친구나 가족을 만날 때 말없이 조용히 있는 경우가 많다.

또한 이들은 두려움을 느끼는 상황에서 수치감과 부정적 평가 그리고 거절 등에 대한 심한 염려를 나타낸다. 특히, 어린 아동에서는 복통이나 기타 질병과 같은 신체적 호소가 빈번하게 나타나고, 나이가 더 든 아동과 청소년의 경우에는 발표하는 동안 얼굴이 붉어지거나 손이 떨리거나 또래들 앞에서 말할 때 목소리가 떨리거나 다른 사람들이 눈치를 챌 만큼 땀을 흘리는데, 이는 이들의 사회불안장애를 더욱 가중시킨다(이현진 외, 2001). 사회불안장애는 청소년기에 가장 빈번하게 진단되며, 10세 미만의 아동에게는 거의 진단되지 않는 것으로 보고되고 있다(Vasey, 1995).

(5) 공황장애

명백한 이유 없이 극단적인 불안이 매우 빨리 그리고 자주 일어나는 격렬하고 분명한 경험을 공황발작(panic attack)이라고 한다. 공황발작은 여러 가지 다른 불안장애가 일어나는 상황에서 발생하기 때문에 DSM-5에서는 명시자로 표기하여 공황발작 증상을 확인하도록 하고 있다. 이것은 아동과 청소년이 경험하는 또 다른 형태의 불안이라 할 수 있다. **공황발작**과 **공황장애**(panic disorder)는 차이가 있다. 공황발작은 갑작스럽게 시작되어 수분 이내에 급속하게 최고조에 달하는 극심한 불안과 공포를 경험하는 것을 말한다. 공황발작은 촉발인자의 존재 유무에 따라 3가지 범주로 구분된다. 먼저, 단서가 없는 공황발작은 자발적으로 혹은 '불시에' 아무런 상황적 촉발인자 없이 발생한다. 반면, 단서가 있는(상황과 밀접하게 관련된) 공황발작은 개인이 두려워하는 대상이나 상황(예: 개)을 접하거나 이를 예상하는 경우에 발생한다. 마지막으로, 상황에 따라 일어나는 공황발작은 상황적 단서를 접할 때 발생하는데, 그러한 단서를 접할 때마다 항상 일어나는 것은 아니며 단서를 접한 즉시 일어나기보다는 어느 정도 시간이 지난 후에 발생한다. 공황발작은 절박한 위험에 대한 압박감과 절박한 운명 그리고 탈출하고 싶은 충동에 의해서 나타나기도 한다. 비록 공황발작은 짧지만 일주일 또는 한 달에 몇 번씩 일어날 수 있고 그 증상 또한 심각하다.

공황장애(panic disorder)는 뜻하지 않은 공황발작이 반복적으로 발생한 후 미래의 발작 경험에 대한 공포, 발작 자체 혹은 그 결과의 의미에 대한 걱정, 발작으로 인한 행동상의 변화 등이 한 달 이상 지속되는 것을 말한다. 공황장애 아동 · 청소년은 혼자 있게 되는 것이 두려워서 혹은 자신이 통제할 수 없거나 당황하게 될 공황발작을 일으킬지도 모를 특정 상황을 회피하는 수단으로 집 밖에 나가는 것을 두려워할 수 있다.

아동과 청소년의 공황장애 증상들 중에는 손이나 몸 떨림, 심계항진, 어지럼증/현기증, 호흡곤란, 땀 흘림, 죽거나 자제력을 잃게 되는 불안 등이 가장 흔하게 나타난다. 또한 공황장애 아동 · 청소년은 공황증상과 광장공포증을 함께 수반하기도 한다. 광장공포증이란 피하기 어렵거나 난처한 상황 혹은 공황발작이 일어났을 경우 쉽게 도움을 받을 수 없는 상황에 처해 있을 때의 불안을 말한다. 따라서 이들은 극장, 시장, 놀이터와 같은 상황을 회피하려고 하거나 집에 혼자 있기를 원할 수도 있다. 아동의 회피는 학교 버스 타기, 체육시간 혹은 등교거부 등과 같은 학교 상황까지 일반화될 수 있다. DSM-5의 공황장애 진단기준은 〈표 7-8〉과 같다.

표 7-8 공황장애의 진단기준(DSM-5)

A. 반복적으로 예상하지 못한 공황발작이 있다. 공황발작은 극심한 공포와 고통이 갑작스럽게 발생하여 수분 이내에 최고조에 이르러야 하며, 그 시간 동안 다음 중 4가지 이상의 증상이 나타난다.
☞ 주의점: 갑작스러운 증상의 발생은 차분한 상태나 불안한 상태에서 모두 나타날 수 있다.
1. 심계항진, 가슴 두근거림 또는 심장 박동 수의 증가
2. 발한
3. 몸이 떨리거나 후들거림
4. 숨이 가쁘거나 답답한 느낌
5. 질식할 것 같은 느낌
6. 흉통 또는 가슴 불편감
7. 메스꺼움 또는 복부 불편감
8. 어지럽거나 불안정하거나 멍한 느낌이 들거나 쓰러질 것 같음
9. 춥거나 화끈거리는 느낌
10. 감각 이상(감각이 둔해지거나 따끔거리는 느낌)
11. 비현실감(현실이 아닌 것 같은 느낌) 혹은 이인증(나에게서 분리된 느낌)
12. 스스로 통제할 수 없거나 미칠 것 같은 두려움
13. 죽을 것 같은 공포
☞ 주의점: 문화 특이적 증상(예: 이명, 목의 따끔거림, 두통, 통제할 수 없는 소리 지름이나 울음)도 보일 수 있다. 이러한 증상들은 위에서 진단에 필요한 4가지 증상에는 포함되지 않는다.

B. 적어도 1회 이상의 발작 이후에 1개월 이상 다음 중 한 가지 이상의 조건을 만족해야 한다.
1. 추가적인 공황발작이나 그에 대한 결과(예: 통제를 잃음, 심장발작을 일으킴, 미치는 것)에 대한 지속적인 걱정
2. 발작과 관련된 행동으로 현저하게 부적응적인 변화가 일어남(예: 공황발작을 회피하기 위한 행동으로 운동이나 익숙하지 않은 환경을 피하는 것 등)

C. 장애는 물질(예: 남용약물, 치료약물)의 생리적 효과나 다른 의학적 상태(예: 갑상선기능항진증, 심폐 질환)로 인한 것이 아니다.

D. 장애가 다른 정신질환으로 더 잘 설명되지 않는다. 예를 들어, 사회불안장애에서처럼 공포스러운 사회적 상황에서만 발작이 일어나서는 안 된다. 특정공포증에서처럼 공포 대상이나 상황에서만 나타나서는 안 된다. 강박장애에서처럼 강박 사고에 의해 나타나서는 안 된다. 외상 후 스트레스장애에서처럼 외상성 사건에 대한 기억에만 관련되어서는 안 된다. 분리불안장애에서처럼 애착 대상과의 분리에 의한 것이어서는 안 된다.

(6) 광장공포증

광장공포증(agoraphobia)의 필수 증상은 즉각적으로 피하기 어려운 (또는 곤란한) 장소나 상황에 처해 있다는 불안 또는 공황발작이나 공황과 유사한 증상(예: 갑작스러운 현기

증이나 설사에 대한 두려움)이 일어났을 때 도움받기 어려운 장소나 상황에 처해 있다는 불안을 들 수 있다. 이런 불안은 혼자 외출하기, 집 안에 혼자 있기, 군중 속에 있기, 자동차/버스/비행기로 여행하기, 다리 위에 있기, 엘리베이터 타기 등의 여러 상황을 회피하게 만든다. 그리고 이런 두려운 상황을 피하려 하기 때문에 개인의 생활에 심각한 지장을 가져온다. 광장공포증을 사회공포증이나 특정 공포증, 심한 분리불안장애와 변별 · 진단하는 것은 대단히 어렵다. 그 이유는 이런 장애들이 어떤 특수한 상황에 대한 회피를 특징으로 하고 있기 때문이다. DSM-5의 광장공포증 진단기준은 〈표 7-9〉와 같다.

표 7-9 광장공포증의 진단기준(DSM-5)

A. 다음 5가지 상황 중 2가지 이상의 경우에서 극심한 공포와 불안을 느낀다.
   1. 대중교통을 이용하는 것(예: 자동차, 버스, 기차, 배, 비행기)
   2. 열린 공간에 있는 것(예: 주차장, 시장, 다리)
   3. 밀폐된 공간에 있는 것(예: 상점, 공연장, 영화관)
   4. 줄을 서 있거나 군중 속에 있는 것
   5. 집 밖에 혼자 있는 것

B. 공황 유사 증상이나 무능력하거나 당혹스럽게 만드는 다른 증상(예: 노인의 낙상에 대한 공포, 실금에 대한 공포)이 발생했을 때 도움을 받기 어렵거나 그 상황에서 벗어나기 어려울 것이라는 생각 때문에 그런 상황을 두려워하고 피한다.

C. 광장공포증 상황은 거의 대부분 공포와 불안을 야기한다.

D. 광장공포증 상황을 피하거나, 동반자를 필요로 하거나, 극도의 공포와 불안 속에서 견딘다.

E. 광장공포증 상황과 그것의 사회문화적 배경을 고려할 때 실제로 주어지는 위험에 비해 공포와 불안의 정도가 극심하다.

F. 공포, 불안, 회피 반응은 전형적으로 6개월 이상 지속된다.

G. 공포, 불안, 회피가 사회적, 직업적 또는 다른 중요한 기능 영역에서 임상적으로 현저한 고통이나 손상을 초래한다.

H. 만약 다른 의학적 상태(예: 염증성 장 질환, 파킨슨병)가 동반된다면 공포, 불안, 회피 반응이 명백히 과도해야만 한다.

I. 공포, 불안, 회피가 다른 정신질환으로 더 잘 설명되지 않는다. 예를 들어, 증상이 특정 공포증의 상황 유형에 국한되어서는 안 된다. 사회불안장애에서처럼 사회적 상황에서만 나타나서는 안 된다. 강박장애에서처럼 강박 사고에만 연관되거나 신체이형장애에서처럼 신체 외형의 손상이나 훼손에만 연관되거나, 외상 후 스트레스장애에서처럼 외상 사건을 기억하게 할 만한 사건에만 국한되거나, 분리불안장애에서처럼 분리에 대한 공포에만 국한되어서는 안 된다.

☞ 주의점: 광장공포증은 공황장애 유무와 관계없이 진단된다. 만약 공황장애와 광장공포증의 진단기준을 모두 만족한다면 2가지 진단이 모두 내려져야 한다.

(7) 범불안장애

지금까지 언급된 장애들은 비교적 초점이 있는 불안장애다. 그러나 때로는 특별한 초점이 없이 불안이 나타나기도 한다. 즉, 특정 대상이나 상황에 초점이 맞추어지기보다는 여러 가지 상황에 걸쳐서 일어나며, 최근의 어떤 특정 스트레스에 기인하지 않고도 지나치게 걱정하고 극심한 불안을 나타내는 것을 **범불안장애**(generalized anxiety disorder)라 부른다. 범불안장애 아동은 끝없이 사소한 일로 늘 걱정하고 거의 모든 것에 관해서 걱정을 한다. 심지어는 걱정이 유발되는 것에 대해 명백한 이유 없이도 모든 것에 대해 걱정을 한다. 범불안장애 아동에게 있어서 걱정의 에피소드는 일주일의 일부부터 일주일 내내 걱정하는 것까지 다양할 수 있다. 흔히 걱정을 하게 되면 근육 긴

표 7-10 범불안장애의 진단기준(DSM-5)

A. (직장이나 학업과 같은) 수많은 일상 활동에 있어서 지나치게 불안해하거나 걱정(우려하는 예측)을 하고, 그 기간이 최소한 6개월 이상으로 그렇지 않은 날보다 그런 날이 더 많아야 한다.

B. 이런 걱정을 조절하기 어렵다고 느낀다.

C. 불안과 걱정은 다음의 6가지 증상 중 적어도 3가지 이상의 증상과 관련이 있다(지난 6개월 동안 적어도 몇 가지 증상이 있는 날이 없는 날보다 더 많다).

☞ 주의점: 아동에서는 한 가지 증상만 만족해도 된다.

1. 안절부절못하거나 낭떠러지 끝에 서 있는 느낌
2. 쉽게 피곤해짐
3. 집중하기 힘들거나 머릿속이 하얗게 되는 것
4. 과민성
5. 근육의 긴장
6. 수면 교란(잠들기 어렵거나 유지가 어렵거나 밤새 뒤척이면서 불만족스러운 수면 상태)

D. 불안이나 걱정 혹은 신체 증상이 사회적, 직업적 또는 다른 중요한 기능 영역에서 임상적으로 현저한 고통이나 손상을 초래한다.

E. 장애가 물질(예: 남용약물, 치료약물)의 생리적 효과나 다른 의학적 상태(예: 갑상선기능항진증)로 인한 것이 아니다.

F. 장애가 다른 정신질환으로 더 잘 설명되지 않는다. 예를 들어, 공황장애에서 공황발작을 일으키는 것, 사회불안장애(사회공포증)에서 부정적 평가, 강박장애에서 오염이나 다른 강박 사고, 분리불안장애에서 애착 대상과의 분리, 외상 후 스트레스장애에서 외상 사건을 상기시키는 것, 신경성 식욕부진증에서 체중 증가, 신체증상장애에서 신체적 불편, 신체이형장애에서 지각된 신체적 결점, 질병불안장애에서 심각한 질병, 조현병이나 망상장애에서 망상적 믿음의 내용에 대해 불안해하거나 걱정하는 것이다.

장, 두통, 메스꺼움과 같은 신체 증상과 더불어 경직되고 이완되지 않는 감정을 동반하게 된다. 다른 증상들은 과민성, 정력 에너지, 잠드는 데의 어려움, 숙면이 안 되는 것과 같은 신체적 증세를 동반한다.

비록 다른 불안장애도 과도한 불안과 걱정으로 특정 짓지만 이러한 여러 불안은 특정 상황 또는 분리, 사회적 수행, 동물, 벌레와 신체감각과 같은 대상에 집중되어 있다. 대조적으로 범불안장애 아동이 경험하는 불안은 보편적이고 일반적이며 다양한 일상생활에 초점이 맞추어져 있다. DSM-5의 범불안장애 진단기준은 〈표 7-10〉과 같다.

범불안장애 아동은 미래에 일어날 사건에 대해 비현실적이며 지나친 걱정을 한다. 미래에 대한 걱정은 다양한 상황과 문제들에 초점이 맞추어지는데, 학기의 시작이라든지 다가올 휴가나 행사 및 활동 그리고 가족의 건강과 같은 가정 내 일상생활에서의 변화 등을 포함한다. 또한 학교생활, 운동, 대인관계 등에 대하여 완벽한 수준에 이를 때까지 끊임없이 걱정하며, 자신에게 지극히 높은 성취기준을 적용하고 그 기준에 미치지 못할 때 자신을 심하게 비난한다. 이들은 자기 자신을 몹시 의식하며 다른 사람들로부터 자주 확인을 받고 안심하려는 특징을 지닌다.

3) 불안장애의 원인

아동 및 청소년의 불안장애 원인은 분명하지가 않다. 불안장애는 복잡하게 서로 상호작용하는 수많은 요인에 의해 영향을 받는 것 같다. 서로 다른 불안장애들은 서로 다른 요인의 조합에 의해 생겨났을 수도 있고, 아니면 특정한 한 요인 또는 여러 요인들의 조합이 특정 불안장애가 아니라 일반적인 불안장애를 유발할지도 모른다. 아동의 불안장애의 여러 형태를 표현할 때 아동의 차이점, 시간이 경과함에 따른 결과의 다양성 등을 충분히 설명할 수 있는 유일한 이론이란 없다. 불안에 대한 최근 모델은 주로 생물학적 및 환경적 영향에 대한 상호작용의 중요성을 강조한다(Albano et al., 2003).

(1) 신경생물학적 요인

최근 몇 년 동안 연구자들은 불안장애 발달의 기질적 신호로서의 행동억제(behavioral inhibition)에 관심을 가져 왔다. 기질이란 생애 초기에 나타나서 오랫동안 지속되고, 이후의 성격발달에 영향을 미치는 반응 성향을 말하며, 행동억제란 아동 개인이 갖고 있는 특수한 기질적 양식을 말한다.

Kagan(1997)은 억제된 아동과 그렇지 않은 아동 간의 차이와 발달과정에 대해 보고한 바 있다. 아동 중 10~15%는 불안정하고 까다로운 성향을 가진 아이로 태어난다. 이들은 걸음마기에는 수줍음을 잘 타고 겁 많은 아이가 되고, 학교를 다니기 시작할 연령이 되면 조용하고 의심이 많으며 내성적이게 된다. 표준화된 행동검사 상황에서 억제된 아동은 낯선 사람이 나타나면 소리내기를 멈추며, 놀이방을 탐색하고 다른 아이들에게 접근하기보다 울면서 어머니에게 매달리는 행동을 나타낸다. 그러나 대조적으로 연구 대상의 25~30% 아동은 사교적이며 대담하고 집단행동을 좋아하는 등 정반대의 기질을 나타냈다. 또한 이들은 억제된 또래들과는 달리 새로운 자극에 대해서도 불안해하지 않았다.

이처럼 억제된 아동과 불안한 아동은 연관이 있는 것처럼 보인다. Gersten(1986)은 억제된 아동이 입학 첫날에 나타내는 행동 반응은 주로 회피 반응인데, 이는 분리불안 증세와 일치한다고 주장한다. Kagan(1997)은 억압된 아동은 특히 낯선 상황에 직면했을 때 편도와 시상하부의 흥분 역치(threshold)가 낮다고 주장한다. 회피, 도피, 수동성 등의 행동 반응을 수반한 이와 같은 생리학적 사건은 불안장애의 병인에 대한 현재의 신경생리학 이론과도 일치한다. 이는 아동기 초기의 행동억제가 불안 경향성을 암시하는 하나의 신호일 수 있음을 시사한다(이현진 외, 2001 재인용).

불안은 특정 뇌회로와 신경생물학적 과정과 연관되어 있다(Sallee & Greenawald, 1995). 불안과 흔히 연합된 뇌의 부분은 변연계로, 뇌간과 피질 간의 중재자로서 활동한다. 변연계는 중격과 해마 영역에서 전두엽 피질까지 뇌회로가 걸쳐 있다. 중격-해마 체계는 둘 다 뇌간에 있는 청반에서 시작되는 노르아드레날린 회로에 의해서, 그리고 봉선핵에서 시작되는 세로토닌 회로에 의해서 신경자극을 받게 된다. 이런 뇌 시스템은 행동억제 체계로서 언급되며, 불안장애가 있는 아동에 있어서는 과잉 활성화되는 것으로 믿고 있다(조현춘, 송영혜, 조현재, 2001 재인용).

한편, 가족 및 쌍생아 연구에서도 불안장애 발달에 관한 생물학적인 취약성을 암시하고 있다. 즉, 억제된, 긴장된, 두려운 혹은 초조한 것에 대한 아동의 일반적인 경향이 유전되었다는 것을 시사하고 있다. 그러나 유전적 기제와 특정 형태의 불안장애 간의 직접적인 관계를 지지할 연구는 현재 거의 없는 실정이다.

(2) 심리사회적 요인

아동의 불안은 개한테 공격을 받은 것과 같은 아주 무서운 사건을 겪으면서 시작될 수 있다. 또한 다른 환경적 경로를 통해 가족이 아동의 불안발달에 영향을 미칠 수 있다. 예를 들면, 부모로부터 불안해하는 것을 학습할 수가 있고, 가족이 아동에게 불안 관련 문제가 생길 만한 위험 환경을 조성할 수도 있다(Ollendick & King, 1991). 스트레스 상황에 자주 노출되거나 스트레스 상황에 대처할 때 불안해하는 성인의 모습을 보게 되거나 하면 아동 역시 그와 비슷한 문제를 일으키기 쉽다.

한편, 불안행동 또는 두려운 외상적 경험에 관련된 이야기를 모델링하는 것뿐만 아니라 부모의 양육방식도 불안 형성에 영향을 줄 수 있다. 예를 들어, Dadds와 동료들(1996)은 7~14세의 아동이 있는 가정에서 가족이 가상적인 위험 상황에 대비해 계획을 세우고 서로 논의하는 모습을 비디오로 촬영하였다. 불안한 아동의 부모는 자녀의 말에 귀를 덜 기울이는 경향이 있었고, 적응행동의 바람직한 결과를 적게 지적하였으며, 회피적인 아동의 해결방법에 대해 더 잘 반응하는 경향을 보였다. 반면, 임상적으로 문제가 없는 아동의 부모는 아동의 계획에 귀를 더 많이 기울이고 동의해 주는 경향을 보였다. 또 다른 연구에서 Dumas, LaFreniere 그리고 Serketich(1995)는 불안한 아동의 어머니가 자신감 있는 아동의 어머니에 비해 높은 수준의 혐오적 통제(비난, 간섭)를 보였으며, 아동에게 반응해 주고 수용해 주는 정도가 아주 낮은 것으로 보고하였다. 이러한 양육방식은 아동에게 어떤 사건에 대한 통제감을 갖지 못하게 하여 불안장애나 기타 내면화 장애에 대해 취약하게 할 수가 있다(Chorpita & Barlow, 1998; King, Meitz, & Ollendick, 1995). 그뿐 아니라 특정 인지양식이 상황을 적대적으로 혹은 위협적으로 지각하게 만들어 아동에게 불안문제를 일으키거나 지속시킬 수 있다(Bell-Dolan, 1995).

4) 불안장애의 중재

아동기 대부분의 불안과 공포는 보통 심각한 장애라고 여기지 않기 때문에 그리고 직접적으로 생명에 위협을 주지 않기 때문에 치료를 등한시하고 있다. 만일 공포스러운 대상이나 환경이 쉽게 제거된다면 그러한 아동이나 청소년은 중재를 받을 필요가 없다. 그러나 그 공포가 정상적인 일상생활을 심각하게 방해한다면 중재를 해야만 한다. 최근의 연구들에서는 불안을 없애려면 그에 직면시켜야 한다는 주장이 많이 제기되고 있다. 구체적인 절차들은 다양하지만, 불안이 유발되는 상황과 대상을 아동에게 직접 노출시키는 전략이 효과적인 것으로 보인다. 하지만 불안의 유형과 심도에 따라 치료법은 달라져야 하며, 한 가지 치료법보다는 다양한 치료법을 통합하는 접근이 훨씬 효과적인 것으로 보인다.

(1) 행동수정

공포 및 불안 문제를 치료하기 위한 몇 가지 행동수정 절차들이 있다. 이러한 절차들에는 이완훈련, 체계적 둔감법, 실제상황 둔감법, 홍수법, 모델링 등이 있다. 그리고 이러한 절차들은 수동적 조건형성, 조작적 조건형성 혹은 둘 간의 결합의 원리에 근거하고 있다(안병환 외, 2002).

① 이완훈련

이완훈련(relaxation training)은 공포와 불안 문제를 구성하는 자율적 각성의 경험을 감소시키는 전략이다. 특정한 이완행동에 참여하는 개인은 자율적 각성에 반대되는 신체적 반응을 하게 된다. 이완훈련은 근육의 긴장, 빠른 심장박동, 차가운 손, 빠른 호흡 등 자율적 각성이 되는 신체 반응 대신, 근육의 긴장을 감소시키고 심장박동과 호흡을 느리게 하며 손을 따뜻하게 한다. 이러한 신체적 반응을 경험한 사람들은 불안 감소를 보고하게 된다. 가장 많이 알려진 4가지 이완훈련으로는 점진적 근육이완(muscle relaxation), 횡경막 호흡(diaphragmatic breathing), 주의집중 연습(attention-focusing exercise), 행동이완 훈련(behavioral relaxation training)이 있다.

② 체계적 둔감법

체계적 둔감법(systematic desensitization)은 공포를 야기하는 자극을 상상하면서 공포를 이완에 이용하는 것으로 Joseph Wolpe(1958, 1961, 1990)가 개발한 절차다. Wolpe는 치료자가 불안을 야기하는 장면을 점진적으로 묘사하는 것을 상상하면서 이완하는 것을 학습하여 공포 반응을 감소시킬 수 있다고 주장한다. 예를 들어, 체계적 둔감법을 이용한 거미공포증 치료에서 내담자는 자신을 이완하고 치료자가 거미가 25피트 떨어져 있는 장면을 묘사하는 것을 듣는다. 이 장면을 듣고 나서 이완이 유지되면 치료자는 거미가 20피트 떨어져 있는 장면을 묘사한다. 내담자가 계속 이완을 유지한다면 치료자는 거미가 점점 더 가까이 있는 것으로 묘사할 것이다. 내담자에게 중요한 것은 공포를 야기하는 자극을 상상하면서도 이완 반응을 유지하는 것이다. 체계적 둔감법 절차는 세 단계로 이루어진다. 첫 번째 단계에서는 내담자는 앞서 기술된 절차들 중 하나를 사용하는 이완기술을 학습한다. 두 번째 단계에서는 치료자와 내담자는 공포를 야기하는 자극의 위계를 만든다. 세 번째 단계에서는 내담자는 치료자가 위계에 따라 장면을 묘사하는 동안 이완기술을 연습한다. 내담자가 위계에 따른 모든 장면을 상상하는 동안 이완 반응을 유지할 수 있게 되면 체계적 둔감법을 마치게 된다. 그러면 내담자는 실제 삶에서 공포를 야기하는 자극에 직면하더라도 공포 반응(불안과 회피 행동)에서 자유로워지게 된다(안병환 외, 2002).

③ 실제상황 둔감법

접촉 둔감법(contact desensitization)으로도 불리는 **실제상황 둔감법**(in vivo desensitization)은 내담자가 실제 공포를 야기하는 자극에 점진적으로 접근하거나 점진적으로 노출된다는 점을 제외하고는 체계적 둔감법과 유사하다. 실제상황 둔감법 절차를 사용하기 위해서 내담자는 우선 이완 반응을 학습해야 한다. 다음으로 내담자와 치료자는 공포를 야기하는 자극을 수반하는 상황의 위계를 만든다. 실제상황 둔감법에서는 내담자가 위계의 각 장면을 상상하는 것이 아니라 공포 반응을 대체하는 반응으로서 이완을 유지하면서 각 위계 상황을 직접 경험하도록 한다.

④ 홍수법

홍수법(flooding)은 개인이 오랫동안 충분한 강도로 공포자극에 노출되는 절차다. 우선 내담자는 공포자극이 있을 때보다 높아진 불안을 경험하지만, 시간이 지나면서 소거 저항(respondent extinction)의 과정을 통해 불안 수준이 감소한다. 예를 들어, 개에 대한 공포가 있는 사람은 (치료자와 함께) 방에 앉아 오랫동안 개와 함께 있게 된다. 조건자극(개, 공포자극)과 무조건 자극(물리거나 놀라게 되는 것) 없이 존재하기 때문에 오랫동안(예: 2시간) 극복할 수 있고, 조건자극은 더 이상 조건반응(불안)을 야기하지 않게 된다. 그러나 홍수법은 전문가에 의해서만 수행되어야 한다. 내담자가 최초로 공포자극에 노출되면 공포로 인해 매우 불안해지기 때문에 홍수법 절차가 진행되는 상황에서 회피할 수 있고 공포가 더 악화될 수 있기 때문이다.

⑤ 모델링

모델링(modeling)은 특히 아동의 공포에 있어 성공적인 치료법이다. 모델링 절차에서 아동은 다른 사람이 공포자극에 접근하거나 공포활동에 참여하는 것을 관찰한 후에 유사한 행동을 더욱 쉽게 수행할 수 있게 된다. 공포를 가진 사람은 살아 있는 모델을 관찰하거나 영화 또는 비디오 모델을 볼 수 있다. 영화나 비디오 모델링 절차는 아이들이 수술이나 다른 의학적 치료 그리고 치과 치료에 대한 공포를 극복하는 데 널리 사용되어 왔다.

(2) 인지행동치료

인지행동치료에는 불안해하는 아동의 생각, 신념, 지각을 변화시키기 위해 여러 가지 방법들이 포함되어 있다. 이러한 방법들은 아동의 비적응적 인지구조를 변화시키면 불안해하거나 회피하는 행동도 변화할 것이라는 전제하에 사용되고 있다. 아동의 불안장애를 치료하기 위한 인지행동치료법에는 인지적 자기관리법, 스스로 말하기 방법, 유쾌한 상상 등이 포함된다. 이는 아동에게 자신의 신념이나 인지를 스스로 관리하도록 하고, 모델링과 시연 및 사회적 강화를 통해 아동에게 스스로 긍정적인 이야기를 하도록 가르친다. 이 치료법은 아동에게 사고의 형태에 대한 인식과 사고의 여러 대안적인 방법들을 제공함으로써 전형적으로 정적 강화와 이완과 같은 다른 행동치료 절차와 노출법을 결합하여 사용하고 있다.

(3) 가족 중재

불안장애는 부모의 불안과 가정불화가 있는 가족관계에서 일어나기 쉽다. 가족 프로그램에는 부모에게 아동을 다루는 법, 불안을 다루는 법, 의사소통 및 문제해결 기술 등을 훈련시키는 것이 포함된다. 이러한 가족요인들을 다루는 중재법은 단기 효과가 크며 또 그 효과도 지속되는 것으로 나타났다(Barrett, Dadds, & Rapee, 1996). 최근 아동의 불안장애 치료는 가족에 기초한 접근방법의 활용성에 대한 지지가 계속 증가되고 있다. 호주의 Dadds와 그 동료들(1996)은 인지행동치료와 가족참여 프로그램을 병행한 집단이 인지행동치료만 제공한 집단보다 불안장애의 치료 효과가 크다고 주장한다.

(4) 약물치료

아동 및 청소년의 불안장애 치료의 약물에는 선별적 세로토닌 재흡수 억제제, 삼환계, 불안완화제(벤조다이아제핀) 등이 있다. 그러나 일반적으로 아동 및 청소년의 불안장애를 치료하는 약물 효과에 대한 연구가 별로 없으며, 약물치료의 안정성과 효용성을 보장하기 위해서는 더 체계적인 연구가 필요하다. 따라서 실제 치료에서는 약물치료가 첫 번째 선택은 아니며, 심리치료의 보조적인 처치가 되기 쉽다.

그러나 강박장애의 치료에 약물을 사용하는 것을 지지해 주는 연구들이 있다. 세로토닌 재흡수 차단제인 클로미프라민과 여러 종류의 선택적 세로토닌 재흡수 억제제[예: 플루옥세틴(프로작), 설트랄린(졸로프트), 파록세틴(팍실), 플루복사민(루복스)]가 아동 및 청소년의 강박장애 치료에 효과가 있는 것으로 밝혀졌다(Wick-Nelson & Israel, 2015).

5) 교사의 역할

교사는 학급에서 불안장애를 가지고 있는 아동을 쉽게 접할 수 있을 것이다. 그러나 학교공포증과 같은 학교 관련 장애가 두드러지는 경우를 제외하고는 '순수 불안장애'로 진단받는 경우는 흔치 않다. 따라서 교사는 불안장애와 함께 알코올 남용, 품행장애 및 우울증과 같은 다양한 장애를 지닌 학생들을 다루게 될 것이다. 현재 어린 아동들도 불안장애를 경험할 수 있다고 받아들여지고 있지만, 대부분의 불안장애 아동들은 나이가 든 편이다. 또한 교사는 성폭력이나 아동학대 결과로 초래된 외상 후 스트레스장애를 경험하는 아동 · 청소년도 만나게 될 것이다.

불안장애 아동 및 청소년을 치료하기 위해서 정신건강 전문가들은 주로 행동치료와 약물치료를 하게 된다. 교사의 역할은 약물의 부작용이나 행동의 변화를 점검하거나 교실과 다른 학교 환경에서 실시되는 행동치료를 돕는 일이다. 또한 교사는 아동의 학급에서의 기능과 관련된 인지행동치료를 돕고 강화하는 중요한 역할을 하게 된다(Coleman & Webber, 2004).

교사는 학업과 행동관리 기술뿐만 아니라 건전한 아동-교사 관계를 확립해야 한다. 교사는 불안문제를 가진 학생들과 효율적이고 긍정적인 관계를 위하여 변별적 수용과 공감능력이 필요하다. 변별적 수용(differential acceptance)이란 교사가 아동의 분노, 증오, 공격과 같은 또 다른 극단적인 행동들을 받아들이는 것을 의미한다. 공감능력이란 종종 불안장애 학생의 개인적 욕구들을 이해하는 열쇠인 많은 비언어적 단서를 이해하고 인식하는 교사의 능력을 말한다.

2. 섭식장애

사회가 복잡해지고 현대화됨에 따라 음식 관련 장애가 발생할 수밖에 없다. 따라서 이 절에서는 섭식 관련 장애를 신경성 식욕부진증, 신경성 폭식증과 비만, 폭식장애, 이식증, 되새김장애, 회피적/제한적 음식 섭취장애로 나누어 살펴보기로 한다.

1) 신경성 식욕부진증

신경성 식욕부진증(anorexia nervosa, 신경성 거식증)은 너무 뚱뚱해질지도 모른다는 병적인 공포나 지나칠 만큼 날씬하고자 하는 욕구가 너무 강한 것이 특징이다. 신경성 식욕부진증의 진단에 중요한 요소는 환자가 자신의 신체 이미지를 왜곡하고 있다는 것이다. 또한 정상적인 몸무게를 유지하기를 거부하고, 다이어트를 해야 한다는 강박관념과 함께 엄청난 체중 감소를 목표로 하여 단식하는 특징도 있다. 지나친 운동으로 몸무게를 빼기도 한다. 신경성 식욕부진증에 걸린 사람들은 저혈압, 저체온, 비정상적인 심전도 등의 합병증을 겪는다.

신경성 식욕부진증은 제한형과 폭식/제거형으로 나뉜다. 제한형은 체중 감소가 일차적으로 식이요법, 단식 또는 과도한 운동을 통해 일어나는 경우로 과식이나 하제를 사용하지 않는 유형이다. 폭식/제거형은 과식이나 하제를 사용하는 경우로 폭식을 한 후 스스로 구토를 유도하거나 하제, 이뇨제, 관장제를 사용하는 유형이다. 제한형 신경성 식욕부진증을 갖고 있는 개인에 비해 폭식/제거형 신경성 식욕부진증을 갖고 있는 개인은 다른 충동조절 문제, 알코올 및 다른 약물 남용, 보다 심한 정서 불안정, 성적인 활동성을 보이는 경향이 있다. 신경성 식욕부진증 학생은 체중 증가에 대한 심한 두려움, 식욕부진과 극심한 식사 제한, 특이한 식사행동과 체중이 표준 체중의 85% 이하로 감소하는 특성을 보인다.

DSM-5의 신경성 식욕부진증 진단기준은 〈표 7-11〉과 같다.

표 7-11 신경성 식욕부진증의 진단기준(DSM-5)

A. 필요한 양에 비해 지나친 음식물 섭취 제한으로 연령, 성별, 발달 과정 및 신체적인 건강 수준에 비해 현저하게 저체중을 유발하게 된다. 현저한 저체중은 최소한의 정상 수준보다 체중이 덜 나가는 것으로 정의되며, 아동과 청소년의 경우, 해당 발달 단계에서 기대되는 최소한의 체중보다 체중이 적게 나가는 것을 의미한다.

B. 체중이 증가하거나 비만이 되는 것에 대한 극심한 두려움 혹은 체중 증가를 막기 위한 지속적인 행동이다. 이러한 행동은 지나친 저체중일 때도 이어진다.

C. 기대되는 개인의 체중이나 체형을 경험하는 방식에 장애, 자기평가에서 체중과 체형에 대한 지나친 압박 혹은 현재의 저체중에 대한 심각성 인식의 지속적 결여가 있다.

☞ 다음 중 하나를 명시할 것

- 제한형: 지난 3개월 동안, 폭식 혹은 제거 행동(즉, 스스로 구토를 유도하거나 하제, 이뇨제, 관장제를 오용하는 것)이 반복적으로 나타나지 않는다. 해당 아형은 저체중이 주로 체중 관리, 단식 및 과도한 운동을 통해 유발된 경우를 말한다.
- 폭식/제거형: 지난 3개월 동안, 폭식 혹은 제거 행동(즉, 스스로 구토를 유도하거나 하제, 이뇨제, 관장제를 오용하는 것)이 반복적으로 나타난다.

☞ 다음의 경우 명시할 것

- 부분 관해 상태: 이전의 신경성 식욕부진증의 진단을 모두 만족한 후 진단기준 A(체중 감소)가 삽화 기간 동안 나타나지 않았으나, 진단기준 B(체중 증가 혹은 비만이 되는 것에 대한 극심한 두려움 혹은 체중 증가를 막기 위한 행동) 혹은 진단기준 C(체중과 체형에 대한 자기지각의 장애)가 지속되고 있는 경우를 말한다.
- 완전 관해 상태: 이전의 신경성 식욕부진증의 진단을 모두 만족한 후 삽화 기간 동안 진단기준에 해당되는 행동이 아무것도 나타나지 않는다.

☞ 현재의 심각도를 명시할 것

- 성인의 경우, 심각도의 최저 수준은 현재의 체질량 지수(BMI)를 기준으로 한다. 아동/청소년의 경우 BMI 백분위수를 기준으로 한다. 다음의 범위는 세계보건기구(WHO)에서 제공하는 성인의 마른 정도의 범주에 따른다. 아동/청소년의 경우 BMI 백분위수에 해당하는 기준을 사용한다. 심각도의 수준은 임상 증상, 기능적 장애 정도 그리고 관리의 필요성을 반영하여 증가될 수도 있다.
- 경도: BMI $\geq$17kg/m^2
- 중등도: BMI 16~16.99kg/m^2
- 고도: BMI 15~15.99kg/m^2
- 극도: BMI $<$ 15kg/m^2

(1) 행동 특징

부수적으로 나타나는 행동 특징 및 정신장애는 심하게 체중이 낮은 경우, 신경성 식욕부진증 학생은 우울한 기분, 사회적 위축, 자극에 과민한 상태, 불면 그리고 성적 흥미의 감소와 같은 우울 증상을 나타낸다. 이들은 주요 우울장애의 증상이 보이기도 하며, 음식과 관계가 있는 것이든 없는 것이든 간에 흔히 강박 양상으로 드러난다. 더불어 공공장소에서 식사하는 데 대한 걱정, 무용지물이라는 느낌, 경직된 사고, 사회적 자발성의 결여, 과도하게 억제된 동기 및 감정표현 등의 특성을 보인다. 그리고 의학적인 특성으로는 무월경, 변비, 복통, 추위에 대한 내성 저하, 무기력감, 심각한 저혈압, 저체온, 피부 건조, 적혈구성 빈혈증, 신기능장애, 심혈관계 문제, 치아문제, 골다공증 등이 포함된다. 그 밖에 주요 특성 및 증상은 다음과 같다.

① 비교적 짧은 기간 동안에 강박적으로 운동을 하여 상당한 체중 감소를 보인다.
② 지나치게 말랐음에도 불구하고 체중 증가에 대한 극심한 공포로 계속 다이어트를 한다.
③ 체중 감량목표를 달성한 이후에도 계속적으로 새로운 감량목표를 설정한다.
④ 체중 감량목표를 달성한 이후에도 체형 또는 신체의 크기에 대한 심각한 지각장해로 인해 계속적으로 체중이나 체형에 대한 불만족을 토로한다.
⑤ 제한된 음식 섭취와 더불어 특이한 식사행동을 보인다.
⑥ 대부분 우울해 보인다.
⑦ 최소한의 정상 체중 유지에 대한 거부를 나타낸다.
⑧ 월경이 시작된 여성에게서는 무월경이 보인다.

(2) 역학

신경성 식욕부진증이 최초로 목격되는 연령은 주로 17, 18세이고, 5% 정도는 20대 초반에 시작된다. 신경성 식욕부진증은 임상집단에서 여성과 남성의 비가 약 10:1로 나타나며, 청소년기 여성의 유병률은 약 0.4%로 추정된다.

(3) 발생 원인

신경성 식욕부진증과 밀접한 개인 내 요인은 여성이며, 숙달감과 자율성의 부족, 성숙에 대한 두려움, 신중성과 순종성, 어린 시절의 식사 및 섭식 문제, 경직된 사고와 생리적 기능장애 등도 언급되고 있다. 개인 간 요인으로는 성취와 건강을 강조하는 부모, 심리적인 갈등이 있고, 우울하고 충동적인 부모 등도 언급되고 있다. 상위 요인으로는 날씬함을 강조하는 사회풍조, 성취를 강조하는 중류층 · 상류층의 압력 등이 거론되고 있다.

(4) 경과 및 예후

40%는 신경성 식욕부진증이 비교적 가볍게 나타나 자연적으로 회복되고, 30%는 상당히 좋아지게 된다. 그러나 20%는 개선되지 않고 우울, 사회공포증 등이 함께 보이거나 주기적으로 증상이 재발된다. 5~18%의 사망률이 보고된 바도 있다.

(5) 중재

신경성 식욕부진증 치료에는 섭식과 영양에 대한 상담, 행동중재 기법, 개별 · 집단 · 가족 치료에 세로토닌 재흡수 차단제를 추가하여 포괄적인 치료가 사용된다. 이러한 모든 방법에 대해서도 만족할 만한 치료 효과가 나타나지 않고 오히려 정신증적 증상으로 복합적이 되면, 자이프렉사, 세로퀠, 리스페르달과 같은 항정신성 약물을 추가할 수도 있다.

① 입원치료

우선적으로 입원치료의 필요성을 이해하도록 설득하고 치료팀에 신뢰감을 갖게 하여 환자가 자발적으로 입원치료 프로그램에 참여하도록 하는 것이 중요하다.

입원치료의 우선적인 목표는 영양실조의 원상복구다.

② 심리치료

신경성 식욕부진증 환자에게는 체중 증가나 식사행위를 규칙적으로 모니터링하고 통제하는 인지행동치료를 많이 적용한다. 인지적인 접근에서 환자의 잘못된 사고가 신경성 식욕부진증의 전형적인 증상인 비현실적인 신체상의 원인이 된다고 보고 잘못된 사고에 초점을 맞추며, 보통 영양상담과 같은 다른 접근방법들과 결합하여 적용한다. 행동치료 프로그램의 일환으로는 환자를 초기에는 침대에만 있게 하다가 환자의 협조와 체중 증가에 따라 점차 풀어 주는 방법을 적용한다. 환자의 영양 상태가 많이 좋아진 다음에는 정신역동적 심리치료를 적용하기도 한다.

심리치료는 가족의 지지와 신뢰가 매우 중요하다. 가족치료는 과식과 체중 증가에 대한 부모의 통제, 인지적 재구성과 문제해결, 가족구성원들을 위한 의사소통 훈련 등에 초점을 맞추게 된다.

③ 약물치료

약물치료가 신경성 식욕부진증을 호전시킨다고 확인되지는 않은 상태이지만, 예비적인 연구들에 따르면 선택적 세로토닌 재흡수 억제제인 플루옥세틴이 강박적인 증상을 줄이는 데 도움을 주고 증가된 체중을 유지하는 데 도움을 준다. 이 밖에도 항우울제인 클로미프라민이나 피모자이드, 삼환계 항우울제인 아미트리프틸린 등이 신경성 식욕부진증의 치료제로 쓰이고 있다.

2) 신경성 폭식증과 비만

(1) 신경성 폭식증

신경성 폭식증(bulimia nervosa)은 많은 양의 음식을 먹고 반복해서 배설하고, 기분장애가 있으며, 신경내분비가 비정상적인 것이 특징이다. 신경성 폭식증의 필수 증상은 폭식 후 체중 증가를 막기 위해 구토제를 사용하거나 다음날 하루 또는 그 이상 금식을 하기도 하며, 과도하게 운동하거나 심지어는 손가락을 넣어 구토를 유도하기도 한다. 폭식으로 인해 죄책감, 자기혐오, 우울증 등으로 괴로워하는 모습을 보이는 것도 특징이다.

DSM-5의 신경성 폭식증 진단기준은 〈표 7-12〉와 같다.

표 7-12 신경성 폭식증의 진단기준(DSM-5)

A. 반복되는 폭식 삽화이다. 폭식 삽화는 다음 2가지로 특징지어진다.
   1. 일정 시간 동안(예: 2시간 이내) 대부분의 사람이 유사한 상황에서 동일한 시간 동안 먹는 것보다 분명하게 많은 양의 음식을 먹음
   2. 삽화 중에 먹는 것에 대한 조절 능력의 상실감을 느낌(예: 먹는 것을 멈출 수 없거나, 무엇을 혹은 얼마나 많이 먹어야 할 것인지를 조절할 수 없는 느낌)

B. 체중이 증가하는 것을 막기 위한 반복적이고 부적절한 보상 행동을 한다. 예를 들면, 스스로 유도한 구토, 이뇨제, 관장약, 다른 치료약물의 남용, 금식 혹은 과도한 운동 등이 나타난다.

C. 폭식과 부적절한 보상 행동이 둘 다, 평균적으로 적어도 3개월 동안 일주일에 1회 이상 일어난다.

D. 체형과 체중이 자기평가에 과도하게 영향을 미친다.

E. 이 장애가 신경성 식욕부진증의 삽화 기간 동안에만 발생하지 않는다.

☞ 다음의 경우 명시할 것
- 부분 관해 상태: 이전에 신경성 폭식증의 진단기준을 전부 만족시켰으며, 현재는 기준의 일부를 만족시키는 상태가 유지되고 있다.
- 완전 관해 상태: 이전에 신경성 폭식증의 진단기준을 전부 만족시켰으며, 현재는 어떠한 기준도 만족시키지 않는 상태가 유지되고 있다.

☞ 현재의 심각도를 명시할 것
- 심각도의 최저 수준은 부적절한 보상 행동(다음을 참조하시오)의 빈도를 기반으로 하고 있다. 심각도 수준은 다른 증상 및 기능적 장애의 정도를 반영하여 증가할 수 있다.
- 경도: 평균적으로 일주일에 1~3회의 부적절한 보상 행동 삽화가 있다.
- 중등도: 평균적으로 일주일에 4~7회의 부적절한 보상 행동 삽화가 있다.
- 고도: 평균적으로 일주일에 8~13회의 부적절한 보상 행동 삽화가 있다.
- 극도: 평균적으로 일주일에 14회 이상의 부적절한 보상 행동 삽화가 있다.

① 관련된 행동 특징 및 증상

신경성 폭식증이 있는 개인들은 특징적으로 정상 체중범위 내에 있으며, 일부 개인들은 다소 체중이 미달되거나 초과될 수 있다. 이 장애는 중간 정도로 비만한 개인들과 병적으로 비만한 개인들에게서 흔하게 일어난다. 신경성 폭식증이 있는 개인들은 식사 장애의 발생 이전에 이미 그들의 동료들보다 체중이 과중한 경향이 있다. 신경성 폭식증이 있는 사람은 폭식과 폭식 간에 총 칼로리 섭취를 억제하며, 살찌거나 폭식을 유발한다고 인식하는 음식을 피하는 반면 저칼로리 음식을 선호하는 특징이 있다.

신경성 폭식증 환자는 우울 증상과 불안 증상이 함께 수반될 가능성이 높으며, 기분장애와 불안장애의 발생빈도도 증가한다. 또한 불안 증상 또는 불안장애의 빈도도 증

가될 수 있다. 신경성 폭식증은 하제 사용형이 하제 비사용형보다 우울 증상을 좀 더 많이 나타내며, 체형과 체중에 대해 더욱 걱정을 많이 하는 경향이 있다.

어떠한 형태든 빈번한 하제 사용은 수분과 전해질의 불균형을 초래하는데, 특히 저칼륨증, 저나트륨증, 저염소증을 야기한다. 구토로 인한 위산의 소실은 대사성 알칼리혈증을 일으키며, 하제 남용으로 인한 빈번한 설사는 대사성 산증을 일으킨다. 신경성 폭식증이 있는 일부 개인들은 혈청 아밀라아제치가 가벼운 정도로 증가되는데, 이는 아마도 타액성 동위효소의 증가를 반영하는 것으로 보인다.

그 이외에 반복적인 구토와 영구적인 치아 법랑질의 심각한 소실, 불규칙한 월경 또는 무월경을 초래한다. 만성적인 하제 사용은 수분 및 전해질의 장해를 초래하여 심한 경우 식도 열상, 위 파열, 심부정맥 등을 초래할 수 있다.

② 출현율

청소년과 젊은 여성에서 신경성 폭식증의 유병률은 약 1~1.5%이다. 남성의 경우는 여성의 발생률의 1/10이다.

③ 발생 원인

ⓐ 생물학적 요인: 신경성 폭식증의 유발에는 우울증의 경우와 비슷하게 세로토닌, 노르에피네프린 신경전달물질이 관여되는 것으로 추정하고 있다. 이러한 추정의 정당성을 뒷받침하는 근거는 신경성 폭식증이 항우울제의 복용으로 호전된다는 점이다. 또한 신경성 폭식증은 기분장애를 유발하는 유전적인 요소와도 관련이 있는 것으로 알려져 있다. 신경성 폭식증 환자와 생물학적으로 가까운 친척들에게서 우울증을 포함하는 기분장애와 알코올 중독의 발생률이 높은 것으로 언급되고 있다.

ⓑ 심리적 요인: 어떤 성격적인 요인들은 일부에게는 자존감과 자기효능감에 부정적인 영향을 주는 가족과 사회적인 경험을 좀 더 취약하게 만들 수 있다. 대부분의 신경성 폭식증 환자들은 외향적이고, 충동적이며, 화를 잘 내고, 알코올에 의존하며, 자살기도를 포함한 정서불안을 경험하는 것으로 알려져 있다.

ⓒ 사회적 요인: 대부분의 신경성 폭식증 환자들은 폭식행동을 나타내기에 앞서 직장이나 학교 또는 개인적인 대인관계의 문제에서 비롯되는 압력을 받는 것으로

나타나거나, 특정한 대인관계에서 비롯되는 스트레스 자체가 폭식행동을 촉발시키는 것으로 알려져 있다.

④ 경과 및 예후

신경성 폭식증 환자의 절반 정도는 5~10년 동안에 완전히 호전되었고, 20% 정도는 증상이 만성적으로 유지된 것으로 언급된 바 있다.

⑤ 중재

신경성 폭식증에는 섭식과 영양에 대한 상담, 행동중재 기법, 개별 · 집단 · 가족 치료에 프로작을 추가하여 포괄적인 치료를 한다. 반응이 불충분하면 다른 세로토닌 재흡수 억제제, 데사이럴, 웰부트린 등을 순차적으로 시도한다.

ⓐ 심리치료: 신경성 폭식증에 대한 인지적 치료와 행동주의에 근거한 치료에서는 폭식행동이나 억지로 토해 내는 행동을 예방함으로써 먹고 토함을 거듭하는 순환적인 행동을 깨뜨리는 데 초점을 맞춘다. 폭식행동과 억지로 토해 내는 행동의 발생 횟수, 음식, 종류 등을 기록하고, 이런 것들에 대한 자기조절을 하게 하는 방법, 이완훈련, 인지적 왜곡을 확인하고 수정하기, 자기효능감을 증진시키기, 필요하다면 환경을 변화시키는 노력 등이 적용된다. 또 다른 행동적인 접근방법의 하나는 폭식행동이라는 반응을 저지시키는 데 초점을 맞추는 노출치료이다. 이 방법에서는 오히려 환자들에게 먼저 폭식충동을 촉발시키기 위해 평소에 폭식하는 음식을 적은 양 먹게 한 다음, 충동에 저항하도록 노력하게 한다. 폭식 이외에 다른 정신과적 문제들이 동반된 경우에는 정신역동치료, 대인관계치료, 가족치료 등이 적용되기도 한다.

ⓑ 약물치료: 심리치료만으로는 효과가 없을 때 약물치료를 병행하기도 한다. 신경성 과식증의 치료제로는 이미프라민, 데시프라민, 플루옥세틴 등의 항우울제가 주로 쓰이고 있다.

(2) 비만

비만은 몸 안에 지방질이 과도하게 쌓여 있는 상태를 말한다. 일반적으로 키에 따라 다르게 설정되어 있는 표준 몸무게에서 20% 이상 초과된 상태를 비만이라고 한다.

① 발생 원인

ⓐ 유전요인: 유전요인은 인간의 비만에 있어서 중요한 요인으로 추정되고 있다. 비만 아동의 80% 정도가 가족력을 지니는 것으로 알려져 있다. 따로 떨어져 양육된 일란성 쌍생아 모두에서 비만이 발생하였다는 연구 결과는 비만과 관련된 유전요인의 중요성을 뒷받침하는 것이라 할 수 있다.

ⓑ 발달요인: 어린 시기에 시작된 비만은 지방세포의 숫자와 크기가 증가되는 것이 특징이나, 성인기의 비만은 대부분이 지방세포의 크기가 증가된 결과다. 일반적으로 지방의 분포와 양은 개인마다 다양하고, 신체의 부위에 따라서도 각기 다르다. 허벅지와 엉덩이의 지방세포들보다 허리, 옆구리, 복부의 지방세포들의 신진대사가 좀 더 활발하다. 여성의 경우는 허벅지와 엉덩이 부분의 지방세포가 많으나 남성의 경우는 허리, 옆구리, 복부 주변의 지방세포가 상대적으로 많은 편이다.

ⓒ 신체활동: 신체활동의 현저한 감소는 비만을 초래하는 데 중요한 역할을 한다. 신체활동의 감소는 에너지 소비를 제한하게 되고 음식물 섭취량의 증가에도 영향을 미치게 된다. 음식물 섭취량이 증가하면 에너지 소비도 늘게 되지만, 신체활동이 특정 수치 이하로 떨어져도 이에 비례해 음식물 섭취가 감소하지는 않는 것이 문제이다.

ⓓ 기타 요인들: 여러 가지 질병이 비만과 관련된 것으로 알려져 있으며, 대표적인 비만 관련 질병으로 들소형 지방분포를 보이는 쿠싱증후군이 있다. 프뢸리히 증후군을 포함하는 신경내분비계 장애도 비만이나 성격이상, 골격이상을 초래한다.

ⓔ 심리적 요인들: 많은 연구자는 비만을 초래하는 요인으로 특징적인 가족력, 성격구조, 무의식적인 갈등 등을 언급하고 있다. 과도비만인 아동은 정서적으로 매우 혼란스러운 상태에 놓여 있는 경우라고 할 수 있으므로, 이러한 혼란스러운 문제들에 대처하는 효율적인 수단으로 과식을 선택한 결과가 비만을 심화시키는 것이라고 보기도 한다.

② 중재

ⓐ 식이요법: 체중을 감량하기 위하여 열량 섭취를 줄이는 가장 간단한 방법은 저칼

로리 식사를 하는 것이다. 식이요법의 지속적인 효과를 보기 위해서는 손쉽게 구할 수 있는 음식물로 균형잡힌 식단을 짜고 하루에 1,100~1,200칼로리 정도의 양을 먹는 것이 좋다.

ⓑ 운동: 육체활동에 필요한 열량소모는 체중과 비례하기 때문에 비만 아동은 정상 체중을 지니는 아동에 비해 같은 양의 육체활동을 하더라도 보다 많은 양의 열량을 소모하게 된다. 또한 육체활동이 증가하게 되면 비활동적이던 아동은 식사량이 감소될 수 있다. 이러한 열량 소모 증가와 식사량의 감소 때문에 육체활동을 증가시키는 것이 모든 체중감소 프로그램의 핵심이 되고 있다.

ⓒ 약물치료: 비만 아동을 대상으로 하는 약물치료는 식욕을 억제하는 효과를 나타낸다. 메탐페타민(methamphetamine), 펜터민(phentermine)은 노르에피네프린 수준을 감소시켜 식욕억제 효과를 나타내는 약물이다. 퍼플루오록틸 브로마이드(perfluoroctyl bromide)는 위장관의 지방흡수를 방해하는 약물이다. 비만 아동에게 사용하는 약물은 저칼로리, 저지방 식사가 병행되어야 효과를 높일 수 있고 위장관 계통의 부작용도 줄일 수 있다.

ⓓ 행동치료: 아동에게 식사와 관련된 외적인 자극을 인식하게 하며, 특정 상황, 즉 영화 또는 TV를 보거나 불안하거나 우울할 때 먹는 음식물을 일기형식으로 기록하게 한다. 아울러 식사를 느리게 하고, 많이 씹고, 식사를 하는 동안에 책을 읽지 않고, 식탁에 앉아서 식사를 하는 등의 바람직한 식사행동을 구체적으로 가르친다. 조금이라도 체중을 감량하였으면 칭찬을 하거나 옷을 사 주는 것과 같은 보상을 통해 체중감량의 동기를 강화시키기도 한다.

3) 폭식장애

폭식장애(binge-eating disorder)는 폭식 행동을 반복적으로 한다는 점에서 신경성 폭식증과 동일하지만 부적절한 보상 행동을 반복적으로 보이지 않는다는 점에서는 신경성 폭식증과 다르다. 부적절한 보상 행동이란 구토를 유도한다든지 이뇨제나 관장약을 남용한다든지 금식이나 운동을 과도하게 하는 것을 의미한다. 또한 치료에 대한 반응도 다른데, 폭식장애를 가진 사람들의 회복률이 더 높다. DSM-5의 폭식장애 진단기준은 〈표 7-13〉과 같다.

표 7-13 폭식장애의 진단기준(DSM-5)

A. 반복되는 폭식 삽화이다. 폭식 삽화는 다음과 같이 특징지어진다.
  1. 일정 시간 동안(예: 2시간 이내) 대부분의 사람이 유사한 상황에서 동일한 시간 동안 먹는 것보다 분명하게 많은 양의 음식을 먹음
  2. 삽화 중에 먹는 것에 대한 조절 능력의 상실을 느낌(예: 먹는 것을 멈출 수 없거나, 무엇을 혹은 얼마나 많이 먹어야 할 것인지를 조절할 수 없는 느낌)

B. 폭식 삽화는 다음 중 3가지(혹은 그 이상)와 연관된다.
  1. 평소보다 많은 양을 급하게 먹음
  2. 불편하게 배가 부를 때까지 먹음
  3. 신체적으로 배고프지 않은데도 많은 양의 음식을 먹음
  4. 얼마나 많이 먹는지에 대한 부끄러운 느낌 때문에 혼자서 먹음
  5. 폭식 후 스스로에 대한 역겨운 느낌, 우울감 혹은 큰 죄책감을 느낌

C. 폭식으로 인해 현저한 고통이 있다고 여겨진다.

D. 폭식은 평균적으로 최소 3개월 동안 일주일에 1회 이상 발생한다.

E. 폭식은 신경성 폭식증에서 관찰되는 것과 같은 부적절한 보상 행동과 연관되어 있지 않으며 신경성 폭식증 혹은 신경성 식욕부진증의 기간 동안에만 발생하지 않는다.

☞ 다음의 경우 명시할 것
- 부분 관해 상태: 이전에 폭식장애의 진단기준을 전부 만족시켰으며, 현재 일정 기간 동안 평균적으로 일주일에 1회보다 적은 빈도로 발생하고 있다.
- 완전 관해 상태: 이전에 폭식장애의 진단기준을 전부 만족시켰으며, 현재 일정 기간 동안 어떠한 기준도 만족시키지 않는 상태가 유지되고 있다.

☞ 현재의 심각도를 명시할 것
- 심각도의 최저 수준은 폭식 행동(다음을 참조하시오)의 빈도를 기반으로 하고 있다. 심각도 수준은 다른 증상 및 기능적 장애의 정도를 반영하여 증가될 수 있다.
- 경도: 평균적으로 일주일에 1~3회의 부적절한 폭식 행동 삽화가 있다.
- 중등도: 평균적으로 일주일에 4~7회의 부적절한 폭식 행동 삽화가 있다.
- 고도: 평균적으로 일주일에 8~13회의 부적절한 폭식 행동 삽화가 있다.
- 극도: 평균적으로 일주일에 14회 이상의 부적절한 폭식 행동 삽화가 있다.

4) 이식증

이식증(pica)은 적어도 1개월 이상 음식이 아닌 흙이나 쓰레기, 종이, 머리카락과 같은 비영양성 물질을 지속적으로 먹는 증상을 의미한다. 나이가 어릴수록 좀 더 빈번하게 목격되는 증상으로 성인에게서는 거의 목격되지 않는다. 1~6세 아동은 10~32%

표 7-14 이식증의 진단기준(DSM-5)

A. 적어도 1개월 동안 비영양성 · 비음식 물질을 계속 먹는다.
B. 비영양성 · 비음식 물질을 먹는 것이 발달 수준에 비추어 볼 때 부적절하다.
C. 먹는 행동이 사회적 관습 혹은 문화적 지지를 받지 못한다.
D. 만약 먹는 행동이 다른 정신질환(예: 지적장애, 자폐스펙트럼장애, 조현병)이나 의학적 상태(임신 포함) 기간 중에만 나타난다면, 이 행동이 별도의 임상적 관심을 받아야 할 만큼 심각한 것이어야 한다.
☞ 다음의 경우 명시할 것
−관해 상태: 이전에는 이식증의 진단기준을 만족했으나, 현재는 일정 기간 동안 기준을 만족하지 않는다.

정도, 10세 이상 아동은 10% 정도의 출현율을 보이며, 특정한 지역이나 문화권에서 좀 더 빈번하게 나타나기도 한다. DSM-5의 이식증 진단기준은 〈표 7-14〉와 같다.

(1) 발생 원인

이식증이 있는 아동은 생물학적으로 가까운 근친들에게서의 발생빈도가 좀 더 높은 것으로 알려져 있다. 또한 아동에 대한 부모의 무관심이나 모성결핍이 있는 경우에도 이식증의 발생빈도가 좀 더 높은 것으로 알려져 있다.

(2) 임상 양상

생후 18개월 이후 비영양성 물질을 지속적으로 먹을 때 이식증으로 간주하며, 머리카락이나 돌을 많이 먹어서 장폐색과 흙을 많이 먹어서 만성신부전증의 합병증을 유발할 수도 있다. 또한 배설물이나 오물을 먹어 장내에 기생충이 생기거나, 납성분이 든 페인트를 먹어 납중독이 되거나, 많은 양의 풀을 먹어서 심각한 철분결핍을 초래하는 경우도 있다.

(3) 중재

이식증의 치료에서 심리사회적 스트레스가 원인인 경우는 스트레스를 유발하는 심리사회적 환경요소들을 정확히 평가하고 가족상담, 행동치료, 환경치료 등을 적용하여야 한다. 행동치료의 일환으로는 약한 전기자극이나 불쾌한 소리, 냄새 등을 이용한 혐오치료, 정적 · 부적 강화기법, 행동조성법, 과잉교정 방법 등이 적용된다. 납중독과 같은 합병증이 있는 경우는 내과적인 치료가 필수적이며, 어떤 경우는 철분이나 아연 결핍을 치료하면 이식증이 없어지기도 한다.

이식증 사례

특수학교 4학년에 재학 중인 승현이는 어느 순간에 갑자기 생각이 나면 순식간에 치약을 짜먹고 입맛을 다시고 있습니다. 처음에는 치약을 손에 닿지 않는 곳에 두거나 안 보이는 곳에 두었는데 이를 닦을 때 내놓은 치약을 다시 짜먹는 것입니다.

그래서 그 후에는 치약 입구의 바깥 부분에 마늘즙을 묻혀 놓았습니다. 마늘즙은 시간이 지나면 향과 맛이 약해지기 때문에 매일 붓으로 치약의 입구에 발라 주어야 했습니다. 그 결과 마늘즙의 매운맛을 본 승현이는 학교에서는 치약을 짜먹지 않게 되었고 점차 집에서의 문제행동도 감소되었습니다. 한두 달이 지난 후 마늘즙이 묻어 있지 않던 치약을 다시 짜먹었을 때 또 마늘즙을 묻혔더니 거의 문제행동이 사라졌습니다.

출처: 한국육영학교(1999), p. 215.

5) 되새김장애

되새김장애(rumination disorder)는 정상적으로 섭취한 음식물을 반복적으로 위에서 입으로 역류시켜 씹은 후 다시 삼키는 행위를 되풀이하는 섭식장애이다. 생후 3개월에서 1년 사이의 어린아이들에게서 주로 발견되며 DSM-5의 되새김장애 진단기준은 〈표 7-15〉와 같다.

표 7-15 되새김장애의 진단기준(DSM-5)

A. 적어도 1개월 동안 음식물의 반복적인 역류가 있다. 역류된 음식은 되씹거나, 되삼키거나, 뱉어낼 수 있다.
B. 반복되는 역류는 동반되는 위장 상태 또는 기타 의학적 상태(예: 식도 역류, 유문협착증)로 인한 것이 아니다.
C. 섭식장애는 신경성 식욕부진증, 신경성 폭식증, 폭식장애 혹은 회피적/제한적 음식섭취장애의 경과 중에만 발생되지는 않는다.
D. 만약 증상이 다른 정신질환[예: 지적장애(지적발달장애)나 다른 신경발달장애]과 관련하여 발생한다면 이 증상은 별도로 임상적 관심을 받아야 할 만큼 심각한 것이어야 한다.

☞ 다음의 경우 명시할 것

-관해 상태: 이전에 되새김장애의 모든 진단기준을 만족한 후, 일정 기간 동안 진단기준을 만족시키지 않을 경우이다.

(1) 발생 원인

정신분석학적 관점에서는 발생 원인을 모자관계의 이상으로 본다. 되새김장애 아동의 어머니는 보편적으로 성격이 미숙하고 부부갈등이 있어 아이에게 충분한 사랑과 관심을 주지 못한다고 보는 관점으로, 결과적으로 아이는 어머니가 아닌 자기 내부에서 만족을 찾고자 한다. 다시 말해, 아이는 어머니가 충족시켜 주지 않는 섭식과정을 스스로 만족시키고자 노력하게 된다. 또한 행동주의적 관점에서는 자기 자극의 결과로서 주어지는 쾌감 또는 만족이나 주위 사람들의 관심이 정적 강화제로 작용하여 되새김장애를 지속한다고 본다. 그 외에 과도한 긴장과 자극 투여, 자율신경계의 역기능으로 인한 위식도의 역류현상을 원인으로 본다.

(2) 임상실험

되새김장애는 빠른 경우 생후 3개월 무렵이면 시작된다. 따라서 초기에는 정상적으로 음식물이 역류되는 것과 구분하기가 매우 어렵다. 그러나 좀 더 자세히 관찰해 보면 되새김장애 아동의 경우는 별다른 구역질이나 위장 증상을 동반하지 않고도 머리를 뒤로 하고 등에 힘을 주고 구부리는 특이한 자세를 취하며, 반쯤 소화시킨 음식물을 입으로 역류시키고 다시 삼키는 행위를 즐기듯이 반복하는 것을 볼 수 있다. 또한 되새김증상을 일으키는 사이에 아동이 불안정하고 배고파 하는 것도 관찰할 수 있다. 되새김장애를 지닌 아동은 머리 돌리기, 머리 부딪치기, 몸 흔들기, 머리카락 잡아당기기와 같은 이상행동들을 나타내기도 한다. 되새김장애를 지닌 아동은 계속해서 먹는 데도 불구하고 결과적으로 체중이 감소하며, 탈수, 질병에 대한 저항력이 감퇴되어 성장이 지체되는 경우가 대부분이다.

(3) 중재

학생이 되새김증상을 나타낼 때마다 매우 신 레몬즙을 입 안에 짜 넣는 부적인 통제가 효과적이다. 이 효과는 매우 빠르게 나타나며, 보통 3~5일 내에 되새김증상이 사라진다. 아이에 대한 어머니의 양육방식이 문제되는 경우는 계속적인 심리치료를 통해 아이에 대한 따뜻한 사랑과 관심을 증진시키도록 배려한다.

되새김장애 사례

윤수는 자폐적인 성향이 있는 초등학생입니다.

어느 날부터 윤수에게는 식사 후 손을 입에 집어넣어 토하는 습관이 생겼습니다. 부모님과 교사의 관찰 결과, 윤수는 토하는 행동을 통해 관심을 끌려는 의도와 토하는 자극 자체를 즐기는 듯하였습니다.

윤수의 토하는 행동을 소거하기 위해 식사 후 1시간 가량 손으로 할 수 있는 활동 중 윤수가 좋아하는 작업을 하도록 하였습니다. 1시간 정도가 지나면 소화가 된 후이기 때문에 거의 토하는 행동을 나타내지 않았습니다. 윤수의 토하는 행동은 완전히 소거되지 않고 있으나 그 빈도는 점차 줄어들고 있습니다.

출처: 한국육영학교(1999), p. 220.

6) 회피적/제한적 음식 섭취장애

회피적/제한적 음식 섭취장애(avoidant/restrictive food intake disorder)의 진단기준은 이전의 '유아기 또는 초기 소아기의 급식장애'에 대한 진단기준을 대체하는 것이다. 이 장애의 주요 증상은 음식 섭취를 회피하거나 제한하는 것이며 이로 인해 적절한 영양이나 에너지를 얻지 못해 심각한 정도로 체중이 감소하거나 영양 부족 상태가 된다. DSM-5의 회피적/제한적 음식 섭취장애 진단기준은 〈표 7-16〉과 같다.

표 7-16 회피적/제한적 음식섭취장애의 진단기준(DSM-5)

A. 섭식 또는 급식 장애(예: 음식 섭취에 대한 명백한 흥미 결여, 음식의 감각적 특성에 근거한 회피, 섭식의 부정적 결과에 대한 걱정)가 지속적으로 나타나 적절한 영양 그리고/또는 에너지가 부족하게 되고, 이는 다음과 관련이 있다.
  1. 심각한 체중 감소(혹은 아동에서 기대되는 체중에 미치지 못하거나 더딘 성장)
  2. 심각한 영양 결핍
  3. 위장관 급식 혹은 경구 영양 보충제에 의존
  4. 정신사회적 기능에 많은 영향을 줌

B. 장애는 구할 수 있는 음식이 없거나 문화적으로 허용되는 처벌 관행으로 인한 것으로 더 잘 설명되지 않는다.

C. 섭식장애는 신경성 식욕부진증이나 신경성 폭식증의 경과 중 나타나는 것이 아니고, 사람의 체중이나 체형에 관한 장애의 증거가 없어야 한다.

D. 섭식장애는 동반되는 의학적 상태로 인한 것이 아니고, 다른 정신질환으로 더 잘 설명되지 않는다. 만약 이 섭식장애가 다른 상태나 질환과 관련하여 발생한다면, 섭식장애의 심각도는 일반적으로 나타나는 것보다 심해야 하거나 별도로 임상적 관심을 받아야 할 만큼 심각한 것이어야 한다.

☞ 다음의 경우 명시할 것
- 관해 상태: 이전에 되새김장애의 모든 진단기준을 만족한 후 일정 기간 동안 진단기준을 만족시키지 않을 경우이다.

아동기 초기의 섭식문제 유형별 치료는 다음과 같다.

(1) 까다로운 섭식습관

영양에 대한 카운슬링, 행동중재 기법, 개별 · 집단 · 가족 치료 등의 포괄적인 치료를 한다. 이에 대해 만족할 만한 개선 효과가 나타나지 않으면, 세로토닌 재흡수 억제제를 순차적으로 시도한다. 이에 대해서도 여전히 반응이 불충분하면, 식욕을 증진시키는 역할을 하는 약물인 자이프렉사, 세로퀄, 리스페르달과 같은 항정신성 약물을 추가할 수 있다.

(2) 항상 배고픔을 느끼는 경우

지루함이 원인인 경우에는 흥미로운 과제나 자극 제시, 정적 강화기법과 과제분석 등의 행동수정 기법으로 시작한다. 이에 대해 개선 효과가 나타나지 않으면, 중추신경자극제를 순차적으로 시도한다. 특정 증상이나 장애에 대한 약물을 투여받고 있는 경우에는 식욕을 높이는 부작용이 덜한 다른 약물로 바꾼다. 이러한 처치에 대해 긍정적 반응이 나타나지 않으면 중추신경 자극제로 순차적인 시도를 한다. 우울증적 장애가 있는 경우에는 우울증적 장애를 위한 약물치료에서 설명한 대로 우울증을 치료한다.

3. 배설장애

일반적인 배설 관련 정상 발달의 경우, 유아는 밤에 대변을 가리게 된 다음, 낮에 대변을 가리게 되고, 이후 낮에 소변을 가린 후 끝으로 밤에 소변을 가리는 순서로 배설에 관한 통제가 이루어진다. 그런데 4세가 지나고도 밤낮을 가리지 않고 유분증과 유뇨증 문제를 지니고 있을 때 배설장애가 된다.

1) 유분증

대개 5세 유아의 약 1% 수준에서 유분증(encopresis)이 발견되고, 대개의 경우와 마찬가지로 남아가 여아보다 흔하다. 부적절하고 일관성 없는 대소변가리기 훈련과 심리사회적 스트레스가 요인이 될 수 있다.

유분증은 2가지로 구분되는데, 일차성 유분증은 대변가리기가 아예 되지 않았던 경우이며, 이차성 유분증은 일정 기간 대변을 가린 후 발생하는 경우이다. 유분증은 몇 년 동안 간헐적으로 악화되면서 지속될 수 있으나 만성화되는 경우는 거의 없는 것으로 밝혀지고 있다.

행동적 특성을 보면, 유분증이 있는 아동은 수줍음이 많고 난처한 일이 일어날 수 있는 상황을 피하려고 한다. 장애 정도는 아동의 자존심, 또래의 놀림, 돌보는 사람들의 분노, 처벌, 거부에 의해 영향을 받는다. 대변 묻힘은 고의적인 것이거나 불수의적으로 흘러나온 대변을 깨끗이 하거나 숨기려는 아동의 시도로 인한 우연한 것일 수 있다. 실금이 분명히 고의적인 경우는 반항성 장애나 품행장애의 특징이 나타나기도 한다. 유분증이 있는 소아는 흔히 유뇨증을 경험하기도 한다. 일차성 유분증이 주로 발달지연에 의한 것이거나 생리적일 수 있다면, 이차적 유분증은 주로 심리적 요인에 의한다고 본다.

특별히 유분증은 과잉행동 아동에게 보편적인 것으로 보고되고 있다. 대부분 학령기 아동의 유분증은 저녁 혹은 늦은 오후 아동이 학교에서 돌아온 후에 발생한다. 대부분의 유분증 아동들이 습관적인 변비 현상을 보이고, 장시간의 대변 보유 혹은 변비는 창자를 팽창시키고 배설물 감염, 항문괄약근 이완을 초래한다. 이런 경우 창자가 오랜 기간 동안 팽창되어, 아동이 충만감에 적응하는 것인지는 확실하지 않으나 대장 전체와 직장으로부터의 배변 신호에 민감하지 않게 되는 일이 있다.

많은 유분증 아동은 유아기에 시작된 변비를 가지고 있다. 영아들은 배변을 위한 화장실 사용을 두려워하거나 매우 꺼리는 일도 있다. 따라서 화장실에 갈 것을 강요받으면 울고 칭얼거리고 짜증을 부릴 수도 있다. 그리고 배변을 위해서는 기저귀를 사용할 것을 고집할 수도 있다. DSM-5의 유분증 진단기준은 〈표 7-17〉과 같다.

표 7-17 유분증의 진단기준(DSM-5)

A. 부적절한 장소(예: 옷, 바닥)에 불수의적이든 의도적이든 반복적으로 대변을 본다.
B. 이러한 상황이 적어도 3개월 동안에 월 1회 이상 나타난다.
C. 생활연령이 적어도 4세 이상이다(또는 이와 동일한 발달 수준에 있음).
D. 이러한 행동은 물질(예: 완화제)의 생리적 효과나 변비를 일으키는 기전을 제외한 다른 의학적 상태로 인한 것이 아니다.
☞ 다음 중 하나를 명시할 것
－변비 및 범람 변실금을 동반하는 경우: 신체 검진이나 병력상 변비의 증거가 있다.
－변비 및 범람 변실금을 동반하지 않는 경우: 신체 검진이나 병력상 변비의 증거가 없다.

(1) 역학

서양문화권에서 자라는 아동들의 경우 4세 정도면 95% 이상이, 5세 무렵이면 99% 이상이 대변을 가리는 것으로 조사된 바 있다. 유분증은 남자 아동이 여자 아동보다 3~4배 정도 많이 나타내는 바, 7~8세에서 유분증 발생률은 남아가 1.5% 정도이고 여아가 0.5% 정도이다. 10~12세 남아의 유분증 발생률은 1.3% 정도이고, 여아의 경우는 0.3% 정도이다.

(2) 발생 원인

유분증 아동 중에는 간혹 주의산만이나 과잉행동과 같은 행동문제들도 함께 나타내므로, 신경발달적 지연이 이러한 유분증이나 행동문제들을 있게 하는 것으로 유추하기도 한다. 정신분석학적 관점에서는 적절한 시기에 대소변가리기 훈련을 전혀 시키지 않았거나, 훈련과정이 일관성이 없었거나 지나치게 강압적이었거나, 발달 상태에 맞지 않게 일찍 시키는 등의 대소변가리기 훈련을 둘러싼 부모와 아동 간의 갈등이 유분증을 악화시키고 이차적인 행동문제까지도 초래한다고 유추한다. 이 밖에도 학교 입학이나 동생의 출생, 부부간의 갈등과 같은 심리사회적 스트레스가 유분증의 원인요소로 지적되기도 한다. 드물게는 변기 사용에 대한 유별난 공포로 인해 유분증이 발생하기도 한다.

(3) 중재

유분증의 치료는 행동치료가 효과적이다. 대변을 잘 가리는 날은 달력에 별표를 하여 강화시키는 등의 기법을 적용한다. 유분증 아동의 경우 부부간의 갈등과 같은 심각한 가정문제도 흔하게 경험하게 되는데, 이러한 문제들을 치료하는 것도 중요하다. 가정 내에 존재하는 심리사회적 스트레스를 최소화하며 강압이나 긴장감을 덜 느끼게 하는 분위기를 만들어 주어야 한다.

- 의료적 치료: 설사약과 관장약을 사용하여 점진적으로 설사약을 줄여 나감으로써 규칙적인 장운동을 유도한다.
- 행동적 치료: 의료적 절차와 강화 절차 및 벌 기법을 병용하여 사용한다.

2) 유뇨증

정상 배뇨 조절능력의 발달은 배변에서와 마찬가지로 점진적으로 이루어지고 신경근육 및 인지 발달, 사회정서적 요소, 배뇨훈련 그리고 극히 일부의 경우 유전적 요소에 의한 영향이 논의되고 있다. 일차성 야뇨증의 경우 지속적으로 문제가 되면 우선 가족관계가 원만치 못하게 되어 자신감이 결여되거나 친구관계에 거리가 생긴다.

유뇨증(enuresis)의 발생빈도는 5세를 기준해서 남아 7%로 여아의 3% 수준보다 월등히 높다. 10세경까지는 남아 3%, 여아 2% 수준으로 낮아지며, 18세의 경우에는 남자 1% 수준에 머문다.

유뇨증의 유형은 주간형, 야간형, 주야간형 복합으로 분리될 수 있다. 유뇨증 수반 장애 정도는 아동의 사회활동의 제한이나, 아동의 자존심에 미치는 영향, 친구들에 의한 사회적 배척 정도, 돌보는 사람들의 분노 · 처벌 · 거부에 의해 영향을 받는다. 유뇨증이 있는 아동이 정신장애나 발달장애가 함께 나타날 비율은 일반 집단보다 높다. 유분증과 더불어 수면 중 보행장애가 나타나기도 한다. 비뇨기계 감염은 유뇨증이 있는 아동, 특히 주간형인 경우에 보다 흔하다. 동반되는 감염을 적절히 치료한 후에도 흔히 유뇨증은 지속된다. 많은 유발요인이 시사되고 있는데, 지연된 또는 느슨한 대소변가리기 훈련, 심리사회적 스트레스, 요 농축능력의 장애, 자발적 배뇨를 할 수 없을 정도의 낮은 방광문제 등이 거론되고 있다.

과잉행동장애 아동의 1/3 정도가 오랫동안 방광통제에 지속적인 문제를 가지는 것으로 알려져 있다. 침상유뇨증은 과잉행동장애 아동에게 특히 일반적이다. 어느 정도 나이 든 아동에게 낮 동안의 유뇨증은 드물게 찾아볼 수 있다. 그러나 침상유뇨증이 있는 아동의 약 1/3이 낮 동안에도 역시 방광통제에 문제를 일으킨다.

유뇨증은 일차적 유뇨증과 이차적 유뇨증으로 나누어진다. 일반적으로 일차적 유뇨증은 아동이 소변을 완전히 가려본 적이 전혀 없는 경우를 말하고, 이차적 유뇨증은 아동이 1년 이상 소변을 가리다가 다시 못 가리게 되는 경우를 말한다. 이차적 유뇨증은

표 7-18 유뇨증의 진단기준(DSM-5)

A. 침구 또는 옷에 불수의적이든 의도적이든 반복적으로 소변을 본다.
B. 이러한 행동은 임상적으로 확연하게 나타나며, 적어도 연속된 3개월 동안 주 2회 이상의 빈도로 일어나고, 사회적, 학업적(직업적) 또는 다른 중요한 기능 영역에서 임상적으로 현저한 고통이나 손상을 초래한다.
C. 생활연령이 적어도 5세 이상이다(또는 이와 동일한 발달 수준에 있음).
D. 이러한 행동은 물질(예: 이뇨제, 항정신병 치료약물)의 생리적 효과나 다른 의학적 상태(예: 당뇨, 척수이분증, 발작장애)로 인한 것이 아니다.

☞ 다음 중 하나를 명시할 것

−야간형 단독: 야간 수면 시에만 소변 배출

−주간형 단독: 깨어 있는 시간 동안에 소변 배출

−주야간형 복합: 앞의 2가지 아형의 혼합형

종종 어떤 환경적 스트레스에 뒤따라 나타난다. 따라서 학생의 연령, 오줌 싸는 빈도, 의학적 문제의 부재 등의 요인을 고려해야 한다. DSM-5의 유뇨증 진단기준은 〈표 7-18〉과 같다.

(1) 역학

유뇨증의 발병률도 나이가 증가할수록 감소하며, 남아가 여아보다 발병률이 높다. 2세 무렵에는 82%, 3세 무렵에는 49%, 4세 무렵에는 26%, 5세 무렵에는 7% 정도의 아이들이 유뇨증을 나타낸다. 대부분의 유뇨증은 성숙과 더불어 저절로 호전되는 경우가 많으나, 1% 정도는 성인기까지 지속되는 것으로 알려져 있다.

(2) 발생 원인

유뇨증의 발병 원인은 아직까지 정확하게 밝혀진 바가 없다. 그러나 유뇨증 발생과 관련된 유전적 요인을 지지하는 연구 결과들을 보면, 유뇨증 아동의 75%가 부모나 형제도 비슷한 문제를 갖는 경우이며, 일란성 쌍둥이가 이란성 쌍둥이보다 높은 일치율을 보이고 있다. 대부분의 유뇨증 아동들의 방광은 해부학적으로는 정상적이지만 부분적인 기능장애를 갖는 경우라는 견해도 있다. 아울러 동생의 출생, 입원, 입학, 부모의 이혼이나 사망, 이사 등과 같은 심리사회적 스트레스 또는 심리적 갈등도 유뇨증 발생의 한 요인으로 거론되고 있다. 정신분석학자들은 유뇨증이 부모에 대한 불만, 두려움, 분노 등의 억압된 감정이 수동 · 공격적인 복수의 형태로 나타난 것이라고 보아 복수성 야뇨증이라고 명명하기도 한다.

(3) 중재

① 행동치료

아동이 사용하는 침구나 기저귀에 전자식 소변경보장치를 설치하여 소변이 한 방울이라도 묻으면 즉시 경보음이 울려 잠자는 아이를 깨우는 조건화 이론을 응용한 치료 방법이 비교적 안전하고 효과적인 방법으로 적용되고 있다. 또한 대상아동에게 일정량의 수분을 섭취하게 한 후 가능한 한 오래도록 소변보기를 참게 하는 방광훈련(소변참기훈련)도 적용되고 있다. 소변을 제대로 가린 날은 달력에 별표를 하여 아동과 부모가 함께 볼 수 있게 하면서 강화를 주는 방법도 있다.

- 잠자리에 들기 전에 아동에게 음료수 주기
- 소변경보기 설치하기
- 아동이 잠자리에 누워서 50까지 세고 난 후 화장실 사용을 시도하는 것을 20회 시험해 보기
- 화장실 사용과 소변 참기를 격려하면서 매 시간 아동을 깨우기
- 소변을 보기 시작하면 아동과 부모를 깨우도록 경보기를 작동시키기
- 언어적 칭찬과 강화 사용하기: 학생에게 TV 시청하기, 후식, 언어적 칭찬, 주말에 더 늦게 잠자리에 들기, 부모와의 특별활동 등의 보상을 제공한다.

괄약근 통제능력을 포함하는 신체적 준비는 흔히 출생 후 첫 1년의 마지막 무렵에 나타난다. 아동의 앉고 걷는 능력 또한 배변훈련의 시작 가능성을 알리는 중요한 신호이다. 게다가 아동은 심리적으로 준비가 되어 있어야만 하는데, 이것은 아동이 양육자에게 반응적이어야 하고 기본적인 표현언어 기술, 타인 모방능력, 화장실 사용을 배우고자 하는 열의가 있어야 한다는 것을 의미한다. Brazelton은 아동이 자신의 속도에 따라 나아가도록 허용하는 단계적 배변훈련 접근을 다음과 같이 제안한다.

- 변기 혹은 작은 변기의자에 길들이기: 아동에게 변기(의자)를 보여 주고, 그 의자 주위를 걷다가 옷을 입은 채 그 의자에 앉도록 요구한 후 그 의자에 앉아서 노래를 부르거나 다른 재미있는 놀이를 함으로써 실시할 수 있다.
- 아동이 옷 혹은 기저귀를 벗은 채 변기(의자)에 앉는 자세에 적응할 수 있도록 충분히 학습기회 제공하기: 아동이 기저귀에 소변 또는 대변을 보게 되면, 부모는 그 기저귀를 빼서 변기(의자) 안에 놓고 그것을 아동에게 보여 주며 그 변기(의자)에 앉도록 해야 한다. 이쯤에서 부모는 아동에게 왜 기저귀가 변기(의자)에 안에 있는지, 그리고 변기(의자)의 용도는 무엇인지에 대해 피드백을 줄 수도 있다.
- 낮 동안에 여러 번 아동을 변기(의자)로 데리고 가기: 매번 부모는 변기(의자) 안에 대소변을 보도록 아동을 격려하고 그 노력이나 성공에 대해 언어적 칭찬을 한다. 시간이 흐르면서 아동은 대소변 욕구를 화장실에 가서 변기를 사용해야 할 필요성

과 관련지어 생각할 수 있어야만 한다. 물론 가끔씩 퇴보가 나타나기도 하는데, 부모는 이러한 사건을 사무적인 태도로 처리하고 다음에는 더 잘 하도록 아동을 격려해야 한다. 덧붙여 과제분석법을 사용하여 다른 배변기술도 지도할 수 있는데, 이러한 기술들에는 옷 입고 벗기, 변기에 접근하기, 물 내리기, 씻기 등이 포함된다(Christophersen & Friman, 2010).

② 약물치료

유뇨증 치료의 일환으로서 약물치료는 처음부터 적용하지 않고 대개 마지막에 적용한다. 유뇨증 치료제로는 삼환계 항우울제의 일종인 이미프라민이 가장 많이 사용되고 있다.

유분증을 포함한 배설장애를 가진 아동의 평가는 우선 가능한 한 의학적 설명에 초점을 맞추어야 한다. 유뇨증에 대한 의학적 설명들의 예는 다음과 같다(Christophersen & Friman, 2010).

- 당뇨
- 요도감염
- 발작장애(seizure disorders)
- 수분섭취와 소변통제에 영향을 미치는 신경학적 손상
- 신장 이상
- 약물 사용
- 비뇨계통의 해부학적 기능장애

다른 가능성 있는 요인들로는 호르몬 변화와 중추신경계 장애 등이 있다. 소변분석(urinalysis), 요로조영사진(urogram), 방광요도조영상(cystourethrogram), 괄약근 근전도(sphincter electromyography), 방광경 검사법(cystoscopy) 등은 이러한 문제들을 확인하는 데 종종 사용된다.

③ 심리치료

심리적 갈등이 유뇨증 발병의 주요인인 경우는 놀이치료와 대상 아동 및 부모나 기타의 가족구성원까지를 대상으로 하는 가족치료 기법들을 적용하기도 한다. 이러한 가족치료적 접근은 유뇨증과 공존하는 이차적인 정서문제나 가족문제를 다루는 데 효과적이나, 그렇더라도 이 한 가지 기법만으로는 유뇨증 치료에 별로 효과가 없는 것으로 알려져 있다.

아울러 유뇨증을 가진 아동의 오줌 싸는 빈도, 취침시각, 오줌 싸는 시각, 오줌 싸는 정도(예: 많이, 조금), 적절한 화장실 사용, 잠깨는 시각과 과정, 이례적인 사건(예: 늦잠자기) 등에 대한 기초적 정보를 일지 또는 일기 작성을 통해서 수집한다(Christophersen & Friman, 2010).

3) 배설장애 치료 프로그램 실행 시 유의점

① 치료과정에서 의사소통의 어려움으로 가끔 분열적인 행동을 보이는데, 이를 위해 대안적 의사소통 체계가 개발되어야 한다.

② 아동의 능력, 특성, 관심 등을 기초로 하여 스스로 과제를 수행해 보고 싶은 마음을 갖게 하고, 할 수 있다는 자신감을 부여해 줌으로써 좀 더 해 보고 싶은 마음이 생기도록 일깨워 주는 것이 중요하다.

③ 아동 개개인의 독특한 교육적 욕구에 맞게끔 다양하고 아동이 흥미를 가지고 쉽게 사용할 수 있는 교재 · 교구 활용, 공간 활용, 지도방법 등 개개인의 제반 특성을 이용한 치료전략을 세워야 한다.

④ 중증장애를 가진 아동은 아동이 흥미를 보이거나 강한 집착을 갖는 것에서 지도방법 등의 단서를 찾아 지도하면 효과적이다.

⑤ 새로운 학습을 시도할 때에는 한 번에 많은 것을 제시하는 것보다 간단하게 작게 나누어 과제를 제시하고, 이미 학습한 내용으로 즐거움을 맛본 내용과 관련지어 학습시킨다. 보조와 촉구가 필요하지만, 처음에는 적극적이고 강하게 제공하고 시간이 지남에 따라 서서히 약화시켜 나가야 한다.

⑥ 지도계획을 수립할 때에는 개인의 학습 요구에 따라 과제를 상세히 분석하고 구조화하며, 일관성이 있어야 실제 과제에서 중요한 내용과 무관한 내용 간에 일어날 수 있는 혼란을 예방하고 무오류 학습이 이루어질 수 있다.

⑦ 지도단계에 있어서 다른 단계를 지도하기 전에 사전에 결정된 일정 시간, 즉 시행

간격을 적절히 확보해 주어야 각 과제를 구별하여 학습할 수 있다.

⑧ 일반화를 돕기 위해 여러 장소, 장시간 지도, 현장중심 등 다양한 방법의 지도가 이루어져야 한다.

⑨ 효과적인 치료 프로그램이 되기 위해서는 부모의 협력이 절대적이며 많은 프로그램들은 주로 가정에서 지도되어야 하므로 가정과 연계한 지도가 이루어져야 한다.

학습과제

1. 불안장애 아동의 중재를 위한 교육적 접근방법을 설명하시오.
2. 섭식장애 아동의 중재를 위한 교육적 접근방법을 설명하시오.
3. 배변장애 아동의 중재를 위한 교육적 접근방법을 설명하시오.

제 8 장

우울장애와 양극성장애

학습목표

1. 우울장애의 정의와 유형별 진단기준 및 특성을 설명할 수 있다.
2. 우울장애의 원인에 다양한 이론과 통합 모델을 설명할 수 있다.
3. 우울장애의 다양한 중재기법과 교사의 역할을 설명할 수 있다.
4. 양극성장애의 정의와 유형별 진단기준 및 특성을 설명할 수 있다
5. 양극성장애의 원인, 중재기법 및 교사의 역할을 설명할 수 있다.

1. 우울장애

최근 청소년들의 잇따른 자살이 사회문제로 떠오르고 있다. 특히 과도한 학업 스트레스와 미래에 대한 불안감, 왕따 현상 등이 아동들을 위기로 몰아넣고 있다. 어른과 마찬가지로 아동들도 좌절, 실망감, 상실감이 클 경우 우울증 등 정신건강 문제가 나타난다. 일반적으로 **아동 우울증**은 성인과는 다른 양상으로 나타나는데, 무단결석, 게임 중독, 가출, 비행 등 행동문제로 나타나기도 하고, 여러 신체 증상이나 성적 저하로 위장되기 때문에 오랫동안 교사나 부모가 알아채지 못하고 지나치는 경우가 많다. 이는 우울 감정이 감추어진 형태인 가면성 우울(masked depression)의 형태로 표현되기 때문이다.

이런 아동은 항상 매사에 열의가 없고, 변덕스럽고, 자신이 무가치하며 불행하다고 생각하는데, 이런 기분의 장애가 주된 특성일 경우 **우울장애**(depressive disorder)라 부른다. 우울장애는 병적인 내적 감정 상태로, 감정뿐만 아니라 사고와 행동, 신체생리 그리고 대인관계에서도 문제가 나타날 수 있다. 대부분의 우울장애 아동들은 불행감, 절망감, 무가치감, 죄책감 등 지속적인 정서 문제로 인해 학교적응에 많은 어려움을 겪는다.

특히 우울장애는 전반적인 슬픈 기분 및 무력감, 사회적 위축, 성급함, 죄책감이나 무력감, 주의집중 곤란, 정상 활동의 흥미 상실, 체중/식욕/수면의 심한 변화, 반복적인 자살 사고 등 몇 가지 증상이 일정 기간 나타나야 하며, 생활환경(가족의 죽음에 대한 슬픔)에 대한 일시적 반응이 아니어야 한다. 청소년 중 15~20%는 우울증을 경험하며, 여자가 2배 더 많이 발병한다. 간혹 아동의 우울은 외현화 행동장애가 있을 때 간과되기 쉽다. 교사는 이러한 우울 징후에 주의하여야 하며, 평가를 위해 의뢰하여야 한다(김진호 외, 2013).

그러나 우울장애 아동은 교사를 힘들게 하지 않을 수도 있다. 아동기 우울장애의 증상은 성인과는 다르게 표현되기 때문이다. 어떤 경우에는 폭언, 사람이나 사물에 대한 공격성을 보이는 품행문제를 동반하기 때문에 우울장애를 잘 발견하지 못한다. 우울장애는 성인뿐 아니라 아동 및 청소년에게도 나타나기 때문에 조기에 발견하여 중재하는 것이 무엇보다 중요하다(윤치연, 2016). DSM-5에서는 우울장애를 파괴적 기분조절부전장애, 주요우울장애, 지속성 우울장애(기분저하증), 월경전불쾌감 장애 등으로 분류하고 있다(APA, 2013).

1) 우울장애의 정의

DSM-IV-TR에서와는 달리 DSM-5에서는 '우울장애'와 '양극성 및 관련장애'를 분리하여 기술하고 있다. 이들의 공통적인 특징은 슬픔, 공허감, 과민한 기분 등이 표출되며, 신체적 및 인지적 변화가 동반되어 개인의 기능 수행에 문제를 야기한다. 특히 DSM-5에서는 지속적인 과민한 기분과 극단적인 행동통제가 곤란한 12세 이상의 아동의 경우에 '파괴적 기분조절부전장애'라는 새로운 진단명이 우울장애 범주에 추가되었다. 이런 증상을 보이는 아동은 사춘기를 지나 성인이 되면서 양극성장애보다는 우울장애 혹은 불안장애로 발달하기 때문이다.

우울은 심리적으로 우울한 기분, 무가치한 느낌, 죄책감, 흥미의 상실, 집중력·기억력의 감소, 자살에 대한 생각 등의 증상과 신체적으로 식욕이나 체중의 변화, 수면의 변화, 피로 등의 증상들을 수반하는 정신병리다. 우울이란 용어는 BC 400년 전에 히포크라테스가 'melancholia'로 기술하면서 처음으로 사용되었으며, Bleuler은 우울한 감정 상태, 정신운동 지연 및 의지의 억압이 우울의 3대 기본요소라고 주장하면서 'melancholia'와 동의어로 'depression'이라는 용어를 사용하였다.

일반적으로 '우울'이라는 용어는 불행한 기분이 만연하는 경험을 말하며, '정신병리의 감기'라고 부르기도 한다. 우리 모두는 슬프고, 우울하고, 침울하고, 기분이 언짢음을 느낀다. 슬픔은 친구를 잃는 것과 같은 불행한 생활사건에 대한 정상적인 반응이다. 어떤 때는 그 이유를 모르면서 우울함을 느낄 수도 있다. 그러나 이런 감정은 곧 사라지고 정상적인 활동을 되찾는다. 반면, 임상적인 우울증은 모든 사람이 때때로 갖게 되는 기분의 동요나 이따금씩 찾아오는 우울보다 훨씬 더 심각하다.

우울증 아동은 자신의 슬픔을 떨쳐버리지 못하고, 일상생활, 사회적 관계, 학업 수행 등 전반적인 기능을 방해한다. 우울증 아동의 일반 증상은 정서, 신체, 인지 및 행동 특성 등에서 다양하게 나타난다(이성봉 외, 2010; 〈표 8-1〉 참조). 일부 우울증 아동은 일반적으로 슬프거나 불행해 보이지만, 불행함에 대해 불평하지 않고, 그것에 대해 인식하지 못할 수도 있다. 아마도 눈에 띄는 주요 증상은 위축이나 성마름이다. 이런 아

표 8-1 우울증 관련 행동

정서	신체	인지	행동
분노	복통	양가감정	공격성
불안	식욕부진	혼란	흥분 변화된 활동수준
무감동	요통	집중력 곤란	약물중독
비꼼	흉통	우유부단	인내 부족
의기소침	변비	흥미와 동기상실	안절부절못함
감정의 부인	현기증	비관	자발성 부족
낙심	피로	자기비난	과잉의존
죄책감	두통	자기가치 저하	개인위생 결핍
무력감	소화불량	자기파괴적 사고	정신운동성 지체
절망감	불면	불확실성	사회적 고립
외로움	나른함		울음
자존감 저하	오심		낮은 성취
슬픔	과식		위축
무가치감	성적 무반응		
	수면장애		
	구토		
	체중 변화		

동은 친구들과 어울리지 못하고, 혼자서 그리고 무관심하게 대부분의 시간을 보낸다. 한때 재미있었던 활동도 전혀 즐겁지 않다.

2) 우울장애의 분류 및 진단기준

(1) 파괴적 기분조절부전장애

파괴적 기분조절부전장애(disruptive mood dysregulation disorder)는 주로 10세 이전에 시작되며, 6세 이전이나 18세 이후에는 진단될 수 없다. 이 장애의 주요 특성은 잦은 분노발작으로, 전형적으로 좌절에 대한 반응으로 폭언이나 사물, 자신, 타인에 대한 공격 형태로 나타난다. 이 증상들은 발달 수준과 부적절하게 평균 일주일에 3회 이상 빈번하게 발생한다. 또한 분노발작 기간에 기분이 지속적으로 과민하거나 거의 매일, 하루 중 대부분 화가 나 있는 것이 특징이다(〈표 8-2〉 참조).

표 8-2 파괴적 기분조절부전장애의 진단기준(DSM-5)

A. 심한 재발성 분노발작이 언어적(예: 폭언) 또는 행동적(예: 사람이나 사물에 대한 공격)으로 나타나며, 상황이나 촉발 자극에 비해 그 강도나 지속시간이 아주 비정상적이다.
B. 분노발작이 발달 수준에 비해 부적절하다.
C. 분노발작이 평균적으로 일주일에 3회 이상 발생한다.
D. 분노발작 기간에 기분이 지속적으로 과민하거나 거의 매일, 하루 중 대부분 화가 나 있으며, 객관적으로 관찰할 수 있다(예: 부모, 교사, 또래)
E. 진단기준 A~D가 12개월 이상 지속되며, A~D에 해당하는 모든 증상이 없는 기간이 연속 3개월 이상 되지 않는다.
F. 진단기준 A와 D가 세 환경(예: 가정, 학교, 또래) 중 최소 두 군데 이상에서 나타나며, 최소한 군데에서는 심한 증상을 보인다.
G. 6세 이전 또는 18세 이후에 처음으로 진단될 수 없다.
H. 과거력 또는 객관적인 관찰에 의하면, 진단기준 A~E의 발생이 10세 이전이다.
I. 진단기준 A를 충족하는 기간을 제외하고, 양극성장애의 조증 또는 경조증 삽화의 모든 진단 기준을 충족하는 뚜렷한 기간이 1일 이상 있지 않아야 한다.
J. 이러한 행동이 주요우울 삽화 중에만 나타나서는 안 되며, 다른 정신질환(예: 자폐스펙트럼장애, 외상 후 스트레스장애, 분리불안장애, 지속성 우울장애(기분저하증)으로 설명되지 않는다.
☞ 주의: 이 진단은 적대적 반항장애, 간헐성 격정장애 또는 양극성장애와 공존할 수 없으나, 주요우울장애, 주의력결핍 과잉행동장애, 품행장애, 물질사용장애와는 공존할 수 있다. 파괴적 기분조절부전장애와 적대적 반항장애의 진단기준을 모두 충족시키는 증상을 가진 경우 파괴적 기분조절부전장애만 진단 내려야 한다.
K. 증상이 물질의 생리적 효과나 다른 의학적 또는 신경학적 상태로 인한 것이 아니다.

(2) 주요우울장애

주요우울장애(major depressive disorder)의 핵심 증상은 체중 변화와 자살 사고를 제외하고 우울 기분이 하루 중 대부분, 거의 매일 존재한다. 흔히 불면이나 피로를 자주 호소하는 경우 동반되는 우울 증상을 놓치기 쉽다. 신체증상을 주로 호소하는 경우 그러한 증상이 특성 우울 증상과 관련이 있는지를 파악해야 한다. 이 장애의 필수 증상은 적어도 2주 동안의 우울 기분 또는 거의 모든 활동에서의 흥미나 즐거움의 상실이다. 아동의 경우 슬픈 기분보다는 과민한 기분을 보이며, 식욕, 체중, 수면, 정신운동활동의 변화, 에너지 감소, 무가치감 또는 죄책감, 생각하고 집중하고 결정하기 어려움, 반복되는 죽음에 대한 생각 또는 자살 사고, 계획 및 시도 등 최소한 4개의 증상이 있어야 한다(〈표 8-3〉 참조).

표 8-3 주요우울장애의 진단기준(DSM-5)

A. 다음의 증상 중 5개 이상 2주 연속으로 지속되며, 이전의 기능 상태와 비교할 때 ① 우울 기분, ② 흥미나 즐거움 상실 등의 변화를 보여야 한다. (단, 의학적 상태로 인한 증상이 아닐 것)
1. 하루 종일 그리고 거의 매일 지속되는 우울 기분을 주관적으로 보고하거나 객관적으로 관찰됨(예: 눈물 흘림)(단, 아동청소년은 과민한 기분으로 나타나기도 함)
2. 거의 매일, 하루 종일, 거의 또는 모든 일상 활동에 대한 흥미나 즐거움의 뚜렷한 저하
3. 체중 조절을 하지 않았는데 뚜렷한 체중 감소(예: 1개월 동안 5% 이상 체중 변화)나 체중 증가, 거의 매일 식욕 감소나 증가(단, 아동의 경우 체중 증가가 기대치에 미치지 못함)
4. 거의 매일 불면이나 과다수면
5. 거의 매일 정신운동 초조나 지연(객관적으로 관찰 가능)
6. 거의 매일 피로나 활력의 상실
7. 거의 매일 무가치감 또는 과도하거나 부적절한 죄책감(망상적인)
8. 거의 매일 사고력이나 집중력 감소 또는 우유부단(주관적 호소나 객관적으로 관찰 가능)
9. 반복적인 죽음에 대한 생각(단지 죽음에 대한 두려움이 아닌), 구체적인 계획 없이 반복되는 자살 사고, 또는 자살시도나 자살 수행에 대한 구체적인 계획

B. 증상이 사회, 직업 또는 다른 중요한 기능에서 임상적으로 현저한 고통이나 손상을 초래한다.
C. 증상이 물질의 생리적 효과나 다른 의학적 상태로 인한 것이 아니다.
D. 주요 우울 증상이 조현 정동장애, 조현병, 조현양상장애, 망상장애, 달리 명시된 또는 명시되지 않는 조현병 스펙트럼 및 기타 정신병적 장애로 잘 설명되지 않는다.
E. 조증 혹은 경조증 증상이 존재한 적이 없다.

흔히 주요우울장애에서의 기분 상태는 우울하고 슬프고 희망이 없으며 실망스럽거나 의기소침하다. 만사가 귀찮거나 느낌이 없거나 불안한 기분을 호소하는 경우 우울 기분은 얼굴 표정과 태도에서 나타난다. 이런 아동은 슬프고 낙담스러운 기분보다 지나치게 민감하거나 까다로운 기분을 표출할 수 있고, 흥미나 즐거움의 상실이 거의 항상 나타난다. 취미에 대한 흥미가 감소되거나 더 이상 관심을 가지지 않거나, 이전에는 즐거웠던 활동도 즐거움을 느끼지 못하게 된다.

주요우울장애는 높은 자살률과 관련이 있다. 이들은 빈번히 울거나 과민하고 강박적으로 반추하며, 불안감, 공포증, 건강에 대한 과도한 염려와 통증(예: 두통, 관절, 복부 또는 기타 부위의 통증)을 호소한다. 그러나 아동의 경우 분리불안이 나타날 수 있다.

주요우울장애의 유병률은 약 7%이며, 연령에 따라 큰 차이를 보이는데, 18~29세 집단이 60세 이상의 집단보다 3배 이상 높고, 초기 청소년기부터 여성이 남성보다 1.5~3배 정도 높다. 또 어느 연령대에서도 발병할 수 있지만 특히 사춘기에 발병 가능

이 매우 높다(권준수 외, 2015).

(3) 지속성 우울장애(기분저하증)

지속성 우울장애(기분저하증; persistent depressive disorder, dysthymia)는 아동의 경우 적어도 1년 동안 우울 기분이 없는 날보다 있는 날이 더 많고, 하루 종일 우울 기분이 지속된다. 이 장애는 DSM-IV 진단기준에 따른 만성 주요우울장애와 기분부전장애를 통합한 것이다. 주요우울장애는 지속성 우울장애보다 선행할 수 있고 주요우울 증상은 지속성 우울장애 중에 나타날 수 있다. 2년간 주요우울장애 진단기준을 충족시키는 증상을 가질 경우 주요우울장애뿐 아니라 지속성 우울장애의 진단도 추가해야 된다.

지속성 우울장애는 우울 기간 동안 식욕부진/과식, 불면/과다수면, 기력 저하/피로감, 자존감 저하, 집중력 감소/우유부단, 절망감 등 증상 중 적어도 2개 이상 나타나야 하고, 이 증상들은 일상적인 경험의 대부분을 차지하고 있기 때문에, 보고되지 않을 수 있다(〈표 8-4〉 참조).

표 8-4 지속성 우울장애(기분저하증)의 진단기준(DSM-5)

A. 적어도 2년 동안(아동 · 청소년의 경우 1년 동안), 하루 종일 우울 기분이 있고, 우울 기분이 없는 날보다 있는 날이 더 많으며, 주관적으로 보고하거나 객관적으로 관찰된다.

B. 우울 기간 동안 다음 증상 중 2개 이상 나타난다.

1. 식욕부진 또는 과식
2. 불면 또는 과다수면
3. 기력의 저하 또는 피로감
4. 자존감 저하
5. 집중력 감소 또는 우유부단
6. 절망감

C. 장애가 있는 2년 동안(아동 · 청소년의 경우 1년) 2개월 이상 진단기준 A와 B가 계속하여 존재하였다.

D. 주요우울장애의 진단기준을 충족시키는 증상이 2년간 지속적으로 나타날 수 있다.

E. 조증 혹은 경조증 증상이 없어야 하고, 순환성장애의 진단기준을 충족하지 않아야 한다.

F. 장애가 지속적인 조현정동장애, 조현병, 망상장애, 달리 명시된 또는 명시되지 않는 조현병 스펙트럼 및 기타 정신병적 장애와 겹쳐 나타나지 않는다.

G. 증상이 물질(예: 약물남용, 치료약물)의 생리적 효과나 다른 의학적 상태(예: 갑상선기능저하증)로 기인하지 않아야 한다.

H. 증상이 사회, 직업 또는 다른 중요한 기능에서 임상적으로 심한 고통이나 손상을 초래한다.

3) 우울장애의 원인

지금까지 우울장애를 이해하기 위해 많은 이론이 등장하였다. 슬픔 및 상실과 연관된 무의식적인 갈등을 강조하는 정신역동 이론, 우울한 사람의 자기패배성 사고과정에 초점을 둔 인지이론, 우울한 사람들이 다른 사람들과 어떻게 상호작용하는가를 강조하는 대인관계 이론, 유전이나 신경전달물질 등 생물학적 과정이 기분에 어떤 영향을 미치는가를 입증하려는 신경생물학적 이론 등 많은 모델이 등장하였다. 최근 우울을 설명하기 위해 제안된 8가지 이론적 모델의 주요 강조점은 〈표 8-5〉와 같다.

표 8-5 우울장애에 대한 이론적 모델의 주요 강조점

이론적 모델	주요 강조점
정신역동 이론	대상 상실에 대한 내재화; 화가 내부로 바뀜; 자존감의 상실
애착이론	불안정한 초기 애착; 자기와 타인에 대한 왜곡
행동주의 이론	강화의 상실 혹은 강화의 질; 강화를 받을 수 있는 기술의 부족
인지이론	우울한 도식; 왜곡되거나 부적응적인 인지 구조, 과정 및 결과; 자기, 세계, 미래에 대한 부정적인 관점; 낮은 문제해결 능력
대인관계 이론	상실에 통한 슬픔과 관련되는 관계 기능 손상; 논쟁과 대립, 대인관계 손상, 편부모; 사회적 위축
신경생물학 이론	신경화학적 비정상성; 신경생리학적 비정상성; 신경호르몬의 비정상성
사회환경 이론	스트레스 생활환경과 일상적인 취약 요인; 사회적 지지, 대처 및 평가 등 보호요인
감정조절 이론	정서적인 고통과 비탄을 장기간 경험; 감정 상태의 조절 실패

(1) 정신역동 이론

초기 정신역동 이론들은 우울을 공격 본능이 우울 정서로 전환된 것으로 보았다. 이러한 이론들에 따르면, 우울은 양가적인 애정 대상의 상실(부모의 사망, 이혼)에서 기인한다. 그러한 상실은 부모 사망의 경우처럼 실제적일 수 있으며 혹은 정서적 박탈, 거부 혹은 불충분한 양육의 결과처럼 상징적일 수 있다. Freud에 따르면, 사랑하는 사람에 대해서 무의식적으로 적개심을 갖고 있기 때문에, 자신이 증오하는 대상이 된다. 또한 버림을 받았다는 것에 대해 분노를 느끼고 잃어버린 애정 대상에 대해 실제적이거나 가상적인 죄책감을 갖게 된다. 일부 정신역동주의자들은 대상 상실에서 비롯되는 자존감 상실과 절망감을 강조하지만, 자신의 내부를 향한 공격은 덜 중요시한다.

(2) 애착이론

애착이론은 부모와의 분리와 애착 관계의 붕괴가 우울증에 걸리기 쉽게 하는 요인이라고 강조한다. 아동의 욕구가 부모로부터 계속 충족되지 않을 경우, 자신을 가치 없고 사랑받지 못하는 존재로 받아들이거나 타인을 믿을 수 없는 존재로 받아들이는 불안정 애착으로 이어지고, 나중에 우울의 위험을 초래할 수도 있다. 게다가 애착은 정서 경험과 관련된 생물학 및 행동 체계를 통제하도록 한다. 예를 들면, 안정 애착관계는 스트레스를 감소시키지만, 불안정 애착은 정서 경험을 통제하지 못하게 할 수도 있으며, 이것은 차후 우울의 위험요인이 될 수도 있다.

(3) 행동주의 이론

행동주의 관점에서는 학습과 환경 영향을 강조하고 있는데, 우울은 정적 강화에 대한 결핍과 관련된 것으로 본다. 아동은 종종 불안을 겪기 때문에 강화를 경험하지 못할 수 있고, 환경 내에서의 변화(예: 중요한 대상의 상실)는 보상의 기회를 제한시킬 수 있다. 또 어떤 아동은 사회적 관계에서 보상받고 만족하는데 필요한 기술이 부족할 수 있다. 그러나 이 모델은 우울에 취약하게 하는 것으로 알려진 다른 요인들에 대해서는 불완전한 것처럼 보인다. 그럼에도 불구하고 행동주의 모델은 아동의 우울의 출현 및 결과에 대한 학습의 중요성을 강조하고 있다.

(4) 인지이론

최근까지 아동 우울의 인지모델은 성인 우울의 인지적 과정을 기초하고 있다. 인지이론들은 부정적인 사고와 기분의 관계에 초점을 맞춘다. 이 모델은 아동이 자신을 어떻게 보는가와 그들 세계가 자신의 기분과 행동에 영향을 준다고 가정한다. '어느 곳에도 결코 갈 수 없을 것'이라는 극단적인 진술과 같이 사고에서의 왜곡은 우울 기분과 관련되어 있다. 또 부정적 인지, 귀인, 잘못된 지각, 인지적 문제해결 기술의 결함이 아동의 우울과 관련되어 있다. 몇몇의 다른 견해가 있기는 하지만, 우울의 모든 인지

이론들은 부정적인 지각, 귀인 유형 그리고 신념이 우울 증상과 관계되어 있다고 주장한다.

특히 학습된 무력감은 개인이 통제 불가능한 혐오사건에 자주 노출된 결과, 자신은 결코 그것을 통제할 수 없다고 느끼게 된다(무기력 상태). 우울 아동은 부정적인 사건들의 원인에 대해 내적이고, 안정적이며 전반적인 귀인을 하는 경향이 있다. 다시 말하면, 어떤 나쁜 일이 발생했을 때, 우울 아동은 그 일에 대해 자신이 책임져야 하고(내부 귀인), 이러한 책임은 시간이 지나도 변화되지 않는다고 생각하며(안정적 귀인), 나쁜 일들을 자신이 하는 모든 일들과 일상생활의 대부분의 일들에 적용시키는 경향(전반적인 귀인)이 있다. 한편, 긍정적인 사건들에 대해서는 자신 밖의 어떤 것(외부적), 다시 발생하기 어려운 것(안정적), 그리고 이 사건에만 독특한 것(특정적)으로 귀인한다. 부정적인 귀인은 개인의 삶에서 부정적인 사건에 대해 스스로를 비난하게 되고, 미래의 부정적 사건들에 대해서는 무력감과 회피반응을 나타내게 되며, 미래에 대한 아무런 희망도 갖지 못하므로 우울은 더욱더 증대된다.

한편, 우울 아동은 세 가지 영역에서 인지 문제들을 보인다. 첫째, 부정적인 사고로 불리는 정보 처리의 편향 혹은 특정 상황에서의 사고의 오류를 나타낸다. 이들은 부정적인 정보를 선택적으로 지각하고, 부정적인 정보에 대한 비난을 하며, 부정적인 사건을 최대화하고 과장해서 생각하며, 긍정적인 사건을 최소화한다. 또한 특정 사건을 부정적인 것으로 해석하고 정서 반응을 보인다. 둘째, 우울은 부정적인 인지 3요소와 관련된다. 즉, 우울 아동은 자신을 가치 없고 부적절한 존재로 보고, 세상을 비관적이고 불공평하게 보며, 미래를 절망적으로 본다. 셋째, 우울 아동은 자기비판적 신념과 태도를 포함하여 정보 처리와 관련된 기억에서의 부정적인 인지 도식을 가진다. 이러한 인지 도식은 심지어 모순된 증거가 있다할지라도, 잘 바뀌지 않으며 특히 스트레스에 직면하게 될 경우 우울에 쉽게 빠지게 할 수 있다.

(5) 대인관계 이론

대인관계 모델은 대인관계, 특히 가정 붕괴가 우울의 출현과 유지에 관련되어 있다고 주장한다. 우울 아동은 가족구성원에게 혐오 행동을 보이기 때문에, 가족구성원으로 하여금 더욱더 화가 나거나 좌절하게 만든다. 우울 아동의 가족은 비우울 형제자매에 비해 우울 형제자매에게 더 부정적이고 비난적인 행동을 한다. 즉, 덜 온정적이고 더 많은 분노와 충돌을 하며, 덜 지지적이고 과도하게 간섭한다. 이러한 가족은 종종 높은 수준의 불행과 스트레스, 분열, 결혼생활에서의 갈등, 사회적 지지의 부족을 경험한다. 우울한 청소년은 자신의 가족이 덜 결합적이고 더 이탈되어 있다고 말한다. 우울하지 않은 아동과 비교했을 때, 우울 아동은 정서적인 분리를 경험하며, 가족에 대한 친밀감이 부족하다(조현춘, 송영혜, 조현재, 2001 재인용).

(6) 생물학적 · 신경학적 이론

우울의 생물학적 모델들은 유전적 취약성의 역할과 수면 양식뿐만 아니라 신경생리학적 과정, 그리고 신경해부학, 신경심리학, 신경화학적 및 신경내분비적 요인과 같은 상호 관련된 요인들에 초점을 맞춘다. 비록 우울 아동과 청소년에 대한 연구 결과가 성인에 비해 덜 명확하고 덜 일관적일지라도, 이러한 생물학적 영역에서 이상이 있다고 알려져 있다. 일반적으로 유전적 요인이 아동과 청소년 우울증에 영향을 미친다(Rice, Harold, & Thapar, 2002).

또한 생화학은 우울증의 원인론적 역할을 한다고 가정한다. 그러나 우울증에 대한 생화학 연구는 복잡하고 어렵다. 최근 신경생리학적 실험에서 밝혀진 바에 따르면, 우울 아동은 우울에 취약성을 증가시키는 스트레스에 과잉반응을 보인다. 이는 우울증에 대한 신경생리학적인 영향이 직접적일 수 있다는 것이다. 그 대신 심리적 경험은 우울장애에 대한 지속적인 기초를 형성하고 생화학적 및 신경학적 변화를 일으킬 수 있다. 흔히 생화학적 연구에서는 노어에피네프린, 세로토닌, 아세틸콜린 같은 신경전달물질의 영향을 강조한다(Wicks-Nelson & Allen, 2003).

(7) 사회환경 · 스트레스 이론

사회환경 이론은 스트레스 생활 사건들(새로운 곳으로 이사, 전학, 사랑하는 사람의 죽음, 심각한 사고, 가족의 질병, 가정 폭력, 부모 갈등이나 이혼 등)과 우울 사이의 관계에 초점을 맞춘다. 즉, 이러한 부정적인 스트레스 사건들이 우울 에피소드의 발생에 지대한 영향을 미친다고 본다. 이런 스트레스 사건들은 단독으로 발생하거나 사회적 지지의 부족 또는 부모의 자녀양육의 실패와 같은 다른 위험 요인들이 혼합되어 발생하기도 한다. 때때로 낮은 시험 점수, 부모와의 논쟁, 교사의 비난, 친구와의 다툼 또는 데이트 취소와 같은 사소한 사건들도 우울을 유발할 수 있다. 또한 우울증은 스트레스 요인과 개인의 스트레스 취약성 요인 모두 밀접한 관계가 있다. 예를 들면, 학교에서 자존감이 낮은 아동이 저조한 성적을 받았을 때 우울을 야기할 수 있다. 스트레스 이론에서는 우울이 스트레스 상황의 출현에 따른 정서 기능의 손상된 결과이며, 스트레스 상황이 우울 반응을 야기한다고 주장한다.

(8) 감정조절 이론

아동의 정서장애를 이해하는 데 있어 감정조절과 조절 실패의 역할에 대한 관심이 증가하고 있다. **감정조절**이란 적응기능을 촉진하기 위해 정서적 각성이 재조정되고, 통제되거나 수정된 과정을 말하며, 긍정적, 부정적, 중성적인 기분 상태의 균형을 유지하는 것이라 할 수 있다. 정서적인 고통과 비탄을 장기간 경험한 아동은 부정적인 감정 상태를 조절하는 데 어려움이 있고, 이로 인해 우울이 발달하기 쉽다(Kovacs, 1994). 감정조절이 신경생물학적 조절과정, 학습된 행동적 인지전략, 스트레스 대처를 위한 외부 자원 등을 포함하고 있기 때문에, 우울은 여러 가지 영역에서의 어려움에 기인될 수 있다.

(9) 아동 및 청소년의 우울에 대한 통합 모델

최근에 우울의 발달 모델에서는 다차원적이고 상호작용적인 관점을 지니고 있다(Cicchetti & Toth, 1998). 아동 및 청소년의 우울을 설명하는 **통합 모델**은 유전적, 생물학적, 가족, 인지적, 정서적, 대인관계적, 환경적 요소들 간의 상호작용을 강조하고 있다([그림 8-1] 참조).

이 모델을 살펴보면, 유전적 위험은 신경생리학적인 과정에 영향을 주며, 각성 및 기질과 같은 아동의 특성에 반영된다. 어릴 때 기질과 성격은 일반적으로 부정적인 정서와 같은 부적 자극에 대한 과민감성으로 나타날 수 있다. 또 가족 내의 경험을 통해 형성된 초기 정서적 요인들은 성장하면서 지속적인 영향을 미친다. 자신과 타인, 미래에 대한 신념들은 가족 상호작용에 의해 발달한다. 무감각하거나 거부적인 부모양육은 자기 자신을 무능력한 존재로 보고, 타인을 위협적으로 보며, 관계에 있어서는 부정적이고 예측이 불가능한 것으로 보게끔 만든다. 부정적인 가족 경험은 또한 일관성 없는 정서적 · 사회적인 환경을 제공하는데, 이것은 아동이 자신의 정서와 대인관계 사이의 행동을 효과적으로 조절하기 어렵게 된다. 또 부정적인 인지적 표상 및 사회적 관계의

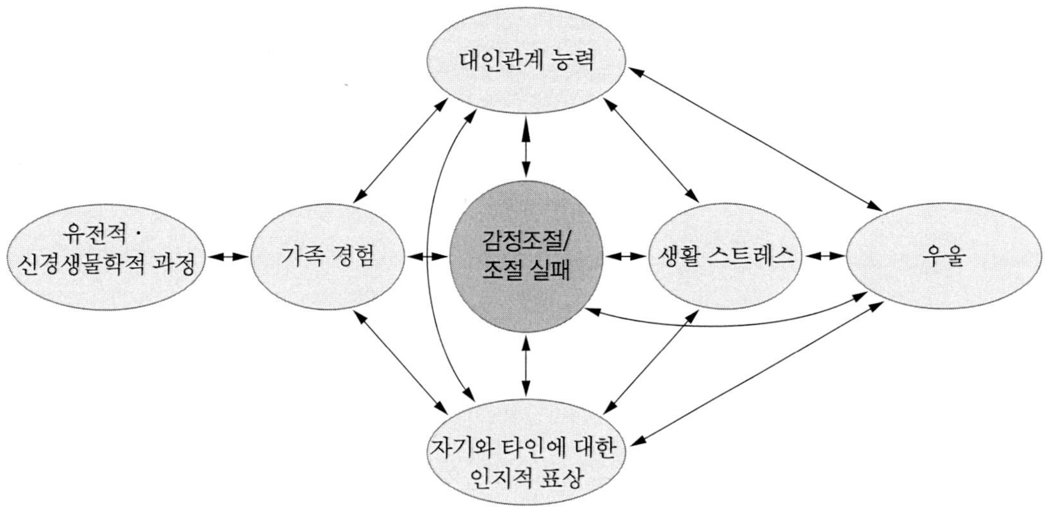

[그림 8-1] 아동 및 청소년의 우울에 대한 통합 모델

빈약 등은 부정적인 생활사건에 직면했을 때 우울을 일으킨다고 본다(조현춘, 송영혜, 조현재, 2001).

4) 우울장애의 중재

주요우울장애는 다른 장애와 동시 발병률이 높고, 치료 후에도 재발할 위험이 있으며, 우울 에피소드에 수반되어 지속되는 결함들이 있으므로 치료 효과의 유지와 재발 방지에 중점을 두면서 여러 가지 치료방법을 조합해서 사용할 필요가 있다(Kazdin & Marciano, 1998). **인지행동치료**(Cognitive-Behavioral Therapy: CBT)는 주요우울장애 아동에게 장단기적인 치료로 효과가 큰 것으로 알려져 있다. 이 치료는 아동의 부정적인 인지(예: 귀인의 문제, 지나치게 높은 기대, 부정적인 자기통찰)를 교육하고 수정하며, 즐거운 경험을 증가시키고, 사회적 기술을 향상시키며, 의사소통, 갈등 해소 및 사회적 문제해결 기술 개선 등에 목표를 둔다. 우울이 완화된 후에도 치료 효과를 유지하기 위해서 인지행동치료를 제공하면 재발 확률이 낮아진다.

한편, 아동에게 **항우울제**를 처방하는 것에 대해서는 여전히 논란거리다. 항우울제가 임상적인 실험에서 성공했다는 보고가 있더라도 통제된 연구에서는 이 약품이 성인에게만큼 아동에게도 효과가 있는지는 대체로 밝혀지지 않았기 때문이다. 그 밖에 우울을 지속시키는 가족 간의 상호 교류를 강조할 뿐 아니라 자신의 부정적인 인지 양식과 우울이 다른 사람들에게 어떤 영향을 미치는지를 이해시키고, 가족, 동료들과의 즐거운 활동을 증가시키도록 격려하는 대인관계 치료도 효과적이며, 부모들이 치료에 참

표 8-6 아동의 우울 중재법

중재	주요 내용
행동치료	• 주된 치료목표는 정적인 강화를 이끌어 내는 행동을 증가시키고 환경으로부터의 벌을 줄임 • 행동치료에는 사회적인 능력과 대인관계 기술을 가르치고 불안관리 훈련과 이완훈련이 포함됨
인지치료	• 일차 목표는 자신의 비관적이고 부정적인 사고, 억압적인 신념과 편견, 실패에 대해서는 자신을 비난하고 성공에 대해서 자신을 인정하지 않는 자신의 귀인 양식을 깨닫도록 도와줌 • 일단 이런 억압적인 사고 패턴을 인식하게 되면, 아동은 부정적이고 비관적인 관점을 긍정적이고 낙천적인 관점으로 바꾸는 법을 배우게 됨
자기조절법	• 주된 목표는 자신의 장기목표에 맞게 행동을 조직화하는 법을 가르치는 일 • 자기조절 치료는 자신의 생각과 기분을 스스로 모니터링, 단기보다 장기 목적을 중시, 좀 더 적응적인 귀인양식과 현실적인 자기평가 기준을 갖도록 하며 자기강화의 증가와 자기 처벌의 감소를 강조
인지행동치료	• 심리사회적인 중재의 가장 일반적인 형태인 CBT는 행동적, 인지적, 자기조절법 등의 요소를 통합시킨 접근법 • 귀인양식에 대한 재훈련을 통해 비관적인 신념들을 바꾸고자 함
대인관계치료	• 우울을 지속시키는 가족 간의 상호 교류를 탐구 • 우울 청소년에 대한 개인치료에 가족치료 회기를 보충적으로 실시하여 자신의 부정적인 인지양식과 우울이 다른 사람들에게 어떤 영향을 미치는지를 이해하고, 가족, 동료들과의 즐거운 활동을 증가시키도록 격려함
지지적 치료	• 지지적 치료는 우울 청소년이 다른 사람과 연합하고, 지지받고 있다는 것을 느끼도록 안전하고 지지적인 환경을 제공하고자 함 • 청소년의 자존감을 향상시키고 우울 증상을 줄이고자 함
약물치료	• 항우울제(예: 이미프라민, 아미트리프틸린, 데시프리민), 모노아민 산화효소 억제제(MAOIs), 플루옥세틴과 설트랄린 같은 새로운 선택적 세로토닉 억제제(SSRIs)를 사용해서 기분장애와 우울의 다른 증상들을 치료
학교중심중재	• 개인에 초점을 두는 것과 다양한 집단 프로그램을 사용 • 상담, 문제해결, 인성교육, 인지적 재구조화, 이완훈련, 사회성 기술훈련 등

여하면서 긍정적인 양육행동을 강화하며 더 적극적인 부모–자녀 관계를 정립시키는 프로그램도 효과가 있다.

특히 학교중심의 중재는 개인에 초점을 두는 것과 다양한 집단 프로그램을 사용하는 것들이 있는데, 주로 상담, 문제해결, 인성교육, 인지적 재구조화, 이완훈련, 사회성 기술훈련 등이 포함된다. 그러나 보다 더 포괄적인 방법으로 행동, 인지, 정서의 구성요소와 부모교육 및 가족치료를 통합한 다차원적 치료법이 필요하다. 다차원적 치료법에는 인지적 재구조화, 문제해결, 자기교수 훈련, 사회성기술 훈련, 이완훈련, 즐거운 활동계획, 분노대처, 감정탐색 및 게임 등의 전략이 포함된다. 또한 부모로 하여금 우울증을 이해하고 아동의 치료에 협력자가 되도록 교육하고, 가족치료를 통해 긍정적 행동중재 기술을 습득하도록 하며, 가족의 의사소통, 문제해결 및 갈등해결 전략을 습득하도록 도와줄 수 있다.

일반적으로 사용되고 있는 아동의 우울에 대한 중재법은 〈표 8–6〉과 같다.

5) 교사의 역할

교사는 특히 어린 아동인 경우에 우울증을 제대로 진단하지 못할 수 있다는 것을 인식해야 한다. 또한 아동의 우울증은 품행장애 및 약물남용 등의 문제행동과 중복되어 나타날 수 있으므로 잘 알아채지 못할 수 있다. 대부분의 우울 학생들은 학급에서 위축, 집중 곤란, 동기 결여 등의 문제를 나타내며, 이는 사회적 상호작용의 문제와 학업성취 곤란으로 이어질 수 있다. 교사는 학급에서 나타날 수 있는 아동 및 청소년의 우울 증상과 특징을 이해하고 있어야 한다(〈표 8–7〉 참조).

우울증 학생을 대하는 교사의 태도는 조용하고 따뜻하며 수용적이어야 한다. 교사는 솔직함, 감정이입과 깊은 동정심을 보여 주어야 한다. 물론 반응을 보이지 않고 초연한 학생에게 개인적으로 따뜻하게 교육하기란 쉬운 일은 아니다. 교사는 학생의 무력함에 대해 분노하고 원망할 수 있으나, '인간은 성장하고 변화할 가능성이 있다.'는 믿음을 가지고 인내해야 한다. 이러한 것들이 말과 행동으로 전해지면 학생은 반응을 보이기 시작할 수 있다. 한편, 이런 학생들에게 동정심을 표현해도 안 되며 지나치게 학생에게 동조하면 그들로 하여금 절망과 무력감 같은 감정을 경험하게 하여 치료를 제한할 수 있다.

표 8-7 학급에서 나타나는 우울 증상과 특징

우울 증상	특징
동기결여	학업에 관심이 없다.
긍정적 정서 결여	행동 강화인을 찾기 어렵다.
집중력 결여	과제에 주의집중하고 끝내기 어렵다.
인내심 부족	과제를 끝내는 데 실패한다.
사회적 관계 손상	교사나 또래와의 관계 형성이 어렵다.
슬픔/잦은 눈물	위축되고 또래로부터 소외되며, 학습할 에너지가 없다.
인지적 편견	실패에 대한 지나친 지각을 하며, 피드백을 부정적으로 해석한다.
고조된 자의식	집단활동에 참여하기 어렵다.
초조/공격성	급우들의 활동에 방해가 되며, 학습을 하지 못하며 과제를 끝내지 못한다.
위축	다른 사람과 어울리지 못하며 무시당하는 경향이 있다.

교육장면에서 우울 학생을 위한 일반적인 교육 목표는 다음과 같다.

- 지지적 환경에서 부정, 절망감, 분노, 죄의식, 비난, 무기력, 후회, 희망, 안심에 대한 느낌을 인식하고 계속적으로 표현하도록 한다.
- 학생의 자존심을 강화하면서 점진적으로 스트레스원을 분석하도록 한다.
- 학생의 정체감, 통제, 선택의 인식 및 행동에 대한 책임감을 증가시킨다.
- 다른 사람과 건전한 대인관계를 갖도록 격려한다.
- 부적절한 감정을 이해시키고 스트레스원에 적합한 대처를 하도록 한다.

무엇보다도 긍정적인 행동변화를 위한 현실적이고 목표지향적인 행동에 초점을 맞추어 지도해야 한다. 처음에는 긍정적인 행동에 대한 기대와 목표를 작게 하여 성공적인 성과를 확실히 얻을 수 있도록 하고, 정적 강화를 통해 차츰 증가시켜 나가야 한다(〈표 8-8〉 참조). 심한 우울증 학생에게는 매일 매일 짜여진 활동 프로그램이 좋다. 이런 학생은 동기부여와 목표가 결여되어 있기 때문에 행동을 시작하는 것이 느리다. 학생의 스트레스에 대한 인내심과 성공 확률을 고려해야 한다. 따라서 과제는 너무 어려워서도 안 되고 너무 시간을 소비해서도 안 된다.

특히 심한 우울증 학생은 항상 자살 가능성 여부를 살펴야 한다. 가장 위험한 시기는 우울증으로부터 벗어나려하는 회복기이다. 그 이유는 이때 자살할 수 있는 기회와 에

표 8-8 긍정적 행동 목록

• 자신이 즐길 일을 계획하기	• 시험 잘 치르기
• 외출하기(산책, 쇼핑, 소풍)	• 친구들과 협력하여 공동 과제 수행하기
• 여가 즐기기	• 다른 사람을 위해 특별한 일하기
• 모임, 수업 참여하기	• 다른 사람들에게 관대해지기
• 친교 모임에 참석하기	• 친구 만나기(전화, 방문, 약속 정하기)
• 운동이나 게임하기	• 먼저 대화 시도하기(학교 친구, 수업 시간)
• 취미생활하기	• 흥미 있는 주제 토론하기
• 집에서 여가 즐기기(독서, 음악감상, TV 시청)	• 자기 감정을 솔직히 표현하기(의견, 비판, 분노)
• 휴식시간을 갖기(생각, 낮잠, 공상)	• 다른 사람 칭찬하기
• 자신을 돌보거나 매력적으로 만들기	• 관심이나 애정을 신체적으로 표현하기
• 어려운 일을 끝까지 마무리하기	• 칭찬이나 관심끌기

너지가 있을 뿐 아니라, 이런 학생은 판단 결핍과 극단적인 위험을 가지고 있으며 행동의 결과와 현실적인 위험을 평가할 수 없기 때문이다.

심한 우울증 학생들은 약물치료를 받고 있을 수 있으므로, 교사는 정기적으로 약을 처방하는 의사와 함께 행동의 변화와 가능한 부작용에 대해 의논하여야 한다. 학생이 심리치료 상담을 받고 있을 경우에 교사와 치료사는 서로의 치료목표를 강화할 수 있도록 협력해야 한다. 교사는 사회성 기술을 가르치거나 집단으로 인지적 중재를 제공할 때 상담사, 사회사업가, 심리학자 등 다른 교직원들과 팀을 이루어 접근해야 한다(방명애, 이효신, 2004).

2. 양극성장애

1) 양극성장애의 정의

양극성장애(bipolar disorder)는 우울한 기분 상태와 고양된 기분 상태가 교차되어 나타난다. 기분이 몹시 고양된 조증 상태에서는 평소보다 훨씬 말이 많아지고 빨라지며 행동이 산만해지고 자신감이 넘쳐 여러 가지 일을 벌이는 경향이 있다. 때로는 자신에 대한 과대망상적 사고를 보이며 잠도 잘 자지 않고 활동적으로 일하지만 실제로 목표를 달성하지 못하며, 결과적으로 현실 적응에 문제를 초래하게 된다. 이러한 조증 상태와 우울장애 상태가 번갈아 나타나는 경우를 양극성 장애라고 한다.

과거에 **조울증**(manic depressive illness)이라고 불리기도 했던 양극성장애는 우울장애와 함께 기분의 변화를 나타내는 유사한 장애로 여겨졌다. DSM-IV에서는 양극성장애와 우울장애를 기분장애의 하위 유형으로 분류하였다. 그러나 최근 많은 연구에서 우울장애와 양극성장애는 원인, 경과, 예후의 측면에서 뚜렷한 차이를 지닌 것으로 밝혀지고 있다. 특히 양극성장애는 유전적 요인을 비롯한 신경생물학적 요인이 중요한 역할을 하는 정신장애로 여겨지고 있다. 이러한 연구 결과를 반영하여 DSM-5에서는 양극성장애를 독립된 진단범주로 분류하고 양극성 및 관련장애(bipolar and related disorders)라는 명칭의 장애범주에 제1형 양극성장애, 제2형 양극성장애, 순환감정장애를 포함시키고 있다(권석만, 2013 재인용).

2) 양극성장애의 분류 및 진단기준

(1) 제1형 양극성장애

제1형 양극성장애(bipolar I disorder)는 한 번 이상의 조증 삽화가 있고, 보통 우울증 삽화가 동반된다. 즉, 조증이 반복적으로 나타나거나 조증과 우울증이 교대로 나타나는 기분장애이다. 주된 증상은 팽창된 자존감과 과대성향, 수면욕구의 감소, 평소보다 말이 많고 말을 많이 하려는 경향성, 사고의 비약이나 사고가 분주하다는 주관적 경험, 산만함 등이 있다(전석균, 2015). 정서, 신체, 인지, 행동 등 일반적인 조증 관련 증상은 〈표 8-9〉와 같다.

조증 삽화의 핵심 양상은 비정상적으로 들뜨거나, 의기양양하거나, 과민한 기분 및 활동과 에너지 증가가 적어도 일주일 동안 거의 매일 하루 종일 지속된다(〈표 8-10〉 참조). 조증 삽화의 기분은 행복감에 차 있고 '정상에 올라간 느낌' 또는 고양되고 즐거운 상태이다. 이런 과도한 기분 상태를 타인도 쉽게 알아차릴 수 있고 대인관계에서도 과도하게 지속된다. 특히 아동의 경우 행복감, 실없음 그리고 '얼빠짐'이 특정한 상황에서 정상적으로 나타날 수 있지만, 이러한 증상들이 반복되고 정황상 부적절하고 기대수준을 벗어날 수 있다.

표 8-9 조증 관련 행동

정서	신체	인지	행동
의기양양/다행증 사치 익살스러움 과장된 자존감 비판을 참지 못함 수치/죄의식 결여	탈수 부적절한 영양 수면욕구 부족 체중감소	야망 현실적 위험의 부정 주의산만 사고 비약 과대망상 착각 판단력 결여 사고연상의 이완	공격성 과도한 소비 과장된 행동 과다활동 신체활동 증가 무책임 불인정 혹은 논쟁 개인위생 불량 과도한 성활동 수다스러움

증가된 자존감은 무비판적인 자신감에서 과장된 자신감까지 다양하게 나타날 수 있으며 망상적인 면도 보일 수 있다. 아동의 경우 능력에 대한 과대평가와 믿음, 예를 들면 자기가 운동을 가장 잘할 수 있다거나 학급에서 가장 똑똑하다고 믿는 경우가 흔하다.

흔히 말의 표현보다 사고가 더 빠르게 떠오르며, 한 주제에서 다른 주제로 갑작스럽게 전환되면서 말이 끊임없이 이어지는 사고 비약도 나타난다. 또한 관련 없는 외부 자극을 걸러내지 못하는 주의산만도 나타나고, 여러 가지 활동과 계획 등 목표지향적 활동이 증가한다. 아동의 경우에 여러 가지 과제를 진행하고, 과제 수행에 대한 비현실적인 계획을 세우거나 과거에는 보이지 않았던 성에 대한 집착이 발달적으로 부적절하게 나타날 수 있다.

표 8-10 제1형 양극성장애의 진단기준(DSM-5)

*제1형 양극성장애를 진단하기 위해서는 조증 삽화에 대한 다음의 진단기준을 충족시켜야 한다. 조증 삽화는 경조증이나 주요우울 삽화에 선행하거나 뒤따를 수 있다.

[조증 삽화]

A. 비정상적으로 들뜨거나, 과민한 기분 및 목표지향적 활동과 에너지 증가가 적어도 1주일간 거의 매일 하루 종일 지속된다.

B. 기분장애 및 증가된 에너지와 활동을 보이는 기간 중 다음 증상 중 3가지 이상 평소 모습에 비해 뚜렷하고 분명한 변화가 나타난다.

1. 팽창된 자존감 또는 과장된 자신감
2. 수면 욕구 감소(단 3시간의 수면으로도 충분하다고 느낌)
3. 평소보다 말이 많아지거나 계속 말을 함
4. 사고의 비약 또는 사고가 연달아 일어나는 주관적인 경험
5. 주의산만이 보고되거나 관찰됨
6. 목표지향적 활동(직장이나 학교에서의 사회적 혹은 성적 활동)이나 흥분된 운동성 활동의 증가
7. 고통스러운 결과를 초래할 쾌락 활동에 지나치게 몰두함(과도한 쇼핑 등 과소비, 무분별한 성행위, 어리석은 사업 투자 등)

C. 기분장애가 사회, 직업 기능의 현저한 손상을 초래할 정도로 아주 심각하거나 자해나 타해를 예방하기 위해 입원이 필요, 또는 정신병적 양상이 동반된다.

D. 증상이 물질(예: 남용약물, 치료약물)의 생리적 효과나 다른 의학적 상태로 기인하지 않아야 한다.

[경조증 삽화]

A. 비정상적으로 들뜨거나, 과민한 기분 및 목표지향적 활동과 에너지 증가가 적어도 4일 연속 거의 매일 하루 종일 지속된다.

B. 기분장애 및 증가된 에너지와 활동을 보이는 기간 중 다음 증상 중 3가지 이상 평소 모습에 비해 뚜렷하고 분명한 변화가 나타난다.

1. 팽창된 자존감 또는 과장된 자신감
2. 수면 욕구 감소(단 3시간의 수면으로도 충분하다고 느낌)
3. 평소보다 말이 많아지거나 계속 말을 함
4. 사고의 비약 또는 사고가 연달아 일어나는 주관적인 경험
5. 주의산만이 보고되거나 관찰됨
6. 목표지향적 활동(직장이나 학교에서의 사회적 혹은 성적 활동)이나 흥분된 운동성 활동의 증가
7. 고통스러운 결과를 초래할 쾌락 활동에 지나치게 몰두함(과도한 쇼핑 등 과소비, 무분별한 성행위, 어리석은 사업 투자 등)

C. 삽화는 증상이 없을 때의 개인의 특성과는 명백히 다른 기능의 변화를 동반한다.

D. 기분의 장애와 기능의 변화가 객관적으로 관찰된다.

E. 삽화가 사회, 직업 기능의 현저한 손상을 일으키거나 입원이 필요할 정도로 심각하지는 않다. 만일 정신병적 양상이 있다면 이는 정의상 조증 삽화다.

F. 삽화가 물질(예: 남용약물, 치료약물)의 생리적 효과로 기인하지 않아야 한다.

(2) 제2형 양극성장애

제2형 양극성장애(bipolar II disorder)는 1회 이상의 주요우울 삽화와 1회 이상의 경조증 삽화가 있는 것이 특징이다(〈표 8-3〉, 〈표 8-10〉 참조). 주요우울 삽화는 최소 2주 이상 지속되어야 하고, 경조증 삽화는 최소 4일 동안 지속되어야 한다. 삽화기간 중에는 진단에 필요한 증상들이 하루 종일 거의 매일 나타나야 하고 평상시 행동과 기능 수준에 비해 뚜렷한 변화가 나타나야 한다. 조증 삽화가 있으면 제2형 양극성장애의 진단은 내릴 수 없다.

제2형 양극성장애에서는 주로 주요우울 삽화가 두드러지며, 예측할 수 없는 기분 변동이 지속되고, 제1형 양극성장애보다 더욱 만성적이며 우울 삽화 기간이 길기 때문에 더 심각하며, 자살 위험성도 높다. 또 이 장애는 청소년기 후반부터 성인기 전체에 걸쳐 시작할 수 있지만, 평균 발병연령은 20대 중반으로 제1형 양극성장애보다 약간 늦고, 주요우울장애보다는 빠르다.

(3) 순환감정장애

순환감정장애(cyclothymic disorder)는 다수의 경조증 기간과 우울증 기간이 적어도 2년 동안(아동 · 청소년 경우 1년)이 있어야 한다(〈표 8-11〉 참조). 경조증 증상과 우울증 증상은 경조증 삽화와 우울증 삽화의 기준을 완전히 충족하기에는 빈도, 심도, 광범위성, 기간이 불충분하다. 이 장애는 오랜 기간 우울증과 경조증을 나타내지만 주요우울장애나 양극성장애의 조증 삽화와 같이 심한 상태는 나타내지 않는 것이 주 증상으

표 8-11 순환감정장애의 진단기준(DSM-5)

A. 최소 2년 동안(아동 · 청소년의 경우 1년) 다수의 경조증 기간(경조증 삽화의 진단기준을 충족하지 않는)과 우울증 기간(주요우울 삽화의 진단기준을 충족하지 않는)이 있어야 한다.
B. 2년 이상(아동 · 청소년의 경우 1년) 경조증 기관과 우울증 기간이 절반 이상 차지해야 하고, 증상이 없는 기간이 2개월 이상 지속되어서는 안 된다.
C. 주요우울 삽화, 조증 삽화 또는 경조증 삽화가 존재하지 않는다.
D. 진단기준 A의 증상이 조현정동장애, 조현병, 조현양상장애, 망상장애 등으로 설명되지 않는다.
E. 증상이 물질(예: 남용약물, 치료약물)의 생리적 효과나 다른 의학적 상태(예: 갑상선기능항진증)로 인한 것이 아니어야 한다.
F. 증상이 사회, 직업 또는 다른 중요한 기능에서 임상적으로 현저한 고통이나 손상을 초래한다.

로, 경미한 형태의 조증 증상과 우울 증상이 번갈아 나타나는 만성적인 기분장애다. 성인기 초에 주로 발병하고, 보통 중등도나 심한 직업적 · 사회적 기능의 장애를 나타낸다. 경조증 상태에서는 정력적이고 활동적이고 오랫동안 일을 하여도 지치지 않으며 쉽게 일을 벌여 놓고 끝맺음을 못하고 수면시간도 짧아진다. 그러다가 우울 상태로 빠지면 무력해지고 쉽게 절망하고 살아갈 의욕을 잃으며, 부적합한 느낌을 지니고, 사회적으로 고립되어 지내려는 모습을 보인다(최정윤, 박경, 서혜희, 2015).

3) 양극성장애의 원인

양극성장애의 원인은 주로 유전을 비롯한 신경생물학적 요인으로 설명되고 있다.

(1) 유전적 요인

양극성장애는 **유전성**이 강한 장애로 알려져 있다. 양극성장애로 진단받은 환자들의 대다수는 가족 중에 동일한 장애 또는 주요우울장애를 지녔던 사람들이 있다. 한 연구조사에 따르면, 양극성장애를 지닌 가족 중에서 기분장애를 나타낼 비율이 12~22%인 데 비해, 단극성 우울장애의 경우는 7%다. 양극성장애가 발병할 위험도는 한쪽 부모가 양극성장애를 가진 자녀의 경우 약 12%라고 보고되고 있다. 특히 제1형 양극성장애의 경우, 환자의 약 50%가 그들의 부모 중 적어도 한 사람은 기분장애를 겪은 병력이 있다. 부모 중 한 사람이 제1형 양극성장애일 경우 자녀에게 기분장애가 발생할 가능성은 약 25%이며, 부모 모두 제1형 양극성장애일 경우 자녀에게 기분장애가 발생할 가능성은 50~75%나 된다고 보고된 바 있다(권석만, 2015 재인용).

(2) 신경생물학적 요인

양극성장애는 신경전달물질, 신경내분비 기능, 수면생리 등과 관련된 것으로 보고되고 있다. 특히 세로토닌, 도파민 등의 **신경전달물질**이 양극성장애의 중요한 역할을 하는 것으로 알려져 있다. 우울장애는 카테콜아민(에피네프린, 도파민) 부족으로, 조증은 카테콜아민의 과잉에 기인한다는 가설이 있다. 또 우울장애에서는 불면이나 과다수면을 보이며, 조증에서는 수면욕구가 감소되는 특징이 있다. 이러한 사실에 근거하여 기분장애가 생체리듬의 이상과 관련이 있다는 보고도 있다. 우울장애에서는 시상하부-뇌하수체-부신피질 축의 기능이상이 발견되며, 갑상선의 기능이상도 기분장애와 관련이 있는 것으로 알려져 있다. 이처럼 기분장애는 내분비기능과 관련이 있고, 신경내분비 축의 조절이상이 신경전달물질의 기능이상을 초래한다는 주장이 제기되고 있다(권석만, 2015).

(3) 심리적 요인

양극성장애가 유전을 비롯한 생물학적 요인의 영향을 많이 받는다고 해서 심리사회적 요인이 영향을 미치지 않는다는 것은 아니다. 생물학적 요인은 양극성장애를 유발하는 취약성을 제공하며, 양극성장애의 발병시기나 발병양상은 심리사회적 요인에 큰 영향을 받게 된다. 정신분석적 입장에서는 양극성장애의 조증 증세를 무의식적 상실이나 자존감 손상에 대한 방어나 보상반응으로 보고 있다. Freud는 조증이 우울장애와 핵심적 갈등은 동일하지만 에너지가 외부로 방출된 것이라고 생각했다. 즉, 무의식 대상의 상실로 인한 분노가 외부로 방출되었다는 것이다. Abraham은 우울장애가 갈등에 압도당하는 상태인 반면, 조증은 갈등을 부정하고 무관심한 태도를 보이는 상태라고 보았다(최정윤, 박경, 서혜희, 2015).

(4) 인지적 요인

인지적 입장에서는 조증과 우울증 모두 현실을 해석하는 인지적 왜곡과 관련이 있다고 본다. 즉, 우울은 상실과 실패를 주제로 하는 자동적 사고와, 조증은 획득과 성공을 주제로 하는 자동적 사고와 관련이 있다. 또한 조증을 보이는 사람은 생활 경험을 해석하는 과정에서 우울을 보이는 사람이 나타내는 '과잉일반화의 오류' '선택적 추상화' '과대망상적 사고' 등 대부분의 인지적 오류를 범한다. 이러한 인지적 오류를 통해 조증을 보이는 사람은 생활 경험 속에서 획득과 성공을 지각하고 자신의 경험에 무조건적인 긍정적 가치를 부여하며 자신의 노력에 비해 비현실적으로 긍정적 결과를 기대하고 자신의 능력을 과대평가한다.

4) 양극성장애의 중재

(1) 약물치료

제1형 양극성장애, 특히 조증인 경우에 자신과 가족 그리고 사회의 피해를 방지하는 것이 중요하다. 대체로 조증일 경우에는 재산의 낭비나 가족 그리고 직장에 해를 기치는 무리한 행동 등이 나타나므로 입원치료를 하게 된다. 전반적으로 우울장애보다는 양극성장애가 만성적이어서 예후가 나쁘다. 가장 대표적인 항조증 약물은 리튬과 카바마제핀이다. 그러나 약물치료만으로 양극성장애를 조절하는 데에는 한계가 있다.

(2) 심리치료

따라서 양극성장애의 치료와 재발 방지를 위해서는 약물치료와 심리치료를 병행해야 한다. 양극성장애는 재발하는 경향이 높기 때문에 본인이 자신의 증상을 주시하면서 생활을 조절하도록 해야 한다. 또한 우울장애와 조증 증세를 반복하기 때문에 이러한 증세가 시작되는 초기의 변화를 자각하여 증세가 악화되지 않도록 스스로 심리적 안정을 취하거나 전문가의 치료를 받아야 한다. 또한 조증 삽화의 예방을 위해서 수면을 비롯한 규칙적인 일상생활을 유지하고 감정 조절 및 의사소통 기술을 습득시키는 일이 중요하다.

양극성장애의 심리치료에는 인지행동치료와 대인관계 및 사회리듬치료가 효과적이다. 인지행동치료는 일상생활 속에서 경험하는 부정적 경험의 인지적 재구성뿐 아니라 전구 증상을 감지하고 장애로 발전하지 않도록 본인의 인지와 행동을 수정하도록 도와준다. 아울러 규칙적인 일상생활과 수면 유지뿐 아니라 목표 추구 행동을 수정하는 데 초점을 맞춘다. 대인관계 및 사회리듬치료는 대인관계의 안정과 사회적 일상생활의 규칙성을 강조한다. 양극성장애가 대인관계 맥락에서 촉발된다고 보고 있으므로 대인관계를 안정적으로 유지하도록 도와준다.

5) 교사의 역할

양극성장애 학생은 매우 수다스러우므로 질문에 대해서 간단한 설명과 간결하고 사실적인 답변을 해야 한다. 과다행동, 주의력 결핍, 사고 비약, 판단 부족 그리고 빠른 기분 변화들이 모두 교실에서 특별한 문젯거리가 될 수 있다. 이들에게 자기조절 능력을 증진시켜 주어야 하며, 학생들도 자신의 행동을 모니터링할 수 있고, 자신에게 긍정적인 면도 많다는 것을 알려 주어야 한다. 이들의 외향적이고 표현적이며 원기 왕성한 능력은 이들의 큰 장점이기 때문이다.

또한 양극성장애 학생의 생각과 행동을 통제할 필요가 있다. 합리적인 사고를 가지고 목표지향적 행동에 참여하도록 도와주어야 한다. 집중, 명료화, 직면의 의사소통 기술들은 자기표현을 우회적으로 하는 데 유용하다. 이들은 흔히 과장, 자기 과대평가, 비현실적 추구 등의 문제를 갖고 있다. 따라서 인지행동수정 기법을 통해 이런 사고의 문제점을 평가하고, 더 현실적이며 자아 지지적인 목표를 갖도록 지원해 주어야 한다.

우울장애 학생과는 달리 조증 학생은 말을 많이 하기 때문에 표현을 조절하는 데 도움을 주어야 한다. 이때 감정을 비평하거나 부정하지 않도록 주의해야 한다. 오히려 더 천천히 말하고, 생각이 한 방향으로만 흐르도록 도와주는 것이 중요하다. 자신의 표현 강도에 따라 다른 사람에게 어떤 영향을 미치는지에 대한 피드백을 제공해야 하며, 사회기술 모델링과 강화를 통해 학교생활에 반영될 수 있도록 해야 한다. 바람직한 사회성 기술은 교수(가르치기), 모델링, 시연, 피드백 등 4가지 **행동기술 훈련**(behavioral

표 8-12 사회성기술훈련 계획

내용	교육활동	평가
사회적 상호작용과 관련된 행동을 기술한다.	학생에게 교정행동을 가르친다.	학생은 문제행동과 바람직한 행동을 식별하는가?
학생이 사용할 긍정적인 사회적 기술들을 논의한다.	학생에게 효과적인 대인관계기술의 예를 보인다.	학생이 습득할 수 있는 특수한 기술들을 말하는가?
이러한 특수한 기술들을 통합할 수 있는 방법을 분석한다.	이러한 새로운 행동을 위해 역할극을 사용하고 실제를 지도한다.	학생은 사회적 행동인 새로운 기술을 보이는가?
다른 상황에서 새로운 기술을 사용할 수 있도록 격려한다.	실제 환경에서 할 수 있는 과제를 준다.	학생은 주어진 과제를 성취하기 위한 능력이 있는가?
새로운 기술을 학생 생활과 기능의 다른 상황에서 일반화하는 것을 논의한다.	새로이 습득된 사회적 기술과 일반화에 대한 피드백, 격려, 칭찬을 한다.	학생은 다른 사람들과의 사회적 상호관계 속에서 새로운 사회적 행동을 완수할 수 있는가?

skills training) 절차를 이용할 수 있다(안병환 외, 2013). 일반적인 사회성 기술을 증진시키기 위한 프로그램의 예가 〈표 8-12〉에 제시되어 있다.

학습과제

1. 우울장애의 정의 및 우울 관련 행동 특성을 설명하시오.
2. 파괴적 기분조절부전장애의 진단 특성을 설명하시오.
3. 주요우울장애의 진단 특성을 설명하시오.
4. 지속성우울장애(기분저하증)의 진단 특성을 설명하시오.
5. 우울장애 원인의 8개 이론의 차이점과 통합 모델을 설명하시오.
6. 우울장애의 다양한 중재기법들의 차이점을 비교 설명하시오
7. 우울장애 학생을 위한 교사의 역할을 설명하시오.
8. 양극성장애의 정의 및 조증 관련 행동을 설명하시오.
9. 제1형 양극성장애의 진단 특성을 설명하시오.
10. 제2형 양극성장애의 진단 특성을 설명하시오.
11. 순환감정장애의 진단 특성을 설명하시오.
12. 양극성장애의 주요 원인을 설명하시오.
13. 양극성장애의 중재방법을 설명하시오.
14. 양극성장애 학생을 위한 교사의 역할을 설명하시오.

제 9 장

틱장애와 기타 장애

학 습 목 표

1. 틱장애의 유형별 진단기준 및 특성을 설명할 수 있다.
2. 틱장애의 다양한 중재방법을 설명할 수 있다.
3. 정신분열증(조현병)의 진단기준 및 특성을 설명할 수 있다.
4. 정신분열증(조현병)의 다양한 중재방법을 설명할 수 있다.
5. 반응성 애착장애와 선택적 함구증의 진단기준 및 특성을 설명할 수 있다.
6. 반응성 애착장애와 선택적 함구증의 원인과 치료에 대해 설명할 수 있다.

1. 틱장애

틱(tic) 증상이 공식적으로 처음 분류체계에서 언급이 된 것은 DSM-I(1951)이었고, DSM-II(1968)에서는 틱을 '특수 증상' 내에 포함시켰으며, 1980년 DSM-III에 이르러 비로소 독립된 한 질환명으로 인정받게 되었다. 국제질병분류(ICD) 체계에서는 1979년 ICD-9까지 틱장애(tic disorder)에 대한 특별한 언급이 없었으나, ICD-10에 이르러 틱장애를 여러 종류로 세분하고 있다.

아동이 반복행동으로 의뢰되면 이것이 강박장애로 인한 것인지, 다른 관련 문제에 의한 것인지를 구분하는 것이 중요하다. 왜냐하면 중재의 의미가 상당히 다르기 때문이다. 갑작스러운 반복행동, 제스처, 정상적인 행동의 일부를 흉내내는 발성 등은 틱으로 분류된다.

틱은 갑작스럽고, 빠르게 재발하며, 비율동적인 근육운동 혹은 음성으로 1~2초 이상 지속되는 경향이 있고, 정기적으로 또는 가끔씩 틱이 나타났다가 사라지곤 한다. 그래서 틱은 강박증과 어떤 면에서 유사한 모습을 보인다. 틱은 스트레스 상황으로 악화되고 읽기와 같은 몰입 활동에 의하여 약화된다. 틱은 잠시 동안은 참을 수 있고 잠자는 동안에는 나타나지 않는다.

단순한 운동 틱에는 눈 깜박거림, 찌푸리는 얼굴, 어깨 으쓱거림 등이 해당된다. 코골기, 킁킁대기, 헛기침 등은 일반적인 음성 틱(vocal)이다. 복잡한 음성 틱에는 애매한 단어 소리치기(coprolalia), 반향어, 자기 말의 마지막 구 반복하기(palialia) 등이 해당한다.

틱은 단독으로 또는 복합적으로 발생한다. 그리고 일시적인 것과 만성적인 것, 운동인 것과 언어적인 것, 단순한 것과 복잡한 것으로 분류한다. 그래서 이와 같은 틱장애들은 만성이냐 일시적이냐, 운동이냐 구어냐로 하위 구분하고, 발모벽과 상동운동형 운동장애와 같은 다른 반복운동장애로 구분하고 있다.

연구 조사 결과, 틱은 매우 일반적인 것으로 나타났다. 아동의 12% 이상이 틱장애를 겪고 있다. 아동과 청소년 중에 발모벽은 약 1~2%다. 자해적인 상동운동형 운동장애는 일반아동 중 2~3%이고, 시설에 있는 지적장애인 중에는 25%가 해당된다.

1) 진단분류 및 임상적 특징

(1) 일과성 틱장애

한 개 또는 여러 개의 운동 또는 음성 틱이 나타나는데, 그 지속기간이 1년 이내의 경과를 갖는 틱을 일컫는다. 일시적으로 틱 증상을 보이는 아동은 학령기 아동의 약 5~24% 정도인 것으로 보고된 바 있으나, 일과성 틱장애의 진단기준을 만족시키는 아동의 유병률에 대한 보고는 현재로서는 없다. 일과성 틱장애의 원인은 심리적인 것과 기질적인 것 2가지를 생각할 수 있다. 심리적 원인인 경우는 대개 일정 기간 지속되다가 없어지는 경우가 많고, 기질적 원인인 경우는 가족 내에서 뚜렛장애, 만성운동 또는 음성 틱장애가 존재하는 경우이다. 이 경우에는 일과성 틱장애에서 뚜렛장애나 만성근육 또는 음성 틱장애로 이행될 위험성도 있다. 스트레스나 불안 등의 증상에 의해서도 틱 증상이 악화될 우려가 있다. DSM-5와 ICD-10 일과성 틱장애의 진단기준은 〈표 9-1〉과 같다.

표 9-1 DSM-5와 ICD-10의 일과성 틱장애의 진단기준

DSM-5
A. 한 개 혹은 여러 개의 운동 혹은 음성틱 B. 틱은 자주 길어지거나 약해질 수 있지만, 틱이 처음 시작된 지 1년 이하 지속된다. C. 이런 증상들이 18세 전에 나타난다. D. 이런 장애는 어떤 물질(예: 코카인)의 생리적 효과나 또 다른 의학적 상태(예: 헌팅톤병, 바이러스후 뇌질환)에 기인하지 않아야 한다. E. 뚜렛 장애나 만성 혹은 음성틱장애 기준을 충족시키지 않아야 한다.
ICD-10
틱장애의 일반적인 기준을 만족시키는데, 지속 기간이 12개월을 초과하지 않는다. 모든 틱장애 중 가장 흔한 형태의 틱이며, 4~5세 사이에서 가장 흔히 나타난다. '눈 깜빡거림' '얼굴 찡그림' '머리 흔들어 댐'이 가장 흔히 발견되는 틱의 형태다. 한 번의 에피소드로 끝나기도 하고, 재발이 반복되기도 한다.

(2) 만성 운동 또는 음성 틱장애

틱 증상이 1년 이상 지속되는데, 근육틱 또는 음성틱 중 어느 한 가지만 나타나는 경우이다. 발병 연령은 18세 이전이어야 하며, 뚜렛장애의 진단기준을 만족시키는 경우

에는 이 진단을 내려서는 안 된다. 유병률이 뚜렛장애의 100~1,000배에 이른다. 따라서 학령기 아동의 약 1~2%의 유병률을 갖는다. 남아에게서 더 흔히 발병된다고 알려져 있으나, 정확한 남녀의 비율은 아직 연구된 바 없다. 원인은 뚜렛장애와 거의 동일하다고 할 수 있다. 유전적인 요인이 강하게 작용하고 있으며, 가족력에 대한 연구에서 뚜렛장애와 함께 나타나는 가족이 많다. 유전적으로 뚜렛장애의 유전인자의 경한 표현이라고 볼 수 있다. DSM-5와 ICD-10의 만성운동 또는 음성 틱장애 진단기준은 〈표 9-2〉와 같다.

표 9-2 DSM-5와 ICD-10의 만성운동 또는 음성 틱장애의 진단기준

DSM-5
A. 한 개 혹은 여러 개의 운동 혹은 음성틱이 이 질병이 있을 동안에 지속되지만, 운동 및 음성 모두 있는 것은 아니다. B. 틱은 자주 길어지거나 약해질 수 있지만, 틱이 처음 시작된 후 1년 이상 지속된다. C. 이런 증상들이 18세 전에 나타난다. D. 이런 장애는 어떤 물질(예: 코카인)의 생리적 효과나 또 다른 의학적 상태(예: 헌팅톤병, 바이러스후 뇌질환)에 기인하지 않아야 한다. E. 뚜렛장애 기준을 충족시키지 않아야 한다. ☞ 세부 유형: 단일 운동틱 수반형/단일 음성틱 수반형
ICD-10
틱장애의 일반적인 기준을 만족시키는데, 운동틱 또는 음성틱 중 한 가지 종류만 나타난다. 틱의 지속 기간은 최소한 1년 이상이다. 대개는 다발성 틱의 형태로 나타난다. 팔, 다리나 몸 등을 침범한 경우는 얼굴에만 생긴 틱보다 예후가 나쁘다.

(3) 뚜렛장애

이 질환은 1885년 프랑스의 Gilles de la Tourette에 의하여 처음 보고되었다. 그 후 1889년 Tourette 자신의 최초의 보고에 대한 수정이 일부 가해졌다. 이 논문에서 첫째, 틱 증상이 비교적 체계적이며 근육과 근육의 협동작용에 의하여 일어난다는 점, 둘째, 음성 틱이 반드시 운동 틱의 정점에서 나타나는 것은 아니라는 점, 셋째, 병적놀람증(Hyperekplexia: 과도한 놀람 반응의 결과 뛰어오른다거나 반향어, 외설증 등이 동반되는 상태를 이름)은 뚜렛장애와 분명히 구별된다는 점 등을 강조하였다.

가장 흔히 발병되는 연령은 만 7세 전후며, 대개 18세 이전에 발병된다. 가장 어린 연

령은 2세 즈음에 발병되었다는 보고도 있다. 음성 틱이 처음 나타나는 평균연령은 11세 전후이다. 뚜렛장애는 다른 틱장애와 구분하고 있는데, 이는 만성적이며 다중적이고 복잡한 운동, 음성 틱이다. 학령기 아동의 경우 1,000명당 3~8명이며, 남아에서 2~4배 정도 더 흔히 발병된다.

현재 생물학적 요인이 뚜렛장애의 원인에 해당한다는 연구 결과가 있다. 그리고 다른 생활 스트레스 같은 심리적 요인 등도 밝혀지고 있다. 쌍생아 연구와 가계 연구 결과 유전 요인이 뚜렛장애의 원인론 견해를 뒷받침한다. 뇌기저핵의 기능이상도 이 장애의 신경생물학적 요인으로 확인되어 있다. 그리고 도파민, 노르아드레날린, 세로토닌 시스템 규제 이상 등이 뚜렛장애를 유발한다는 증거가 있다. 강압적인 양육과 주산기 요인 이외에는 임신 시 산모의 스트레스, 질병, 임신 시 문제, 저체중 출생 등이 해당하는데, 이 모두는 이 문제와 관련이 있는 것으로 밝혀졌다.

뚜렛장애나 틱 증상의 악화는 일반적으로 생활 스트레스 사건 이후 발생한다. 뚜렛장애에 유전적 취약성을 가진 사람이 이 장애가 나타나는 것을 예방하여 줄 수 있는 요인들은 아마도 높은 지적 능력, 자존감, 자기효능감 등과 같은 보호요인과 연관된 가족 환경의 지원, 폭넓은 또래 · 학교 관계망, 대처전략 사용 가능성과 같은 것이다. DSM-5와 ICD-10의 뚜렛장애 진단기준은 〈표 9-3〉과 같다.

표 9-3 DSM-5와 ICD-10의 뚜렛장애 진단기준

DSM-5
A. 반드시 그렇지 않지만, 여러 개의 운동 및 하나 이상의 음성틱 모두가 이 질병이 있을 동안에 잠시 동안 나타난다. B. 틱은 자주 길어지거나 약해질 수 있지만, 틱이 처음 시작된 후 1년 이상 지속된다. C. 이런 증상들이 18세 전에 나타난다. D. 이런 장애는 어떤 물질(예: 코카인)의 생리적 효과나 또 다른 의학적 상태(예: 헌팅톤병, 바이러스후 뇌질환)에 기인하지 않아야 한다.
ICD-10
다발성의 근육틱과 한 가지 또는 그 이상의 음성틱이 나타난다. 그러나 이 두 종류의 틱이 반드시 동시에 존재할 필요는 없다. 대개 소아기 또는 청소년기에 발병한다. 소아기 발병일 경우에는 청소년기가 되면 증상이 악화되는 경향이 있으며, 전체적인 경과는 성인기까지 지속되는 경우가 많다. 음성틱이 나타나기 전에 근육틱이 선행되는 경우가 많다.

2) 기타 감별진단 유형

(1) 발모벽

자기 머리를 고르는 것과 같은 행동은 때로 운동 틱일 수 있다. 그러나 자발적인 습관이나 머리를 뽑는 것과 같은 강박적인 행동은 틱과 구분되어 ICD-10과 DSM-5에서는 **발모벽**(trichotillomania)이라고 한다. 이는 일반적으로 틱장애 특징을 가지고 있기도 하고 강박장애 특징을 가지고 있기도 하다. 발모벽은 강박은 없으나 충동이 있어 하나의 틱과 같은 장애이다. 이는 머리를 뽑아 안도를 하게 된다. 그러나 발모벽은 머리를 뽑는 활동에서 상당히 다양하게 한다는 점에서 강박장애와 비슷하다. 털을 뽑는 영역은 머리털, 눈썹, 음부 부위 등이다.

(2) 상동형 운동장애

단독으로 또는 뚜렛장애의 일부로서 어떤 복잡한 운동 틱으로 자해를 한다(자기를 물어뜯거나 침). 그러나 머리를 치기, 물기, 피부를 뜯어내거나 눈을 스스로 찌르거나 치는 것과 같은 자해적 행동 또는 두드리기, 손가락 장난하기 또는 손뼉 치기 같은 비자해적, 비기능적, 리듬 행동들은 틱과 구분하여 ICD-10과 DSM-5에서는 **상동형 운동장애**(stereotypic movement disorder)라고 한다. 때로 아동은 반복적인 행동이 발생하지 않도록 자기 손을 벨트나 옷 속에 넣는다. 이와 같은 상동증적 운동문제는 지적장애인에게 가장 일반적으로 나타난다. 그중에서도 특히 프레질 X(fragile X) 장애, 드롱(de Lange) 장애, 렉-니한(Lech-Nyhan) 장애를 가진 사람에게서 나타난다. 이는 심각하게 스스로를 물어뜯는 특성을 가지고 있다.

3) 기록

보통은 철저한 소아과적 사정에 의뢰하여 아동의 반복적 행동이 어디에서 나오는지를 밝혀낸다. 일단 조건이 밝혀지면, 〈표 9-4〉와 〈표 9-5〉에 제시한 표준화된 평가척도와 자기보고 도구를 사용하여 틱을 보이는 아동을 평가할 수 있다.

여러 날 동안 틱에 대한 선행사건과 후속결과에 대한 기능분석을 할 때에는 아동의 자연스러운 환경에서 실시한다. 가끔 발생하는 틱의 경우는 각각 발생한 날의 개별 틱

표 9-4 일일 틱 선행사건과 후속결과 기록양식

시간	직전에 발생한 일	시간 중 틱의 횟수	직후 즉시 발생한 일
6:00~6:10			
7:00~7:10			
8:00~8:10			
9:00~9:10			
10:00~10:10			
11:00~11:10			
12:00~12:10			
13:00~13:10			
14:00~14:10			
15:00~15:10			
16:00~16:10			
17:00~17:10			
18:00~18:10			
19:00~19:10			
20:00~20:10			
21:00~21:10			
22:00~22:10			
23:00~23:10			

마다 선행사건과 후속결과를 기록하여야 한다. 빈번하게 틱이 일어나는 경우는 매시간 첫 10분 동안 발생하는 틱 횟수를 세어 이들의 선행사건과 후속결과를 〈표 9-4〉에 제시한 틱 기록양식을 사용하여 기록한다. 이 모니터링은 부모, 교사 또는 자기 스스로 할 수 있다. 부모와 아동이 이를 할 수 없을 경우 훈련받은 관찰 전문가가 한다. 이와 같은 기록을 통하여 틱의 빈도를 증가시키거나 감소시키는 자연적인 아동 틱의 선행사건과 후속결과에 대하여 알 수 있게 된다. 이는 하루 중 틱의 빈도가 높고 낮은 시간도 알 수 있다.

빈도가 가장 높은 시간대와 가장 낮은 시간대의 약 10분 동안 기록한 것을 평가의 기초선 자료로 선택한다. 부모와 아동에게는 틱의 횟수를 세는 법을 가르친다. 이와 같은 평가 접근법은 매일 접근법보다 훨씬 시간이 절약되는 방법인데, 평가기간 중 기초선

표 9-5 일주일 틱 횟수 기록양식

이 차트는 매일 특정 기간 중 발생하는 틱의 횟수를 기록하는 것입니다.

• 당신이 세어야 할 틱 유형: ______________________________

• 당신은 매일 다음 시간에 세기 시작하세요: ______________________________

틱이 발생한 시간을 아래에 표시하세요.

• 당신은 매일 다음 시간에 세기를 마치세요: ______________________________

횟수를 더하여 해당 요일의 그 수에 해당하는 칸에 기록하세요.

예를 들어, 월요일에 48회 틱을 하였다면, 월요일의 48에 해당하는 칸에 ×표를 하세요.

	요일	월	화	수	목	금	토	일
틱의 수	50							
	48	×						
	46							
	44							
	42							
	40							
	38							
	36							
	34							
	32							
	30							
	28							
	26							
	24							
	22							
	20							
	18							
	16							
	14							
	12							
	10							
	8							
	6							
	4							
	2							
	1							

자료로 활용할 수 있고, 이후 중재 진척 통제 기초선으로 활용할 수 있다.

4) 중재

소아과 의사의 평가, 심리사정, 다른 기관에서의 전문가 사정 등의 정보를 가지고 틱장애, 복합문제, 2차적인 문제 등의 진단을 하게 된다. 틱장애의 다중 시스템적인 관리법에서는 다음과 같은 것들의 모두 또는 일부가 포함된다.

- 정신치료
- 환경조작과 2차적 문제관리
- 약물치료
- 습관 반전
- 상황 역실행

(1) 정신치료

정신치료를 할 경우 일차적인 목적은 틱이란 비자발적인 것이며 대부분의 경우에 주요 유전적 요인, 즉 뇌 기저핵에 있는 분명한 신경발달적 장애 표현이라는 생각을 갖게 하는 데 있다. 비록 이런 것들이 아동과 가족에게 상당한 스트레스를 준다 하더라도 틱은 무의식적인 갈등, 가족 역기능의 표현이 아니라는 점을 강조하여야 한다. 비록 틱은 상당히 노력하면 잠시 억제할 수는 있지만, 결코 의도적인 것이 아니라는 점도 강조되어야 한다. 그리고 비판이나 벌로는 증상을 더욱 악화시킨다는 점을 강조하여야 한다. 이와 같은 유형의 정보를 제공하여 부모와 교사가 아동에게 벌을 주는 일을 최소화하도록 한다.

우리가 알고 있는 뚜렛장애는 만성적인 것이며, 인생 전반에 여러 방면에서 나타난다. 아동이 1년 이하 기간 동안 틱장애를 보일 경우, 그들이 전반적이고 복합적인 모습을 보인다 하더라도 뚜렛장애 진단은 내리지 않는다. 그러나 그 가능성을 언급할 수는 있다. 그러나 일단 뚜렛장애가 나타난 것으로 보이면, 진단은 아동과 부모에게 그에 적합한 조정계획을 세우도록 하는 측면에서 내려야 한다. 마지막 진단은 평가 결과를 통하여 얻은 심리사회적, 소아과적 평가를 제공할 수 있는 종합팀이 해야 한다.

(2) 환경조작과 2차적 문제관리

아동이 틱장애를 더 잘 관리할 수 있도록 환경을 변화시킬 때에는 미리 얻은 정보를 이용한다. 틱 빈도와 관련이 있는 선행사건과 후속결과를 제거하고 수정해 준다. 아동이 이완할 수 있고 틱을 통제하려는 시도를 할 수 있는 기간, 즉 학교에서 쉬는 시간, 등하교 시간 등과 같은 일일 전환기 이후 비교적 혼자 있는 조용한 시간을 아동에게 정하여 준다.

학교에서 아동이 시험을 볼 때 별도로 앉게 하여 보게 한다. 특히, 아동이 음성 틱이 있는 경우에 그러하다. 이상적이라면 음성 틱이 시험에 방해되는 정도를 고려하여 구두시험이나 지필 시험 그리고 수행시험에서 이를 고려한다. 시간 압력을 시험 상황에서 최소화하도록 하고 아동에게 시험 중 틱을 줄여 주기 위하여 일시적으로 시간을 더 주도록 한다.

(3) 습관 반전

습관 반전은 뚜렛장애와 일시성, 만성적 틱장애의 경우 그리고 발모벽에서 머리 뽑는 빈도를 현저하게 줄일 수 있는 것으로 나타났다. 습관 반전에는 틱 알기 훈련, 경쟁반응 훈련, 이완훈련과 상황관리 훈련이 해당한다.

틱 알기 훈련의 목적은 아동이 틱에 대한 본질, 빈도 그리고 그 빈도에 영향을 미치는 선행사건과 후속결과를 잘 알도록 교육하는 것이다. 먼저 아동에게 틱에 대해 상세히 설명해 준다. 거울이나 비디오테이프를 사용하여 틱의 발생과 본질에 대하여 즉각적이고 정확한 피드백을 제공하여 준다. 심리학자는 아동에게 훈련기간 중 틱이 발생하면 주의를 기울이도록 한다. 이와 같은 과정으로 아동은 틱을 알게 되고, 그것을 통제하고자 하는 동기를 가지게 되며, 틱이 발생하려고 하는 경고 사인을 일찍 발견하게 된다. 이와 같은 경고 사인을 일찍 알게 되면 이후에 설명할 경쟁 반응 수행단서로 사용할 수 있게 된다. 틱 알기 훈련의 또 다른 측면은 아동에게 틱 기록양식을 사용하도록 가르치는 것이다. 〈표 9-4〉에 제시한 양식은 3~4일 동안 아동이 사용하여 틱 빈도에 영향을 미치는 아동의 자연스러운 환경에서의 선행사건과 후속결과에 대하여 알 수 있게 한다. 이 양식을 사용할 때 아동은 하루 종일 각 10분 동안 발생한 틱의 횟수를 기록한다. 그리고 관련 선행사건과 후속결과를 기록한다. 〈표 9-5〉에서 제시한 양식은 수주나 수개월 동안 확대하여 사용하는데, 이는 틱 빈도 변화에 대하여 아동이 알도록 하는 것이다. 이 양식에서는 아동에게 매일 정해진 10분 동안 틱 발생 횟수를 세는 법을 가르친다.

아동에게는 틱이 발생한 2분 동안 또는 틱이 발생하려는 경고 사인이 있는 2분 동안 경쟁 반응을 하도록 훈련시킨다. 틱의 경우, 경쟁 반응법은 틱 환경과 관련 있는 것과 반대의 같은 크기의 근육긴장을 가지는 것이다. 예를 들어, 눈 깜박거림에서 경쟁 반응은 눈을 크게 뜨기, 어깨를 으쓱하는 것에서 경쟁 반응은 같은 크기의 어깨 긴장하기, 발모벽의 경우 경쟁 반응은 눈을 꼭 감기 등이다.

이완훈련은 습관 반전 프로그램에 포함되는 것으로 아동이 스트레스 상황에서 자각 수준을 낮출 수 있도록 하여 틱 발생 빈도를 줄이는 것이다.

자기 모니터링, 경쟁 반응 사용, 이완훈련 등은 틱이 발생하는 빈도에 직접 영향을 미치는 반면에, 후속사건 중심중재법의 목적은 아동이 이러한 3가지 기술을 사용하고자 하는 동기를 부여하기 위한 것이다. 후속사건 중심중재법은 그 시작을 불편한 습관을 살펴보는 것에서 시작한다. 여기에서 아동에게는 색인카드에 있는 틱이나 습관으로 인한 당황스럽고 불편한 후속결과 목록을 작성하도록 한다. 그리고 한편으로는 틱을 줄임으로써 얻을 수 있는 이점을 모두 적도록 한다. 이 카드를 언제나 가지고 다니게 하여 아동이 빈번하게 이를 살펴보게 하고 중재 프로그램을 따르면 이득이 된다는 것을 생각하게 한다. 부모에게는 적절한 방법으로 경쟁 반응과 이완기술을 사용한 것을 강화하여 주기 위해 아동을 칭찬하는 보상 시스템 사용법을 가르친다. 틱을 심하게 많이 하는 경우, 보상 시스템은 하루 중 특정 기간만으로 한정한다. 그리고 이 기간을 점차 늘려서 아동이 틱이나 습관을 더욱 통제할 수 있게 한다.

(4) 상황 역실행

Levine이나 Ramirez는 1989년에 틱 발생에 대하여 상황에 의거한 경쟁 반응법을 대안으로 제시하였다. 아동에게 아동의 집과 학교 환경에서 틱이 발생할 때마다 30초 동안 계속해서 스스로 틱을 하도록 지도한다. 아동에게는 또한 틱이 일어나지 않도록 노력하라고 가르친다. 이와 같은 과정을 상황 역실행(negative)이라고 한다. 이 상황 역실행법은 효과가 있는 것으로 나타났다.

(5) 약물치료

뚜렛장애는 약물에 현저한 반응을 보인다. 따라서 의사에게 의뢰하여 사정케 하고 적당한 처방을 받게 한다. 뚜렛장애 아동의 70% 이상이 약물치료를 받으면 증상이 줄어든다. 할리페리돌은 1960년대 이후부터 가장 흔히 사용되어 온 약물로, 낮은 용량에서도 임상적인 효과가 보고되고 있다. 용량은 0.5mg/day부터 시작하고 4~5일 간격으로 0.5mg씩 증가시켜 하루 용량을 4~5mg 정도로 유지한다. 원래의 틱 증상을 정확하게 평가하여 약물 투여 후 원래 틱 증상의 50~70% 정도의 호전이 있으면 더 이상 증량시키지 않고 그대로 유지한다. 대개 60~90%에서 뚜렷한 호전을 보이는 것으로 보고되고 있다(조수철, 신윤오, 1994). 그러나 장기간의 부작용도 피할 수 없는데, 특히 경련발작(tardive dyskinesia)을 보인다. 이와 같은 이유로 이들 약물은 매우 조심하여 뚜렛장애가 심각한 경우에만 투약한다.

그 외에도 할리페리돌에 비해 부작용이 적은 피모자이드, 비정형 항정신약물 중에서 틱장애를 포함하여 소아정신과 영역에서 가장 많이 사용되는 리스페리돈, 복합 틱에 대한 반응이 비교적 양호한 클로니딘 등이 사용되고 있다.

5) 틱이 나타났을 때 지켜야 할 주의사항

틱 증상이 나타난 지 얼마 되지 않았고 증상이 심하지 않다면 다음과 같은 몇 가지 주의사항을 지키는 것만으로도 증상이 악화되는 것을 방지할 뿐만 아니라 틱을 없앨 수도 있다(위영만, 2009).

- 아동의 틱 증상을 지적하거나 쳐다보지 않아야 한다.
- 컴퓨터, TV, 게임기, 핸드폰 등의 전자제품 사용을 제한해야 한다.
- 아동의 틱 증상에 민감하게 반응하지 않아야 한다.
- 적절한 운동이나 취미생활은 도움이 된다.
- 일시적인 악화에 민감하게 반응하지 않아야 한다.

2. 조현병

1) 진단 및 특성

조현병(정신분열증, Schizophrenia)은 아주 드문 질환으로 발병률이나 유병률에 대하여 거의 연구된 바가 없고, 영국의 한 연구에서 자폐장애보다 훨씬 더 드물게 나타나는 병으로만 보고된 바 있다. 소아의 조현병 유병률은 인구 1만 명당 0.19명으로 청소년기의 조현병 유병률(0.1~0.2%)의 1/50에 불과하다는 보고도 있다. 성별로는 남아에서 더 흔히 발병되며(2~2.5배 정도) 사회경제 상태와는 무관하게 발병된다고 알려져 있다. 발병은 대개 10대에 나타나는데, 5세 이전의 발병은 거의 없으며, 15세 이후에 발병되는 경우가 가장 흔하다. 소아기 조현병인 경우 그 부모의 조현병의 유병률은 약 8% 정도 된다. 이것은 성인기 발병의 조현병인 경우 그 부모에서의 유병률의 약 2배 정도 되는 것으로 성인기 조현병에 비하여 유전적인 소인이 더 큰 것으로 추정되고 있다(조수철, 1994).

〈표 9-6〉은 DSM-5에 제시된 조현병의 진단적 특성을 보여 주고 있다.

조현병의 3가지 특성은 망상, 환각 그리고 언어 와해인데 이는 정신병을 나타내는 전형적인 증상들이다. 다시 말해, 현실감이 파괴되었음을 나타낸다. 망상(delusions) 또는 잘못된 믿음 그리고 환각 또는 잘못된 지각은 조현병의 대표적인 증상으로 알려져 있다. 그러나 때로는 사고장애를 반영하는 언어 와해(disorganized speech)가 아주 중요한 증상으로 간주된다. 행동 와해(disorganized behavior)는 여러 가지 방식으로 표출되는데 상황에 맞지 않게 어리석은 행동을 하거나, 예기치 못했던 초조감이나 공격적인 태도를 보이거나, 자기 자신을 돌보지 않는 것 등이 그 예가 될 수 있다. 긴장형 행동(catatonic behaviors)은 운동기능 측면의 문제로서 운동 반응이 과도해지거나 감소하며 아주 이상하고 굳은 신체 자세를 나타낸다. 지금까지 기술된 행동들은 모두 양성 증상(positive symptoms)에 속한다. 그런데 조현병 환자들은 음성 증상(negative symptons)도 나타낸다. 음성 증상이란 정상이라면 있어야 하는 행동이 없는 경우를 말한다. 즉, 조현병 환자들은 정서를 거의 나타내지 않고, 이들의 말에는 정보가 거의 들어 있지 않은 아주 짧은 대답만 있으며, 목표지향적인 행동을 시도하거나 유지하는 일

표 9-6 조현병의 진단기준(DSM-5)

[진단기준]

A. 특징적인 증상들: 다음의 증상들 중 최소한 2개 이상이 나타나야 하며, 1개월을 기준으로 하였을 때 1개월 중 상당 시간 이러한 증상들이 존재하여야 한다(이 기간 동안 성공적으로 치료된 경우에는 이 기간보다 짧을 수도 있다).
다만, 이들 중 하나는 망상, 환각 또는 와해된 언어여야 한다.
1. 망상
2. 환각
3. 혼란된 언어(흔히 말의 중심 내용에서 벗어나거나 지리멸렬한 사고)
4. 뚜렷이 혼란된 행동 또는 긴장형 행동
5. 음성 증상들(감정의 둔마, 운동성 실어증, 무의지)

B. 사회적/직업적 기능장애: 발병 후 전체 시간의 상당 부분에서 직장에서의 일, 대인관계, 자기돌봄 등의 기능 분야에서 발병 전에 성취하였던 수준에 비하여 현저히 저하되어 있다(소아 또는 청소년인 경우에는 대인관계, 학습 또는 직업적 성취에 있어서 기대 수준에 미치지 못한다).

C. 지속기간: 장해의 징후가 최소 6개월 동안 지속된다. 이러한 6개월의 기간에는 최소 1개월(또는 성공적으로 치료된 경우 그 이하 기간)의 진단기준 A를 충족시키는 증상들(즉, 활성기 증상들)을 포함해야 하며, 전구기 또는 잔류기 동안 장해의 징후는 음성 증상만 있거나 진단기준 A의 증상들 중 2가지 이상의 증상이 악화된 형태(기이한 믿음, 흔치 않은 지각적 경험들)로 나타날 수 있다.

D. 분열정동장애와 기분장애의 배제: 분열정동장애(조현정동장애)와 정신증적 특성을 가진 우울 또는 양극성 장애는 배제된다.
- 주요 우울증 삽화나 조증 삽화가 활성기 증상들과 동시에 나타나지 않는다.
- 기분 삽화가 활성기 증상 동안 일어난다고 해도 병의 활성기와 잔류기의 전체 기간 중 짧은 기간 동안에만 존재하기 때문이다.

E. 약물/일반적 내과적 질환의 배제: 상기 장애들이 약물의 작용이거나 일반적 내과질환에 의한 것은 아니어야 한다.

F. 전반적 발달장애와의 관계: 아동기에 발병한 자폐스펙트럼장애나 의사소통장애의 병력이 있는 경우 조현병의 진단기준에 요구되는 다른 증상에 더해 현저한 망상이나 환각이 최소 1개월(또는 성공적으로 치료된 경우, 그 이하의 기간) 이상 나타날 경우에만 조현병의 추가적인 진단이 내려진다.

[아형들(subtypes)]

A. 망상형
1. 한 가지 또는 그 이상의 망상 또는 자주 경험하는 환청
2. 다음 증상들은 뚜렷이 나타나지 않음. 즉, 혼란된 언어, 해체된 또는 긴장성 행동, 감정의 둔마, 부적절한 감정

B. 혼란형: 다음 모든 증상이 뚜렷해야 한다.
1. 혼란스러운 언어

2. 혼란스러운 행동
3. 감정의 둔마 또는 부적절성
4. 진단기준이 긴장형의 진단기준을 만족시키지는 않음

C. 긴장형: 다음 중 적어도 2개 이상의 진단기준을 만족시켜야 한다.
1. 강경증(catalepsy, 납굴증 등이 포함됨) 또는 혼미 상태로 특징지어지는 부동 상태
2. 과다한 운동량(특별한 목적도 없고 외부자극에 의하여도 전혀 영향을 받지 않음)
3. 극심한 거부증(모든 지시에 대한 이유 없는 저항 또는 움직여 보려는 외부의 시도에 대하여 특정한 자세를 완강히 유지하는 것) 또는 함구증
4. 자의적 운동이 아주 이상한 모습을 띠는데, 의도적으로 괴상한 자세를 취하거나 상동적인 운동, 매너리즘, 얼굴 찡그림 등으로 표현됨
5. 반향어 또는 반향행동

D. 미분화형: 정신분열의 진단기준 A를 만족시키기는 하지만, 망상형, 혼란형 또는 긴장형의 진단기준을 만족시키지는 않는 경우에 내릴 수 있다.

E. 잔재형
1. 뚜렷한 망상, 환각, 혼란스러운 언어 그리고 혼란행동 또는 긴장행동은 나타나지 않음
2. 그럼에도 불구하고 조현병의 증상들이 남아 있음. 즉, 음성 증상의 형태로 나타나거나, A의 증상들 중 2개 또는 그 이상이 약화된 형태로 나타나는 경우에 이 진단명을 사용함

이 거의 없다(Wicks-Nelson & Israel, 2004).

조현병적인 행동은 당연히 정상적인 적응과 대인관계를 방해한다. 따라서 조현병으로 진단받은 젊은 사람들은 이전에는 더 높은 기능 수준을 보였겠지만, 결국은 정상적

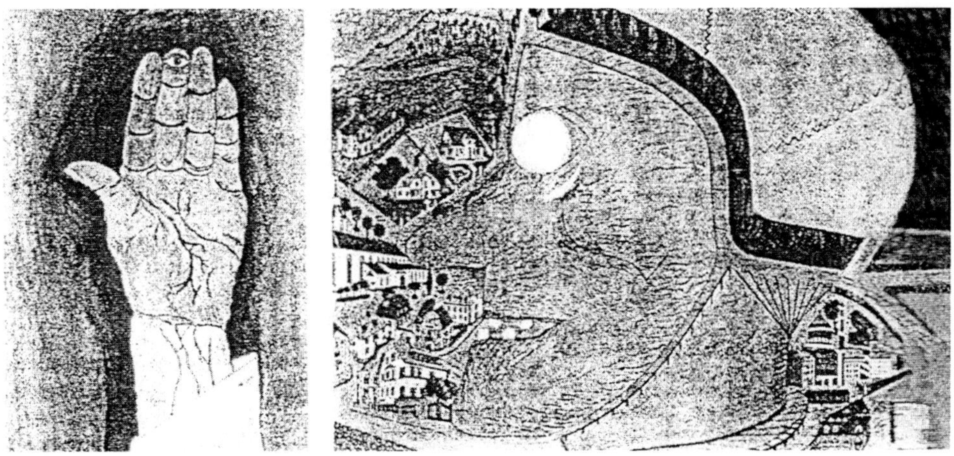

출처: Faulkner(1979), p. 3.

인 성취도 수준에 도달하지 못할 가능성이 크다. 조현병 진단을 내리려면 그것이 일시적인 상태일 가능성을 배제하기 위해 적어도 6개월 동안 지속적으로 문제행동이 관찰되어야 한다. 청소년의 경우는 진단이 비교적 성공적으로 이루어질 수 있지만, 어린 아동의 경우 양성 증상에 크게 의존하는 진단은 문제가 있다. 초기의 발달 수준은 양성 증상을 잘 드러내 주지 않을 가능성이 있으며, 아동이 그러한 증후를 보고하리라고 기대하기도 어렵다. 따라서 현재의 진단체계로는 아주 어릴 때 발병하는 조현병을 제대로 발견할 수가 없다.

2) 원인

일반적으로 성인에 비해서는 원인에 대한 연구가 많이 부족한 상태다(Wicks-Nelson & Israel, 2004).

(1) 유전적 요인

유전적 요인을 지지하는 근거들로는, 첫째 가족과 친척에서의 발병률이 높다는 점, 둘째 쌍생아에 대한 연구에서 이란성 쌍생아에 비하여 일란성 쌍생아에서 조현병과 분열형 인격장애의 일치율이 높다는 점, 셋째 입양아에 대한 연구에서 양부모보다 생물학적 부모에서 유병률이 더 높다는 점 등이다. 전체적으로 성인기의 조현병보다는 유전적인 소인이 더 강하게 작용하고 있는 것으로 추정되고 있다. 그 근거로는 가족과 친척의 유병률이 소아기 조현병에서 성인기의 조현병에 비하여 더 높다는 점과 쌍생아 연구에서 일란성 쌍생아의 일치율이 성인기의 조현병에 비하여 더 높다는 점 등이다.

(2) 임신 및 출산 합병증

지금까지는 태아기와 출산 시의 여러 문제들을 소아 조현병과 연결시켜 말하지 않았지만 성인의 경우는 이 문제들이 조현병과 관련이 있다고 여겨져 왔다(Ohman & Hultman, 1998). 이 가운데는 조산, 저체중아, 다산, 감염, 신체적 외상, 산소 부족, 경련/경기 등이 포함된다(Gooding & Iacono, 1995). 때로는 뇌의 구조적인 이상이 이러한 문제들과 연결되기도 하였다. 독감이 유행할 때 태내에서 독감 바이러스에 노출되었던 핀란드 사람들에 대한 연구 결과가 특히 흥미롭다(Mednick et al., 1998). 임신 중반기(4~6개월) 때 독감 바이러스에 노출되었던 사람들만이 나중에 조현병에 걸릴 위험이 더 컸었다는 사실로 미루어 이 병에 결정적인 시기가 있는 것 같다. 태아기 감염과 조현병의 관계는 모든 연구에서 발견되는 것은 아니지만 일부 다른 연구에서도 입증되었다.

Cannon과 그 동료들(1993)의 연구는 발병 원인이 아주 복잡할 수 있음을 보여 준다. 이들은 부모가 조현병인 덴마크 아동을 여러 해에 걸쳐 추적하는 고위험 집단 연구를 수행하였다. 조현병 환자의 자녀들이 성인이 되어 조현병을 나타낼 때는 임신과 출산의 문제 및 유전적인 위험도가 각기 관련될 뿐 아니라 이들 요인이 함께 복합적으로 작용하여 발병에 기여하기도 한다. 조현병의 위험도는 뇌 이상과도 관련이 있다.

(3) 심리사회적 요인

살면서 경험하는 일들, 즉 힘든 일이나 변화의 필요성처럼 스트레스를 주는 일들은 성인기에 발병하는 조현병에 영향을 미치는 환경적 요인이 될 수 있다. 이러한 일들은 증상이 나타나기 이전에 많이 발생한다(Fowles, 1992). 급격한 스트레스가 증상을 초래하는 유일한 원인일 가능성을 배제할 수는 없지만 스트레스가 다른 원인요소와 상호작용하여 발병할 가능성이 더 크다. 스트레스가 아동 조현병에 어느 정도의 영향을 미치는가는 밝혀지지 않았다. Alanen과 Goldfarb는 가족 특성이 오랫동안 조현병의 원인으로 지목되어 왔다. 소아 조현병이 미성숙한 어머니의 양육, 소극적인 아버지 역할, 어머니로부터 분리되지 못하는 아동, 병리적 가족 역학에 대한 반응과 같은 가족요인에 의해 유발된다는 가정이 일찍부터 있었다. 근본적으로 병리적 양육이 곧 조현병적인 양육(schizophrenic mothering)이라는 말이 실제로 사용되었다. 가족 중에서 조현병 진단을 받은 사람들은 일탈된 상호작용을 나타내는 것으로 기술되었다(Wicks-Nelson & Israel, 2004).

(4) 다중요인 모델

소인-스트레스 모델이 종종 일반적인 원인 설명 모델로 인용된다. 이 모델에서는 유기체의 타고난 취약성 혹은 병적 소인이 스트레스와 상호작용하여 조현병을 일으킨다고 가정한다. 이때의 스트레스는 환경에 기초를 두고 있으며 태아기나 출산 시의 문제,

좋지 않은 생활사건, 가족 역학 등이 포함되고, 그 영향력이 축적되었다가 나중에 나타날 수도 있다. 각 영향요인의 관련 정도뿐 아니라 취약성의 성격과 환경자극의 성질 등은 매번 달라질 수 있으므로 사례마다 다른 결과가 나타나게 된다. 신경발달 가설은 발달 후기 발병하는 조현병을 설명하는 데 특히 주도적인 위치를 차지하고 있다(Buchanan et al., 1998). 태아기 및 출산 시의 손상과 조현병이 서로 관련이 있다는 것은 조현병 진단 이전부터 종종 나타나던 인지적·신경학적·사회적 장애들과 마찬가지로 조기 손상을 시사한다. Weinberger(1987, 1994)는 **다중요인 신경발달 가설**이 자료를 가장 잘 설명한다고 믿는 사람이다. 그는 대뇌피질의 초기 발달이 잘못되었을 것이라고 가정한다. 회질의 양이 축소되어 있고 뇌세포들의 위치가 잘못되어 있다는 사실이 이 가설을 뒷받침하는 증거이다. 이는 태아가 발달하는 과정에서 문제가 생겼을 가능성을 시사하는데, 신경세포는 대개 이 시기에 자신의 본래 위치로 이동해 가기 때문이다. 뇌의 장해가 기능의 구조화를 망쳐 놓은 것으로 가정되며, 뇌는 이에 대응하여 나름대로 잘못된 부분을 보상하려고 애를 쓴다. 이러한 손상은 뇌가 더 발달할 때까지 표면화되지 않고 있다가 **스트레스와 상호작용함으로써 정신병적 특성**을 만들어 낸다. 정신병적 행동의 발생이 청소년기 때 특히 증가한다는 것은 뇌의 전두엽이 청소년기 후기에 가서야 발달한다는 사실과 잘 들어맞는다. 발달 후기에 발생한 조현병에 어느 정도나 적용될 수 있는지는 불분명하다. 하지만 정신병 증상, 신경심리학적 장애, 뇌의 이상, 유전요인의 영향에 있어서의 유사성을 뒷받침하는 증거들이 점차 많아지고 있다.

3) 중재

치료는 증세의 심각성 정도, 질병의 발전단계, 치료 기회, 지역사회와 가족의 지원, 치료사의 관점 등에 따라 크게 달라질 수 있다. 아주 심한 장애를 보이는 아동은 가정에서 보호되거나 특수학교에 다니며, 나머지는 병원에 수용되거나 일정 기간 동안 거주 치료센터(residential setting)에 수용되기도 한다. 처음 발병했을 때는 입원을 시킬 가능성이 크다(Clark & Lewis, 1998). 조기치료 개입은 증상을 곧 감소시킬 수 있기 때문에 바람직하다. 가장 좋은 치료전략은 이들이 나타내는 여러 가지 종류의 문제를 가라앉히기 위해 여러 가지 방법을 동시에 사용하는 것이다.

(1) 약물치료

오늘날 모든 연령의 조현병 환자들이 선택할 수 있는 의학적 치료는 도파민을 감소시키는 항정신병 약물의 복용이다. 성인의 경우 이 약물을 복용하면 환각, 망상, 사고장애 등의 증상이 감소한다. 그러나 음성 증상은 별로 감소하지 않는다. 많지 않은 연구에서 아동과 청소년도 약간의 증세 호전을 보인다고 보고하고 있다(McKenna et al., 1994). 그러나 청소년의 경우는 이 약물이 성인만큼 효과적이지 않을 수 있으며, 만발성 운동장애나 기타 운동이상과 같은 부작용을 가져올 수 있다.

이러한 문제점 때문에 새로운 비정형 항정신병 약물에 대한 관심이 생겨났다. 최근의 연구에서는 리스페리돈(risperidone)과 클로자핀(clozapine)이 청소년에게 효과가 있을 것이라는 제안을 하였다(Kumra et al., 1997). 세로토닌과 도파민에 영향을 미치는 이 약물은 항정신병 약물과 같은 부작용을 나타내지 않으며 양성 증상과 음성 증상을 모두 다스릴 수 있을지도 모른다. 그러나 이 약에는 다른 부작용이 있는데, 클로자핀의 경우는 경련 발작과 면역체계 손상을 가져올 수 있다. 이 때문에 더 최근에 새로 개발된 항정신병 약물인 올란자핀(olanzapine)에 대해 아동을 대상으로 한 시험이 진행되고 있다(Kumra et al., 1998).

(2) 정신분석학적 치료

정신분석치료는 아동의 자아기능이 약해지면서 원초아(id)의 충동이 아동을 지배하며 아동이 어머니로부터 분리되지 못한다는 데 초점을 맞춘다. 치료자의 역할은 환자의 연령에 따라 좀 다르지만, 아동이 자아를 독립시키고 세상을 자기 나름대로 해석하며 현실과 상상을 구분하고 자신감을 키우며 보다 적응적인 방어기제를 찾아내도록 돕는 것이다. 청소년의 경우는 이 시기의 발달 과업에 초점을 맞추어, 예를 들면 정체감 형성과 신체적 성숙을 돕는다. 연령에 상관없이 아주 강력하고 따뜻하며 신뢰 있는 관계를 형성하는 것이 중요하다.

(3) 행동치료

조작적 학습 및 인지행동적 방법은 발달 후기에 발병한 조현병을 치료하는 핵심 기법이다. 조작적 치료법은 병원과 기타 기관에서 여러 해 동안 사용되어 왔는데, 특히 스스로를 돌보고 그 밖의 일상생활 유지에 필요한 습관을 길러 주는 데 활용되었다. 그 기본 목표는 환자들이 자기 인생에서 능동적인 주체가 되고 병원을 떠나 좀 더 자유로운 환경에서 생활할 수 있도록 돕는 것이다. 치료개입은 이러한 목표에 도달할 수 있게 해 준다. 이제는 조현병 환자들이 지역사회에서 함께 생활한 지 오래되어 행동적 접근이 여러 다른 상황들에 적용되고 있으며, 때로는 가족치료 개입의 요소로 적용되기도 한다.

(4) 가족치료적 접근

적절한 가족의 개입과 지원은 환자를 위해 매우 중요하며 상담과 훈련이 가족구성원에게도 보탬이 된다는 것은 일반적으로 알려진 사실이다. 조현병이 생물학적 원인에서 비롯될 수 있다는 점과 약물치료를 처방대로 잘 따르는 것이 중요하다는 점을 가족에게 주지시킬 수 있다. 가족구성원은 가정에서 감정을 어떻게 표현하는 것이 가장 좋은가, 문제를 어떻게 해결해야 하는가에 대해 행동 및 인지적 훈련을 받는다. 개인적인 심리치료를 받은 통제집단과 비교할 때 이러한 가족치료가 효과가 있는 것으로 나타났다.

3. 반응성 애착장애

1) 진단 및 특성

애착에 문제가 있다는 신호는 아동이 정서적으로 분리되어 있고(detached) 반응이 없는 것으로, 나이에 따른 적절한 사회적 상호작용에 참여하지 못한다. 낯선 사람에 대한 무분별한 수용은 대개 만 8개월까지는 비정상으로 보지는 않는다. 하지만 애착장애가 있는 아동은 성인과 어떤 형태로든 부적절한 강도로 관계를 맺는다. 유아기 또는 소아초기의 반응성 애착장애(reactive attachment disorder)의 진단기준(DSM-5)은 〈표 9-7〉과 같다.

반응성 애착장애의 필수 증상은 대부분의 상황에서 심한 문제가 있고 발달적으로 사회적 관계가 부적절하며, 5세 이전에 시작되고 병적인 보살핌과 밀접한 관련이 있다. 이 장애는 발달지연만으로는 잘 설명되지 않으며(예: 지적장애와 같이), 자폐스펙트럼장

표 9-7 반응성 애착장애의 진단기준(DSM-5)

A. 양육자에게 억제되고 정서적으로 위축된 행동이 지속되는데, 다음과 같이 2가지로 나타난다.
  1. 아동은 고통받을 때 거의 위로를 받으려고 하지 않음
  2. 아동은 고통받을 때 위로해 주어도 거의 반응하지 않음

B. 지속적인 사회적 및 정서적 문제가 다음과 같은 것 중에서 적어도 2개가 나타난다.
  1. 타인에 대한 미미한 사회적 및 정서적 반응
  2. 긍정적 애정의 제한
  3. 양육자와의 비위협적인 상황에서도 설명할 수 없는 과민성, 슬픔 혹은 두려움

C. 아동은 극도의 불충분한 양육을 경험하였고 적어도 다음 중 한 가지의 증거가 있다.
  1. 양육자로부터 위로, 자극 및 애정 등 기본 정서적 욕구가 충족되지 못하는 사회적 학대나 박탈
  2. 일차 양육자가 자주 바뀌어 안정 애착을 형성할 기회가 제한됨(예: 양육에서의 잦은 변화)
  3. 비정상적인 장면에서 양육되어 선택적 애착을 형성할 기회가 심하게 제한됨(예: 양육자의 아동 양육 비율이 높은 시설)

D. 기준 C가 기준 A 문제행동의 원인이 된 것으로 예상된다(예: 기준 A의 문제행동은 기준 C의 적절한 양육의 결여 후 시작됨).

E. 이 기준은 자폐스펙트럼장애를 충족시키지 않아야 한다.

F. 이 문제행동은 5세 이전에 두드러진다.

G. 아동은 적어도 발달연령이 적어도 9개월이 되어야 한다.

☞ 세부 유형
  – 지속형: 이 장애가 12개월 이상 지속될 경우

애의 진단기준과 일치하지 않는다. 이러한 상태는 안락감, 자극, 애정 등 아동의 기본적인 신체적 욕구에 대한 지속적인 무관심, 안정된 애착 형성을 방해하는 양육자의 빈번한 교체 등과 같은 심한 병적 보살핌과 관련된다. 이러한 병적 보살핌이 사회적 관계 형성을 방해하는 것으로 추정된다.

반응성 애착장애는 신체검사 결과 극단적인 소홀로 인해 초래되는 일반 의학적 상태(성장지체, 신체학대의 증거, 영양결핍, 비타민 결핍 혹은 감염된 질병)와 관련이 있다.

이 장애는 보통 생애 초기 몇 년 사이에 발병하는데, 유병율은 잘 알려지지 않고 있으며, 임상장면에서도 비교적 드물다. 이 장애는 시설이나 양육기관에서 양육되기 전에 심한 학대를 받은 어린 아동에게서 발견되고, 정의에 따르면 5세 이전에 시작된다. 따라서 아동과 돌보는 사람의 개인적 요인, 심리사회적 박탈의 정도와 기간, 개입의 특성에 따라 경과는 다양하다. 적절한 지원적 환경이 주어지면 상당히 호전되고 완화되고, 그

렇지 않으면 지속하여 나타난다. 비분별적 사회능력이 선택적 애착이 발달된 후에도 지속될 수 있다.

2) 원인

원인으로는 여러 가지 요인을 생각해 볼 수 있다. 첫째는 아동학대, 태만으로 정상적인 양육자–아동의 관계 형성이 일어나지 않는 경우이며, 둘째는 부모 또는 양육자가 심각한 정신질환을 앓고 있거나 사회경제적인 여건이 열악하여 아동과의 정상적인 관계 형성이 일어나지 않는 경우이다. 예를 들면, 조현병, 우울증 등으로 정상적인 양육자의 역할을 수행하지 못하거나, 극심한 빈곤 또는 정신적으로 성숙하지 못한 상태에서 부모가 되는 경우에 부모의 역할에 대한 경험 부족으로 적절한 양육자의 역할을 하지 못하는 것이다. 셋째는 일정한 양육자가 돌봐 주지 못하고 자주 바뀌는 경우이다. 반복적인 입원, 반복적인 대리가정에서의 양육, 반복적인 수용기관에서의 생활 등이 이에 속한다고 할 수 있다. 마지막으로, 아동 자신의 요인을 들 수 있다. 예를 들면, 발달지연이거나 신체적인 장애가 있는 경우나 기질적으로 힘든 아동 등은 부모의 병적인 양육 상태를 유발하여 반응성 애착장애를 야기할 수 있다.

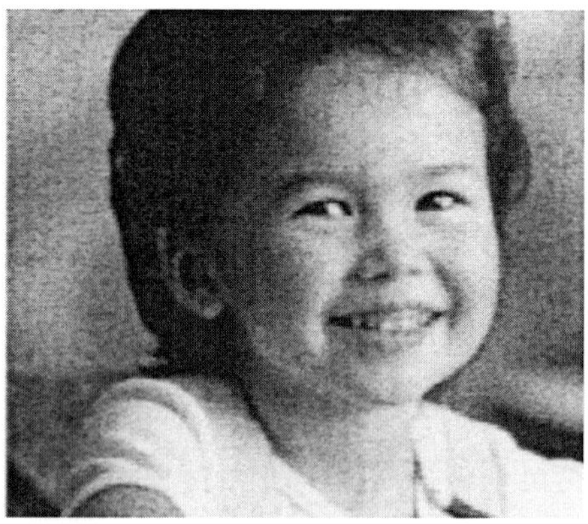

출처: Newsweek (2005. 3. 14.), p. 61.

3) 치료

반응성 애착장애는 즉각적인 전문적 도움이 필요하다. 적절한 영양 공급, 신체적 후유증에 대한 치료, 적절한 자극과 상호작용을 제공하는 것이 치료의 주된 목적이다. 대부분은 환경이 개선되면 증상이 개선되므로 환경 개선이 주된 치료의 핵심이다. 의학적인 측면에서 가장 먼저 결정할 사항은 아동의 안전을 위해 입원을 시킬지 여부에 대한 것이다. 경한 정도의 사례에서는 외래치료도 가능하지만, 생명에 위험을 초래할 수 있으므로 상태가 심하거나 늦게 발견된 경우는 입원치료가 필요하다. 그러나 이럴 경우 아동의 어머니가 고립감과 우울감을 느낄 수도 있어 문제가 더욱 복잡해질 수 있으므로 가능한 한 치료과정에 어머니가 개입할 수 있도록 해 주는 것이 좋다(윤치연, 2003).

필요한 치료적 도움은 다음과 같다.

① 정신사회적 지지 서비스: 양육이나 가사 보조자 고용, 가정의 물리적 환경 개선, 경제적 상태의 호전을 위한 노력, 가족의 고립 줄이기

② 정신치료적 중재: 개인정신치료, 약물치료, 부모치료, 가족치료, 부부치료

③ 교육 상담 서비스: 집단교육, 부모교육, 양육기술 교육

④ 아동의 정서적 · 신체적 안녕 개선에 대한 집중적인 관찰

⑤ 부모로부터의 격리: 입원, 다른 친지에 의한 양육, 위탁가정, 입양, 수용기관 등 어떤 곳에서 아이를 성장하게 할 것인가에 대한 결정

아동은 시기적절하고 효과적인 치료를 통해 정상적인 발달과정을 밟게 되고, 나중에 청소년이나 성인이 된 후에 만족스러운 사회적 관계를 맺을 수 있게 된다.

4. 선택적 함구증

1) 진단 및 특성

1934년 Tramer에 의하여 'elective mutism'이라는 용어가 처음 사용되었고, 1983년

Hesselman은 'selective mutism'이 더 적절한 용어라는 주장을 하였다. 공식진단명으로는 DSM-III와 DSM-III-R에서는 elective mutism이었으나, DSM-IV에서는 selective mutism으로 진단명이 바뀌었다. ICD 분류체계에서는 ICD-9까지는 이 질환에 대한 언급이 없었다가 ICD-10에 이르러 아동기의 사회기능장애 내에 처음 등장하였다. 말을 할 수 있는 능력은 있으나, 한 가지 또는 그 이상의 특수한 상황에서 말을 하지 않는 경우를 말한다. 집이나 친근한 장소에서는 정상적인 언어의 구사가 가능하다. 언어를 통해서는 대화가 이루어지지 않으나 제스처 등 비언어적인 방법으로는 대화가 가능하다는 특성이 있다(조수철, 신윤오, 1994).

선택적 함구증의 필수 증상은 다른 상황에서 말을 잘함에도 불구하고 말을 해야 하는 특정한 사회적 상황(예: 학교, 놀이 친구와 함께 있을 때)에서는 말을 하지 않는 것이다. 이 문제가 교육, 직업 성취나 사회적 의사소통을 저해하며, 적어도 1개월 이상 지속되고 입학 후 초기 1개월(많은 아동이 말하기 어려워하고 부끄러워하는 기간)에만 국한되지 않아야 한다. 만약 사회생활에서 요구되는 언어에 대한 지식이 없거나 그 언어가 불편해서 말을 하지 않는 경우라면 선택적 함구증이라고 진단해서는 안 된다. 이런 장애가 의사소통장애(말더듬)에 의해 잘 설명되거나 자폐스펙트럼장애, 조현병, 다른 정신장애 기간 중에만 발생된다면 이 진단은 내려지지 않는다. 이 장애 아동들은 표준말로 의사표현을 하지 않고 몸짓, 고개 끄덕이기, 머리 흔들기, 몸 잡아당기기, 밀치기 등으로, 어떤 경우에는 단음절의 짧고 일정한 목소리로, 어떤 경우는 달라진 목소리로 의사표현을 한다(〈표 9-8〉 참조).

선택적 함구증에 수반되는 특징으로는 심한 부끄러움, 사회적인 어려운 상황에 대

표 9-8 선택적 함구증 진단기준(DSM-5)

A. 다른 상황에서는 말을 할 수 있음에도 불구하고 말하기가 예상되는 특정한 사회적 상황(예: 학교)에서 시종일관 말하지 않는다.
B. 장애가 학업, 직업 성취나 사회적 의사소통을 저해한다.
C. 장애의 기간은 적어도 1개월은 지속되어야 한다(입학 후 처음 1개월은 포함하지 않음).
D. 말하지 못하는 이유가 사회생활에서 요구되는 언어에 대한 지식이 없거나 불편한 관계에 기인해서는 안 된다.
E. 장애가 의사소통장애(예: 말더듬)에 의해 잘 설명되지 않아야 하고, 자폐스펙트럼장애, 정신분열증, 다른 정신장애의 경과 중에 발생되지 않아야 한다.

한 두려움, 사회적 위축, 매달림, 강박적 특성, 거절증, 울화, 통제하거나 반항하는 행동(특히, 집에서)이 있다. 또한 사회, 학업 기능에 심한 손상이 초래되기도 하며, 또래들에 의해 놀림당하고 희생양이 되는 경우가 흔하다. 일반적으로 이런 장애 아동들은 정상적인 언어기술을 지니고 있으나, 때로는 의사소통장애(예: 음성학적 장애, 표현성 언어장애, 수용-표현 혼합형 언어장애) 또는 조음이상을 일으키는 일반 의학적 상태가 동반되기도 한다. 이 장애는 지적장애, 입원 또는 극심한 심리 스트레스와 연관되기도 한다. 또한 임상장면에서 선택적 함구증 아동은 불안장애(특히, 사회공포증)를 추가적으로 진단받는 경우가 많다.

이민 온 아동은 새롭게 거주하는 나라의 공식 언어에 익숙하지 못하고 편안하지 못해서 새로운 환경의 낯선 사람들과 말하기를 거부하는 행동은 선택적 함구증으로 볼 수 없으며, 선택적 함구증은 여성이 남성보다 다소 더 흔하다.

선택적 함구증은 아주 드물게 발견되며, 임상장면에서 1% 이하로 발견된다. 보통 5세 이전에 발병하지만, 이 장애는 학교에 입학할 때까지 잘 발견되지 않는다. 이 장애의 지속성의 정도는 다양해 대개는 몇 달 정도 지속되지만, 때로는 더 오래 지속되기도 하고 몇 년 동안 지속될 수도 있다. 특히, 심한 학교공포증이 수반되면 불안 증상이 만성적으로 될 수도 있다.

2) 원인

선택적 함구증의 원인에는 다음과 같은 원인론이 있다(조수철, 신윤오, 1994).

① 정신분석 이론: 주로 정신분석 이론에 입각한 원인으로는 구강기의 지나친 억압의 결과로 의존성, 버림받지 않을까 하는 공포심과 관계가 있다. 일부 아동은 자율적 자아기능의 결함으로 인하여 표현언어나 인지기능의 장애가 나타나며 이것이 원인이 된다. 주된 정신역동은 통제이며, 관계되는 방어기제는 공격자와의 동일화, 퇴행 등이다. 미성숙하고 자기애적인 특성이 있다.

② 외상론: 아동의 신체적 또는 성 학대와 관계가 있다는 원인으로서 외상성 함구증(traumatic mutism)이라고도 불린다. 부모의 폭력, 특히 언어발달의 중요한 시기에 받게 되는 얼굴이나 입 주변의 외상과도 관계가 있다.

③ 체질적 또는 기질적 요인: 태어날 때의 성격상의 특성과 관계가 깊다는 원인으로서 어렸을 때의 지나친 수줍음 또는 가족 내에서의 지나친 수줍음 등을 원인의 일부로 보는 견해이다.

④ 분리불안: 어머니와의 강한 정신적인 유대로 말미암아 어머니와 분리되었을 때 함구증을 나타내는 경우이다.

⑤ 가족의 정신병리: 부부간의 불화, 어머니의 우울증, 부모의 과잉보호, 가족 간의 지나친 의존심, 사회적 고립, 가족 상호 간의 불신감 등이 원인으로 작용할 수 있다.

⑥ 신경발달학적 요인: 일부 집단에서는 지적장애와 관련되기도 하고, 일부 집단에서는 의사소통 장애, 유뇨증, 유분증과 함께 나타날 수 있다거나, 뇌파검사의 이상 소견이 일부 아동에게서 발견된다는 소견은 이러한 원인을 뒷받침해 준다고 할 수 있다.

⑦ 염색체 이상: Simon 등(1997)은 18번 염색체의 이상 소견을 보고하였다.

3) 중재

치료는 행동치료, 심리치료, 약물치료, 가족치료 등 아동의 상태에 따라서 여러 가지 방법이 적용될 수 있다. 치료자가 취해야 할 기본적인 태도는 아동 자신으로 하여금 자신이 정상적으로 말을 할 수 있는 능력이 있다는 확신을 갖도록 도와주는 태도이다. 초기단계에서는 제스처 등의 비언어성 대화를 하도록 하고, 점차 한 단어로 대답하는 간단한 반응을 보이도록 유도하면서 점차 복잡한 문장으로 대화할 수 있도록 도와준다. 동반된 불안 또는 우울이 있는 경우에는 나이에 따라서 놀이치료 또는 정신치료가 도움을 받을 수 있고, 부모-자녀 관계, 특히 어머니와의 공생관계에 있는 경우에는 분리-개별화 과정을 도와주어야 한다. 언어의 발달에 장애가 있다고 판단되는 경우에는 언어치료를 시행하여야 한다. 약물치료로는 페넬진이 시도된 바 있고, 최근에는 플루옥세틴에 의하여 효과가 있었다는 보고도 있다. 극심한 경우에는 입원치료가 필요하다.

학습과제

1. 일과성 틱장애와 만성 틱장애를 구별하고, 뚜렛장애와의 차이점을 설명하시오.
2. 틱장애의 유형별 중재방법을 설명하시오.
3. 조현병의 증상, 원인 및 중재방법을 설명하시오.
4. 반응성 애착장애의 진단기준, 원인 및 중재방법을 설명하시오.
5. 선택적 함구증의 진단기준, 원인 및 중재방법을 설명하시오.

제 3 부

정서 · 행동장애 아동의 지도

제 10 장

행동기능평가와 긍정적 행동지원

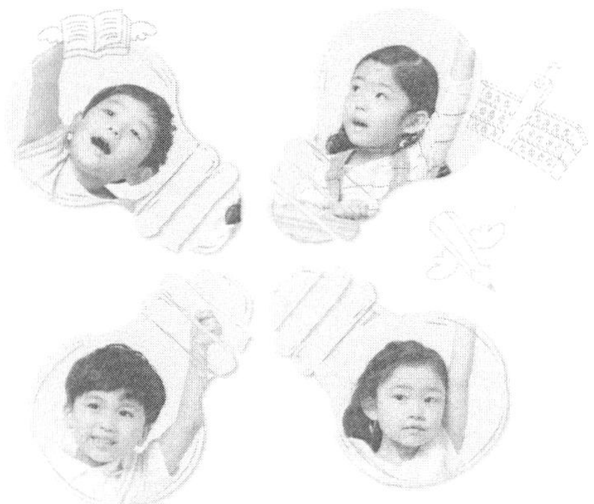

학습목표

1. 행동기능평가의 목적을 설명할 수 있다.
2. 행동기능의 유형을 알고 행동기능을 평가할 수 있다.
3. 긍정적 행동지원의 다단계 모형과 특성을 설명할 수 있다.
4. 행동기능과 관련된 긍정적 행동지원 전략을 적용할 수 있다.
5. 학교 단위 긍정적 행동지원의 의미를 설명하고, 지도방법을 적용할 수 있다.

전통적인 행동수정 또는 행동관리 기법은 행동 자체에 무게 중심을 두고 행동의 증가와 감소의 두 측면에 관심을 가지고 접근하였으며, 주로 강화와 벌이라는 접근 기법을 이용하였다. 그러나 벌은 효과가 기대만큼 크지 않고 일시적이며 부작용이 많다는 점에 관심을 갖게 됨으로써 가능한 한 긍정적 접근법을 강조하게 되었다. 뿐만 아니라 행동은 우연에 의해서 일어나는 것이 아니라 특정의 동기와 의도에 의해 일어나며, 행동 발생의 메커니즘은 행동변인들 간의 기능적 관계에 의해 좌우된다는 점을 인식하게 되었다. 따라서 최근에는 행동의 기능적 관계를 파악하고 그 결과에 기초하여 긍정적인 접근에 중점을 두기 시작하였다. 이러한 맥락에 근거하여 이 장에서는 행동기능평가, 긍정적 행동지원에 대해 살펴보고자 한다.

1. 행동기능평가

1) 행동기능평가의 개념과 행동지원 체계의 기본 가정

행동기능평가란 특정 행동을 신뢰할 수 있게 예언하고 그 행동을 지속시키는 환경 내의 사건을 정의하기 위해 이루어지는 일련의 활동 과정이다(정대영, 2009). 다시 말하면 행동과 기능적 관계가 있는 요인을 찾는 과정이며, 여기서 기능이란 무엇을 하는 구실이나 작용과 관련된 것을 말하고, 기능적 관계란 그러한 관계가 있음을 말한다. 따라서 기능평가란 그러한 기능적 관계를 파악하는 과정이며, 기능평가 방법에는 면담이나 평정척도, 직접관찰, 기능분석이 있다.

행동기능평가는 개인의 문제행동에 작용하는 생리적 및 환경적 요인을 파악하는 과정으로서 궁극적인 목적은 행동중재의 효과와 효율성을 높일 수 있는 정보를 얻는 것이다. 기능평가는 의료적 진단과는 다르다. 기능평가는 수집한 정보를 근거로 계획한 패키지화된 임상적 중재를 문제행동이나 사건에 단순히 적용하는 데 그치지 않고, 환경을 재설계하여 의사소통장애나 행동장애를 지닌 사람이 적절한 기능을 발휘하도록 하는 과정이다.

기능중심의 행동지원 체계는 다음 4가지의 기본적인 가정에 기초하고 있다(정대영,

2009). 첫째, 문제행동과 적절한 행동은 현재 환경의 지지를 받는다. 기능평가의 관점에서는 대부분의 행동은 현재의 환경적 사건에 의해 촉발되며, 행동 뒤에 따르는 결과에 의해 강화되거나 약화된다고 가정한다(Kazdin, 2001). 문제행동을 변화시키기 위해서는 행동이 일어나기 전이나 동시에 일어나는 변인을 찾아야 하고, 다음 단계에서는 행동에 뒤따르는 후속결과를 확인해야 한다.

둘째, 인간의 행동은 기능적이다. 대부분의 행동은 기능적이고 어떤 목적을 위해 하게 된다. 개인은 행동을 통해 원하는 것을 얻을 수도 있고, 성인이나 또래의 관심을 불러일으킬 수도 있으며, 싫어하는 상황이나 사람으로부터 도피하거나 회피할 수도 있다. 행동의 기능은 사회적 대 비사회적, 정적 강화 대 부적 강화의 개념을 조합하여 4가지로 구분될 수 있다. 즉, 사회적 정적 강화 기능, 사회적 부적 강화 기능, 비사회적 정적 강화 기능, 비사회적 부적 강화 기능이다. '사회적'이란 사회적 관계 속에서 이루어지는 것을 말하고, '비사회적'이란 관계 속에서 이루어지는 것이 아니라 지극히 개인적인 상황이나 조건에서 이루어지는 것을 말한다. 신체의 각성을 조절하거나 생체의 조화를 조절하기 위해 자기자극 행동을 하는 것은 비사회적 행동이다. 정적 강화란 문제행동을 함으로써 무엇인가 자신에게 의미 있는 결과를 얻는 것을 의미하며, 주의, 관심, 통제, 자료 등이 이 범주에 속한다. 부적 강화란 문제행동을 함으로써 자신에게 혐오스럽거나 싫어하는 무엇인가를 회피하거나 도피하게 되는 것을 말한다. 문제행동을 함으로써 과제수행, 활동, 장소, 사람, 활동참여 등을 회피하는 행동들이 여기에 속한다.

셋째, 인간의 행동은 예측할 수 있다. 인간의 행동은 환경적 조건이 갖추어지면 일어나게 된다. 따라서 이러한 조건을 분석하면 환경, 선행사건 및 후속결과의 관계 속에서 행동이 발생하므로 특정 행동을 예측할 수 있고, 사전에 이를 예방할 수 있다.

넷째, 인간의 행동은 변할 수 있다. 우리는 인간의 행동을 예측할 수 있을 뿐만 아니라 변화시킬 수 있다. 행동의 기능을 이해하면 문제행동의 예언요인(선행자극)이나 후속자극(행동결과)은 문제행동을 파악하고 적절한 중재계획을 세우는 데 도움이 된다. 행동중재는 문제행동을 무관하게 만들거나, 비효율적으로 만들거나, 비효과적으로 만들고자 한다.

2) 행동기능평가의 목적

행동기능평가는 문제행동에 대한 행동지원의 효과성과 효율성을 극대화하기 위해 정보를 수집하여 행동 변인들 간의 기능적 관계를 밝히는 과정으로서 다음과 같은 5가지의 결과를 얻고자 한다(정대영, 2009; Vargas, 2013).

첫째, 문제행동을 명확히 기술하여 함께 일어나는 행동의 부류와 계열성을 확인한다.

둘째, 일상적인 생활 속에서 문제행동이 일어날 때와 일어나지 않을 때를 예언할 수 있는 사건, 시간 및 상황을 확인한다.

셋째, 문제행동을 지속시키는 결과를 밝힌다.

넷째, 특정 행동, 그 행동이 일어나는 특정 형태의 상황, 그리고 그 상황에서 특정 행동을 지속시키는 결과나 강화에 대해 수집한 정보들을 요약하거나 가설을 설정한다.

다섯째, 정리된 요약문의 내용을 뒷받침하기 위해 직접 관찰 또는 분석하여 자료를 수집한다.

문제행동의 기능을 평가하는 과정에서 여러 가지 양식을 이용하며 다차원적 의사결정 과정을 거치게 된다. A(선행사건)−B(행동)−C(행동 후 결과 또는 후속결과)의 차트에 익숙한 사람이라면 이미 기능평가를 실시하고 있는 것이다. 최근 일부 연구자들과 임상가들은 행동기능의 평가를 통해서 문제행동의 복잡성을 종합적으로 파악할 수 있다는 점에서 기능평가를 지지하기 시작하였으며 널리 활용하고 있다.

3) 행동기능평가의 방법

행동기능을 평가하기 위한 정보 수집은 면담, 직접관찰, 기능분석 등의 3가지 방법으로 이루어진다. **면담**은 비형식적인 방법으로서 평가 대상자를 가장 잘 아는 사람 또는 대상자 본인과 함께 이루어진다. **직접관찰**은 일정 기간 동안 자연스러운 조건에서 평가 대상자를 관찰하는 것이다. **기능분석**은 인위적이거나 자연스러운 조건 속에서 잠재적인 통제 변인(행동의 선행자극이나 후속결과)을 체계적으로 조작하여 행동 변인들 간의 기능적 관계를 밝히는 방법이다. 행동기능평가의 과정에서 간단하고 쉬운 방법으로 문제행동의 기능적 관계를 파악하고 문제행동을 예언하고, 이러한 행동을 지속시키는 조건들을 밝힐 수 있다면 굳이 정밀하고 복잡한 평가 절차를 채택할 필요가 없다. 그

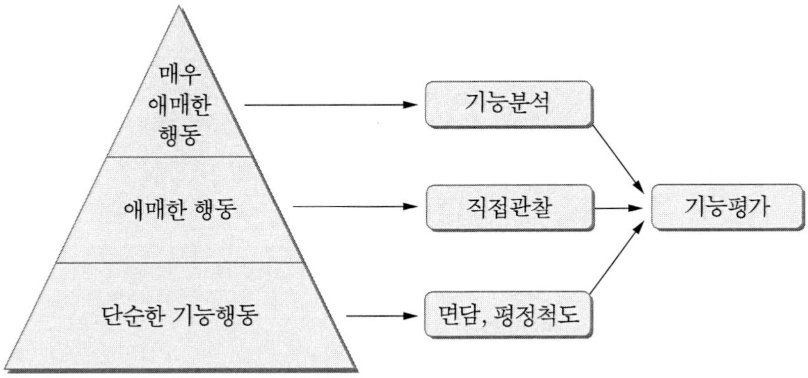

[그림 10-1] 기능평가의 유형

출처: 정대영(2009), p. 71.

러나 행동은 다양하고 미묘해서 면담이나 관찰을 통해서는 기능적 관계를 파악하지 못할 경우가 많으므로 이러한 상황에서는 기능분석의 단계에까지 가게 된다([그림 10-1] 참조).

첫째, 면담의 주요 목적은 환경 내에 있는 여러 가지 사건 중 어떤 것이 특정 개인의 특별한 문제행동과 연관되어 있는지를 밝히는 것이다. 면담을 실시할 때는 개인의 일과를 고려하여 가능한 한 자연스러운 상황에서 일어나는 행동을 통해 기능을 파악하도록 해야 한다. 면담을 통해 행동 관련 정보를 효율적으로 수집하기 위해서는 일정한 형식이나 틀을 마련하여 실시하는 것이 바람직하다. 정대영(2009)은 행동기능평가를 위한 면담 양식에서 11개의 주요 영역을 설정하였으며, 그 구조를 보면 다음과 같다.

① 행동 기술: 문제행동 또는 관심 대상이 되는 행동을 조작적으로 기술한다.

② 잠재적인 생태학적 및 상황적 사건의 정의: 문제행동에 직접적인 영향을 미치지 않더라도 생태학적으로 영향을 줄 수 있는 사건을 규정하고 이에 대한 정보를 수집한다. 예를 들어, 약물치료, 의료적 및 신체적 문제, 수면주기, 식사 일정과 다이어트, 하루 일정, 상호작용하는 사람, 지원 팀 인사와의 상호작용 등에 관한 정보를 수집한다.

③ 문제행동에 영향을 주는 직접적인 선행사건 정의: 문제행동이 언제, 어디서, 누구와 함께 있을 때 일어나는지, 어떤 조건에서는 일어나지 않는지에 대한 정보를 수집한다. 문제행동의 발생 시간, 물리적 상황, 사람, 활동 등과 관련된 정보를 수

집한다.

④ 바람직하지 못한 행동을 유지시켜 주는 행동 결과 확인: 이 영역에서는 행동의 기능을 파악하게 된다. 바람직한 것을 얻기 위한 행동, 바람직하지 못한 것을 회피하거나 도피하기 위한 행동, 감각조절이나 감각자극을 증가시키거나 감소시키기 위한 행동 등을 확인한다.

⑤ 바람직하지 못한 행동의 효율성 정의: 개인이 문제행동을 통해서 무엇을 효과적으로 얻고자 하는가를 파악한다.

⑥ 개인이 어떤 문제행동과 동일한 결과를 가져올 수 있는 기능적 대안행동을 할 수 있는가?

⑦ 개인이 다른 사람들과 의사소통을 하는 주된 방법은 무엇인가?

⑧ 개인을 지도하거나 지원할 때 해야 할 것과 피해야 할 것은 무엇인가?

⑨ 개인이 좋아하는 것과 강화를 받는 것은 무엇인가?

⑩ 행동을 변화시키기 위해 적용했던 프로그램과 그 효과에 정보를 수집한다.

⑪ 주요 예언요인과 결과를 요약하여 문제행동의 간접적인 상황, 직접적인 사건, 지속기능 등을 종합적으로 파악한다.

요약문 작성은 3가지 구성요소를 기술하게 되는데, 첫째, 상황의 설정과 직접적인 선행 조건, 즉 문제행동이 일어나는 상황, 둘째, 일어나고 있는 행동, 셋째, 그러한 상황에서 행동의 기능이나 그 행동으로 인하여 얻게 되는 결과적 강화 등을 기술한다. 요약문의 예를 들면 〈표 10-1〉과 같다.

표 10-1 면담 정보를 근거로 작성한 요약문의 예

A가 교실 내 대집단에서 관심을 거의 받지 못할 때 (직접적인 사건)	
A는 또래의 주의를 받기 위해 (지속 기능)	욕설을 하고 물건을 던졌다. (문제행동)
A는 관심을 덜 받는 날은 이런 형태의 행동을 더 많이 한다. (간접적인 상황)	

출처: 정대영(2009), p. 95.

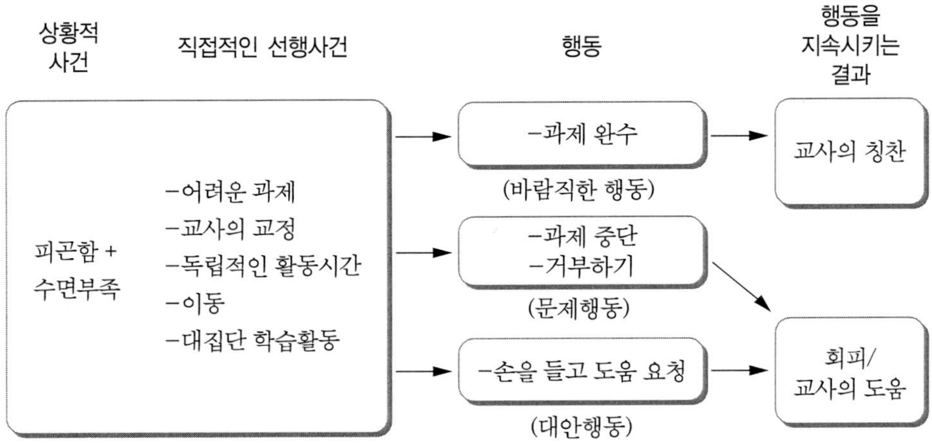

[그림 10-2] 문제행동 상황 요약 도식

요약문은 관련 상황사건, 관련 선행사건, 문제행동 및 행동을 지속시키는 행동의 결과 등을 포함시켜 문제행동 상황을 개관하는 도식으로 표현될 수 있는데, 이를 통해서 문제행동의 기능적 관계를 보다 쉽게 파악할 수 있다([그림 10-2] 참조).

둘째, 바람직하지 못한 행동의 대부분은 면담을 통해서 기능을 파악할 수 있지만 그렇지 못한 경우도 많다. 이러한 경우 보다 객관적이고 체계적인 관찰방법을 동원하게 된다. 직접관찰은 관찰 대상을 충분히 이해할 수 있을 정도의 시간을 함께 생활한 교사, 부모 및 직접적인 지원 인사에 의해 이루어진다.

직접관찰 기법에는 사건중심의 기록법과 시간중심의 기록법이 있다. 사건중심의 기록법에는 ABC 관찰기록, 빈도기록, 행동로그(행동일지), 행동일람표 작성 등의 방법이 있고, 시간중심의 관찰기록법에는 전간격 기록법, 부분간격 기록법 및 시간표집법이 있다.

한편, 행동기능을 보다 직접적으로 평가할 수 있는 **종합적 관찰기록법**(정대영, 2009; O'Neil, 1997)이 있으며, 이 방법은 다음과 같은 사항을 포함시켜서 관찰함으로써 보다 종합적인 판단을 할 수 있는 자료를 수집하고자 한다.

① 문제행동 사건의 수

② 함께 일어나는 문제행동

③ 문제행동이 가장 일어나기 쉽거나 가장 일어나지 않을 가능성이 있는 시간

④ 문제행동 사건을 예언하는 사건
⑤ 문제행동을 지속시키는 기능의 이해
⑥ 문제행동 뒤에 이어지는 실제적인 결과

직접관찰 역시 완료 후 수집된 자료를 근거로 선행사건, 행동, 후속결과 간의 기능적 관계를 요약한다. 이러한 요약문을 근거로 행동의 기능적 관계를 잠정적으로 기술하여 가설 형식으로 제시하기도 한다.

셋째, 기능분석은 환경 내의 사건과 문제행동 사이의 연계성을 밝히는 데 초점을 맞춘다. 그 과정에서는 요약문에 제시된 가정을 검증할 여러 가지 다른 조건들을 비교하겠지만, 기본적으로는 실제 일어날 것으로 예상되는 문제행동의 상황이 문제행동과 연관되어 있는지, 아니면 일어나지 않을 것으로 예견했던 행동이 낮은 수준의 문제행동과 관련되는지를 검토한다.

기능분석은 일반적으로 2가지 방법을 이용한다. ① 구조적 사건이나 선행사건을 조작한다. 특정 요구하기, 지도하기, 어떤 활동에 참여하도록 요구하기, 혼자 내버려 두기 등 선행사건을 제시하고 행동과의 기능적 관계를 파악한다. ② 문제행동의 결과를 조작한다. 아동이 어떤 행동을 한 후 주어지는 후속자극 또는 결과자극을 다양한 조건으로 제시하여 행동과 후속결과의 관련성을 파악하고자 한다.

기능분석은 분석할 내용 결정, 기능분석을 위한 설계, 잠정적 분석 실시의 단계를 거친다. ① 앞서 실시한 면담이나 직접관찰을 통해 수집한 정보를 근거로 작성한 요약문을 가설로 설정하고, 분석과정을 통해 수용 여부를 결정한다. 기능을 분석할 행동의 가설은 "철수는 교사가 다른 학생들에게 주의를 기울이는 동안 교사의 관심을 받기 위해 소리를 지른다."와 같은 형태로 작성한다. ② 기능분석을 위해 설계를 한다. 가장 간편하게 적용되는 방법은 ABAB 설계이다. 즉, 교사가 다른 학생들에게 관심을 기울이는 조건(A)과 철수에게 관심을 기울이는 조건(B)을 반복적으로 제시할 때 교사가 다른 학생들에게 관심을 기울이는 조건(A)에서는 철수의 소리 지르기 행동의 빈도가 높고, 철수에게 관심을 기울이는 조건(B)에서는 소리 지르기 행동의 빈도가 낮은 패턴이 나타난다면 철수의 소리 지르기 행동의 빈도는 교사의 철수에 대한 관심과 기능적 관계가 있다고 결론을 내릴 수 있다. 행동기능분석은 이처럼 행동변인들을 조작해 봄으로써 변인들 간의 기능적 관계를 확인하는 과정이다.

2. 긍정적 행동지원

1) 긍정적 행동지원의 개념과 목적

긍정적 행동지원은 개인의 행동문제를 지원할 때 문제행동을 너무 편협하게 정의하고, 행동의 후속결과를 너무 강조하며 지나치게 강요하거나 효과적이지 못한 전통적 접근방법의 대안으로 나타났다.

긍정적 행동지원은 다양한 물리적 · 사회적 · 교육적 방법으로 지원계획을 수립하여 문제행동을 줄이고 일반적으로 수용되는 기본적인 생활방식을 습득시키려는 광범위한 접근방법(Dunlap & Carr, 2007), 또는 문제행동을 예방하고 중요한 사회적 · 학습적 성과를 얻기 위한 체계적이고 개별화된 광범위한 전략(Horner, 2000)으로 정의된다.

긍정적 행동지원은 평가 자료에 근거하여 환경을 재구조화함으로써 개인의 문제행동을 감소시키고, 자신의 생활에서 사회적 · 전문적 삶의 질을 향상시키고자 한다. 긍정적 행동지원은 행동분석을 적용하며 자해행동, 공격행동, 기물파괴 행동, 이식행동, 반항행동, 분열행동 등으로 인하여 일어나는 사회적 문제에 대해 사람중심의 관점을 중시한다. 이 접근방법은 학습과 행동이 어떻게 일어나는지에 관하여 밝혀진 실제 과학과 장애인의 권리에 관한 가치를 혼합한 접근이라 할 수 있다.

긍정적 행동지원은 가정, 학교, 지역사회에서 문제행동을 보이는 개인은 물론, 행동을 지원하는 사람들의 삶의 질을 높이는 목적이 있다. 문제행동은 개인의 사회적 · 직업적 · 신체적 성공의 커다란 장벽이 될 수 있다.

긍정적 행동지원 체계는 교육자, 부모 및 기타 전문가들이 개인의 행동을 이해할 수 있도록 행동주의와 교육적 원리를 통합하고 있다. 이러한 교육적 · 행동주의적 원리는 응용공중보건 모델에 선택적으로 또는 체계적으로 통합되어 긍정적 행동지원 체계가 되었다. 즉, 긍정적 행동지원은 개인의 행동에 영향을 주는 변인들을 종합적으로 평가하고, 이에 기초하여 긍정적이고 효과적인 중재를 설계할 것을 강조하는 최근 연구와 실제의 경향을 폭넓게 포함하고 있다(정대영, 2009).

2) 긍정적 행동지원의 특징

긍정적 행동지원은 행동원리를 학교 상황에 적용할 경우 향사회적 행동이 증가할 것이고 보다 긍정적인 학습 환경을 마련하는 데 기여할 것으로 가정한다(Hulac, Terrell, Vining, & Bernstein, 2011). 즉, 적절한 행동의 빈도가 증가하면 사회적으로 수용할 수 없는 행동의 수가 줄어들게 된다. 생활지도에 의뢰되는 학생의 수가 줄어들고, 학교와 학급의 규칙을 지키는 학생들이 늘어나게 되며, 보다 적절한 학습 환경을 조성할 수 있게 된다.

긍정적 행동지원은 연구중심의 행동과학 응용, 생태학적으로 타당하고 실제적인 지원을 제거하기 위한 복합적인 중재 요소들의 통합, 중요한 생활방식의 습득 결과의 장기적 지속성 강조, 지속적인 효과를 촉진하는 조직체계 내에서 지원하기의 4가지 핵심적인 특징을 지니고 있다(정대영, 2009).

- **행동과학의 응용**: 긍정적 행동지원은 행동, 인지, 생물물리, 사회, 발달 및 환경 심리학을 모두 포함하며, 경험적으로 입증된 중재를 중시하고 있다. 응용행동분석의 입장에서 행동기능평가를 이용하여 개인의 요구에 가장 적합한 지원방법을 모색하며, 긍정적이고 예방적이며 교육적인 행동중재 계획을 수립하고 실시한다.
- **다중 요소의 실제적 중재**: 긍정적 행동지원은 실시되는 상황에서 실제적이고 효과적인 다양한 중재를 이용하는 다중 이론적 관점에 기초하고 있다. 긍정적 행동지원은 자연상황에서 가족, 교사 및 행동지원 전문가들이 제공할 수 있는 지원에 관심을 갖는다. 즉, 개인이 일반적으로 접하는 모든 활동, 장소, 사람, 사회적 맥락을 함께 고려하여 행동을 변화시키고자 한다.
- **삶의 질 제고**: 긍정적 행동지원은 행동문제뿐만 아니라 개인의 전반적인 삶의 질을 높이는 데 초점을 맞춘다. 긍정적 행동지원은 이러한 준거를 충족시키기 위해 시간, 맥락, 활동 전반에 걸쳐 발생되는 변화에 관심을 갖는 종합적인 접근이며, 지원이 제공되는 상황 측면에서 보면 생태학적 차원에서 지속적인 변화를 이끌어 내고자 한다(Carr et al., 2002).
- **체제의 변화**: 긍정적 행동지원은 지원이 제공되는 조직적 · 문화적 체제를 강조하

는 행동사회학을 강조한다. 사람중심의 계획과 팀중심의 의사결정을 강조하는 행동지원은 개인의 직접적인 생활공간 내의 사건을 조작하는 수준을 넘어 일정, 스태프의 형태, 문화적 기대, 물리적 조건, 예산 편성, 지원의 성공에 영향을 미치는 정책에 대한 재인식에 이르기까지 확대된다.

3) 긍정적 행동지원의 다단계 모형

긍정적 행동지원의 모형은 다단계 절차와 절차 간의 연속성을 강조하고 한다. 첫째, 전체 학생들을 대상으로 중재를 시작하며 점차 범위를 좁혀가는 연속적 다단계 전략을 택한다([그림 10-3] 참조). 이때 단계란 편의상 사용하는 용어이고, 실제적으로는 중재나 처치의 연속적 과정으로 보는 것이 타당하다. 1단계에서는 전체 학생들을 대상으로 보편적 전략을 실시하게 되는데, 이 전략은 모든 교직원이 동원되어 모든 학생을 대상으로 모든 장소에서 실시된다. 전체 구성원들을 대상으로 보편적 전략을 적용하게 되면 대다수 학생들의 문제행동이 예방될 것으로 기대한다.

2단계 이후부터는 지원의 강도를 점진적으로 높여 문제행동 대신에 사회적 행동을 하도록 다시 지시한다. 문제행동을 지속적으로 나타내는 학생들의 경우 기능평가의 첫 단계인 면접을 통해서 문제를 확인하고, 전문적인 집단 중재가 실시된다. 2단계에서 문제가 해결되지 않을 경우 보다 전문적인 개별중재 단계로 넘어가게 된다. 일반적으로 3단계에서는 사정중심의 긍정적 행동중재 전략을 적용한다. 긍정적 행동지원의 단

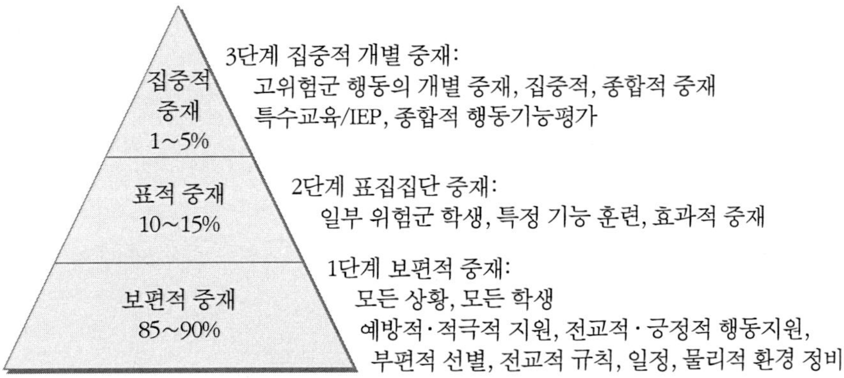

[그림 10-3] 긍정적 행동지원의 다단계 모형

계별 특성은 〈표 10-2〉와 같다.

둘째, 학교 전체를 분석 단위로 하는 형식적 행동연구 절차를 따른다. 행동분석 원리에 기초한 연구들은 학교 내에서 모든 학생들의 행동 기대를 높게 설정하고, 명확히 지도하는 것이 중요하다는 점을 지적하였다. 이러한 접근법들은 긍정적 행동지원의 근거 및 특성과 일치한다. 이러한 태도는 1990년대 말과 2000년대 초에 이르러 학교 차원에서 이루어지는 다단계 긍정적 행동지원이 핵심요소로 자리 잡게 되었다.

표 10-2 긍정적 행동지원 모형의 단계별 특징

단계	보편적 지원	집단적 지원	개별적 지원	
			학교 내 개별지원	학교 외 개별지원
평가 및 자료 수집	• 전 스태프의 면담 • 교내의 다양한 상황에서 관찰을 통해 문제행동 범위 결정 • 교내에서 데이터 기록	• 특정 학생 면담 • 특정 학생의 표적행동을 특정 상황에서 관찰	• 교내 상황에서 행동기능평가: 면담, 직접관찰, 기능분석	• 문제행동이 발생되는 모든 상황에서 행동기능평가 실시 • 인간중심의 계획 • 학생과 가족을 위한 삶의 질 조사 • 법원 및 경찰 기록
가설	• 대집단 학생들의 다양한 행동 취급	• 소집단 학생의 다양한 행동 취급	• 교내 개별 학생의 행동 취급	• 문제행동이 발생되는 모든 상황에서 개별 학생의 행동 취급
선행 자극 중재	• 보편적 행동기대 설정 • 보편적 행동기대에 관한 집중적인 의사소통	• 학생의 자기관리 실시	• 강조되는 생리적 요인: 영양, 수면, 에너지, 전반적 건강, 생화학적 균형 • 물리적 환경: 소음, 빛, 기타 감각자극 변경, 교실 배치, 학급 및 좌석 조정 • 선택 기회 확대: 선택 및 의사결정 격려, 모든 활동에 선택 기회 제공 • 교육과정 조정: 사전교육, 과제 변화, 길이 적정화, 자기관리 • 예측성 확대와 일정 계획: 일정의 기록과 시각화, 변화와 이동을 준비시키기	• 지역사회에서 문제를 촉발시키는 상황적 사건 확인 • 여러 환경에서 개별 지원: 협력적 참여, 이웃 및 부모 관찰, 행동개선을 위한 자료 공유

기능	• 모든 상황에서 모든 학생에게 보편적 행동 지도 • 대안기술 지도 • 문제행동을 하지 않고 목표를 달성할 수 있는 다른 방법 지도 • 문제행동의 대안으로 적절한 행동을 수행할 수 있는 문제해결 기술 지도	• 상황에 따라 표적 학생에게 기대행동 지도 • 사회적 기술 지도	• 기술 지도: 수업에 필요한 학업기술, 체제변화에 필요한 기술 지도, 다양한 환경에서 성공적으로 상호작용할 수 있는 사회적 기술 지도, 생산적인 기여를 할 수 있는 지역사회 서비스 기술 지도, 문제해결 · 중재 · 조정에 필요한 의사소통 기술 지도	
결과	• 보편적 긍정적 강화 체계 제공	• 학교 상황에서 개별강화 제공	• 교내 개별 학생의 행동 취급	• 다양한 상황에서 개별 강화 제공

출처: 정대영(2009), p. 46.

4) 긍정적 행동지원의 과정

긍정적 행동지원은 역동적이며 문제해결 중심의 과정으로서 목표 확인, 정보 수집, 요약문 작성 및 가설 설정, 지원계획 수립, 지원계획의 실행과 점검의 과정을 거친다(정대영, 2009).

첫째, **중재목표를 확인**한다. 행동중재 팀은 여러 가지 정보와 자료를 이용하여 표적행동이 무엇인지, 그 행동의 빈도, 정도 및 강도가 어느 정도인지, 중재를 통해서 도달하고자 하는 목표행동을 결정한다.

둘째, **관련 정보를 수집**한다. 행동중재 팀은 면담, 직접관찰, 기능분석을 통해 관련 정보를 수집하게 된다. 중재 팀은 정보 수집 업무를 분담할 수 있다. 학교 상담사와 부모는 학교 관련 문서를 검토하고, 특수교사는 아동의 가족, 담임교사, 학교 버스기사 등과 면담을 통해 정보를 수집할 수 있다.

셋째, **요약문 및 가설을 설정**한다. 면담, 직접관찰, 기능분석이 종료되면 수집한 자료를 요약하게 된다. 요약문에서는 환경적 요인, 선행사건, 행동, 후속결과 등 행동 변인 간의 기능적 관계를 제시하게 되는데 행동지원계획의 중요한 길잡이가 된다.

넷째, **행동지원계획을 수립**한다. 행동지원계획은 요약문에 기초하여 일상생활 속에서 지원할 수 있는 적절한 방법을 계획한다. 행동지원계획에는 문제의 발생 가능성을 줄일 수 있는 환경의 수정이나 조정, 대안행동 기술이나 대체행동 기술 및 능력의 지도, 긍정적이고 문제행동을 변경시킬 수 있는 후속결과, 필요한 경우 위기 상황에 대처할 수 있는 방법 등을 포함시킨다.

다섯째, 행동지원계획을 실시하고 점검한다. 행동지원 팀은 협력하여 계획을 일관성 있게 실시하고 목표를 달성하기 위해 효과적으로 실행한다. 계획을 실시하고 점검하며, 결과를 평가할 책임 인사를 결정하고 팀은 평가 담당자와 주기적으로 의견을 주고받으며 필요한 경우 계획을 수정하거나 조정한다.

5) 긍정적 행동지원을 위한 전략

긍정적 행동지원을 위한 전략으로는 정적 강화 기능과 관련된 전략, 부적 강화 기능과 관련된 전략, 감각조절 및 감각자극 기능과 관련된 일반적인 전략으로 구분해 볼 수 있다(정대영, 2009; Whitcomb & Merrell, 2013).

(1) 정적 강화 기능과 관련된 전략

정적 강화를 받고자 문제행동을 하는 아동은 그런 행동을 통해 자신의 입장에서 무엇인가 긍정적이고 의미 있는 것을 얻게 된다. 즉, 행동의 결과로 아동에게 정적 강화 기능을 하는 사건이나 변인이 상황에 추가된다. 아동은 그 상황에서 최고가 되거나 승리자가 되는 것, 음식강화, 토큰, 스티커, 점수, 피드백 등의 정적 강화를 얻게 된다. 따라서 아동은 자신이 원하는 것이나 긍정적인 것을 얻게 되는 행동을 더 많이 하거나 지속한다. 교사는 정적 강화를 유발하는 표적행동을 대신할 적절한 행동을 지도하기 위해서 일반적으로 다음과 같은 중재전략을 이용할 수 있다.

① 문제행동을 통해서 강화를 받게 되는 대신에 적절한 대안행동을 하고 강화를 받게 한다.
② 현재의 표적행동으로 얻는 강화인자를 중단시키거나 사전에 차단한다.
③ 적절한 행동을 증가시키기 위해 차별강화를 제공한다.
④ 현재의 문제행동을 하고 받는 것보다 적절한 행동을 할 때 더 많이 강화를 받게 한다.

⑤ 적절한 대안행동을 보이는 또래에게 정적 강화를 제공한다.
⑥ 적절한 행동을 확인한다. 즉, 해야 할 행동과 하지 말아야 할 행동을 알려 준다.
⑦ 아동의 관심을 적절한 대안행동 쪽으로 돌린다.
⑧ 아동에게 강화를 적절히 요구하는 방법을 지도한다.
⑨ 예비신호와 안전신호를 제공한다.

(2) 부적 강화 기능과 관련된 전략

정적 강화와 부적 강화의 기능은 모두 행동을 증가시키는 데 목적이 있다. 아동은 일반적으로 문제행동을 함으로써 자신이 좋아하는 뭔가를 얻게 되지만, 부적절한 행동의 기능이 부적 강화라면 그 행동을 통해 싫어하는 자극이나 사건을 회피하거나 도피하고자 한다.

도피반응이란 선행하는 혐오자극을 피하기 위해 어떠한 행동을 수행하는 것이고, 회피반응은 사전에 행동을 수행함으로써 뒤따를 혐오자극을 피하는 것이다. 예를 들어, 자동차를 운전하기 위해 시동을 걸면 안전벨트 경고음이 울리고, 벨트를 매면 경고음이 사라진다. 이 경우 경고음에 대한 벨트 매기는 도피반응이다. 한편, 발달장애 아동에게 소변 가리기 훈련을 할 때 아동이 소변을 기저귀에 누면 경고음을 듣게 된다. 뒤따를 경고음을 피하기 위해 소변을 참게 되면 소극적 회피반응이고, 소변을 변기에 보면 적극적 회피반응이다.

부적 강화 기능을 하는 행동의 경우 중재를 통해서 2가지 주요 목표를 강조할 수 있다. 2가지 목표를 강조하기 전에 팀은 도피나 회피가 적절한지의 여부를 결정할 필요가 있을 것이다. 즉, 아동이 과제, 활동, 자료를 회피하거나 도피하려는 행동을 계속해도 좋은가? 만약 이 질문에 대한 대답이 '그렇다'라면 중재목표는 아동에게 회피나 도피를 유발하는 적절한 행동을 지도하는 것이다. 즉, 우리의 목표는 동일한 기능을 달성할 수 있는 적절한 대안행동을 지도하는 것이다. 이러한 목표를 달성하기 위해서 다음과 같은 전략을 이용할 수 있다.

첫째, 도피나 회피를 유발하는 적절한 행동을 지도한다.

① 활동을 시작하거나 참여하고 싶지 않다는 등 싫다는 의사표현 방법을 지도한다.
② 대안활동, 과제, 자료, 사람 혹은 장소를 요구하는 적절한 방법을 지도한다.

③ 싫어하는 과제나 활동을 중단하고 휴식을 요구하는 적절한 방법을 지도한다.
④ 활동, 상호작용, 과제의 종결을 요청하는 적절한 방법을 지도한다.

둘째, 과제, 활동, 자료를 변경하거나 또래를 교체한다.

① 과제, 활동, 자료의 곤란도를 줄인다.
② 과제 요구나 기대 수준을 줄이거나 변경한다. 혹은 활동이나 과제의 시간을 줄인다.
③ 과제, 활동, 자료, 또래에 대한 선택권을 준다.
④ 과제, 활동 또는 자료를 더 흥미 있게 만든다.

셋째, 수행할 과제와 이용할 자료를 단계적으로 배치하여 지속적인 성공을 유도한다.

① 과제나 활동 중에 도움을 준다.
② 과제나 활동 중에 긍정적이고 교정적인 피드백을 제공한다.
③ 과제와 관련된 적절한 행동의 시범을 보인다.
④ 과제와 활동을 하기 전에 촉진 활동과 단서를 제공한다.
⑤ 과제의 일부를 완수해도 강화를 제공한다.
⑥ 행동목표를 도달하기 위해 노력하거나 표적행동에 접근해 갈 때 강화를 제공한다.
⑦ 도움을 요구하는 적절한 방법을 지도한다.
⑧ 작은 협력집단이나 또래지도를 활용한다.

넷째, 활동, 과제, 자료를 분산하여 제시한다.

① 과제, 활동, 자료를 교대로 제시한다.
② 행동적 탄성을 이용한다.
③ 선호하는 활동과 과제를 이용하여 싫어하는 활동과 과제에 참여하도록 한다.
④ 활동이나 과제를 할 동안 휴식을 제공한다.

다섯째, 기타 일반적인 전략들을 적용한다.

① 자기통제를 증가시키기 위해 사전신호와 안전신호를 제공한다.
② 부적절한 행동을 무시한다.
③ 긍정적이고 성공적인 분위기에서 과제나 활동을 종결한다.

(3) 감각조절 및 감각자극 기능과 관련된 일반적인 전략

일부 아동들은 특정 유형이나 다양한 유형의 감각 입력을 요구하거나 경험하고자 한다. 또다른 아동들은 다양한 형태의 감각이 입력될 경우 참지 못하거나 입력되는 감각을 정확히 이해할 수 없어 문제행동을 한다. 이러한 현상은 감각처리 문제나 감각통합장애를 지닌 아동들에게서 볼 수 있다. 결과적으로 이들은 감각자극에 과민하고, 정상적으로 입력되는 감각자극에 부적절하게 반응하거나, 감각자극에 과민해져서 보다 높은 수준의 감각이나 과도한 감각을 경험하고 추구할 것이다.

일반적으로 감각조절 및 감각자극 기능 내에서 문제행동을 다루기 위해 적용할 수 있는 전략들은 다음과 같다(정대영, 2009).

① 능동적이고 자극이 강한 활동과 수동적이고 덜 자극적인 활동을 교대로 배치한다.
② 다감각자극을 제공하고 개인에게 적합한 감각자극을 제공한다.
③ 아동이 원하는 수준이나 형태의 자극을 제공하는 적절한 활동을 유도한다.
④ 사전신호와 안전신호를 제공한다.
⑤ 아동에게 자극을 바꾸거나 휴식을 요청하는 방법을 지도한다.
⑥ 원하는 수준과 유형의 감각자극을 유발하는 적절한 행동을 지도한다.
⑦ 자기통제력과 인내심을 갖도록 지도한다.
⑧ 아동이 요구하는 유형의 자극에 대한 교사의 인내심을 증가시킨다.

감각자극의 수준을 증가시키거나 감소시키기 위한 적절한 대안행동을 찾는 것이 중요하다. 무조건 특정 행동을 억제하거나 다른 행동으로 바꾸려고 할 것이 아니라 행동의 기능에 따라 과제집중 행동 또는 적절한 행동을 향상시킬 수 있는 다양한 대안행동을 발견하고 개발하여 적용할 필요가 있다. 다음은 아동의 감각자극을 증가시키거나 감소시키기 위해 적용할 수 있는 대안행동의 사례들이다(정대영, 2009).

① 감각자극 증가

- 과제 수행 중 일어서기 또는 운동하기
- 잠시 걷기, 다리나 손 흔들기
- 손가락 움직이기, 손가락 놀이하기, 손가락 꼬기
- 보온병의 얼음물 마시기, 빨대로 물 마시기
- 풍선 불기
- 컴퓨터나 계산기 사용하기
- 수동적인 활동을 할 때 그림을 그리거나 글씨 쓰기
- 자리를 자주 이동하기
- 좋아하는 장난감이나 자료를 조작하기
- 교사의 수업 준비 돕기, 칠판 지우기 같은 담당 과제 완수하기

② 감각자극 감소

- 천천히, 유연하게 몸 흔들기
- 소음을 방지하기 위해 헤드폰 쓰기
- 이완운동하기, 심호흡하기
- 조용한 장소로 옮기기, 개인용 학습 장소에서 공부하기
- 부드럽고 리듬감 있는 음악 듣기

(4) 감각조절과 감각자극 기능의 증가 및 감소와 관련된 특정 중재전략

감각조절 및 감각자극을 증가시켜서 행동을 유지하는 아동은 문제행동을 함으로써 입력되는 감각과 자극의 수준을 높이고자 하며, 매우 자극적인 활동이나 특별한 형태의 자극을 추구하게 된다. 이들은 일단 과잉각성 상태가 되면 상당한 시간 동안 자신의 각성 상태나 활동 수준으로 감소시킬 수 없게 된다. 이들을 위해 감각입력 수준을 높일 수 있고 적절한 행동을 이용하여 감각자극을 끌어낼 수 있도록 지도할 전략들은 다음과 같다.

① 활동이나 과제를 수행할 동안 그 사이에 다른 자극활동과 자료를 제공하기
② 효과적이고 효율적으로 이동하기

③ 대기 시간을 줄이기
④ 과제 수행 활동에 운동을 추가하기 및 활동 중 휴식시간 제공하기
⑤ 교수 및 상호작용 속도 증대시키기
⑥ 교수, 자료 및 아동의 반응을 다양화하기
⑦ 사회적 강화 제공하기
⑧ 자극적인 활동의 말미에 조용한 활동을 하기

한편, 일부 아동들은 문제행동을 함으로써 입력되는 감각과 자극의 수준을 줄인다. 이들은 문제행동을 함으로써 특정 형태의 감각 입력을 회피할 수 있다. 이러한 아동들은 낮은 수준의 감각자극을 주는 활동과 환경을 찾으며, 높은 수준의 감각자극이 입력되는 환경에 부정적으로 반응할 수 있다. 이러한 범주에 들어가는 아동을 위해 감각자극이 약한 환경을 제공하고 감각자극을 감소시키며 감각 입력을 조절할 수 있는 적절한 행동을 지도하기 위한 전략들은 다음과 같다.

① 낮은 수준의 자극을 제공하는 공간을 마련하기
② 감각입력 및 자극 수준을 줄이기
③ 환경의 구조화 및 예측할 수 있는 일정 제시하기
④ 교수 및 상호작용 속도 줄이기
⑤ 낮은 수준의 자극을 제공하는 강화 이용하기
⑥ 자극 활동의 초기에 각성 활동이나 활력 넘치는 활동을 하기

6) 학교단위 긍정적 행동지원

(1) 학교단위 긍정적 행동지원의 의미

교실 밖에서 이루어지는 학생의 행동은 사회적 · 학업적 수행에 중요한 영향을 미칠 수 있다. 따라서 복도, 식당, 강당, 운동장 등에서도 교실에서처럼 긍정적 행동지원에 초점을 맞추어 지도하는 것이 중요하다. 이러한 접근은 **학교단위 긍정적 행동지원**이라고 하는데, 학교의 다양한 장소에서 일어나는 바람직하지 못한 행동을 분석하고, 그러한 장소에서 바람직한 행동이 일어날 수 있도록 학교 규정을 개발하며, 학생들의 기능

을 형성시키고 강화체계를 개발한다(Storey & Post, 2012). 이론적 근거는 교실에서 이루어지는 긍정적 행동지원과 동일하고, 다만 학교 전체에서 학생의 바람직한 행동을 증가시키고 바람직하지 못한 행동을 감소시키는 데 중점을 둔다.

학교단위 긍정적 행동지원을 실시하기에 앞서 학교가 갖추어야 할 4가지 중요한 준거는 다음과 같다(Storey & Post, 2012).

① 학교단위 긍정적 행동지원은 학교에서 실시되는 정책 중 상위 3가지 우선정책에 포함시켜야 하고, 학교 경영자의 지원이 뒷받침되어야 한다.
② 심각한 문제행동을 하는 학생들을 지원하기 위한 팀이 구성되어야 한다.
③ 학교는 팀을 훈련시키고 그 팀이 학교단위 긍정적 행동지원을 계획하고 설계하여 실시할 수 있도록 적절한 자료와 시간을 배정해야 한다.
④ 학교는 학교단위 긍정적 행동지원의 성과를 내고 지도법을 개선하기 위해 적어도 3년 이상 지속적으로 실시해야 한다.

(2) 학생들에게 학교단위 긍정적 행동지원을 지도하는 방법

학교단위 긍정적 행동지원을 할 때 학교 전 영역에 적용될 규칙, 기대 수준, 규칙의 훈련방법, 강화와 벌을 통한 피드백을 규정한다. 학교단위 긍정적 행동지원을 지도하기 위한 6가지 구성요소들은 다음과 같다.

① 행동을 선택하고 그 기대 수준을 규정한다.
② 행동을 직접 지도하고, 바람직한 행동과 바람직하지 못한 행동의 사례를 보여 주는 방식으로 문제행동을 예방한다.
③ 행동을 연습할 기회를 제공한다.
④ 바람직한 행동을 적절히 할 경우 인정하고 특정 강화를 제공한다.
⑤ 자료를 수집하고 그것을 이용하여 효과성과 개선할 사항을 결정한다.
⑥ 바람직하지 못한 행동에 대해서는 행동의 오류를 교정하고, 규칙을 어길 경우 공정한 후속결과를 일관성 있게 제공한다.

(3) 학교단위 긍정적 행동지원 중 강화방법

전 교직원은 학교의 모든 상황에서 이루어질 학생의 바람직한 행동을 지도하고 강화하는 법을 훈련받아야 한다. 학생들이 학교의 모든 상황에서 바람직한 행동을 했을 경우 모든 직원으로부터 칭찬, 쿠폰, 점수 등 긍정적인 강화를 받는다. 학생이 받은 강화제는 다음에 특권을 받거나 구내매점에서 원하는 물건과 교환할 수 있게 한다.

(4) 학교단위 긍정적 행동지원의 평가 방법

학교단위 긍정적 행동지원은 지원 서비스를 3수준으로 연속성을 가지고 실시된다. 첫째 수준에서는 학교 전체의 학생들을 대상으로 보편적 지원을 한다. 둘째 수준에서는 보편적 지원과 더불어 추가의 지원이 필요한 10~15%의 학생들을 대상으로 소집단 지원을 한다. 셋째 수준에서는 개별 지원이 필요한 1~5%의 학생들을 대상으로 집중적인 개별지원을 실시한다. 각 단계에서 적용한 전략의 효과성을 측정하기 위해 다음 3가지 유형의 평가를 실시할 것을 권장한다.

① 1일 및 1개월 단위로 상담에 의뢰된 학생 비교하기
② 시간과 장소에 따라 일어난 문제행동의 유형을 추적해 보기
③ 행동의 발생을 점검하여 행동중재의 효과 여부를 결정하기

(5) 추가의 지원이 필요한 학생의 확인과 중재 개발

일부 학생들의 경우 집중적인 중재를 필요로 하므로 학교단위 계획으로는 충분하지 않을 수가 있다. 바람직하지 못한 행동을 하는 학생들 중에는 학교 단위의 생활지도 체계로는 행동이 개선되지 않기 때문에 표적행동을 지도하기 위해서는 다음과 같은 보다 복잡한 요인들을 고려할 필요가 있다(Storey & Post, 2012).

① 바람직하지 못한 행동의 심한 정도
② 행동이 지속된 기간
③ 상황, 사람, 시간, 행동 등에 일반화되는 방법
④ 신뢰할 수 있는 행동기능 평가
⑤ 행동을 효과적으로 변화시키기 위한 처치의 강도, 복잡성 및 기간

⑥ 중재 효과를 평가할 적절한 평가척도 개발

⑦ 바람직한 행동의 강화, 일반화 및 점검을 위한 중재계획 개발

학습과제

1. 긍정적 행동지원의 기본 가정을 설명하시오.
2. 행동기능평가의 목적을 설명하시오.
3. 행동기능평가 방법별 특징을 설명하시오.
4. 행동 사례를 선택하여 A-B-C 관찰기법을 통해 행동기능평가를 실시하고, 문제행동 상황을 요약하시오.
5. 긍정적 행동지원의 다단계 모형에서 단계별 특성과 접근방법을 설명하시오.
6. 긍정적 행동지원에서 정적 강화 기능 관련 전략과 부적 강화 기능 관련 전략의 차이점을 설명하시오.
7. 학교단위 긍정적 행동지원을 적용하기 위한 구성요소를 설명하고, 실제 행동 사례를 중심으로 학교단위 긍정적 행동지원 계획을 수립하시오.

제 11 장

사회적 기술 훈련과 인지적 행동수정

학습목표

1. 사회적 기술의 개념에 대해 설명할 수 있다.
2. 사회적 기술 결함의 요인과 구성요소를 설명할 수 있다.
3. 사회적 기술 훈련의 교수 단계를 설명할 수 있다.
4. 인지적 행동수정의 개념과 필요성을 설명할 수 있다.
5. 인지적 행동수정의 구성 요소와 절차를 설명할 수 있다.
6. 인지적 행동수정의 실행 방안을 설명할 수 있다.

1. 사회적 기술 훈련

정서 · 행동장애 아동은 다양한 사회적 활동에서 어려움을 보이는 경우가 자주 있으므로 이들의 친사회적인 행동을 증가시키고 사회적 행동과 학업수행을 높이기 위해서는 체계적인 사회적 기술 훈련이 필요하다. 사회적 기술의 부족과 또래관계에서의 어려움은 사회적 적응에서의 어려움으로 이어지고, 사회적 거부와 무능력은 낮은 자아존중감, 우울감, 반사회적 행동 등의 위험을 증가시킬 수도 있다. 그러므로 정서 · 행동장애 아동에게는 적절한 사회적 기술을 발휘할 수 있도록 체계화된 지원이 반드시 필요하다고 할 수 있다. 이를 위한 지원 방안으로 사회적 기술의 개념 및 결함요인, 사회적 기술 훈련의 필요성, 구성요소, 절차 등을 알아보고자 한다.

1) 사회적 기술의 개념

사회적 기술(social skills)은 다양한 사회적 환경에서 적절하게 상호작용을 할 수 있는 행동기술이며, 긍정적인 대인관계를 유지하고 다른 사람과 효과적으로 의사소통을 할 수 있는 능력을 말한다. 아동기의 사회적 기술 발달과 학습은 성인이 된 후에도 지속적으로 영향을 주며, 이 시기에 적절한 사회적 기술을 발달시키지 못하게 되면 미래에 다양한 문제행동과 심리적인 부적응을 야기할 수도 있으므로 매우 중요하다.

일반적으로 사회적 기술은 사회적 맥락에서 사회적 상호작용을 일으킬 수 있는 친사회적 행동 능력을 말한다. 즉, 다른 사람과의 사회적 상호작용 관계를 형성하고 유지하기 위한 다양한 기술을 의미한다. 다시 말해, 사회적 기술은 유능한 사회구성원으로 살아가기 위해 필요한 적응능력으로서 긍정적인 대인관계를 유지하고 타인과 의사소통을 하기 위한 폭넓은 기술이다. 사회적 기술은 사회적 능력의 광범위한 개념 속에서 정의되며, 과업을 완벽하게 수행하기 위한 특별한 개인적 행동능력을 말한다. 교육학 측면에서 사회적 기술은 주어진 상황에서 상대방에 대해 긍정적인 영향을 주고 유지하며 제고할 수 있는 가능성을 극대화하는 반응으로 정의하고 있다.

사회적 기술의 개념에 대한 정의는 학자에 따라 다소 차이가 있으며, 이러한 차이는 사회적 기술 요소를 설정하고 훈련 프로그램 내용을 구성하는 데 영향을 미치기 때문

표 11-1 사회적 기술에 대한 개념

학자	사회적 기술의 개념
Libet & Lewinsohn(1973)	긍정적이든 부정적이든 강화를 받아서 표출된 행동과 다른 사람에 의해 벌을 받았거나 소거된 표출되지 않은 행동 모두에 대한 복잡한 능력
Combs & Slaby(1977)	사회적으로 수용 가능하거나 가치가 있으며, 동시에 일차적으로 다른 사람에게 이익이 되고, 개인적으로 이익이 되며, 사회이익이 되는 특정 방법으로 주어진 사회적 상황에서 다른 사람과 상호작용하는 능력
Trower, Bryant, & Argyle(1978)	상대방이 표현하고자 하는 바를 정확하게 이해하고, 그에 따라 자신의 언어적 · 비언어적 행동을 사회규범에 맞게 적절하게 표현하여 자신의 개인적인 목표를 달성하게 하는 능력
Foster & Ritchey(1979)	주어진 상황에서 상대방에게 긍정적인 영향을 주고 유지하며 제고할 수 있는 가능성을 극대화하는 반응
Bellack & Hersen(1979)	사회적 강화의 상실에 있어서도 고통을 겪지 않고 개인 상호 간의 맥락에서 긍정적 · 부정적인 감정을 표현할 수 있고, 다양한 상호작용의 상황에서 언어적 · 비언어적 반응을 적절하게 조정하여 전달할 수 있는 능력
Morgan(1980)	다른 사람과 긍정적인 상호작용을 주도하고 유지하는 능력뿐만 아니라 다른 사람과 상호작용하기 위해 목표를 성취하는 능력
McFall(1982)	어떤 인간이 효율적이고 유능하게 행동하는 데 필요한 어떤 구체적인 요소를 수행해 나가는 과정상의 기술
Gresham & Elliott(1984)	첫째, 또래 수용도나 인기도, 둘째, 한 개인의 행동에 대한 의미있는 다른 사람의 판단, 셋째, 또래 수용도 및 의미 있는 다른 사람의 판단과 일치하려는 사회적 행동
Phillips(1985)	어떤 구체적인 요소를 수행해 나가는 과정상의 기능으로 대인관계에서 사용되는 학습된 행동이며 다른 사람의 권리, 요구, 행복, 의무를 수행할 수 있는 방식으로 다른 사람과 의사소통할 수 있는 능력
Walker & McConnell(1988)	첫째, 다른 사람과의 관계를 주도하고, 긍정적 관계를 유지하며, 지시에 따르고 적절한 방법으로 필요한 것을 요구하는 능력, 둘째, 또래에게 수용되고, 학급에서 성공적으로 적응하는 것으로, 기본적인 상호작용 기능, 대화 기능, 친구를 사귀는 기능, 셋째, 사회적 상황에 효과적으로 대처하고 적응하는 능력
Elliott & Gresham(1993)	대인관계에서 발생하는 여러 가지 상황에 적절하게 행동하는 기술
Bedell & Lennox(1997)	대인관계에서 절절하고 유용한 정보를 정확하게 선택하는 능력과 적절한 목표 지향적인 행동을 결정하는 능력, 다른 사람과 좋은 관계를 최대한 유지하도록 언어와 비언어적 행동을 구사하는 능력

Sheridan(1998)	다양한 사회적 맥락 속에서 효과적으로 상호작용 및 기능할 수 있도록 하는 목표지향적이고 학습된 행동
한국유아교육학회(1996)	협동, 도움 나누기, 차례 지키기, 교환하기, 사회적 문제 해결 등을 통해 대인관계 혹은 사회적 환경을 조절할 수 있는 능력

에 중요하다고 할 수 있다.

사회적 기술에 대한 다양한 개념을 요약해서 살펴보면 〈표 11-1〉과 같다.

여러 학자들의 주장을 종합하면, 사회적 기술은 다양하고 변화하는 물리적 · 심리적 사회 환경에 건강하게 적응하면서 능동적인 태도와 효율적인 의사소통 기술을 바탕으로 원만한 인간관계를 지속시킬 수 있는 능력이라고 할 수 있다.

2) 사회적 기술 결함의 요인

사회적 기술의 결함은 아동에게 문제를 유발하거나 지속시키는 요인이 된다. 사회적 기술의 기능적 결함은 크게 지식의 부족, 연습이나 피드백의 부족, 단서나 기회의 부족, 강화의 부족, 사회적 행동을 방해하는 문제행동의 존재 등의 5가지 요인에 의해 영향을 받는다(Elliott & Gresham, 1991).

사회적 기술 결함의 요인을 간략하게 제시하면 [그림 11-1]과 같다.

첫째, 사회적 기술에 대한 지식의 부족이다. 아동이 사회적으로 적절하게 행동을 하는 방법을 모르기 때문에 사회적 기술에서 결함을 보인다는 것이다. 즉, 또래와 상호작

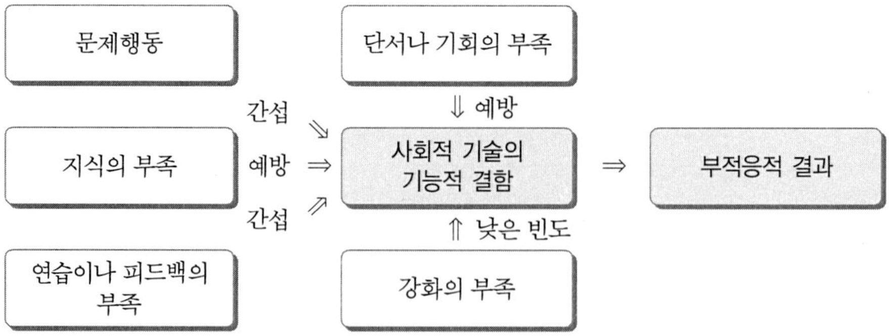

[그림 11-1] 사회적 기술 결함의 요인

출처: Elliott & Gresham(1991), pp. 28-29.

용할 목적을 인식하지 못하거나, 사회적 목표를 달성하는 데 필요한 행동전략에 대한 지식이 부족하거나, 특정 상황에서 어떤 행동 전략이 적절한 것인지에 대한 지식이 부족한 경우 등이 있다.

둘째, 사회적 기술에 대한 **연습이나 피드백의 부족**이다. 아동이 새롭게 학습한 사회적 기술을 연습할 충분한 기회가 없거나 적절한 피드백이 부족하기 때문에 사회적 기술에 결함을 보이기도 한다. 그러므로 아동이 새로 학습한 사회적 기술을 능숙하게 수행하기 위해서는 충분한 연습 기회와 시간을 주어야 하며, 수행에 대한 구체적인 피드백을 제공해야 한다.

셋째, 사회적 기술에 대한 **단서나 기회의 부족**이다. 일부 아동들은 적절한 사회적 행동을 촉진할 수 있는 사회적 단서가 부족하여 사회적 기술에 결함을 보이기도 한다. 사회적 기술 훈련을 할 때에는 제한된 수의 사회적 단서만을 이용하면 같은 단서나 친숙한 사회적 단서가 있는 상황에서만 사회적 기술이 나타날 수 있다. 그러므로 다양한 상황(환경, 조건, 대상 등)에서 사회적 기술을 지도를 하여 일반화를 촉진할 수 있어야 한다.

넷째, 사회적 기술에 대한 **강화의 부족**이다. 아동은 자신이 적절한 행동을 하였을 때 주변 사람들로부터 강화를 거의 받지 못하기 때문에 적절한 사회적 기술을 보이는 빈도가 낮아지기도 한다. 즉, 특정 사회적 기술을 수행하였을 때 적절한 강화를 거의 받지 못한다면 더 이상 이러한 사회적 행동을 하지 않으려 할 것이다. 사회적 기술에 결함이 있는 아동은 또래들과 상호작용을 할 때 주변으로부터 강화를 거의 받지 못하는 경우가 많다. 어떤 경우에는 이러한 상호작용이 부정적인 결과(예: 괴롭힘, 놀림, 무시 등)를 초래하는 경우도 발생할 수 있다. 그러므로 또래와의 상호작용에서 사회적 기술에 따른 적절한 강화를 받을 수 있도록 하여야 한다.

다섯째, 사회적 기술을 방해하는 **문제행동이 존재**하고 있기 때문이다. 정서 · 행동장애 아동이 보이는 울화, 논쟁, 싸움, 불안, 우울, 낮은 자존감, 주의 산만, 충동성, 조바심 등의 문제행동은 사회적 기술을 습득하거나 수행하는 것을 방해한다.

3) 사회적 기술 훈련의 필요성

비장애 아동은 발달과정에서 사회적 기술에 필요한 다양한 행동목록을 자연스럽게 내면화하는 것과는 달리 정서·행동장애 아동은 사회적 기술을 스스로 습득하는 것이 어렵기 때문에 체계적인 사회적 기술 훈련이 필요하다. 이러한 정서·행동장애 아동에게 의사소통 기술, 협동기술, 또래관계의 관리, 감정관리 기술, 자기통제, 공감, 갈등 다루기 등과 같은 사회적 기술을 하나하나 가르침으로써 사회적 기술을 향상시킬 수 있고 문제행동을 현저히 줄일 수 있다(Baker, 2004).

사회적 기술 훈련은 다른 사람과 효율적으로 상호작용할 수 있고, 사회적으로 수용 가능한 행동을 하며, 원만한 또래관계 형성과 긍정적 사회적응에 필요한 다양한 기술 등을 훈련하는 것을 의미한다. 또래로부터 수용을 덜 받는 아동은 다른 아동에 비해서 상대적으로 정상적이고 적응적인 사회행동과 사회인지를 학습할 수 있는 기회가 제한될 수 있으며, 긍정적인 또래 접촉을 통해 제공되는 중요한 경험이 박탈되기 때문에 문제가 발생하게 된다. 이처럼 사회적 기술이 부족하여 대인관계에서 어려움을 호소하는 아동은 학교생활에서 또래를 어떻게 대해야 할지를 몰라 원만한 또래관계를 형성하고 유지하지 못하여 고립된 생활을 하기도 한다. 또한 자기 안으로 숨어드는 행동 특성을 가지며 또래의 요구를 잘 파악하지 못하기 때문에 사회적 기대에 맞게 행동하지 못함으로써 사회화 과정에서 실패를 거듭하고 결국 또래집단으로부터 수용되지 못하거나 배척되기도 한다.

사회적 기술은 주로 아동이 속한 또래집단에서의 적응 문제와 관련되어 있으며, 낮은 사회적 기술을 지닌 아동은 학교 부적응, 또래 따돌림, 비행을 보이기도 한다. 이는 부족한 사회적 기술로 인해 또래에게 인기가 없어 배척을 당하는 결과를 낳고, 이런 이유로 또래 관계와 학교 생활에 적응을 하지 못하고, 결국에는 비행과도 연결됨을 말해준다. 이러한 부적응을 겪는 아동은 또래와 집단에서 소외감을 느끼고 수용되지 못하여 부정적인 피드백을 많이 받게 되며, 성공의 경험보다는 실패의 경험을 많이 하게 된다. 또래로부터 거부당한 아동은 사회적·행동적·정서적 문제와 연관되며, 이후 성인이 된 후 가족 문제로까지 관련되기도 한다. 즉, 사회적 기술은 개인이 대인관계 속에서 자신을 표현하며 의미 있고 만족스러운 생활을 영위해 가는 데 필수적인 능력이다.

4) 사회적 기술 훈련의 구성요소

사회적 기술 훈련은 사회적 기술의 구성 개념을 어떻게 정의하느냐에 따라, 그리고

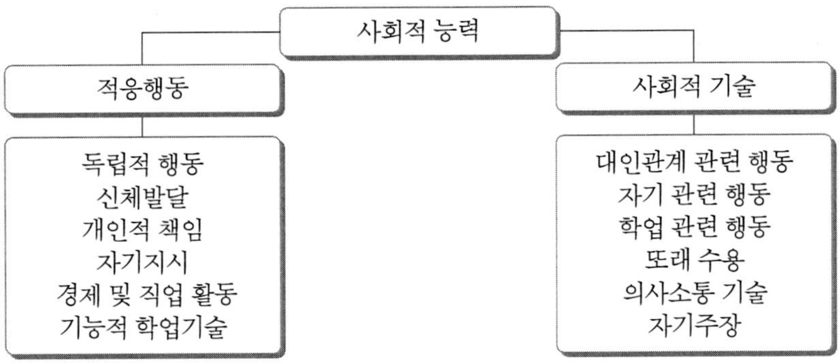

[그림 11-2] 사회적 능력의 구성요소

아동의 문제행동에 영향을 주는 주요 변인들이 무엇이냐에 따라서 그 방향과 목적이 달라지며 접근 방법 또한 매우 다양해진다.

Gresham과 Elliott(1990)는 사회적 능력(social competence)의 구성요소를 적응행동과 사회적 기술로 보고, [그림 11-2]와 같이 제시하고 있다.

적응행동(adaptive behavior)의 구성요소로는 독립적 행동, 신체발달, 개인적 책임, 자기지시, 경제 및 직업 활동, 기능적 학업기술 등을 포함하고 있으며, 사회적 기술(social skill)의 구성 요소로는 대인관계 관련 행동, 자기 관련 행동, 학업 관련 행동, 또래 수용, 의사소통 기술, 자기주장 등을 포함하고 있다.

사회적 기술에서 **대인관계 관련 행동**은 사회적 상호작용에서 사용하는 기술들로 친구 사귀는 기술, 듣기, 인사하기, 유머감각 등을 말한다. **자기 관련 행동**은 상황을 파악하고 적절한 기술을 선택하고, 상황에 미칠 영향을 평가할 수 있는 자기조절 행동을 포함하며, 스트레스 대처기술, 다른 사람의 감정 이해, 분노 조절, 결과 받아들이기, 도덕적인 행동, 감정표현, 자신에 대한 긍정적인 태도, 책임 있는 행동, 자기 돌보기 등을 포함한다. **학업 관련 행동**은 학교에서의 학업 성취와 관련된 사회적 기술이다. **또래 수용**에는 인사하기, 물어보기, 가르쳐 주기, 친구를 활동에 참여시키기, 작별 인사하기, 다른 사람의 감정 파악하기 등이 있다. **의사소통 기술**에는 상대방의 말을 듣는 태도, 적절하게 대답하기, 대화를 유지하기, 말한 사람에 대한 반응하기 등이 있다. **자기주장 행동**이 부족한 아동은 스트레스 상황에서 공격적이거나 위축될 수 있는데, 이것은 사회적 기술의 획득이나 수행을 방해하게 된다.

Begun(1995a, b)은 아동에게 사회적 기술을 가르치는 교사와 부모에게 도움을 주기 위해 사회적 기술 교육활동 프로그램인 'Ready-to-Use Social Skills Lessons & Activities'를 개발하였다. 이 프로그램은 우리나라의 응용발달심리연구센터에서 『바로 사용할 수 있는 사회적 기술 향상 프로그램』(2002)으로 번역 · 출판하고 있다. 이 프로그램은 단계별 발달 과업에 맞는 과제를 사용하는 것으로 유아용, 초등학교 저학년용, 초등학교 고학년용, 중 · 고등학생용의 4권으로 구성되어 있다. 이 프로그램의 구조적 학습은 시범 보이기, 역할놀이, 수행에 대한 토론, 실제 생활 상황에서의 사용의 4가지 기본요소로 이루어진다. 또한 단원의 형식은 필요성 확립하기, 주제 도입하기, 기술요소 확인하기, 기술 시범 보이기, 행동 시연하기, 연습하기, 독자적으로 사용하기, 지속하기 등 8단계로 이루어져 있다.

Shure(1992)가 개발한 'Interpersonal Cognitive Problem-Solving(ICPS)' 프로그램을 신현기와 최세민이 번역 · 출판한 『나는 문제를 해결할 수 있어요』(2002)는 비장애 유아와 장애 유아를 지도하는 교사와 부모를 위한 사회적 기술 훈련 프로그램이다. ICPS 프로그램은 문제해결을 위한 준비 기술이 제1과부터 제33과까지 구성되어 있으며, 문제 해결 기술이 제34과부터 제59과까지 구성되어 있다. ICPS 프로그램은 문제해결에 필요한 어휘력의 학습, 자신의 감정과 타인의 감정에 대한 분별력, 다른 사람의 관점에 대한 배려, 원인과 결과에 대한 학습으로 구성되어 있으며, 문제해결 기술 단계는 1가지 이상의 해결 방안에 대한 생각, 결과에 대한 고려, 최종 해결 방안의 결정으로 구성되어 있다.

McGinnis와 Goldstein(2003)은 30여 년간의 공동연구를 통해, '유아, 초등학생, 청소년을 위한 스킬스트리밍(Skillstreaming)'이라는 사회적 기술 훈련 프로그램을 개발하였다. 이 프로그램은 한현민이 『초등학생의 스킬스트리밍: 친사회행동기술 교육의 새로운 전략과 전망』(2012), 『초등학생의 스킬스트리밍: 수업계획과 활동』(2012)으로 번역하여 국내에 소개하였다. 스킬스트리밍은 모델링, 역할극, 수행에 대한 피드백, 전이의 교수 원리에 초점을 맞춘 프로그램으로 아동에게 발달에 적합한 행동들을 역할극과 연습을 통해 적극적으로 학습시킨다.

Gresham과 Elliott(991)은 '사회적 기술 평정체계(Social Skills Rating System: SSRS)'에서 사회적 기술을 협력, 자기주장, 책임, 공감, 자기통제 등의 5가지 영역으로 나누고 있다.

사회적 기술 평정체계의 구성은 〈표 11-2〉와 같다.

표 11-2 사회적 기술 평정체계의 구성

기술 영역	하위 영역	구체 목표
협력	학습 및 놀이 기술	주위의 소란을 무시하기
		이행하기
		자유시간 이용하기
	교실 내 상호작용 기술	시간 내 과제 끝내기
		책상 및 물건 정리하기
		옳은 일하기
		주목하고 지시 따르기
		기다릴 때 시간을 적절하게 사용하기
자기주장	대화기술	인사하기
		자기소개
		자신에 대해 긍정적으로 표현하기
		대화 시작하기
		부당한 것에 대해 성인에게 말하기
	참여 및 봉사 기술	활동에 참여하기
		친구를 도와주기
		활동에 참여하도록 유도하기
책임	책임	성인에게 도움 청하기
		말하는 사람에게 주목하기
		부당한 요구를 거절하기
		걸려 온 전화 응대하기
		처음 본 사람에게 자기소개하기
		물건 사용에 대해 허락받기
		외출에 대해 허락받기
		사고에 대해 적절한 사람에게 보고하기
		불공정하게 여겨지는 규칙에 대해 질문하기
		인사에 대해 대응하기
공감	긍정적으로 대하는 기술	인정받은 것을 성인에게 표시하기
		훌륭한 것에 대해 칭찬하기
		다른 사람 것을 사용하기를 요청하기
		몸짓 등으로 다른 사람 반기기
	능동적 경청기술	다른 사람에게 유감 표시하기
		성인의 지시에 대해 경청하기

자기통제	갈등해결 기술	나와 다른 사람에 대해 수용하기
		친구가 하고자 하는 제안 수용하기
		친구와 협력하기
		또래의 압력에 대해 적절하게 반응하기
		합의에 도달하도록 타협하기
	분노조절 기술	괴롭힘에 대해 적절하게 반응하기
		성인과의 갈등에서 떼쓰는 것을 조절하기
		비판을 잘 수용하기
		또래와의 갈등에서 떼쓰는 것을 조절하기
		얻어맞았을 때 적절하게 반응하기

5) 사회적 기술 훈련의 절차

사회적 기술 훈련 프로그램에서는 사회적 기술을 보다 효과적으로 습득하도록 하기 위해 다양한 방법으로 내용을 구성한다. 예를 들면, 지도나 토의, 모델링, 역할극, 피드백, 모방, 코칭, 사회적 강화, 과제 부여, 놀이나 게임, 또래 교수 등이 있다. 이러한 방법들은 훈련의 효과를 극대화하기 위해서 개별적으로 적용되기도 하고 몇 가지 방법들이 결합되어 적용되기도 한다(Gresham, Sugai, & Horner, 2001). 다양한 사회적 기술 중에서 어떤 것을 목표 기술로 선정해야 하는지 어떤 내용으로 구성해야 하며 어떤 방법들을 적용해야 하는지를 결정하는 것은 매우 복잡하고 어려운 문제이므로 대상 아동의 특성을 잘 고려해야 한다.

사회적 기술 훈련은 다음과 같은 4가지 과정이 근거를 이루고 있다(McGinnis & Goldstein, 2003a).

첫째, **언어적 지시와 모델링**이다. 언어적 지시는 전통적으로 사회적 기술을 기술 · 조장 · 설명 · 규정하며 요구하는 등 언어를 중심으로 이루어지는데, 사회적 기술 습득을 촉진할 수 있는 구체적 개념이나 추상적 개념을 이용한다. 모델링은 행동을 실제로 하거나 영상화하여 사회적 기술을 어떻게 수행하는지를 보여 주는 것으로 아동이 사회적 기술을 효율적으로 하기 위해 사회적 기술의 요소들을 어떻게 종합해야 하는지를 배울 수 있다.

둘째, 시연이다. 시연은 사회적 기술의 반복연습을 말하는데, 사회적 기술의 개념을 파지시켜 주거나 효율적으로 행동을 할 수 있게 한다. 시연은 언어적 시연, 사고적 시연, 행동적 시연의 3가지 유형이 있다. 언어적 시연은 아동이 특정의 사회적 상황에서 무엇을 해야 하는지를 말하게 하는 것이다. 사고적 시연은 아동이 사회적 기술을 실제로 행동하기보다 생각하고 상상하는 것이다. 행동적 시연은 아동이 실제로 행동을 하는 것이다.

셋째, 피드백과 강화다. 피드백은 학생에게 사회적 기술의 실제 수행이 목표에 일치하는지에 대한 정보를 제공하는 것이다. 강화는 행동빈도를 증가시키기 위해 환경적 자극을 제시하거나 철회하는 것을 말하며 정적 강화와 부적 강화로 구분된다. 이것은 바람직한 행동이 증가하면 그에 따른 바람직하지 못한 행동은 감소할 것이라는 행동주의 이론에 근거하고 있다.

넷째, 문제행동 감소 절차다. 문제행동은 효과적인 사회적 기술 지도를 방해하기 때문에 문제행동을 감소시키거나 제거하는 절차가 필요하다. 이 절차는 문제행동의 빈도를 감소시키기 위해 환경적 사건을 제시하거나 제거하는 것으로 차별강화, 소거, 반응대가, 과잉교정, 타임아웃 등이 있다.

Goldstein(1970)은 청소년에게 사회적 기술을 훈련하기 위한 교육과정을 연구하였으며, 그 후 McGinnis와 30여 년간의 공동 연구를 통해 '스킬스트리밍(Skillstreaming)'이라는 사회적 기술 훈련 프로그램을 개발하였다. 이 프로그램은 유아용(McGinnis & Goldstein, 2003a), 초등학생용(McGinnis & Goldstein, 2003b) 및 청소년용(McGinnis & Goldstein, 2003c) 등으로 구성되어 있다. 유아용은 초급 사회적 기술, 유치원과 관련된 기술, 친구 만들기 기술, 감정 처리하기, 공격성 대신 사용하는 기술, 스트레스 처리하기 등의 6개 영역 40개의 기술로 구성되어 있다. 초등학생용은 교실에서 살아남기 기술, 친구 만들기 기술, 감정 다루기 기술, 공격성 대신 사용하는 기술, 스트레스 다루기 기술 등의 5개 영역 60개 기술로 구성되어 있다. 청소년용은 초급 사회적 기술, 상급 사회적 기술, 감정 다루기 기술, 공격성 대신 사용하는 기술, 스트레스 다루기 기술, 계획 수립하기 기술의 6개 영역 50개 기술로 구성되어 있다.

초등학생을 위한 사회적 기술 훈련 프로그램의 구성은 〈표 11-3〉과 같다.

McGinnis와 Goldstein(2012)이 개발한 사회적 기술 훈련의 지도 절차는 ① 사회적 기술 정의, ② 사회적 기술 모델링, ③ 학생의 요구 파악, ④ 연기자 선정, ⑤ 역할극 준

표 11-3 초등학생을 위한 사회적 기술 훈련 프로그램의 구성

기술 영역	활동 내용	
교실에서 살아남기 기술	1. 경청하기 2. 도움 요청하기 3. 감사하기 4. 수업 준비물 챙겨 오기 5. 지시 따르기 6. 과제 끝내기 7. 토론에 기여하기	8. 어른 돕기 9. 질문하기 10. 주의산만 요인 무시하기 11. 정정하기 12. 할 일 결정하기 13. 목표 설정하기
친구 만들기 기술	14. 자기소개하기 15. 대화 시작하기 16. 대화 마치기 17. 참가하기 18. 게임하기 19. 부탁하기	20. 학급친구 돕기 21. 칭찬하기 22. 칭찬 수용하기 23. 활동 제안하기 24. 나누기 25. 사과하기
감정 다루기 기술	26. 자기 감정 알기 27. 자기 감정 표현하기 28. 타인 감정 인식하기 29. 타인 감정에 대한 이해를 보여 주기 30. 타인에 관심 표현하기	31. 분노 다스리기 32. 타인의 분노에 대처하기 33. 애정 표현하기 34. 두려움 다스리기 35. 자기보상하기
공격성 대신 사용하는 기술	36. 자기통제하기 37. 허락받기 38. 놀림에 반응하기 39. 문제 피하기 40. 싸움 피하기	41. 문제해결하기 42. 결과 수용하기 43. 비난에 대처하기 44. 협상하기
스트레스 다루기 기술	45. 지루함에 대처하기 46. 문제 원인을 결정하기 47. 불평을 말하기 48. 불평에 답하기 49. 패배에 대처하기 50. 깨끗이 수용하기 51. 따돌림에 대처하기 52. 난처함에 대처하기	53. 실패에 반응하기 54. 거절 수용하기 55. 거절하기 56. 이완하기 57. 집단 압력에 대처하기 58. 남의 물건을 갖고 싶을 때 대처하기 59. 의사결정하기 60. 정직하기

출처: McGinnis & Goldstein (2012), p. 101.

1단계: 사회적 기술을 정의한다.
↓
2단계: 사회적 기술을 모델링한다.
↓
3단계: 사회적 기술에 대한 학생의 요구를 파악한다.
↓
4단계: 역할극의 연기자를 선정한다.
↓
5단계: 역할극을 준비한다.
↓
6단계: 역할극을 수행한다.
↓
7단계: 학생의 수행에 대해 피드백한다.
↓
8단계: 사회적 기술에 대한 과제를 부여한다.
↓
9단계: 다음 역할극의 연기자를 선정한다.

[그림 11-3] 사회적 기술 훈련의 교수 단계

출처: McGinnis & Goldstein (2012), p. 68.

비, ⑥ 역할극 수행, ⑦ 피드백 제공, ⑧ 과제 부여, ⑨ 다음 연기자 선정의 9단계로 이루어져 있다([그림 11-3] 참조).

1단계는 사회적 기술을 정의하는 것이다. 교사는 학생들이 앞으로 배우게 될 사회적 기술에 대해 토론하도록 분위기를 조성한다. 이 활동의 목적은 앞으로 배우게 될 사회적 기술을 학생들이 이해하도록 돕는 데 있다. 이 단계에서는 학생의 요구와 관련이 있는 사회적 기술을 선정한다. 집단의 구성원이 모두 단계와 그림을 쉽게 볼 수 있도록 기술 카드 또는 칠판에 사회적 기술과 단계를 적는다.

2단계는 사회적 기술을 모델링하는 것이다. 이 단계에서는 각 사회적 기술을 2가지 이상의 예를 들어 시범 보여야 하며, 학생의 실제 생활과 관련이 있는 상황을 선택한다. 모델링은 긍정적인 결과를 보여 주어야 하며, 모델이 사회적 기술을 잘 사용하면 항상 강화를 제공한다. 사회적 기술의 모든 행동 단계를 정확한 계열에 따라 시범 보이며, 모델링을 전개할 때에는 한 번에 한 가지 기술만 보여 준다. 모델링하기 전에 가르치려고 하는 사회적 기술의 이름과 행동 단계가 나열되어 있는 기술카드를 나누어 주어서 학생들이 적극적으로 연습할 수 있도록 한다. 교사가 칠판에 적힌 행동 단계를 지적하거나 모델링 과정에 모델이 행동 단계를 큰 소리로 말하게 한다. 모델이 행동 단계의 학습을 촉진하기 위해 자신의 생각을 말로 '소리 내어 생각(think aloud)' 하게 한다.

3단계는 사회적 기술에 대한 학생의 요구를 파악하는 것이다. 학생에게 현재와 미래에 필요한 사회적 기술을 확인하는 것은 매우 중요하다. 모델링한 기술이 언제, 어디서, 누구에게 사용하는 것이 유용한지를 차례대로 간단하게 설명하게 한다. 이러한 정보를 효과적으로 사용하기 위해 칠판에 집단구성원의 이름을 적고, 그 옆에는 역할극의 주제와 사회적 기술을 사용할 사람의 역할을 기록해 두는 것이 좋다.

4단계는 역할극의 연기자를 선정하는 것이다. 교사는 역할극을 참여하고자 하는 학생이 있는지 먼저 물어본다. 역할극에 참여하는 것을 꺼리는 학생이 있다면 처음에는 다른 학생들을 관찰하도록 해서 용기를 북돋아 주어야 한다. 학생들에게 참여를 강요하거나 위협하기보다는 자신의 욕구를 충족시키기 위해 사회적 기술을 사용하는 것을 격려해 주어야 한다.

5단계는 역할극을 위한 준비를 하는 단계다. 자신의 일상생활에서 사회적 기술을 사용할 필요가 있거나 도움이 되는 상황을 설명한 학생을 주 연기자로 선정한다. 주 연기자에게 실제 생활에서 사회적 기술을 적절하게 사용하는 역할을 할 공동 연기자를 선택하게 한다.

6단계는 역할극을 수행하는 것이다. 주 연기자는 행동 단계에 따라 '소리 내어 생각' 하여야 하며, 공동 연기자는 주어진 상대방의 역할을 잘 수행하도록 하고, 다른 학생들은 행동 단계의 실행을 주의 깊게 관찰하도록 해야 한다. 역할극의 초기에는 관찰자들은 관찰할 내용(예: 자세, 말, 목소리의 높낮이, 얼굴 표정 등)에 대한 단서를 제공받을 수 있다. 교사의 책임은 주 연기자가 행동 단계에 맞게 역할극을 수행할 수 있도록 도움을 제공하거나 지도하는 것이다. 역할극이 행동 단계와 다르게 진행이 되면 그 장면에서 멈추게 하여, 필요한 지시를 하고 나서 역할극을 다시 시작하게 한다. 각 단계를 순서에 맞게 수행하기 위해서 교사는 역할극을 할 때 칠판 가까이에서 학생들이 행동할 단계를 지적해 준다. 역할극은 집단구성원 모두가 주 연기자의 역할로 참여할 때까지 계속해서 반복한다. 선택한 사회적 기술의 습득을 위해 각 회기는 두 개의 모델링 상황을 제시해야 한다. 각 역할극의 행동 단계는 같더라도 그 내용은 역할극마다 변화시켜야 한다. 역할극이 목적에 맞게 잘 완성되었을 때, 각 학생들은 실제 생활에서 사회적 기술을 적절하게 사용할 수 있다. 또한 역할의 전환은 역할극의 효과를 증가시키기 위한 유용한 절차다. 어떤 학생이 공동 연기자의 관점을 이해하는 데 어려움이 있다면, 두 역할을 바꾸어서 역할극을 다시 시작하는 것이 유용할 수 있다.

7단계는 학생의 사회적 기술 수행에 대해 피드백을 하는 것이다. 각각의 역할극이 끝난 뒤에는 짧게 피드백을 한다. 이러한 피드백은 주 연기자가 행동 단계를 얼마나 잘 따르거나 벗어났는지를 알게 해 주고, 역할극이 공동 연기자에게 미친 영향을 평가할 수 있으며, 주 연기자가 실제 생활에서 사회적 기술을 사용하도록 격려해 줄 수 있다. 교사는 주 연기자, 공동 연기자, 관찰자들이 자신에게 부여된 행동 단계를 얼마나 잘 따랐는지 평가하고, 잘 따른 것에 대해서는 사회적 강화(칭찬, 승인, 격려) 등을 제공해 준다. 교사는 사회적 기술 행동에 초점을 맞추고 구체적인 특정 행동의 유무를 지적해 주어야 한다. 피드백의 내용은 긍정적일 수도 부정적일 수도 있지만, 항상 긍정적인 피드백을 먼저 제공해야 한다. 부정적인 피드백은 사회적 기술의 수행을 개선할 수 있는 건설적인 제안이어야 한다. 역할극에서 행동 단계에 맞게 수행하는 것이 어려운 학생에게는 피드백을 받은 후에 행동 단계를 다시 따라해 볼 수 있는 기회를 제공해 주어야 한다.

8단계는 사회적 기술에 대한 과제를 부여하는 것이다. 역할극을 성공적으로 실행한 뒤에 학생들은 연습한 행동을 실제 생활 장면에서 사용해 보도록 과제를 부여한다. 상대적으로 단순한 가정학습 과제(예: 스트레스 수준이 높지 않은 상황)에서 시작하여 더 복잡하고 더 많은 것을 요구하는 과제로 확대하는 것이 보다 효과적이다. 실제 생활에서 사회적 기술을 사용하였을 때 성공을 경험하고 이를 통해 받은 보상이 사회적 기술을 더 많이 사용할 수 있도록 격려해 주는 것이 매우 중요하다. 가정학습 과제는 사회적 기술을 언제, 어떻게, 누구에게 사용할 것인지 교사와 학생이 함께 결정하는 것으로 시작하여, 학생 스스로 자신이 사용할 사회적 기술을 독립적으로 기록하는 단계로 발달시켜 나간다.

9단계는 다음 역할극을 할 연기자를 선정하는 것이다. 다른 학생을 주 연기자로 선정하고, 집단구성원들이 집단 안팎에서 사회적 기술을 일관성 있게 사용할 수 있을 때까지 앞의 순서를 반복하게 한다.

2. 인지적 행동수정

우리가 일상생활에서 흔히 경험하는 강한 부정적 정서는 개인이 가지는 생각에 따라 다르게 받아들여진다. 인지적 행동수정은 다른 사람이 관찰하기 어려운 내면적 행동을 변화시키는 데 초점을 두고 있다. 최근에는 장애 아동이나 비장애 아동이나 정도의 차이는 있지만 자신을 조절할 수 있는 능력이 잠재되어 있다는 인식이 확산되고 있으며, 인지적 행동수정의 입장에서 전략을 수립 및 교육하는 경향이 활발해지고 있다. 이를 위한 지원 방안으로 인지적 행동수정의 개념, 필요성, 구성요소 및 단계 그리고 실행과 절차 등을 알아보고자 한다.

1) 인지적 행동수정의 개념

인지적 행동수정(Cognitive-Behavior Modification: CBM)은 인지전략과 행동수정 기법을 함께 사용하는 통합적인 학습방법으로서 인지적 행동치료, 인지적 행동관리라고 불리기도 한다. 인지적 행동수정은 인지의 변화가 행동의 변화를 가져오고 변화된 행동이 강화를 받음으로써 인지구조가 바뀌게 된다는 메커니즘을 기본 전제로 하고 있다. 이 방법은 행동수정 전문가들 사이에 부적응 행동에 작용하는 역기능적 사고, 기대, 신념 등과 같은 인지적 기능에 대한 관심이 높아지고, 인지치료 전문가들 사이에 행동주의의 과학적 방법론에 대한 이해가 높아지면서 생겨난 것이다. 즉, 행동수정에서 부적응 행동에 작용하는 역기능적 사고, 기대, 신념 등과 같은 인지적 방법에서 행동주의의 과학적 방법론에 대한 이해가 높아져 생겨났으며, 행동적 방법을 바탕으로 하여 인지적 변화를 유도하는 데 초점을 둔다.

미국에서는 1970년대부터 1980년대 사이에 임상 및 상담 분야에서 활발하게 연구되었으며, 우리나라에서는 1990년대 이후부터 활발하게 연구되고 있다. 인지적 행동수정의 목표는 아동의 인지구조를 바꾸어 아동의 감정과 행동양식의 변화를 시도하는 것이다. 이 이론을 대표하는 학자로는 Ellis가 있으며, 이후에 이 이론의 발전에 기여해 온 Beck, Meichenbaum 등에 의해서 더욱 다양한 기법들이 개발되어 상담 및 교육, 심리치료 분야에 새로운 방법을 제공하고 있다.

행동주의 방법에서는 행동 변화의 원인으로서 인지구조의 변화를 무시하고 있었으며, 인지적 방법은 인지와 행동을 주종관계로 나눔으로써 행동이 인지 변화의 원인이 될 수 있음을 간과하였다. 이와 같이 행동적 방법과 인지적 방법이 서로 어긋나는 것은 그 자체가 본질적으로 다르기 때문에 일어난 것이 아니라 행동의 원인이라는 하나의 사실을 보는 입장이 다르기 때문이다. 즉, 행동의 원인이라는 하나의 사실을 놓고 전자는 외적 자극의 측면에서, 후자는 내적인 인지적 요인의 측면에서 봄으로써 서로 다르게 설명하는 것이다. 행동적 접근과 인지적 접근이 상호 보완적으로 결합될 수 있는 가능성을 모색함으로써 인간 행동을 종합적으로 접근하고 있다.

이상의 인지적 행동수정 이론을 종합해 보면, 인지적 행동수정 접근은 인지론적 방법과 행동론적 방법의 조화를 통하여 외현적 행동과 내재적 행동을 수정하는 방법을 말한다. 그러므로 행동적 접근과 인지적 접근이 상호 보완적으로 결합될 수 있는 가능성을 모색함으로써 인간 행동을 종합적으로 설명할 수 있다. 따라서 내재적 인지과정도 외현적 행동과 마찬가지로 학습된다는 것이다. 즉, 외현적 행동이 학습 원리에 의하여 조작되듯이 내재적 인지과정도 학습 원리에 의하여 조작될 수 있다는 것이다.

2) 인지적 행동수정의 필요성

인지적 행동수정이란 인지론적 방법과 행동론적 방법의 조화를 통하여 외현적 행동 및 내재적 행동을 수정하는 방법을 말한다. 인지적 행동수정은 개인이 가지고 있는 자동화 사고와 비합리적 신념을 치료기법을 통해 수정하고 행동수정 기법을 적용하여 감정과 행동양식에 변화를 유도하는 치료기법이다. 인지적 행동수정은 사고가 정서와 행동에 직간접적으로 또는 의식적·무의식적 영향을 끼치며 행동 패턴 또한 사고와 정서에 영향을 미친다는 가정하에 인지치료와 행동치료를 통합한 치료적 개입을 실시한다.

인지적 행동수정은 그 이론과 기법에서 계속적인 정교화가 진행되고 있으며, 특히 아동과 청소년에 대한 인지적 행동수정 프로그램은 매우 다양한 주제에서 폭넓게 적용되고 있다. 예를 들면, 공격성, 분노, 과잉행동, 불안이상, 시험불안, 대인관계, 사회성, 충동성, 자해행동 등이 있다. 또한 인지적 행동수정은 많은 연구를 통해 주요 우울장애, 범불안장애, 공황장애, 사회불안장애, 섭식장애 등의 중재에 효과가 입증되었고, 현재 독립된 중재 또는 다른 중재의 보조중재로서 널리 이용되고 있다.

인지적 행동수정에서는 자신에 대한 부정적 평가를 바탕으로 사고 패턴이 지속되어 주변의 자극을 선택적으로 받아들이고 자극의 의미를 해석하여 자신의 경험을 체계화하는 인지적인 틀인 인지적 도식이 주요 개념이다. 인지적 재구조화란 자동적 사고를 찾아내는 작업을 통해 이러한 인지 양상을 아동이 잘 이해하고 파악하게 하여 인지를 재구성하는 것을 의미하고, 아동에게 자신이 부정적으로 인지한다는 것을 깨닫도록 하여 더 나은 다른 관점을 발전시키고 문제의 경감을 위해 새로운 인지반응과 행동반응을 연습하게 한다.

인지적 행동수정은 사고가 정서와 행동에 직간접적으로 의식적 · 무의식적으로 영향을 미친다는 가정하에 인지치료와 행동치료를 통합한 개념으로 개인이 사건을 해석하는 관점을 변화를 통해 행동을 바꾸도록 돕는 기법이라고 할 수 있다. 인지적 행동수정에서는 한 개인의 행동과 더불어 수반되는 인지 내용과 처리과정을 이해하는 것이 중요하다.

3) 인지적 행동수정의 구성요소 및 단계

인지적 행동수정은 자기규제와 자기발화 같은 기법을 사용하여 자신의 행동과 수행을 조절하게 하고, 이에 적절한 강화를 제공하는 능력을 강화시키기 위하여 고안된 중재방법이다. 인지적 행동수정은 자신의 행동과 성취를 조절하고 적절하게 자기강화를 하도록 교수하는 것을 목표로 하고 있다. 이러한 방법을 통하여 아동은 증가된 행동 통제소를 지니게 되며, 교사나 부모와 같은 외부 지향적인 근거로부터 멀어지게 된다.

인지적 행동수정은 학교, 직장, 가정에서의 다양한 행동 변화를 위하여 유용하게 사용된다. 또한 인지적 행동수정은 정해진 시간 동안 목표 행동이 발생했는지 또는 특정 과제를 완수했는지를 알게 해 준다.

인지적 행동수정이 다른 행동 중재법과 차별되는 5가지 요소는 다음과 같다.

첫째, 외적인 요소가 아닌 아동 자신이 변화를 일으키는 주요 요소다.

둘째, 말로 표현하기는 겉으로 드러나게 행동하는 수준에서 자기조절의 수준을 거쳐 겉으로 드러나지 않게 행동하는 수준으로 진행된다.

셋째, 아동에게 일련의 문제해결 단계를 식별하고 사용하도록 교수한다.

넷째, 교수의 목적을 위하여 시범 보이기(modeling)가 사용된다.

다섯째, 자기통제를 촉진한다.

Quinn 등(1994)은 인지적 행동수정을 실행하는 3가지 일반적인 단계를 제안하였다. 각 단계를 간략하게 설명하면 다음과 같다.

첫 번째 단계는 훈련 전 준비 단계다. 훈련 전 준비 기간 동안에는 목표 행동과 학생에게 강화가 되는 물건들을 식별한다. 중재의 실행과 관련되는 모든 자료를 준비하고 정리한다.

두 번째 단계는 훈련 단계다. 이 단계는 변별훈련, 자기관리 실행 및 독립성, 중재 소거와 같은 세부 단계로 구성된다.

- 변별훈련: 변별훈련을 통하여 아동 자신의 행동이 학습과 과제 완수에 미치는 영향에 대해 인식할 수 있도록 한다.
- 자기관리 실행 및 독립성: 직접교수, 시범 보이기 및 유도된 연습을 이용하여 아동 혼자서 인지적 행동수정 전략을 사용할 수 있도록 도와준다.
- 중재 소거: 목표행동이 수용할 만한 수준 이상으로 발생하면, 아동 스스로 시도할 수 있도록 한다.

세 번째 단계는 일반화 단계다. 일반화 단계에서는 아동이 목표행동을 다양한 상황과 활동에서 자기조절할 수 있도록 지원한다. 이것은 새로운 환경이나 활동이 주어질 때 제공되는 교수를 포함한다.

인지적 행동수정은 아동을 위한 종합적인 중재 프로그램의 한 부분으로 실시되어야 하며, 개별화 교육계획 및 기타 치료 중재계획과 긴밀하게 연계해서 실시하여야 한다. 이와 같은 주의 깊은 연계는 아동의 성취를 향상시켜 줄 뿐만 아니라 학교나 가정에서의 생활 경험을 통하여 목표 행동의 일반화 및 유지를 촉진할 수 있다.

4) 인지적 행동수정의 실행

인지적 행동수정은 유형이 정해진 중재가 아니라 관련성이 있는 많은 다른 중재를 의미한다. 여기에는 합리적 정서행동치료, 문제해결 훈련, 자기주장 훈련, 분노통제 훈련, 자기교수 훈련, 대안반응 훈련 등이 포함된다. 여기서는 합리적 정서행동치료, 자기주장 훈련, 자기교수 훈련을 중심으로 살펴보고자 한다.

(1) 합리적 정서행동치료

합리적 정서행동치료(Rational Emotive Behavior Therapy: REBT)는 Albert Ellis에 의해 창안되었으며, 문제해결 과정을 촉진하는 다양한 종류의 인지적, 정서적, 행동적 그리고 대인관계적 기법을 활용하는 중다양식적 형태의 치료법이다. 합리적 정서행동치료는 아동의 현재 문제뿐만 아니라 미래의 문제까지 다루는 데 도움이 되는 합리적 원리를 아동이 학습할 수 있도록 자기조력적이며 교육적인 방법으로 문제의 예방을 강조하고 있다. 합리적 정서행동치료는 인간을 이루는 3가지 핵심 영역인 인지, 정서, 행동이 상호작용하는 과정에서 인지가 핵심이 되어 정서와 행동에 영향을 준다고 강조한다. 행동주의자들이 인간을 기계론적으로 파악하여 인간의 단순히 어떤 자극에 대하여 어떤 반응을 한다고 주장하는 반면, 합리적 정서행동치료에서는 인간이 그 자극을 어떻게 지각했느냐에 따라 반응이 달라진다는 인지 매개설을 함축하고 있다.

합리적 정서행동치료의 핵심은 ABCDE 모형이다. A(Activating Event)는 사건, 사실, 상황, 환경 또는 다른 사람의 행동이나 태도 등의 선행사건을 말하며, C(Consequence)는 각 개인의 반응이나 정서적 · 행동적 결과로, 이 반응은 적절할 수도 있고 부적절할 수도 있다. 합리적 정서행동치료에서는 A(반응을 일으키는 사건)가 C(정서적 · 행동적 결과)를 초래한다고 보는 것이 아니라, 각 개인의 선행사건(A)에 대한 생각이나 신념(Belief: B)이 정서적 · 행동적 결과(C)를 초래한다고 본다.

합리적 정서행동치료의 핵심은 자신의 정서반응이나 장애를 일으키는 비합리적인 사고를 합리적 사고로 변화시킬 수 있는 방법을 제시하는 것이 바로 D(Dispute)로 표현되는 논박이다. 상담과정에서 가중 중요한 핵심인 논박(D)은 아동 자신의 비합리적인 생각을 고치는 데 적용될 수 있는 과학적 방법으로 비현실적이고 검증할 수 없는 자기 파괴적인 가설들을 논리의 원리를 학습함으로써 포기하게 한다. 논박(D) 단계에서는 모델링, 소크라테스식 질문법, 설득, 유머, 역할 바꾸기, 합리적 · 정서적 심상법 등과 같은 다양한 방법을 통해서 내담자의 신념체계에 도전하는 것이다. Ellis에 따르면, 성공적인 상담은 비합리적 사고를 계속적으로 논박하여 어느 정도 재교육에 성공하느

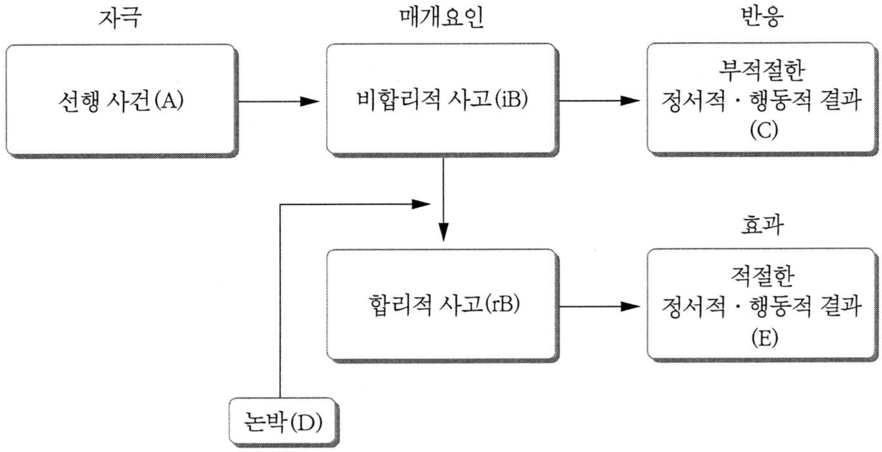

[그림 11-4] 합리적 정서행동치료의 ABCDE 모형

출처: 김남성, 김양현, 박경애(2006), p. 403.

냐에 의해 좌우된다고 강조하고 있다. 일단 논박이 성공을 하면 아동에게 적절한 정서와 적응적 행동을 일으키는 효과(Effect: E)가 나타나게 된다.

합리적 정서행동치료의 ABCDE 모형을 그림으로 나타내면 [그림 11-4]와 같다. Ellis는 아동에게 부적응 행동을 유발하는 비합리적 생각의 형태를 규정하고 도전하는 방법을 학습하면, 비합리적 생각이나 자기파괴적인 습관과 같은 다양한 유형의 문제 상황에서 벗어날 수 있다고 하였다. 합리적 정서행동치료는 상담자와 아동 간의 관계가 상담과정에서 가장 중요한 것은 아니며, 아동이 바람직한 사고와 행동의 변화를 가져오는 활동을 하도록 도전하고 직면하고 탐색하고 확신하는 상담자의 능력과 의지를 강조한다.

합리적 정서행동치료 기술은 인지적 기법, 정서적 기법, 행동적 기법의 3가지로 나눌 수 있다.

첫째, 인지적 기법은 비합리적 생각과 그에 근거한 비합리적이고 자기파괴적인 자기진술을 더 이상 계속하지 않도록 하기 위하여 합리적 생각과 그에 근거한 합리적 자기진술로 바꾸도록 하는 것이다. 이때 가장 많이 사용되는 기법은 논박이며, 이러한 논박을 효과적으로 하기 위해서 인지적 과제나 독서법을 사용하기도 한다.

둘째, 정서적 기법에는 무조건적 수용, 합리적 · 정서적 상상, 유머, 수치-공격 연습, 합리적 정서적 역할놀이 등이 있다. 주로 아동 자신을 정직하게 나타내도록 하고 정서적 모험을 경험하게 하여 자신을 개방하도록 도와주는 데 중점을 둔다. 문제행동과 관련된 생각을 바꾸어 정서와 행동을 바꾸려는 인지적 기술과는 다르게 이 기법은 바로 정서를 바꾸어 행동을 바꾸려는 기법이다. 정서적 기법은 상담의 전 과정에 걸쳐서 이루어지는 것이 아니라 상담의 초기 단계나 과정상의 한 단계에서 이루어진다.

셋째, 행동적 기법은 아동이 더 합리적으로 행동하도록 돕기 위하여 활동을 강조하는 과제를 사용한다. 이런 과제를 자기 힘으로 하는 것을 상상해 보는 과정을 통해 이를 도와주며, 이를 실생활에서 실행하도록 한다. 아동은 적극적이고 새롭고 어려운 과제를 행하며, 이런 방법을 통해 구체적이고 확고한 행동을 형성할 수 있다. 또한 합리적 정서행동치료는 아동이 변화도록 돕기 위해 강화와 벌을 모두 사용한다. 강화의 원리를 사용하는 것을 아동들이 직면하는 새로운 문제에 합리적 원리를 이용할 수 있는 지속성을 증가시킨다.

합리적 정서행동치료는 개인상담, 집단상담, 가족상담 뿐만 아니라, 공포, 분노, 우울, 학습부진, 동기 부족, 시험불안, 대인관계 문제, 낮은 자존감, 분노, 공격성 등과 같은 여러 가지 문제에서 해결하는 데 효과적으로 활용되어 왔다.

(2) 자기주장 훈련

인지적 행동수정에서 자기주장 훈련은 적절하게 자기표현을 하지 못하는 사람을 훈련시키는 대인관계 기술로서 부적절한 행동을 수정하는 데 그 목적이 있다. 자기주장은 자신이 감정, 신념 및 견해를 적절하게 표현하는 것으로 자기표현을 위한 대인관계 기술이다. 대인관계에서의 억제된 생각이나 감정, 부적절한 정서적 반응을 바꾸거나 비합리적 사고를 없애 적절한 방식으로 표현하도록 도와주는 방법이다. 주장이라는 용어는 행동적 개념에서 나온 것이기 때문에 주장훈련도 행동적 절차에서 시작되었으나, 행동은 인지와 직접적인 관련이 있다고 보는 인지이론의 발달로 인해 주장훈련에 새로운 방법이 추가되는 것과 같이 자기주장 훈련의 방법은 날로 다양해지고 있다.

자기주장 훈련의 효과를 정확하게 평가하기 위해서는 자기주장 행동의 구체적인 요소를 규명하여야 한다. 따라서 비주장행동(소극적 행동)과 주장행동 및 공격행동을 비교할 필요가 있으며, 그 구체적인 비교 내용은 〈표 11-4〉와 같다(서위숙, 2003).

표 11-4 비주장행동, 주장행동, 공격행동의 비교

구분	비주장행동	주장행동	공격행동
행동의 특징	자신의 욕구 · 권리 표현을 하지 못함	자신의 욕구 · 권리 표현	타인의 희생으로 욕구 · 권리 표현
	정서적으로 정직하지 못하고 간접적으로 표현	정서적으로 정직하고 직접적으로 표현	정서적으로 정직하나 누군가를 희생하도록 표현
	자기부정적	자기향상적	자기향상적
	타인에게 인간적 권리를 침해하도록 허용	인간적 권리를 유지하나 타인의 권리를 침해하지 않음	부적절한 적개감의 과잉반응 및 타인을 멸시하거나 창피를 줌
행동을 하고 나서 자신이 느끼는 감정	불안, 자기에 대한 실망과 뒤늦은 분노	좋은 감정, 확신감	당당한 우월감, 분노 중의 피해의식
타인이 느끼는 감정	안달, 초초, 동정, 연민	존경	분노, 원한, 복수심
결과	바라는 목표 성취	목표 성취	타인을 희생하여 목표 성취

주장훈련 방법의 다양화는 비주장행동의 원인과 밀접하게 관련되는데, 비주장행동의 원인에는 행동적 원인, 인지적 원인, 정서적 원인 등이 있다. 따라서 주장훈련도 일반적으로 다음과 같이 3가지로 분류되고 있다.

첫째, 행동적 주장훈련의 이론적 기초를 제공하는 행동주의 학습 이론은 행동학습 이론, 사회학습 이론, 자기통제 이론으로 나눌 수 있다. 행동적 상담을 협의로 해석하는 사람들은 Pavlov의 고전적 조건화 이론과 Skinner의 조작적 조건화 이론에 근거한 상담만을 행동적 상담이라고 한다. 따라서 이들에 따르면 사회학습 이론이나 자기통제 이론은 행동적 상담의 이론적 근거에 포함되지 않는다. 그러나 대부분의 상담 이론에서는 사회학습 이론과 자기통제 이론을 적용한 상담을 행동적 상담에 포함시키고, 합리적 · 정서적 상담 이론을 인지적 상담에 포함시키고 있다.

둘째, 인지적 주장훈련이란 주장행동과 관련된 인지를 변화시켜 주장행동을 할 수 있게 하는 훈련이다. 상담 이론에서는 학습 이론에서의 인지학습 이론이 그대로 사용되지는 않는다. 합리적 정서치료, 사고 중지, 인지적 학습방법에 근거한 상담의 한 접근으로 보고 있다. 인지적 학습방법에서 강조된 합리적 정서치료와 자기언어는 실제로 주장훈련에서 많이 활용되고 있다. 주장훈련에서 전형적으로 사용되는 2가지 인지적 기법으로는 인지적 재구성과 자기교수가 있는데, 인지적 재구성은 합리적 정서치료에 근거한 것이고 자기교수는 자기언어에 근거한 것이라고 할 수 있다.

셋째, 정서적 주장훈련은 주로 주장행동과 관련된 불안이나 두려움 때문에 주장적 장면에서 비주장행동을 한다는 비주장행동의 정서적 원인에 근거한 훈련 방법이다. 따라서 정서적 주장훈련 방법은 주장행동과 두려움을 줄이는 데 초점을 두고 있다.

(3) 자기교수 훈련

자기교수 훈련은 아동의 문제행동이 선천적인 결함에서 기인하는 것이 아니라 과제의 요구를 효율적으로 다루는 능력의 부족에 기인한다는 가정하에 다양한 절차를 통해 과제의 요구를 효율적으로 다루는 능력을 학습시켜 통제력을 요구하는 과제수행 능력을 향상시킨다. 자기교수 훈련은 공격적인 행동이 언어적 자기지도의 결핍에서 발생하며, 언어가 사고의 자기진술이라는 가정하에 내적 언어인 자기진술을 사용하여 잘못된 인지양식을 바꾸고 행동을 바르게 변화시킬 목적으로 사용되며 합리적인 자기진술을 하게 하는 훈련이다.

Meichenbaum(1971)의 자기교수 훈련은 Luria(1959)와 Vygotsky(1962)의 언어와 행동 간의 기능적 관계의 발달 이론에 근거하고 있다. 자기교수 훈련은 전형적으로 사람들이 능력을 적절하게 사용하도록 사고의 과정 또는 내재적 진술을 가르치는 것으로, 비합리적 자기진술을 합리적으로 자기진술을 하도록 하게 하는 훈련이다. 이것은 행동이 내적 인지요인인 언어의 영향을 받는다는 이론적 근거에서 출발한다. 바꾸어 말하면, 아동의 문제행동은 언어적 자기지도의 비합리성에서 오며, 또한 성인의 경우에도 대부분 부정적이며 비합리적인 자기진술 언어에서 부적응 행동이 유발된다고 본다.

Vygotsky(1962)에 따르면 아동이 자신의 행동을 통제하기 위해 사용하는 언어적 통제의 발달단계로 처음에는 큰 소리를 내어 말하던 것을 조그맣게 혼잣말로 하다가 마침내는 소리가 들리지 않도록 마음속으로 한다는 것이다. 즉, 나이가 들면서 자신을 통제하는 언어가 내면화된다는 것이다.

자기교수 훈련(Luria, 1961)은 다음과 같은 5단계로 이루어진다.

- 인지적 모델링 단계: 아동은 모델이 소리 내어 혼잣말(자기교수)을 하면서 과제를 수행하는 것을 관찰한다.
- 모델의 외현적 지도 단계: 아동은 모델이 보여 준 것과 동일한 내용의 혼잣말(자기교수)을 따라 하면서 모델이 수행하는 것과 동일한 과제를 수행한다.
- 아동의 외현적 자기교수 단계: 모델의 시범 없이 아동 혼자서 큰 소리를 내어 혼잣말(자기교수)을 하면서 과제를 수행한다.
- 외현적 자기교수의 점진적 감소 단계: 아동 혼자서 자기교수의 내용을 작은 소리로 중얼거리면서 과제를 수행한다.
- 내면적 자기교수 단계: 아동은 소리를 내지 않고 내적인 언어를 통한 자기교수를 하면서 과제를 수행한다.

Meichenbaum과 Goodman(1971)에 따르면, 자기교수 훈련은 아동이 문제를 해결할 때에 다음과 같은 5단계로 나누어 지도한다. 첫째, 문제 정의 단계로 해결할 문제가 무엇인지 알게 하는 것("내가 해결해야 할 문제는 무엇이지?")이고, 둘째, 문제에 어떻게 접근할지 계획을 세우게 하는 문제접근 단계이며("어떻게 해야지?"), 셋째, 당면 문제에만 집중하도록 하는 주의집중과 자기강화의 단계이고("나는 계획한 대로 잘하고 있나?"), 넷째, 정답을 고르는 단계이고, 다섯째, 문제를 해결하고 나서 적절한 자기평가와 실패에 대한 교정("나는 잘 했나?")을 하도록 하는 것이다.

자기교수 훈련의 장점으로는 다음과 같은 4가지가 있다(Miller, 1987). 첫째, 아동이 마음속으로 과제수행을 계속 반복하기 때문에 자신감이 증가하게 된다. 둘째, 계속되는 사고과정을 스스로 통제할 수 있기 때문에 적극적인 점검을 할 수 있게 된다. 셋째, 이해 과정을 통해 아동의 수동적 행동을 적극적 행동으로 바꿀 수 있게 된다. 넷째, 훈련 방법을 오랫동안 유지하고 일반화할 수 있다는 것이다.

이러한 자기교수 훈련은 다른 인지적 행동수정 전략들과 함께 사용하게 되면 보다 강력하고 지속적인 효과를 볼 수 있다는 연구들이 많이 있다. 그 방법들로는 모델링, 강화, 정서적 교육, 역할놀이 등이 있다. 자기교수 훈련의 과제는 개인적인 요구에 맞아야 하고, 처음에는 놀이와 같은 간단한 학습과제와 단순한 문제해결 기술을 도입한 다음에 점차 복잡하고 어려운 상황의 과제로 확대해 나간다. 자기교수 훈련을 포함한 이러한 인지적 행동수정 훈련 효과를 성공적으로 이끌기 위해서는 인지의 변화에 중점을 두어야 하며, 훈련과정에 학습자를 적극적으로 참여시켜서 스스로 자신의 행동을 관찰, 지시, 기록하는 데 관심을 두어야 한다.

5) 인지적 행동수정의 절차

인지적 행동수정의 절차를 합리적 정서행동치료(REBT)를 중심으로 살펴보면 다음과 같다. Albert Ellis가 개발한 합리적 정서행동치료는 불안, 우울, 분노, 죄책감 등과 같은 심리적 문제를 유발하는 비합리적 사고를 변화시키기 위해 인지적 재구조화를 사용하는 중재법이다. Ellis의 합리적 정서 이론에 따르면 심리적 문제는 일상생활에서 일어나는 사건에 대한 지각이나 해석에 의해 좌우된다. 심리적 문제의 발생 과정은 첫째, 어떤 사건(A)이 일어나고, 둘째, 이에 대한 비합리적 신념(iB)이 발생하며, 셋째, 마지막으로 부정적인 후속결과(C)가 나타난다는 것이다.

Ellis(1997)는 ABC 상담기법을 통하여 아동이 보이는 비합리적 신념을 합리적 신념으로 대치하는 방법을 배우게 되고, 아동에게 깊은 철학적 변화를 경험하고 아동이 스트레스를 극복할 수 있다고 하였다.

표 11-5 스트레스 중재를 위한 13단계

단계	내용
초기 단계	1단계: 문제가 무엇인지 파악하기 2단계: 목표문제를 정의하고 동의하기 3단계: 결과(C) 평가하기 4단계: 스트레스 사건(A) 평가하기 5단계: 2차적인 정서적 문제들을 확인하고 평가하기
중기 단계	6단계: 신념(B)−결과(C)의 관계를 가르치기 7단계: 신념(B)들 평가하기 8단계: 비합리적 신념(iB)들과 결과(C)를 연결하기 9단계: 비합리적 신념(iB)들을 논박(D)하기 10단계: 아동에게 합리적 신념(rB)들에 대해 강한 확신을 가지도록 준비시키기 11단계: 아동에게 새로 배운 것을 연습하도록 격려하기 12단계: 과제물 점검하기
종결 단계	13단계: 훈습과정을 촉진하기

Ellis가 제안한 스트레스 중재를 위한 13단계는 〈표 11-5〉와 같다(강순화 외, 2006).

(1) 초기 단계

초기 단계는 1~5단계로, 아동에게 자신의 문제가 무엇인지를 명확하게 ABC 용어로 확인하고 정의하는 단계이다.

- 1단계: 아동의 문제가 무엇인지를 파악하는 단계이다. 이때 상담자는 합리적 정서행동치료가 문제해결에 효과적이고 집중적인 접근이라는 것을 제시하며, 내담자의 정서적 문제를 극복하는 데에 도움이 된다는 것을 이해시킨다. 합리적 정서행동치료 상담자는 아동의 문제를 즉각적으로 다루는 적극적인 상담자 역할을 한다.
- 2단계: 치료적 동맹을 형성하는 단계로 아동과 목표를 함께 정의하고 목표를 위해 ABC기법을 사용하는 것에 동의하는 단계이다. 아동이 합리적 정서행동치료의 원리를 거부한다면 다른 상담 전문가에게 의뢰하는 것이 좋다. 아동이 합리적 정서행동치료에 동의한다면 ABC절차를 가르치기 시작한다. 아동이 거부감과 두려움이 심해 자신의 문제에 직면하기 어려운 경우 상담자는 공감적인 태도로 서두르지 말고 점진적으로 문제에 접근하도록 한다.
- 3단계: 정서적 · 행동적 결과(C)를 평가하는 단계이다. 이 단계에서 선행 사건(A)에 대해 아동이 건강하지 못한 정서가 있는지 여부를 판단하고, 있다면 무엇인지를 평가하는 단계이다. 그리고 이것을 견딜 수 있는지 또한 이러한 감정을 갖게 됨으로써 어떤 혜택이 있는지 평가해 보도록 한다.
- 4단계: 스트레스 사건(A)를 평가하는 단계이다. 이 단계는 아동의 스트레스 사건(A)을 평가하여 비합리적 신념(iB)을 확인하는 단계이다. 구체적으로 아동에게 일어난 사건을 명확하게 탐색하고 결과(C)가 일어나게 된 신념들을 평가한다.
- 5단계: 아동이 가지고 있는 이차적인 정서문제를 확인하고 평가하는 단계이다. 아동의 일차적 정서로 인해 이차적인 정서가 발생할 수 있다. 예를 들어, 여러 사람 앞에서 실수를 하고 나서 매우 불안한 적이 있다면 이것이 일차적인 정서문제이다. 그 이후에 다른 사람들 앞에서 발표만 하면 만성적인 불안감을 가지게 된다면 이것은 이차적 불안감에 해당한다. 이러한 경우에는 이차적인 정서문제를 먼저 다루어야 한다.

(2) 중기 단계

중간단계는 6~12단계로, 아동에게 자신의 문제가 어떻게 서로 연관되어 있는지를 가르치고, 비합리적 신념이 아동에게 어떻게 작용하는지를 알아보며, 비합리적인 신념에 대하여 논박을 제공함으로써 아동이 합리적 신념으로 대치할 수 있도록 가르치는 단계다.

- 6단계: B-C의 관계를 가르치는 단계로 아동에게 고통을 주는 정서적 문제들이 스트레스 사건(A) 자체보다는 스트레스에 대해 가지는 신념(B)에 의해 결정된다는 점을 가르친다. 여기서는 주로 합리적인 신념(iB)과 비합리적인 신념(rB)을 구별하게 하여 모호한 감정들을 보다 정확하고 구체적으로 표현하게 하여 아동이 가지는 신념의 비합리성을 강조한다.
- 7단계: 아동의 신념을 평가하는 단계이다. 아동이 가진 신념이 왜 비합리적인지를 소크라테스식 질문을 통해 깨닫게 해 준다. 이때 상담자와 아동이 같은 의미의 단어를 사용하는지를 확인하고, 아동이 자신, 타인, 세상에 대해 가지는 당위적 사고 형태(must, should, ought to), 항상-결코 사고, 끔찍할 거라는 과정적 사고, 견딜 수 없다는 사고를 스스로 평가해 보도록 한다.
- 8단계: 비합리적 신념(iB)과 정서적 · 행동적 결과(C)를 연결하는 단계이다. 아동이 비합리적인 신념들을 계속 가지고 있는 한 정서적인 고통은 계속될 것이라는 것을 이해하게 한다. 아동이 자신의 고통을 완화시키거나 제거하기 위해서는 자신이 가진 비합리적 신념(iB)을 변화시켜야 한다는 사실을 알게 한다.
- 9단계: 비합리적 신념(iB)을 본격적으로 논박(D)하는 단계이다. 이때 상담자는 한 번에 한 가지 비합리적 신념(iB)에 집중하여 충분히 논박하는 것이 좋다. '아동의 비합리적 사고가 과연 논리적인가?' '아동의 현실세계와 경험적으로 일치하는가?' '실용적인가?' 등을 하나씩 점검해 나간다. 그리고 일단 아동이 성공적으로 비합리적 신념을 논박(D)하였다면 다른 어떤 합리적 신념(rB)이 가능한지를 서로 논의하여 대체하게 한다.
- 10단계: 새롭게 대체한 합리적인 신념(rB)에 대해 아동이 확신을 가지도록 준비시키는 단계이다. 지금까지의 단계를 통해 아동이 인지적으로 이해한 정도를 알아보고, 아동이 새롭게 형성한 합리적 신념(rB)을 얼마나 강하게 확신하는지를 점검한다.

과제를 부과하거나 아동 스스로 상담자 역할을 해 보도록 격려함으로써 합리적 신념(rB)을 강화시킨다.

- 11단계: 아동이 ABC 모형을 다른 문제에도 적용해 보고 연습하도록 격려하는 단계이다. 아동에게 적절한 과제를 제시하고 연습 기회를 제공할 때에는 과제를 언제, 어디서, 어떻게 할 것인지, 예상되는 방해물은 어떻게 극복해야 할 것인지 등에 대해 자세하게 논의하고 격려해 준다.
- 12단계: 과제를 점검하고 수행하고 있는 과정에서 오류가 있는지를 확인하고 수정하는 단계이다. 만약 아동이 과제를 제대로 수행하지 못했다면 과제 수행에 대한 저항 이유 등을 살펴보고, 과제를 수정하여 다시 시도할 수 있도록 격려한다.

(3) 종결 단계

- 13단계: 훈습과정을 촉진하기 단계에서는 다양한 상황 속에서 아동이 자신의 비합리적 신념(iB)에 강하게 도전하고, 비합리적인 신념(iB)에서의 변화가 지속될 수 있도록 한다. 정서적이고 행동적인 다양한 기법을 사용하고, 다시 비합리적 신념(iB)으로 돌아갈 수도 있다는 점을 미리 알려 준다. 비합리적 신념이 재발할 수도 있지만, 끈기를 가지고 ABC 모형을 사용한다면 곧 다시 좋아진다는 것을 알려 준다.

지금까지 정서 · 행동장애 아동의 사회적 기술을 향상시킬 방안으로 사회적 기술 훈련과 인지적 행동수정에 대해 알아보았다. 이러한 방법들 모두가 정서 · 행동장애 아동 개개인에게 효과적이지 않을 수도 있으므로 아동의 특성에 맞게 다양한 중재 방법들을 적절하게 선별하여 사용하는 것이 필요하다. 이러한 다양한 방법들은 어떻게 결합하여 융통성 있게 지도하는지에 따라 효과는 다르게 나타날 수 있다. 또한 정서 · 행동장애 아동은 사회적 기술을 학습하더라도 이것을 일반화하는 데 많은 어려움이 있으므로 다양한 상황, 사람, 장소, 활동 등에서 지도하여야 할 필요가 있다. 사회적 기술 중재와 관련된 선행 연구를 종합해 보면, 아동에게 일반화되고 지속적인 사회적 성과에 영향을 주는 강력한 사회적 기술 중재 프로그램을 계획하기 위해서는 효과적인 중재방법을 병합하거나 체계적으로 구성된 종합적인 프로그램이 필요하다고 할 수 있다.

학습과제

1. 사회적 기술의 개념을 구체적으로 설명하시오.
2. 사회적 기술 결함의 5가지 요인을 설명하시오.
3. 사회적 기술 훈련의 필요성을 설명하시오.
4. 사회적 능력의 구성요소를 설명하시오.
5. McGinnis와 Goldstein(2012)이 개발한 사회적 기술 훈련의 지도 절차를 설명하시오.
6. 인지적 행동수정의 개념을 설명하시오
7. 인지적 행동수정의 필요성을 설명하시오.
8. 합리적 정서행동치료의 ABCDE 모형을 설명하시오.
9. 자기주장 훈련에 대해 설명하시오.
10. 자기교수 훈련에 대해 설명하시오.

제 12 장

학업기술 지도

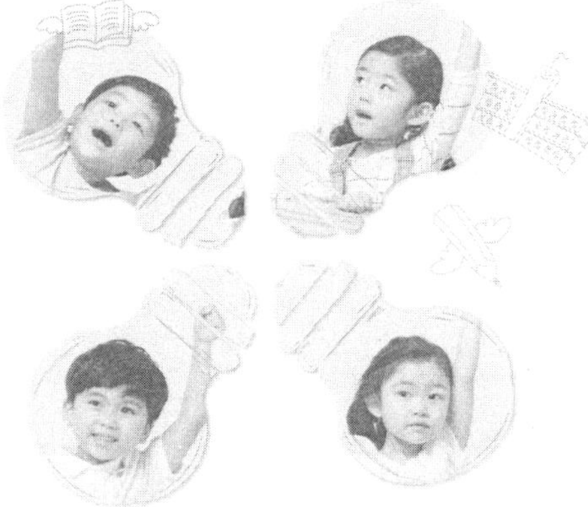

학습목표

1. 효과적인 수업원리들을 설명할 수 있다.
2. 정서 · 행동장애 학생의 학업을 촉진시킬 수 있는 3가지 학업기술 중재 전략에 대해 설명할 수 있다.
3. 정서 · 행동장애 학생에게 읽기, 쓰기, 수학 교과를 가르칠 때 사용할 수 있는 교과별 지도 전략을 이해할 수 있다.
4. 통합교육현장에서 정서 · 행동장애 학생의 성공적인 학업 수행을 위해 적용될 수 있는 조절과 수정의 방법을 습득할 수 있다.

정서 · 행동장애 학생은 학업 성취가 낮고 학교 생활을 실패하는 경우가 많다(Kauffman & Landrum, 2013; Simpson, Peterson, & Smith, 2011). 정서 · 행동장애 학생은 대개 또래에 비해 한두 학년 정도 낮은 학업 수행을 보이며, 기초적인 읽기, 쓰기, 셈하기 및 다른 교과목 영역에서 결함을 나타낸다. 이러한 결함으로 인해 정서 · 행동장애 학생은 사회, 정서 등의 다양한 영역의 기능을 수행하는 데 있어서도 어려움을 갖게 된다(Trout, Nordness, Pierce, & Epstein, 2003). 정서 · 행동장애 학생은 또한 장기결석을 하는 경우가 많고, 성적이 좋지 못하며, 학업 실패율이 높아 학교에서 중도 탈락하는 경우가 많다. 이러한 원인에 대해 몇몇 연구자들은 학교 현장이 정서 · 행동장애 학생의 학업적 요구에 관심을 덜 기울이기 때문이라고 말한다(Wehby, Lane, & Falk, 2003). 일반적으로 학교 현장은 정서 · 행동장애 학생의 성취에 부정적인 영향을 미치는 행동 문제에 가장 많은 관심을 기울이는 반면, 이들의 학업적 요구에는 관심을 덜 기울이는 경향이 있다. 이러한 이유는 정서 · 행동장애 학생에게 학업을 가르치는 것보다는 아동의 행동을 통제하는 것이 더 중요하다는 만연한 생각 때문이다(Wehby et al., 2003). 그러나 정서 · 행동장애 학생의 성공적인 학교 성취를 위해서는 이들의 행동 측면만이 아니라 학업적 · 사회적 · 정서적 요구에 동등하게 관심을 기울여야 하고, 행동관리 기술 및 사회적 기술뿐만 아니라 성공적인 학업 성취를 할 수 있도록 다양한 학업적 기술을 가르치는 것이 필요하다.

이 장에서는 정서 · 행동장애 학생의 학업적 성취를 촉진할 수 있는 다양한 교수 원리와 전략들을 살펴보고자 한다. 먼저, 정서 · 행동장애 학생의 학습을 촉진하기 위한 효과적인 수업 원리를 제시하고, 교사매개 학업 중재, 또래매개 학업 중재 및 아동매개 학업 중재 등을 포함한 학업 기술 중재 전략을 살펴본다. 다음으로, 읽기, 쓰기, 수학 교과에서 활용될 수 있는 각 교과별 지도 전략 및 정서 · 행동장애 학생의 성공적인 통합교육을 지원하기 위한 조절과 수정 전략들을 살펴본다.

1. 효과적인 수업 원리

교사 효능성에 대한 연구들은 학생의 학습을 최대화할 수 있는 방법을 제시하고 있다(Mastropieri & Scruggs, 2007). 다음 부분에 제시된 내용은 이러한 연구에서 제시된 몇 가지 원리들이다.

1) 학습 참여시간의 극대화

교사는 학생이 과제에 집중하여 학습에 참여하는 시간을 증가시키기 위해 노력해야만 한다. 학습 참여시간이 증가한다는 것은 교사에게 집중하기, 수업 자료에 집중하기, 교사의 질문에 답하기, 큰 소리로 읽기, 질문하기, 필기하기, 혼자서 과제 수행하기 등의 학생 행동이 증가하는 것을 의미한다. 정서·행동장애 학생의 학습 참여시간을 극대화하기 위한 구체적인 전략은 다음과 같다.

① 수업 계획하기

교사는 수업 시작 전에 수업 교재 및 준비물을 미리 접근 가능한 장소에 배치하고, 과제를 어떻게 내주고, 어떻게 교정을 줄 것인지 미리 효율적으로 계획을 세워야 한다.

② 효율적으로 시간 활용하기

교사는 수업 중에 교실에서 반복적으로 일어나는 일과들을 확인할 수 있도록 일과표를 만들고, 학습 활동에 민첩하게 대응해야 하며, 학생에게 자주 질문하고 또한 명확한 설명을 제공해야 한다. 아울러 전이시간을 효율적으로 관리하고, 과제에 집중하고 있는 학생에게 칭찬하고 강화함으로써 시간을 효율적으로 사용해야 한다(Martella, Nelson, & Marchaud-Martella, 2003).

③ 학급 관리 기술 개선하기

유능한 교사는 학생의 행동을 효율적으로 관리하며, 반면 학생의 행동을 통제하기 위해서 많은 시간을 할애하지 않는다. 학생이 수업에 참여하는 양과 질은 교사가 수업을 조직하고 관리하는 능력에 좌우되며 교사는 학습 활동이 원활히 진행되도록 학업과 관련된 활동을 수행할 수 있는 효율적인 학습 환경을 마련해야 한다(Good & Brophy, 2008).

④ 학생을 강화하기

학습 참여시간을 늘리기 위한 또 하나의 효과적인 방법은 학생을 강화하는 것이다. 교사는 수업참여 행동을 보이는 학생을 언어적으로 칭찬할 수 있다. 칭찬이 효과적이지 않을 경우, 교사는 사회적 강화나 토큰강화를 사용할 수 있다. 아울러 교사는 수업참여 행동과 과제 수행률을 증가시키기 위해 집단강화를 사용할 수 있다. 교사는 간헐적으로 벨이 울리도록 알람을 설정해 놓고, 알람이 울렸을 때 그 집단의 학생들이 모두 수업참여 행동을 보일 경우 집단전체를 강화할 수 있다(Mastropieri & Scruggs, 2007).

⑤ 학생의 학습 참여시간의 비율을 점검하기

학생이 적극적으로 학습하는 시간의 양을 증가시키는 한 방법으로 교사는 학생들의 적극적인 학습 참여 행동의 비율을 점검해 볼 수 있다(Walker, Ramsey, & Gresham, 2004). 학습 참여 비율 점검을 위해 우선 학습과 관련된 행동(예: 교재나 과제에 집중하기, 쓰기 혹은 계산하기 등과 같은 적절한 자세 갖기, 적절한 방법으로 도움을 구하기, 교사의 설명 듣기 등)을 조작적으로 정의한다. 학습 참여 행동을 정의한 후에는 학생의 학습 참여시간을 기록하고 학습 참여시간의 백분율을 계산한다. 절차의 정확성을 확보하기 위해 두 번 이상의 관찰 회기를 갖는다. 학습 참여 시간의 백분율은 대략 할당된 시간의 80~85% 정도가 되어야 한다(Walker et al., 2004).

2) 정확한 학습 참여 반응을 형성하기

교사가 모델링, 긍정적인 말과 관심 주기, 정확한 피드백 제공하기와 같은 효과적인 교수행동을 함으로써 학생이 더 많이 정확한 학습 참여 반응을 나타내도록 촉진할 수 있다(Gunter, Hummel, & Conroy, 1998). 정확한 학습 참여 반응은 학생의 학업 성취를 증가시킬 뿐만 아니라 성공에 대한 내적 귀인을 향상시킨다.

① 정확한 학습 참여 반응을 증가시키기

교사는 학생이 반응할 수 있는 기회를 증가시키고, 학생이 적절한 난이도 수준의 활동에 참여하도록 한다.

② 반응 기회를 증가시키기

반응 기회를 증가시키는 방법으로 질문을 많이 하기, 전체 학생이 다 같이 대답하도록 요구하기, 학생이 배운 것을 자발적으로 연습할 수 있는 활동을 계획하기 등이 있다(Christle & Schuter, 2003).

③ 학생의 반응 정확성을 위해 피드백 제공하기

교사는 학생의 정반응에 강화를 제공하며, 잘못된 반응에는 즉각적으로 실수를 교정하고, 올바른 답을 가르쳐 준다(Gunter, Shores, Jack, Denny, & De Paepe, 1994).

④ 학생의 정확한 학습 참여 반응률 점검하기

학생의 정확한 학습 참여 반응률을 점검하기 위해 우선 정확한 학습 참여 반응이 무엇인지를 조작적으로 정의한다(예: 교사의 질문에 정확하게 답하기, 정확한 답을 쓰기, 다 함께 정확하게 답하기 등). 정확한 학습 참여 반응을 정의한 후에는 정확한 학습 참여 반응의 빈도를 점검하고, 관찰된 시간으로 정확한 반응의 수를 나눔으로써 정확한 학습 참여 반응률을 계산한다(Gunter et al., 1998).

3) 학습 내용과 속도를 결정하기

① 학습 내용 결정하기

학습의 내용과 속도를 결정하기 위해 우선 교사는 가르칠 교육과정의 내용 기준의 영역과 계열성을 결정해야 한다.

② 도달 속도 점검하기

만약 학년말까지 내용을 완성하기에 도달 속도가 너무 느리다면, 교사는 ① 과제 수행 시간을 더 주거나, ② 수업을 위한 추가 시간을 배당하거나, ③ 도달해야 할 내용 중 중요도가 낮은 내용을 제거함으로써 내용 도달의 속도를 가속화시켜야 한다.

4) 학생의 수행 능력에 적합한 과제 제시

학생의 수행 수준에 적절하게 수업과제와 교재를 제시함으로써 학습 수행을 증가시킬 수 있으며, 반면 학생의 소란행동을 감소시킬 수 있다.

학생의 수행 수준을 사정하기 위해 표준화된 성취도 검사와 규준지향 검사가 유용하나, 이러한 도구들은 학생의 수행 수준에 적절한 과제를 제시하거나 학생의 진전도를 점검하기 위한 도구로서는 적절하지 않다. 따라서 교사는 교사 제작의 교육과정 중심 사정(Curriculum-based assessments) 방법을 활용할 수 있다. 그런 다음 교사는 교육과정 중심 측정(Curriculum-based measurement)과 같은 더 엄격한 연구에서 타당화된 접근을 사용하여 학생의 진전도를 살펴보아야 한다(Deno, 1985, 1992, 1998; Deno, Marston, & Tindal, 1986).

5) 학습 내용을 명시적으로 가르치기

유능한 교사는 학생에게 기술을 시범 보이고, 개념을 설명해 주며, 많은 연습을 하도록 하고, 자주 복습하게 하면서 적극적으로 수업을 하는 명시적 교수(explicit teaching)를 수행한다. 여기서 **명시적 교수**란 "작은 단계로 진행하면서, 학생의 이해 정도를 확인하고, 모든 학생의 적극적인 성취와 성공적인 참여를 강조하는 체계적인 교수법"(Rosenshine, 1987)을 말한다. 〈표 12-1〉은 명시적 교수의 6가지 기능을 제시하고 있다.

표 12-1 명시적 교수의 6가지 기능

교수 기능	원리 · 목적	활동
매일 복습	학생이 사전에 소개된 요소를 학습하도록 하고, 새로운 지식과 기술을 습득하도록 하기 위함	• 숙제검사 • 질문하기
제시	새로운 내용이나 기술을 가르치기 위함	• 수업 목표 말하기 • 작은 단계로 새로운 내용을 보여 주기 • 새로운 요소를 설명하고 제시하기 • 예시 제공하기 • 학생의 이해 정도를 체크하기 • 교정 피드백 제공하기
안내된 실행	학생에게 연습 활동을 제공하기 위함	• 추가적 도움과 함께 연습하기 • 자주 질문하기 • 교정 피드백 제공하기 • 모든 학생이 동시에 반응하도록 하기 • 학생이 유창해질 때까지 연습 계속하기 • 모든 학생이 참여하고 피드백을 받도록 하기
피드백과 교정	학생 대답에 반응하기 위함	• 학생이 옳게 반응하였다면, 칭찬하기 • 학생이 옳게 반응했지만 주저하였다면, 칭찬하고 과정에 대한 피드백 주기 • 학생이 틀린 반응을 했다면, 과정 피드백을 주며 필요하다면 다시 가르치기
혼자서 연습	학생이 유창하게 보충 과제를 할 수 있도록 하기 위함	• 안내된 실행을 제공하여 학생이 독립적으로 같은 과제를 수행하게 하기 • 교사-학생 접촉 빈도 줄이기 • 자습(예: 연습 문제)하기 • 컴퓨터 작업 또는 동료-협동 학습하기 • 숙제하기
매주 매월 복습	학생이 배우고 습득해야 할 기술을 점검하기 위함	• 매주 월요일 지난주 과제 복습하기 • 매달 넷째 월요일마다 지난달의 과제 복습하기

출처: Yell, Meadows, Drasgow, & Shriner(2009).

6) 비계를 이용한 수업

교수적 비계(Scaffold)는 학생이 배울 수 있는 기회를 증가시키며, 동시에 오류 기회를 줄이는 효과적인 지도 전략이다(Martella, Nelson, & Marchand-Martella, 2003; Rosenshine, 1997). 유능한 교사는 학생의 학습에 비계를 만들어 주며, 학생의 더 높은 성취를 이끌어 낸다(Good & Brophy, 2008).

교사는 촉진 전략을 사용하기, 새로운 개념이나 기술을 시연하기, 시범 보이기, 학생의 이해 점검을 위해 자주 질문하기를 함으로써 수업시간에 비계를 형성할 수 있다. 또한 교사는 학생을 세밀하게 관찰하고, 필요할 때 도움을 제공할 수 있는 안내된 연습 활동 기회를 제공해야 하며, 학생의 이해 촉진을 위해 학습 안내, 개요 설명, 과제 조직자 등을 사용하여 비계를 활용한 수업을 제공할 수 있다.

7) 학생의 진보 점검하기

유능한 교사는 학생의 진보를 자주 그리고 정기적으로 점검한다. 진보 점검을 위해서는 총괄평가가 아닌 형성평가로 수행하는 것이 효과적이다. 형성평가는 교사가 학생이 학습하고 있는 과정에서 정보를 수집하거나 학기 전체를 통하여 자주 그리고 정기적으로 정보를 수집하는 것이다.

2. 학업기술 중재 전략

1) 교사매개 학업 중재 전략

교사매개 학업 중재(teacher-mediated academic interventions) 전략은 교사나 관련 전문가들이 선행자극 및 후속결과를 관리하여 학업 중재를 실행하는 것으로 토큰강화, 직접교수 같은 구조화된 교수 체계를 포함한다. 이 절에서는 직접교수를 중심으로 설명하고자 한다.

직접교수는 교육 내용을 가르치기 위한 효율적인 전략과 구조화된 방법을 사용하는 수업 프로그래밍을 강조한다. 직접교수의 4가지 주요 구성요소는 다음과 같다(Marchand-Martella, Slocum, & Martella, 2004).

- 집단 수업: 학생이 집단으로 구성되어 그 집단의 모든 학생이 적절한 수업을 받을 수 있다.
- 학습 참여시간: 교사는 수업에 충분한 시간을 할당하고, 학생들이 할당된 시간에 적극적으로 참여할 수 있도록 한다. 또한 학생은 수업시간 동안 높은 성공률을 보여 주어야만 한다.
- 세심한 계획과 정확한 실행을 위한 각본: 읽기, 수학, 쓰기를 가르치는 것은 세심한 계획과 정확한 실행이 필요하기 때문에 직접교수 프로그램은 명확한 설명, 세심하게 선택되고 계열성 있는 예시의 제공, 세심하게 구조화된 시범 교수와 같은 상세한 각본을 지닌다(Marchand-Martella et al., 2004).
- 지속적 평가: 지속적 평가를 통해 교사는 학생이 어떻게 학습하고 있는지에 대해 피드백을 제공해 주고 정보에 근거하여 수업 결정을 할 수 있다.

2) 또래매개 학업 중재 전략

또래매개 학업 중재(peer-mediated academic interventions) 전략은 학생이 교사가 선정한 교수내용을 또래에게 가르치는 것이다(Ryan, Reid, & Epstein, 2004). 또래매개 학업 중재 전략에는 **또래 교수**, **학급 차원의 또래 교수**(예: 또래 보조 학습 전략 혹은 협동 읽기 전략 등), **연령 교차 교수**(cross-age tutoring), **또래 모델링**, **협동 학습** 등이 포함된다. 이 절에서는 학급 차원의 또래 교수, 또래 보조 학습 전략, 협동 학습 전략을 제시하였다.

(1) 학급 차원의 또래 교수

학급 차원의 또래 교수(Class Wide Peer Tutoring: CWPT)는 학급의 전체 학생들을 소집단으로 구성하여 교육을 제공하는 또래 교수 전략으로 교사는 소집단으로 구성된 학생들을 교사(교사의 역할을 하는 학생)-학생(지도를 받는 학생) 짝으로 구성할 수 있다(Green-wood & Delquadri, 1995).

또래 교수 전략은 대상학생의 학업 성취, 행동 수행, 사회적 관계를 개선시키는 데에 효과적인 것으로 보고되어 왔다. 아울러 이는 학생의 과제 참여 시간을 증가시키며, 연습할 기회와 피드백을 받을 기회를 더 많이 제공하고(Calhoon, 2005; Fuchs & Fuchs, 2005; Wehby, Falk, Barton-Arwood, Lane, & Cooley, 2003), 가르치는 학생과 배우는 학생이 모두에게 학업적 측면에서 유익을 제공한다(Falk & Wehby, 2001).

(2) 또래 보조 학습 전략

또래 보조 학습 전략(Peer-Assisted Learning Strategies: PALS)은 명백한 실행 지시문을 갖추고 있어 구조화되어 있고, 사용하기 쉬우며, 읽기와 산수 교육을 보충하는 학습 전략으로 사용된다(Falk & Wehby, 2001; Fuchs, Fuchs, Mathes, & Simmons, 1997). 또래 보조 학습 전략은 수행능력이 우수한 학생(교수자)과 수행능력이 저조한 학생(학습자)이 짝이 되어 일주일에 두세 번씩 산수나 읽기 활동을 한다. 학생들은 교수자와 학습자 역할을 번갈아 하기 때문에 두 사람 모두 가르치고 배울 수 있는 기회를 갖게 되어 학습적인 면에서 유익함을 얻을 수 있다(Al Otaiba & Rivera, 2006; Falk & Wehby, 2001). 정서 · 행동장애 학생 대부분은 교수자의 역할을 수행할 수 있는 능력을 가지고 있지만, 먼저 교수자의 역할을 시범 보여 줄 수 있는 사람을 필요하다.

(3) 협동 학습 전략

협동 학습 전략은 학생을 소집단으로 구성하여 함께 공부하게 하는 것이다. 또래 교수처럼 협동 학습은 학생의 수업 참여 행동을 증진시키고 활발한 학습 활동을 조장하며(Jenkins, Antil, Wayne, & Vadasy, 2003), 일반학급에서 정서 · 행동장애 학생과 비장애 학생 간의 긍정적인 상호작용을 촉진하는 데 유용하다(Putnam, Markovchick, Johnson, & Johnson, 1996).

협동 학습 전략은 다음의 절차에 따라 실행된다.

첫째, 가르칠 학업 목표와 협동 학습 목표를 수업 전에 확인한다.

둘째, 집단의 크기(일반적으로 6명 이하)와 구성을 결정한다.

셋째, 집단구성원의 역할을 부여한다.

넷째, 학생에게 학습과제와 협동 목표를 설명한다.

다섯째, 집단의 진도를 점검하고 필요하다면 조정한다. 과제에 대한 피드백을 제공한다.

여섯째, 학생 개인의 학습, 집단의 성과, 협동 기술을 평가한다.

3) 아동매개 학업 중재 전략

아동매개 학업 중재(child-mediated academic interventions) 전략은 학생이 스스로 학습하고, 스스로의 학습을 관리하는 책임을 갖게 한다. 아동매개 학업 중재에는 자기교수, 목적 설정, 자기평가, 전략지도 등이 포함된다(Mooney et al., 2003). 개인지도 체계(Personalized System of Instruction: PSI)는 아동매개 학업 중재 중 하나로 전통적인 교수법의 대안적 방법이라 할 수 있다. 학생은 자신의 속도를 유지하며 교과의 단원을 공부하고 다음 단계로 넘어가기 전에 각 단계를 숙달한다. 보조자 역할을 하는 학생을 선정하여 아동매개 학업 중재에 참여하는 학생에게 안내와 격려를 제공하도록 한다. 학생이 과제를 완성하면 강화를 제공한다(Keller, 1981).

개인지도 체계의 5가지 주요 구성요소는 다음과 같다(Buskist, Cush, & De-Grandpre, 1991).

첫째, 학생은 자신의 속도로 수업을 진행해 나간다.

둘째, 학생은 다음 단원으로 넘어가기 전에 각 단원을 숙달한다.

셋째, 교사의 강의와 시범은 동기화의 매체로서 가끔씩만 사용된다.

넷째, 교사와 학생은 주로 문자를 통하여 의사소통한다.

다섯째, 프로그램 실행을 보조하기 위해 보조자 역할을 위한 학생을 선정한다.

개인지도 체계에서 교사는 동기를 부여하고 촉진자의 역할을 하며, 학생들이 학습 절차를 완수할 수 있도록 방법을 제안한다(Saville, Zinn, & Elliott, 2005). 수많은 연구가 전통적 교수법에 비해 개인지도 체계가 더 강력한 교수법임을 입증해 왔으나(Saville et al., 2005), 교사가 학생을 위해 개별화된 내용을 준비해야 하기 때문에 많은 교사들이 교수 자료를 준비하는 데 부담을 느낀다(Boyce & Hineline, 2002). 이 문제를 극복하기 위해, 개인지도 시스템에 활용될 수 있는 컴퓨터 프로그램들이 개발되었다. 컴퓨터 보조 개인지도 체계(Computer-Aided Personalized System of Instruction: CAPSI)는 개인지도 체계에 포함된다고 할 수 있다.

3. 교과별 지도 전략

정서·행동장애 학생은 일반적으로 읽기, 쓰기, 수학 등의 기초적인 학업 기술에 결함을 지닌다. 기초적인 학업 기술은 또 다른 기술을 배우고, 과학이나 사회, 예술 등의 다른 교과목의 내용을 탐구하기 위해 필요한 기술이다. 다음에서는 읽기, 쓰기, 수학의 교과별 교수 전략들을 제시하였다.

1) 읽기

정서·행동장애 학생은 읽기에 심각한 어려움을 보인다(Coleman & Vaughn, 2000). 몇몇 읽기 중재 프로그램은 정서·행동장애 학생의 적극적인 반응을 증진시키고, 읽기 오류와 소란 행동을 감소시켜 왔다(Alber-Morgan, Ramp, Anderson, & Martin, 2007; Sutherland & Snyder, 2007). 여기에서는 정서·행동장애 학생의 읽기 중재로 많이 사용되고 있는 또래 지원 학습 전략을 통한 읽기 교수를 소개하고자 한다.

또래 지원 학습 전략의 읽기 프로그램은 읽기에 심각한 어려움을 나타내는 정서·행동장애 학생의 읽기 유창성과 읽기 이해력 개선에 도움이 된다. 읽기의 어려움과 품행장애 및 고학년 학생의 반사회적 행동 간에는 강한 연관성이 존재하므로(Coleman & Vaughn, 2000) 읽기 유창성과 이해력 결함의 교정은 매우 중요하다.

또래 지원 학습 전략을 이용한 읽기 프로그램에서 교사는 학생이 또래 지원 학습을 수행할 수 있도록 학생들을 서로 짝을 지어준다. 짝의 선정은 학생의 읽기 기술 성적에 기초하여 실행되는데, 우선 학생들을 읽기 기술 수준이 50% 이상인 상위 집단과 50% 이하인 하위 집단으로 나눈다. 상위 수준의 집단에서 가장 높은 수행을 보이는 학생은 하위 수준 집단에서 가장 낮은 수행을 보이는 학생과 짝이 되고, 두 번째로 높은 수행을 보이는 학생은 하위 수준 집단에서 두 번째로 가장 낮은 수행을 보이는 학생과 짝이 되는 등 모든 학생에게 짝이 정해진다. 학생들의 짝이 정해진 후에는 전체 학생들을 두 팀으로 나눈다. 팀을 나누는 목적은 팀 전체의 점수를 높이고, 좋은 점수를 얻기 위해 동기를 부여하기 위함이다. 또래 지원 학습 전략의 읽기 프로그램은 다음의 3가지 활동으로 구성된다.

(1) 번갈아 읽기

또래 교수 짝에서 읽기 수준이 높은 학생이 번갈아 읽기 활동을 위해 먼저 5분 동안 선택된 자료를 소리 내어 읽는다. 그 후 읽기 수준이 낮은 학생이 5분 동안 같은 자료

번갈아 읽기

1. 또래 보조 학습 전략을 위한 교재교구 준비하기
   ① 읽을 이야기의 첫 번째 페이지 수를 칠판에 적는다.
   ② 두 번째로 읽는 사람이 읽을 페이지를 찾아 놓는다.
   ③ 책은 두 사람 사이에 놓는다.
   ④ 책상 위에 반드시 연필을 놓는다.
   ⑤ 책상 위에 반드시 질문 카드를 놓는다.
   ⑥ 점수 카드를 준비해 놓는다.
2. 기초과정
   ① 또래 보조 학습 전략에서는 번갈아 읽기를 한다.
   ② 더 잘 읽는 학생이 10분 동안 큰 소리로 읽는다.
   ③ 역할을 바꾸어, 서투르게 읽는 학생이 10분 동안 동일한 내용을 읽는다.
   ④ 읽는 사람은 주의 깊게, 빨리, 표현력을 살려서 읽는다.
   ⑤ 코치 역할을 하는 학생은 상대 학생의 실수를 주의 깊게 듣는다.
   ⑥ 코치 역할을 하는 학생은 자신의 순서에서 어려운 단어를 잘 읽을 수 있도록 어려운 단어에 주의를 기울인다.
3. 점수 부여하기
   ① 한 문장을 정확하게 읽을 때마다 1점씩 얻는다.
   ② 실수에 대해서는 모두 수정이 이루어져야 한다.
   ③ 문장을 정확하게 읽기 위해 여러 차례 반복할 수 있다.
4. 점수 기록하기
   ① 코치 역할을 하는 학생이 점수 카드에 점수를 기록한다.
   ② 읽는 차례가 된 학생이 문장을 정확하게 읽으면, 코치는 점수를 말하고, 점수 카드에 점수를 기록한다.
   ③ 코치가 점수를 기록하는 동안, 읽은 학생이 읽기를 마친 곳에 표시해 두고 읽을 곳을 찾아 놓는다.

출처: Shepherd(2010).

를 읽는다. 낮은 수준의 학생은 읽은 내용에서 나타난 주요 사건을 순서대로 나열한다.

(2) 단락 요약하기

단락 요약하기 활동에서는 읽기 수준이 높은 학생이 먼저 새로운 이야기 자료를 읽고, 각 단락을 요약한 후에 활동을 멈춘다. 그런 다음 읽기 수준이 낮은 학생이 다음 5분 동안 계속해서 이야기를 읽고 단락을 요약한다.

(3) 차례로 예측하기

차례로 예측하기 활동에서는 읽기 수준이 높은 학생이 자료의 한 페이지나 반 페이지를 소리 내어 읽고 다음 페이지에서 어떤 일이 일어날 것인지 예측하는 것이다. 그런 다음 페이지를 계속해서 읽고 예측한 것이 맞는지를 점검한다. 이것을 5분 정도 실시한다. 읽기 수준이 낮은 학생도 이러한 활동을 동일하게 반복한다.

2) 쓰기

전통적인 쓰기 교수에는 **결과 중심 교수**, **과정 중심 교수**가 있다. 쓰기를 위한 결과 중심 교수는 학생이 올바른 문법, 철자, 대문자 사용과 구두법을 사용하도록 하는 데 초점을 두는 것으로, 학생에게 먼저 좋은 작품을 보여 주고 그들이 읽은 작품과 유사하게 쓰도록 한다. 그 후 교사는 학생들의 작품에 대해 기술적인 결함(구두법, 대문자 사용, 철자 등)이 있는지를 평가한다. 일반적으로 이러한 과정이 끝나면 쓰기 교정을 위한 별도의 기회가 없기 때문에 결과 중심 교수는 교사가 최소한의 교수만을 제공하며, 체계적이고 명시적인 방법으로 학생에게 쓰기를 가르치지 못한다는 근본적인 문제점을 지니고 있다.

쓰기 교수를 위한 과정 중심 교수는 결과 중심 교수에서 쓰기의 방법을 가르치지 않는다는 것에 대한 비판에 근거하여(Hume, 1983) 나타났다. 과정 중심 교수는 숙련된 작가가 쓰기를 할 때 사용하는 절차들에 기초한다. 과정 중심 교수는 다음과 같은 쓰기의 4가지 과정과 상호작용 단계로 구성되어 있다. 첫째, 계획하기 또는 개요 짜기, 둘째, 초고 쓰기, 셋째, 검토하기 또는 편집하기, 넷째, 발표하기 또는 공유하기이다. 교사는 학생들과 함께 협의하고, 연상하여 쓰기 활동을 하며, 쓰기에 반응해 줌으로써 학생의 쓰기 행동을 용이하게 해 주지만, 교사가 학생에게 계획하기, 초안 짜기, 수정하기, 편집하기를 가르치고자 할 때, 학생이 이미 기초적인 쓰기 기술을 지니고 있을 것이라고 가정하기 때문에 학생에게 쓰는 방법을 가르칠 수는 없다. 따라서 Kame'eui와 Simmons (1990)는 낮은 성취를 나타내는 학생은 기본적인 쓰기 기술을 배울 필요가 있기 때문에

표 12-2 기본적인 쓰기 기술을 교수하기 위한 범위와 순서

기본 요소	구성 기술
쓰기 기술 학습	• 문장을 정확하게 따라 쓰기 • 문장에서 첫 단어를 대문자로 하기 • 종결 부분에서 마침표 찍기 • 의문문에 물음표 달기 • 문단의 첫 단어를 들여쓰기
간단한 문장 쓰기	• 사람이나 사물을 이야기하면서 문장을 확인해 주고 사람이나 사물에 관해 좀 더 이야기하기 • 사람이나 사물을 설명하는 문장을 선택하고 그림에 있는 사람이나 사물에 관해 좀 더 이야기하기 • 사람이나 사물을 설명하는 문장을 완성하고 그림이나 그림 시리즈에 있는 사람이나 사물에 관하여 좀 더 이야기하기 • 그림이나 그림 시리즈에서 일어나는 주된 사건을 문장으로 만들기 • 사람이나 사물을 설명하는 문장을 만들고 그림을 사용하지 않고 사람이나 사물에 대해 다시 이야기하기 • 좀 더 복잡한 문장을 만들기 위해 간단한 문장을 서로 합치기
단락쓰기	• 주제를 이야기하면서 단락을 확인하고 그림에 묘사된 주제에 관해 말하기 • 그림이나 그림 시리즈에서 묘사된 단락에서 말하고자 하는 것에 관한 주제를 식별하기 • 그림을 나타내는 단락을 완성하기 • 각각의 삽화에 대해 설명하는 단락을 만들기 • 연속된 그림에서 나타난 일련의 사건에 관한 이야기를 단락으로 만들기 • 연속된 그림에서 발생한 사건에 대해 해석하는 단락을 만들기 • 그림에 대한 언급 없이 단락을 만들기
편집	• 그림에서 나타나는 사건들에서 빠진 부분이 없는지를 확인하기 • 다음 행으로 이어지는 문장을 교정하기 • 현재시제를 가진 문장을 과거시제로 바꾸고 모든 문장을 과거시제로 쓰기 • 부적절한 명사 용법과 부적절한 대명사 용법을 수정하기

출처: Yell, Meadows, Drasgow, & Shriner (2009).

세 번째 읽기 접근법인 기술 중심 교수를 제시하였다(박계신, 이상훈, 황순영 공역, 2013 재인용).

쓰기교수를 위한 기술 중심 교수는 기본적인 기술을 가르치기 위해 구체적 교육계획 원리를 사용하고, 연습과 적용을 통해서 기술들을 체계적으로 발전시킨다. Kame'eui와 Simmons(1990)는 기본적인 쓰기 기술을 가르치기 위한 기술의 범위와 계열을 제안했다. 범위와 계열에는 4개의 기본 요소와 각 요소 안에 포함된 구성 기술들로 이루어져 있다(〈표 12-2〉 참조).

정서·행동장애 학생들의 쓰기 교수를 위한 수업 운영 전략을 살펴보면 다음과 같다.

(1) 학생의 쓰기 수행을 향상시킬 수 없는 연습은 피하기

쓰기 교수에 있어서 문법, 용법, 구두법을 지나치게 강조하는 것은 비효과적이라는 증거가 제시되고 있다(Graham & Harris, 1988, 1997). 기술과 규칙은 학생이 쓰기에 더욱 유창해질 때 교정 과제에서 소개되어야 한다(Graham & Harris, 1988; Isaacson, 1987). 또한 학생이 작문을 할 때 실수를 지나치게 강조하지 말고, 교사는 학생의 작품을 교정할 때, 단지 하나 또는 두 개 유형의 실수, 즉 본문에 대한 독자의 이해를 방해하는 것이나 빈번히 발생하는 실수에 초점을 맞추어야 한다(Graham & Harris, 1988).

(2) 쓰기 수업에 충분한 시간을 할당하기

쓰기를 배우려는 학생을 돕기 위해서는 학생의 쓰기에 대해 자주 격려하고, 충분한 시간을 더 제공해 줄 필요가 있다. 만약 교사가 쓰기를 위한 시간을 충분히 제공하지 않는다면, 장애 학생이 쓰기를 배우지 못할 것이다. Graham과 Harris(1997)에 따르면, 학생은 쓰기 활동을 위해 하루에 45분의 시간을 소요할 수 있어야 한다.

(3) 쓰기에 도움이 되는 분위기를 만들기

쓰기 활동은 흥미롭고 주의를 끌어야 하며, 교실 분위기는 쓰기에 도움이 되어야 한다(Graham & Harris, 1988; Kame'eui & Simmons, 1990). 이를 위해 교사는 첫째, 학생의 쓰기 노력을 격려하고 인정한다. 둘째, 지지적이고 즐거우며, 위협적이지 않게 환경을 조성한다. 셋째, 학생이 쓰기에 전념할 수 있는 차트, 그래프, 게시판을 준비하여 학생의 성취를 강조한다. 넷째, 다른 사람이 쓴 내용을 함께 공유하도록 격려한다. 다섯째, 가능한 한 언제든지 학생들이 스스로 쓰기 과제를 선택할 수 있도록 허용한다. 여섯째, 쓰기를 위한 긍정적인 강화를 제공한다.

(4) 직접 쓰기를 가르치기

학생에게 쓰기의 기회를 제공하고, 쓰기에 도움이 되는 분위기를 조성하는 것은 학생들의 쓰기를 향상시키는 데 중요하기는 하지만 장애 학생의 쓰기 교수를 위해서는 충분하지 않다. 교사는 학생이 쓰기를 잘할 수 있도록 쓰기 과정에서 필요한 기술을 학생에게 제공하는 것을 목표로 하는 직접적인 교수를 제공할 필요가 있다(Graham & Harris, 1988). 문장과 단락의 구조, 어휘, 단어 사용을 직접 교수하는 것뿐만 아니라 손으로 쓰는 것과 철자 사용 기술을 포함해야 한다.

3) 수학

비록 정서 · 행동장애 학생을 위한 수학적 교수 접근법에 관한 연구가 많지는 않지만, 연구에서 제시된 유망한 접근법이 몇 가지 있다. 여기에서는 최근에 Hodge와 동료들(2006)이 정서 · 행동장애 학생의 수행을 향상시키기 위해 효과적인 교수법으로 제시한 직접교수 전략과 또래 교수 전략을 살펴본다.

많은 교육자가 직접교수와 전통적 교사 중심의 수업을 동일시한다. 그러나 직접교수는 전통적 교사 중심 수업 전략보다 과정에 더 중점을 둔 것이다. 직접교수는 적절한 교수와 연습을 제공하면 모든 학생이 배울 수 있다고 가정한다. 직접교수의 단계적 절차는 다음과 같다(박계신, 이효신, 황순영 공역, 2013 재인용).

- 1단계: 사전 학습 검토하기
- 2단계: 오늘 수업의 목적 제시하기
- 3단계: 수업 시범 보이기
- 4단계: 명백한 지시와 설명 주기
- 5단계: 학생의 연습 돕기
- 6단계: 이해 점검하기
- 7단계: 연습 지도(guided practice)하기

- 8단계: 피드백과 교정 제공하기
- 9단계: 자습 시간 주기 및 점검하기

예를 들면, 두 자릿수의 곱셈을 가르치기 위해, 우선 한 자릿수의 곱셈에 대한 이전 수업 내용을 검토한다(1단계). 이전 수업에 대한 검토는 학생이 이미 습득한 기술을 앞으로 배울 새로운 기술과 연결시켜 주며, 학생들이 새로운 기술을 시도하기 전에 이전 기술을 이해하고 있는지를 점검할 수 있도록 한다. 교사는 학생들에게 이전 수업 내용과 관련된 문제를 풀도록 할 수 있다. 교사는 학생들이 한 자릿수의 곱셈을 이해했다고 생각할 때, 오늘 차시의 주제인 두 자릿수의 곱셈을 소개하고(2단계), 시범을 보인다(3단계). 교사가 수업을 시범 보일 때는 명백한 지시와 설명을 제공하는 것이 매우 중요하다(4단계). 학생이 쉽게 개념을 잡고 그것을 적용하도록 하기 위해 수업을 실제 상황과 관련시켜 진행하는 것은 수업 내용이 교실에서만이 아니라 삶의 다양한 상황에서 의미가 있다는 것을 학생들이 이해하도록 돕는다. 교사가 시범과 명백한 지시를 제공한 후에는 학생에게 그 기술을 연습할 시간을 주어야 한다(5단계). 학생이 새로이 학습한 기술을 연습할 때, 교사는 학생이 두 자릿수의 곱셈 문제를 푸는 과정을 이해하고 있는지를 알기 위해 각 학생을 점검하고(6단계), 개념을 어려워하는 학생에게는 다시 과정을 지도한다(7단계). 교사는 다른 문제들을 더 제시하여 학생의 진행과정을 계속적으로 점검한다(8단계). 피드백은 개념을 숙달한 학생에게 긍정적인 평가가 될 수 있다. 교사는 "잘했다."라고 피드백하기보다는 "두 자릿수 곱셈을 잘 이해하고 있구나!"라고 구체적으로 피드백을 제공하는 것이 좋고, 또한 "틀렸다." "못했네."라고 하는 것보다는 "다시 문제를 읽고 생각해 보자."라고 실패한 학생을 격려하며 피드백을 제공하는 것이 좋다. 마지막으로, 교사가 대부분의 학생이 수업을 이해했다고 확신이 들면, 자습시간을 주고 점검한다(9단계).

직접교수의 중요한 원칙 중 하나는 모든 아동을 가르치는 것이다. 정서 · 행동장애 아동의 요구를 충족시키기 위해 간단한 수정이나 교정, 즉 조절방법을 실행할 수 있다. 조절방법은 문제 풀이를 위해 학생에게 좀 더 많은 시간을 허용하기, 과제의 양을 줄여서 제공하기, 또래에게 문제풀이를 돕도록 하기 등이다. 직접교수는 일반 및 특수 교육 교실에서 효과적인 교수방법이며, 정서 · 행동장애 학생의 학업적 결함에 중점을 두는 실제적인 중재이다. 직접교수를 사용하지 않는 교사라 할지라도 이 방법의 일부 요소를 사용한다.

또래 보조 학습 전략의 수학 프로그램은 학업적 성공에 중요한 수학 기술을 연습시키는 학급 차원의 또래 교수 프로그램이다. 또래 보조 학습 전략의 수학 프로그램 절차는 읽기 프로그램 절차와 유사하다. 수학의 성취 수준이 높은 학생이 낮은 수준의 학생을 가르친다. 각 회기 동안에, 두 학생은 교수자와 학습자의 역할을 교대로 수행한다. 코치 회기에서 교수자는 교수 양식(coaching sheet)의 첫 문제를 푸는 것으로 학습자를 가르치며, 그런 다음에 교수자와 학습자는 역할을 바꾸어 낮은 기능의 학생이 교수 양식의 두 번째 문제를 풀며 높은 기능의 학생을 가르친다([그림 12-1] 참조). 교수자는 학습자가 답을 쓸 때 즉각적으로 피드백을 제공한다(Baker, Gersten, Dimino, & Griffiths, 2004).

또래 보조 학습 전략의 수학 프로그램의 두 번째 부분은 독립적 자습으로 학생은 자

다음은 초등학교 3학년 더하기 수업의 교수 양식 예이다. 이 양식에서 교수자는 교수 양식을 사용하여 첫 문제를 풀면서 학습자를 지도한다. 교수자와 학습자는 역할을 바꾸어 마지막 문제까지 같은 절차를 반복한다.

더하기

학습자 이름 ______________________ 날짜 ______________________

교수자 이름 ______________________

34 +83	384 +328	954 + 72
33 +92	294 +194	937 +324
734 + 83	88 +26	29 +22
376 + 45	93 +84	652 +502

[그림 12-1] 또래 보조 학습 전략의 수학 프로그램 예시

출처: Shepherd(2010).

습을 통해 새롭게 습득한 기술과 이전에 습득했던 기술들을 연습한다. 각 회기가 끝나면 학생에게는 또래 간의 협력과 정답에 대한 점수가 주어지며, 가장 많은 점수를 얻은 팀이 상을 받게 된다. 또래 보조 학습 전략의 수학 프로그램에 참여하고 있는 장애 학생들은 전통적인 프로그램을 적용받고 있는 학생보다 더 나은 성취를 나타냈다(Calhoon & Fuchs, 2003). 흔히 정서 · 행동장애 학생은 전통적인 교수방법으로 동기화되지 않기 때문에 또래 보조 학습 전략과 같은 학급 차원의 또래 교수 프로그램에 학생을 적극적으로 참여시켜, 좀 더 긍정적인 학습 환경을 만들어 낼 수 있다.

4. 통합교육을 위한 조절과 수정 전략

일반교육 장면에서 정서 · 행동장애 학생이 교육을 받는 경우가 증가하고 있기 때문에 교사는 다양한 학생들의 학업적 요구를 충족시키기 위해 일반교육 교실이나 교과목 내용을 조절하고 수정해야 할 필요가 있다. 정서 · 행동장애 학생은 일반 학급에서 개별화교육프로그램(IEP)을 통하여 조절과 수정을 제공받을 권리를 가지며, 이를 통해 성공적으로 학업을 성취할 수 있는 기회를 갖게 된다. 다음에서는 조절과 수정의 의미 그리고 구체적 실행 방법에 대해 살펴보고자 한다.

1) 조절

조절(accommodations)은 교수 전달 방식, 학생 수행방법 혹은 평가방법을 변경하는 것이다. 조절은 교육과정의 내용이나 난이도를 많이 변경하지 않으며, 교수 전달 방식을 변경하기 위해 표준적인 강의 형태를 일련의 짤막한 학습 활동으로 바꾸거나 그래픽 구성, 안내 노트, 기억 증진 전략, 구체물 사용 등을 수업에 적용하는 것이다.

(1) 그래픽 구성

그래픽 구성(graphic organizer)은 그래픽을 이용해 연결된 내용이나 정보가 포함된 단어들을 시공간적으로 배열하는 것으로, 학생이 정보를 비교하고 대조하거나 원인과 결과를 이해하여 사전 지식이나 핵심 개념을 조직화하도록 돕는 시각적 기법이다

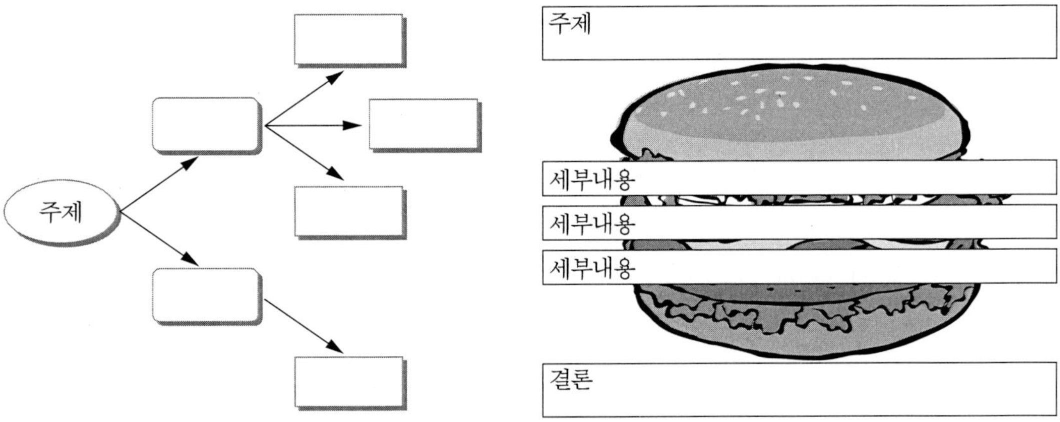

[그림 12-2] 그래픽 구성의 예

(Friend & Bursuck, 2005; Vaughn & Edmonds, 2006). 교사나 학생은 그래픽 구성을 사용하기 위해 주제를 선택한다. 그런 후에 주제와 관련된 핵심 단어나 주요 개념을 브레인스토밍하고 그것을 그래픽으로 정리한다([그림 12-2] 참조).

(2) 안내 노트

안내 노트는 교과과정 내용을 조직하고 강화하여 정서·행동장애 학생과 일반학급 또래 학생들에게 수업 중에 적극적으로 참여하는 방법을 제공해 주는 방법이다. 안내 노트는 중요한 사실, 개념 및 관계성을 기록하도록 표준 단어와 특정 여백을 남겨 두어 학생의 수업을 안내하는 교사 제작의 인쇄물이다. 안내 노트의 장점은 다음과 같다.

- 학생이 적극적으로 수업에 참여하여 교과 내용과 상호작용한다.
- 안내 노트는 주요 개념, 사실 및 관계에 단서를 주기 때문에 학생이 더 잘 이해할 수 있도록 해 주고, 교사에게 더 분명하게 질문할 수 있도록 해 준다.
- 학생의 노트 기술이 향상된다.
- 교사는 수업을 주의 깊게 준비한다.
- 교사는 수업의 특정 과제에 더 집중하도록 해 준다.

(3) 기억 증진 전략

기억 증진 전략은 정서 · 행동장애 학생에게 효과적으로 교수를 전달할 수 있는 또 다른 방법이다(Cade & Gunter, 2002). 기억 증진 전략은 회상을 위한 명백한 전략들을 가지고 정보를 제시하는 방법으로 정서 · 행동장애 학생이 친숙하지 않은 다량의 정보를 기억하도록 돕거나 두 개 이상의 사실 혹은 개념들을 관련짓도록 하기 위해 가장 일반적으로 사용된다. 기억 기술로는 예를 들어, 독일의 수도 베를린을 기억하기 위해 "독일의 수도사가 베를린에 산다."라고 기억하든가 노래의 음에 맞추어 "떴다 떴다 비행기 독일의 수도로, 높이 높이 날아라. 베를린으로."로 기억하기도 한다. 기억 증진 전략은 또한 단어의 철자를 기억하는 데에 사용되기도 한다. 기억 증진 전략 중 문자 전략은 머리글자와 어구 만들기가 있다. 머리글자 기억 증진의 예로 우리나라 광역시를 기억하기 위해 '인부대울광대'(인천광역시, 부산광역시, 대전광역시, 울산광역시, 광주광역시, 대구광역시)처럼 첫머리의 글자만을 사용하여 기억하는 것이 있다. 어구 만들기는 기억 증진을 위해 새로운 문장을 만드는 것으로 광역시를 기억하기 위해 '인(인천광역시)수가 부(부산광역시)모님과 대(대전광역시)나무 울(울산광역시)타리로 광(광주광역시)장에 대(대구광역시)문을 만들었다.'와 같은 문장을 만들 수 있다.

교수 전달 방식을 변경하는 것 외에, 교사는 학생 수행방법을 변경시킬 수도 있다. 앞서 언급하였던 또래 교수와 협동 학습 활동은 학생 수행을 위한 2가지 대안적 조절 전략이다. 일반교육 교실에서 적용할 수 있는 또 다른 조절방법으로는 학생에게 필기 대신에 수업 내용을 녹음할 수 있도록 하거나 녹화하도록 하는 것이다. 또한 교사는 시험 시간을 더 주거나, 시험 문제를 적게 내주거나, 학생에게 시험 문제를 읽어 주는 등의 방법으로 학생의 진전에 대한 평가를 조절할 수 있다.

2) 수정

수정은 교육과정, 교수목표, 교수방법 등을 변경하는 것으로, 조절에 비해 시간과 노력이 더 많이 필요하기 때문에 일반교육 교실에서 시행하기가 더 어렵다고 할 수 있다. 대표적인 3가지 형태의 수정은 다수준 교수, 중복 교육과정, 계단식 과제 등이 있다(박계신, 이효신, 황순영 공역, 2013).

다수준 교수를 시행할 때, 교사는 모든 학생에게 동일한 교육과정을 적용하지만, 서로 다른 교육목표를 설정할 수 있으며, 난이도가 다른 교재 · 교구를 제공할 수 있다. 예를 들면, 김수정 교사는 학급 전체를 대상으로 세 자릿수 곱셈 수업을 진행할 때, 세 자릿수 곱셈의 개념을 이해하기 어려워하는 학생에게는 구체물을 사용하여 계산하게 하고, 기능이 높은 학생에게는 구체물 없이 계산하도록 할 수 있다.

중복 교육과정은 동일한 학급 내에서 학생들이 서로 다른 교육과정으로 자신의 적절한 학습목표를 달성하도록 하는 기회를 제공하는 것이다. 예를 들면, 학급의 전체 학생들에게 두 자릿수 나눗셈 과정의 개념을 설명할 때, 두 자릿수 나눗셈 과정의 개념 이해가 어려운 몇몇 학생에게는 한 자릿수의 나눗셈의 기초 내용을 설명하거나, 사과나 과자 모형을 이용하여 나눗셈 내용을 설명할 수 있다. 또한 이미 문제를 다 푼 학생에게는 자율 과제를 부여하여 수행하도록 하고, 속도가 느린 학생에게 더 많은 시간을 허용하는 것도 중복 교육과정이라 할 수 있다.

계단식 과제는 교사가 학습 내용을 시범 보이고 학생들의 개별적 능력 수준에 따라 서로 다른 과제를 제공하는 것이다. 예를 들면, 고등학교 국어시간에 『토지』라는 문학작품에 대해 공부할 때, 교사는 일부 학생에게는 책의 내용을 요약하게 하고, 다른 일부 학생에게는 내용을 연극으로 수행하여 동영상으로 만들도록 할 수도 있다.

학습과제

1. 이 장에서 제시된 7가지 효과적인 수업원리에 대해 기술하시오.
2. 또래매개 학업 중재 전략 중 또래 보조 학습 전략에 대해 설명하시오.
3. 정서 · 행동장애 학생의 읽기 유창성과 이해력 개선에 유용한 또래 지원 학습 전략의 읽기 프로그램에 대해 설명하시오.
4. 통합교육 현장에서 정서 · 행동장애 학생의 학업적 요구를 충족시키기 위해 사용될 수 있는 조절과 수정 전략을 각각 설명하시오.

참고문헌

강순화, 김영진, 오혜영, 이성한, 이양희, 이창호, 정순례(2006). 행동요법 II. 파주: 양서원.

강위영, 변찬석, 서경희, 윤점룡, 이상복, 이상훈, 이효신(1997). 아동의 이해와 심리 · 행동 치료 교육. 대구: 대구대학교 출판부.

강위영, 변찬석, 서경희, 윤치연, 이상복, 이효신(1999). 정서 행동 발달과 문제 예방. 대구: 대구대학교 출판부.

국립특수교육원(2001). 특수교육 요구아동 출현율 조사 연구. 안산: 국립특수교육원.

국립특수교육원(2010). 특수교육백서. 안산: 국립특수교육원.

권석만(2015). 현대 이상심리학(2판). 서울: 학지사.

권준수, 김재진, 남궁기, 박원명, 신민섭, 유범희. 윤진상, 이상익. 이승환, 이영식, 이현정, 임효덕(2015). 정신질환의 진단 및 통계 편람(제5판). 서울: 학지사.

김경양(2010). 정서 및 행동장애 학생들을 위한 랩어라운드(Wraparound) 프로그램에 대한 고찰. 한국특수교육학회 2010 추계학술대회 자료집, 639-640.

김광웅, 백경숙(1998). 아동의 텔레비전 폭력모델링 중재과정에 관한 탐색적 고찰. 한국가족복지학, 3(2).

김남성, 김양현, 박경애(2006). 행동요법 I. 파주: 양서원.

김동연, 최외선 편(1997). 아동 미술 치료. 한국미술치료학회.

김미경(2008). 자폐장애 및 정서 · 행동장애의 이해. 서울: 청목출판사.

김미경, 강위영(2000). 음악활동이 자폐아동의 사회성 기능증진에 미치는 영향. 특수아동교육연구, 1(1), 71-91.

김미경, 김은선(2005). 통합환경에서의 놀이 참여 인원에 따른 단계별 놀이프로그램이 자폐 장애아동의 교사와의 사회적 상호작용에 미치는 효과. 특수아동교육연구, 7(4), 1-22.

김미경, 문장원, 서은정, 윤점룡, 윤치연, 이상훈(2007). 정서 및 행동장애아 교육. 서울: 학지사.

김미경, 서경희(2004). 고기능 자폐아의 중앙응집. 정서 · 행동장애 연구, 20(1), 315-336.

김미경, 천현주(2005). 또래중재 놀이 활동이 자폐성아동의 친사회적 행동에 미치는 효과. 특수아동 교육연구, 7(1), 49-69.

김미경, 최기창(2006). 행동수정의 이론과 실제. 서울: 청목출판사.

김미경, 최기창(2006). 아동발달과 정서. 서울: 청목출판사.

김민동(2010). ADHD의 지원 동향에 관한 연구. 특수교육재활과학연구, 24(4), 25-71.

김성희(2010). 친사회행동기술훈련이 위축유아의 사회적 상호작용에 미치는 효과. 미간행 석사학위논문, 대진대학교 대학원.

김영욱, 김원경, 박화문, 석동일, 윤점룡, 정재권, 정정진(2005). 특수교육학(제3개정판). 서울: 교육과학사.

김은이, 정찬섭(1997). 지각판단과제의 난이도를 통한 주의력결핍 과잉행동 장애의 계층적 진단기법 개발. 한국심리학회지, 16(2), 265-276.

김정권 편(1992). IEP 구안 실제. 서울: 도서출판 특수교육.

김정욱(2002). 섭식장애. 서울: 학지사.

김정일(2005). 심각한 행동문제에 대한 약물치료와 대체요법. 한국정서행동장애아교육학회 제28회 행동치료사 자격연수 자료집, 243-257.

김지혜, 조선미, 홍창희, 황순택(2005). 한국아동인성평정척도. 서울: 한국가이던스.

김진호, 박재국, 방명애, 안성우, 유은정, 윤치연, 이효신(2013). 최신 특수교육(제10판). 서울: 시그마프레스.

김황용(2006). 청소년기 문제행동 발생과 대처. 한국정서행동장애아교육학회 제30회 행동치료사 자격연수 자료집, 90-106.

남은영, Gottman, J. (2007). 내 아이를 위한 사랑의 기술 감정코치. 서울: 한국경제신문 한경BP.

대구대학교특수교육40년사편찬위원회(2002). 대구대학교 특수교육40년사. 대구: 경북인쇄(주).

대한특수교육학회(1995). 한국특수교육백년사. 서울: 도서출판 특수교육.

문장원(1991). 과잉행동을 수반한 주의집중결함장애 아동의 진단과 치료. 제3회 정서 · 학습장애아교육 학술발표회지. 한국정서 · 학습장애아교육연구회, 14-28.

문장원(1995). ADHD 아동의 진단 및 치료기법. 제10회 정서 · 학습장애아교육 연수회지. 한국정서 · 학습장애아교육학회, 45-67.

문장원(1997). 과잉행동아동의 부모에 대한 상담 및 훈련. 정서 · 학습장애연구, 13(1), 51-70.

문장원(2001). 품행장애의 예방을 위한 조기중재 전략 탐색. 정서 · 학습장애연구, 17(1), 283-305.

문장원(2006). 주의력결핍 과잉행동장애에 대한 행동치료의 논점. 특수교육연구, 13(1), 117-130.

문회원, 이숙향(2010). 정서 및 행동장애 학생을 위한 랩어라운드 모델의 이해 및 적용을 위한 고찰. 특수교육, 9(2), 165-196.

민성혜(2007). 유아의 문제 행동. 서울: 시그마프레스.

박경애, 조현주, 이병임, 이수진, 김희수, 김종남(2011). 아동과 청소년을 위한 인지정서행동치료

(REBT). 서울: 시그마프레스.

박계신, 이상훈, 황순영 공역(2013). 정서 · 행동 장애 학생의 성공적인 통합교육을 위한 이해와 실천. 서울: 시그마프레스.

박미화, 신수진(2010). 품행장애 중학생에 대한 교사의 대처 및 교육중재 방안에 대한 인식연구. 특수교육 연구, 17(1), 241-262.

박영숙(1994). 심리평가의 실제. 서울: 하나의학사.

박희찬(1995). 개별화 교육 프로그램의 일반모형. 제2회 국내 세미나. 개별화 교육 프로그램의 효율적인 수립과 실천방안. 국립특수교육원.

방명애, 이효신(2004). 정서 및 행동장애: 이론과 실제. 서울: 시그마프레스.

변찬석(1999). 정서행동장애 아동의 진단. 부산대학교 사범대학 부설 중등교원연수원.

변호걸, 성수국(2004). 정서 및 행동장애의 이해. 서울: 문음사.

서경희, 윤점룡, 윤치연, 이상복, 이상훈, 이효신(1999). 발달장애의 진단과 평가. 대구: 대구대학교 출판부.

서위숙(2003). 인지적 행동수정 훈련이 아동의 공격성 및 자기효능감에 미치는 효과. 춘천교육대학교 교육대학원 석사학위 논문.

신민섭, 조성준, 홍강의(1999). 주의력 장애 진단 시스템 사용 설명서. 한국 정보공학(주).

신혜림(2009). 학교부적응 초등학생에 대한 친사회행동기술훈련의 효과. 미간행 석사학위논문, 대진대학교 대학원.

안병환, 윤치연, 이영순, 이효신, 천성문(2002). 행동수정. 서울: 시그마프레스.

안병환, 윤치연, 이영순, 이효신, 천성문(2013). 최신 행동수정. 서울: 시그마프레스.

오경자, 이혜련(1989). ADHD 평가 도구로서의 단축형 Conners 평가척도 연구. 대한신경정신의학회 추계학술대회 발표물, 8(1), 135-142.

오경자, 이혜련(1990). 아동 청소년 문제행동 평가척도의 개발을 위한 예비연구. 신경정신의학, 29(2), 452-462.

위영만(2009). 우리아이 틱장애. 고양: 제이앤씨커뮤니티.

윤점룡, 김병식, 박용석, 박주완, 백순이, 서원욱, 심재중, 유종호, 이원희, 이한우, 임웅현, 차용찬, 최기상(2005). 장애학생의 이해와 교육. 서울: 학지사.

윤점룡 외 6인(2003). 아동의 이해와 심리 · 행동치료교육. 대구: 대구대학교 출판부.

윤점룡, 이상훈, 문현미, 서은정, 김민동, 문장원, 이효신, 윤치연, 김미경, 정대영, 조재규, 박계신(2013). 정서 및 행동장애아 교육(2판). 서울: 학지사.

윤치연(2003). 발달장애의 이해. 서울: 형설출판사.

윤치연(2016). 아동심리평가. 서울: 학지사.

이근민(2008). 스킬스트리밍 프로그램이 저소득층 가정 초등학생의 사회적 기술, 문제행동, 학업능력에 미치는 효과. 미간행 석사학위논문, 대진대학교 대학원.

이상복, 윤치연(2004). 한국 ADHD 진단검사. 부산: 테스피아.

이상복, 이상훈(1998). 정서 · 행동장애아 치료와 교육. 대구: 대구대학교 출판부.

이상복, 이상훈, 이효신(1996). 주의력 결핍 · 과잉행동 아동의 행동지도 방법. 대구: 대구대학교 출판부.

이상복, 이효신, 김정일(2000). 유 · 아동기 행동관리. 대구: 대구대학교 출판부.

이상훈(2011). 정서 · 행동장애의 정의와 선별, 진단에 관한 고찰. 정서 · 행동장애연구, 27(2), 291-317.

이상훈(2012). 정서 · 행동장애 학생과 가족을 위한 지원 방안 탐색 연구. 정서 · 행동장애연구, 28(1), 1-24.

이성봉, 방명애, 김은경, 박지연(2010). 정서 및 행동장애. 서울: 학지사.

이성진(2001). 행동수정. 서울: 교육과학사.

이소현, 박은혜(2011). 특수아동교육(3판). 서울: 학지사.

이소현, 박지연, 박현옥, 윤선아(2008). 장애학생을 위한 개별화 행동지원: 긍정적 행동지원의 계획 및 실행. 서울: 학지사.

이수창(2005). 정서 · 행동장애아 식이요법. 한국정서행동장애아교육학회 제28회 행동치료사 자격연수 자료집, 258-265.

이유훈(1996). 효율적인 개별화 교육계획의 수립과 적용방안. 제3회 국내세미나. 경기: 안산국립특수교육원.

이현진, 박영신, 김혜리, 정명숙, 정현희(2001). 아동정신병리. 서울: 시그마프레스.

전석균(2015). 정신건강론(2판). 경기: 공동체.

정대영(1995). 개별화 교육의 이론과 배경. 제2회 국내 세미나. 개별화 교육 프로그램의 효율적인 수립과 실천방안. 국립특수교육원.

정대영(2001). 문제행동의 기능형가와 행동지원. 파주: 양서원.

정대영(2005). 행동과학과 특수교육 연구의 희망적 전망과 해결 과제.

정대영(2006). 이상행동 발생 환경요인의 분석적 대처. 한국정서행동장애아교육학회 제30회 행동치료사 자격연수 자료집, 245-250.

정대영(2007). 정서행동장애의 상위인지적 중재: 실행기능 자기조절 모형. 정서행동장애연구, 23(2), 1-28.

정대영(2009). 행동기능평가와 긍정적 행동지원. 파주: 양서원.

정대영(2011a). 정서행동장애의 교육적 정의와 분류의 대한 탐색. 한국정서 · 행동장애아교육 학회

19차 연차 학술대회 자료집, 23-47.
정대영(2011b). 특수교육학. 서울: 창지사.
정대영 외(1994). 사회적 기술훈련 프로그램(94-P-1.B). 경기: 국립특수교육원.
정대영 외(2006). *Schooling around world: Debates challenge, and practices*. New York: Pearson.
정대영, 한경임(2007). 발달장애 아동의 사회적 기술훈련. 파주: 양서원.
정동선(2006). PD 수첩-못된 아이 매인가? 치료인가? 4월 11일 방영. MBC.
정명숙, 손영숙, 양혜영, 정현희(2004). 아동기 행동장애. 서울: 시그마프레스.
정옥남(2001). 섭식장애의 치료사례. 제20회 정서 및 행동장애아 교육연수회 자료집.
정옥분(2002). 아동발달의 이해. 서울: 학지사.
정지영(2009). 아동양육시설 유아의 친사회행동기술훈련의 효과. 미간행 석사학위논문, 대진대학교 대학원.
조수철(1990). 주의력결핍 · 과잉운동장애의 개념과 생물학적 연구. 소아 · 청소년정신의학, 1(1), 5-26.
조수철(1995). 소아정신약물학. 서울: 서울대학교 출판부.
조수철(1999). 소아정신질환의 개념. 서울: 서울대학교 출판부.
조수철, 신윤오(1994). 파탄적 행동장애의 유병률에 대한 연구. 소아청소년정신의학, 8, 273-286.
조수철, 이명철, 문대혁(1990). 주의력결핍 · 과잉운동장애의 단일광자방출 전산화단층촬영 소견에 관한 연구. 소아 · 청소년정신의학, 1(1), 27-39.
조수철, 이영식(1990). 한국형 소아 우울 척도의 개발. 신경정신의학, 29, 943-956.
조수철, 최진숙, 김종흔(1992). 한국판 걸음마기 기질평가척도 개발. 신경정신의학, 31(2), 363, 383.
조현춘, 송영혜, 조현재(2001). 아동이상심리학. 서울: 시그마프레스.
조혜란(2007). 친사회행동기술 훈련이 저소득층 아동의 사회적 기술과 자기존중감에 미치는 효과. 미간행 석사학위논문, 대진대학교 대학원.
진혜경(2010). 한국판 ADHD 모니터링 시스템. 서울: 마인드프레스.
진혜경, 김경빈, 이종일 (1998). 청소년 품행장애와 부모양육행동과의 관계에 대한 연구. 소아 · 청소년정신의학, 9(1), 67-81.
최정윤, 박경, 서혜희(2015). 이상심리학(3판). 서울: 학지사.
추인수(1998). 배설장애의 중재와 처치. 제14회 정서 및 행동장애아 교육연수.
한국발달장애학회 여광응 외 공역(2006). 109가지 진단검사. 서울: 학지사.
한국육영학교(1999). 정서장애아의 행동지도. 서울: 길기획.

한국정신지체아교육연구회 편(1996). 개별화 교육 프로그램의 이론과 실제. 대구: 대구대학교 출판부.

한홍석(2006). 정서장애 특수학교: 그 정체성에 대하여. 2006년도 한국정서행동장애아교육학회 춘계학술대회 자료집. 한국정서·행동장애아교육학회, 10.

홍강의, 홍경자(1980). 소아정신과 외래환자의 과잉운동에 관한 연구. 정신의학보, 23, 85-91.

홍강의, 양승은, 안동현(1986). 청소년 정신과 입원환자의 가족 역동. 서울의대 정신의학, 12, 23-39.

홍준표(2009). 응용행동분석. 서울: 학지사.

AACAP (1997). Practice parameters for the assessment and treatment of children and adolescents with anxiety disorders. *Journal of the American Academy of Child and Adolescent Psychiatry, 36*, 69-84.

Achenbach, T. M., & Edelbrock, C. S. (1981). Behavioral problems and competencies reported by parents of normal and disturbed children aged four through sixteen. *Monographs of the Society for Research in Child Development, 46*, 1-82.

Al Otaiba, S., & Rivera, M. O. (2006). Individualizing guided oral reading fluency instruction for students with emotional and behavioral disorders. *Intervention in School and Clinic, 41*(3), 144-149.

Albano, A. M., Chorpita, B. F., & Barlow, D. H. (2003). Childhood anxiety disorders. In E. J. Mash & R. A. Barkley (Eds.), *Childpsychopathology* (2nd ed., pp. 279-329). New York: Guilford.

Alber-Morgan, S. R., Ramp, E. M., Anderson, L. L., & Martin, C. M. (2007). Effects of repeated readings, error correction, and performance feedback on the fluency and comprehension of middle school students with behavior problems. *The Journal of Special Education, 41*(1), 17-30.

Alberto, P. A., & Troutman, A. C. (2007). 교사를 위한 응용행동분석. (이효신 역). 서울: 학지사.

Alberts-Corush, J., Firestone, P., & Goodman, J. T. (1986). Attention and impulsivity characteristics of the biological and adoptive parents of hyperactive and normal control children. *American Journal of Orthopsychiatry, 56*, 413-423.

Algozzine, B., Daunic, A. P., & Smith, S. W. (2010). *Preventing problem behaviors: Schoolwide programs and classroom practices.* CA: Corwin.

Algozzine, B., Ysseldyke, J., & Elliot, J. (1997) Strategies and tactics for effective instruction. *Teaching Exceptional Children, 26*(3), 34-36.

American Psychiatric Association (1952). *Diagnostic and statistical manual of mental disorders*. Washington, DC: American Psychiatric Association.

American Psychiatric Association (1968). *Diagnostic and statistical manual of mental disorders* (2nd ed.). Washington, DC: American Psychiatric Association.

American Psychiatric Association (1980). *Diagnostic and statistical manual of mental disorders* (3rd ed.) Washington, DC: American Psychiatric Association.

American Psychiatric Association (1987). *Diagnostic and statistical manual of mental disorders* (3rd ed. revised.). Washington, DC: American Psychiatric Association.

American Psychiatric Association (1994). *Diagnostic and statistical manual of mental disorders* (4th ed.). Washington, DC: American Psychiatric Association.

American Psychiatric Association (1995). **정신장애의 진단 및 통계편람 4판**. (이근후 역). 서울: 하나의학사.

American Psychiatric Association (2000). *Diagnostic and Statistical Manual of mental Disorders* (4th ed.-text revision). Washington, DC: APA Press.

American Psychiatric Association (2013). *Diagnostic and statistical manual of mental disorders: DSM-5* (5th ed.). Washington, DC: American Psychiatric Pub.

American Psychological Association (2007). Increasing access and coordination of quality mental health services for children and adolescents. Retrieved May 27, 2007, from http://www.apa.org/ppo/issues/tfpacoord.html

Anastopoulos, A. D., & Barkley, R. A. (1988). Biological factors in Attention Deficit-Hyperactivity Disorder. *Behavior Therapist, 11*, 47-53.

Anastopoulos, A. D., Rhoads, L. H., & Farley, S. E. (2006). Counseling and training parents. In R. A. Barkley (Ed.), *Attention-deficit hyperactivity disorder. A handbook for diagnosis and treatment*. New York: The Guilford Press.

Anastopoulos, A. D., Smith, J. M., & Wien, E. E. (1998). Counseling and training parents. In R. A. Barkley (Ed.), *Attention-deficit hyperactivity disorder*. New York: Guilford Press.

Antrop, I., Roeyers, H., Van Oost, P., & Buysse, A. (2000). Stimulation seeking and hyperactivity in children with ADHD. *Journal of Child Psychology and Psychiatry, 41*, 225-231.

Apter, S. J. (2002). **정서장애아교육**. (강위영, 윤점룡 역). 대구: 대구대학교 출판부.

Apter, S. J., & Conoley, J. C. (1984). *Childhood behavior disorders and emotional disturbance*. Englewood Cliffs, NJ: Prentice Hall.

August, G. J., & Stewart, M. A. (1982). Is there a syndrome of pure hyperactivity? *British Journal of Psychiatry, 140,* 305-311.

August, G. J., Winters, K. C., Realmuto, G. M., Fahnhorst, T., Botzet, A., & Lee, S. (2006). Prospective study of adolescent drug use among community samples of ADHD and non-ADHD participants. *Journal of the American Academy of Child and Adolescent Psychiatry, 45,* 824-832.

Bagwell, C. L., Molina, B. S. G., Pelham, W. E., & Hoza, B. (2001). Attention-deficit hyperactivity disorder and problems in peer relations: prediction from childhood to adolescence. *Journal of the American Academy of Child and Adolescent Psychiatry, 40,* 1285-1292.

Baker, J. E. (2004). *Social Skills Training: For Children and Adolescents with Asperger Syndrome and Social-Communication Problems.* Shawnee Mission, KS: Autism Asperger Publishing Co.

Baker, L., & Cantwell, D. P. (1982). Psychiatric disorder in children with different types of communication disorders. *Journal of Communication Disorders, 15,* 113-126.

Baker, S., Gersten, R., Dimino, J. A., & Griffiths, R. (2004). The sustained use of research-based instructional practice: A case study of Peer-Assisted Learning Strategies in mathematics. *Remedial and Special Education, 25*(1), 5-24.

Bandura, A. (1986). *Social foundations of thought and action: A social cognitive theory.* Englewood Cliffs, NJ: Prentice Hall.

Barkley, R. A. (1990). *Attention-Deficit Hyperactivity Disorder: A Handbook for Diagnosis and Treatment.* New York: The Guilford Press.

Barkley, R. A. (1998). *Attention-deficit/hyperactivity disorder.* New York: Guilford Press.

Barkley, R. A. (2003). Attention-deficit/hyperactivity disorder. In E. J. Mash & R. A. Barkley (Eds.), *Child psychopathology.* New York: The Guilford Press.

Barkley, R. A. (2006a). Primary symptoms, diagnistic criteria, prevalance, and gender differences. In R. A. Barkley (Ed.), *Attention-deficit hyperactivity disorder. A hand book for diagnosis and treatment.* New York: The Guilford Press.

Barkley, R. A. (2006b). Associated cognitive, developmental, and health problems. In R. A. Barkley (Ed.), *Attention-deficit hyperactivity disorder. A hand book for diagnosis and treatment.* New York: The Guilford Press.

Barkley, R. A. (2006c). Comorbid disorders, social and family adjustment, and subtyping.

In R. A. Barkley (Ed.), *Attention-deficit hyperactivity disorder. A hand book for diagnosis and treatment.* New York: The Guilford Press.

Barkley, R. A. (2006d). A theory of ADHD. In R. A. Barkley (Ed.), *Attention-deficit hyperactivity disorder. A hand book for diagnosis and treatment.* New York: The Guilford Press.

Barkley, R. A. (2006e). Etiologies. In R. A. Barkely (Ed.), *Attention-deficit hyperactivity disorder. A hand book for diagnosis and treatment.* New York: The Guilford Press.

Barkley, R. A., Depaul, G. J., & McMurray, M. B. (1990). A comprehensive evaluation of attention deficit disorder with and without hyperactivity. *Journal of Consulting and Clinical Psychology, 58*, 775-789.

Barkley, R. A., Fisher, M., Edelbrock, C. S., & Smallish, L. (1990). The adolescent outcome of hyperactive children diagnosed by research criteria: I. An 8year prospective follow-up study. *Journal of the American Academy of Child and Adolescent Psychiatry, 29,* 546-557.

Barkley, R. A., Pollard, S., Karlsson, J., & Murphy, J. V. (1985). Developmental changes in the mother-child interactions of hyperactive boys: Effects of two dose levels of ritalin. *Journal of Child Psychology & Psychiatry, 26*, 705-715.

Barkley, R. A., Shelton, T. L., Crosswait, C., Moorehouse, M., Fletcher, K., Barrett, S., Jenkins, L., & Metevia, L. (2002). Preschool children with disruptive behavior: Three-year outcome as a function of adaptive disability. *Development and Psychopathology, 14*, 45-67.

Barrett, P. M., Dadds, M. R., & Rapee, R. M. (1996). Family treatment of childhood anxiety: A controlled trial. *Journal of Counseling and Clinical Psychology, 64,* 333-342.

Barrios, B. A., & O' Dell, S. L. (1998). Fears and anxieties. In E. J. Mash & R. A. Barkley (Eds.), *Treatment of childhood disorders* (2nd ed.). New York: Guilford Press.

Beck, A. T. (1964). *Thinking and depression: II. Theory and therapy.* Archives of General Psychiatry.

Beck, A. T. (1976). *Cognitive therapy and the emotional disorders.* NY: International University Press.

Bedell, R. J., & Lennox, S. S. (1997). *Handbook for Communication and Problem-Solving Skills Training(A Cognitive-Behavioral Approach).* New York: John Wiley & Sons, Inc.

Begun, R. W. (1995a). *Ready-to-use social skills lessons & activities for grades 1-3.*

SanFrancisco, CA: John Wiley & Sons.

Begun, R. W. (1995b). *Ready-to-use social skills lessons & activities for grades 4-6.* SanFrancisco, CA: John Wiley & Sons.

Begun, R. W. (2002). **바로 사용할 수 있는 사회적 기술 향상 프로그램: 유아용.** (응용발달심리연구센터 역). 서울: 시그마프레스.

Begun, R. W. (2006). **사회적 기술 향상 프로그램: 초등학교 4~6학년용.** (응용발달심리연구센터 역). 서울: 시그마프레스.

Beitchman, J. H., Nair, R., Clegg, M., Ferguson, B., & Patel, P. G. (1986). Prevalence of psychiatric disorders in children with speech and language disorders. *Journal of the American Academy of Child Psychiatry, 25*, 528-535.

Bell-Dolan, D. J. (1995). Social cue interpretation of anxious children. *Journal of Clinical Child Psychology, 24*, 2-10.

Bellack, A. S., & Hersen, M. (1979). *Research and practice in social skills training.* New York: Plenum.

Berliner, D. (1991) What's all the fuss about instructional time? In M. Ben-Peretz & R. Bromme (Eds.), *The nature of time in schools: Theoretical concepts, practitioner perceptions.* New York: Teachers College Press.

Bernstein, G. A., Borchardt, C. M., & Perwien, A. R. (1996) Anxiety Disorders in Children and Adolescents: A Review of the Past 10 Years. *Journal of the American Academy of Child and Adolescent Psychiatry, 35,* 1110-1119.

Biederman, J., Faraone, S. V., & Lapey, K. (1992). Comorbidity of diagnosis in attention-deficit hyperactivity disorder. *Child and Adolescent Psychiatric Clinics of North America, 1*, 335-360.

Biederman, J., Faraone, S. V., Keenan, K., & Tsuang, M. T. (1991). Evidence of a family association between attention-deficit hyperactivity disorder and major affective disorders. *Archives of General Psychiatry, 48*, 633-642.

Biederman, J., Munir, K., & Knee, D. (1987). Conduct and oppositional disorder in clinically referred children with attention deficit disorder: A controlled family study. *Journal of the American Academy of Child and Adolescent Psychiatry, 26*(5), 724-727.

Biederman, J., Newcorn, J., & Sprich, S. (1991). Comorbidity of attention deficit hyperactivity disorder with conduct, depressive, anxiety, and other disorders. *American Journal of Psychiatry, 148*(5), 564-577.

Biglan, A. (1995). Translation what we know about the context of antisocial behavior into a lower prevalence of such behavior. *Journal of Applied Behavior Analysis, 28,* 479-492.

Billig, S. H. (2000). Research on K-12 school-based service learning. *Phi Delta Kappan, 81*(9), 658-664.

Bjoklund, D. F. (1995). *Children's thinking: Developmental function and individual differences* (2nd ed.). Pacific Grove, CA: Brooks/Cole.

Black, B., & Uhde, T. W. (1995). Psychiatric characteristic of children with selective mutism: A pilot study. *Journal of the American Academy of Child and Adolescent Psychiatry, 34,* 847-856.

Blackham, G. J. (1967). *The deviant child in the classroom.* Belmont, CA: Wadsworth.

Boreland, B. L., & Heckman, H. K. (1976). Hyperactive boys and their brothers: A 25 year follow-up study. *Archives of General Psychiatry, 33,* 669-675.

Borison, R. L., Ang, L., Chang, S., & Dysken, M. (1982) New Pharmacological Approaches in the Treatment of Tourette Syndrome. *Adv Neurol, 35,* 377-382.

Bower, E. M., & Lambert, N. M. (1981). *In-school screening of children with emotional handicaps.* Princeton, NJ: Educational Testing Service.

Boyce, T. E., & Hineline, P. N. (2002). Interteaching: A strategy for enhancing the user-friendliness of behavioral arrangements in the college classroom. *The Behavior Analyst, 25,* 215-226.

Breen, M. J., & Altepeter, T. S. (1990). Factor Structures of the Home Situations Questionnaire (HSQ). Unpublished manuscript, Winneconne Public Schools, Winneconne, WI.

Buchanan, R. W., Buckley, P. F., Tamminga, C. A., & Schulz, S. C. (1998). Schizophrenia research: A bien-nium of progress. *Schizophrenia Bulletin, 24,* 501-518.

Buskist, W., Cush, D., & DeGrandpre, R. J. (1991). The life and times of PSI. *Journal of Behavioral Education, 1,* 215-234.

Cacioppo, J. T., von Hippel, W., & Ernst, J. M. (1997). Mapping cognitive structures and processes through verbal content: The thought-listing technique. *Journal of Counseling and Clinical Psychology, 65*(6), 928-949.

Cade, T., & Gunter, P. L. (2002). Teaching students with severe emotional or behavioral disorders to use a musical mnemonic technique to solve basic division calculations. *Behavioral Disorders, 27*(3), 208-214.

Cadesky, E. B., Mora, V. L., & Schachar, R. J. (2000). Beyond words: How do children with ADHD and/or conduct problems process nonverbal information about affect? *Journal of the American Academy of Child and Adolescent Psychiatry, 39*, 1160-1167.

Calhoon, M. B. (2005). Effects of a peer-mediated phonological skill and reading comprehension program on reading skill acquisition for middle school students with reading disabilities. *Journal of Learning Disabilities, 38*(5), 424-433.

Calhoon, M. B., & Fuchs, L. S. (2003). The effect of peer-assisted learning strategies and curriculum-based measurement on the mathematics performance of secondary students with disabilities. *Remedial and Special Education, 24*(4), 235-245.

Campbell, S. B., & Ewing, L. J. (1990). Follow-up of hard-to-manage preschoolers: Adjustment at age 9 and predictors of continuing symptoms. *Journal of Child Psychiatry and Applied Disciplines, 31,* 971-889.

Cannon, T. D., Mednick, S. A., Parnas, J., Schulsinger, F., Praestholm, J., & Vestergaad, A. (1993). Developmental brain abnormalities in the offspring of schizophrenic mothers. *Archives of General Psychiatry, 50*, 551-564.

Cantrell, R. P., & Cantrell, M. L. (Eds.). (2007). *Helping trou-bled children and youth: Continuing evidence for the Re-ED approach.* Nashville, TN: American Re-Education Association.

Carr, A. D. (1999). *The handbook of child and adolescent clinical psychology: a contextual approach.* London and New York: Routledge.

Carr, E. G., Dunlap, G., Horner, R. H., Keogel, R. L., Turnbull, A. P., Saller, W. et al. (2002). Positive behavior support: Evolution of applied science. *Journal of Positive Behavior Instruction, 4*(1), 4-16.

Caspi, A., Henry, B., McGee, R. O., Moffitt, T. E., & Silva, P. A. (1995). Temperamental origins of child and adolescent behavior problems: From age three to age fifteen. *Child Development, 66*, 55-68.

Center, D. B. (1989). *Curriculum and teaching strategies for students with behavior disorders.* Englewood Cliffs, NJ: Prentice Hall.

Center, D. B., & Kemp, D. (2003). Temperament and personality as potential factors in the development and treatment of conduct disorders. *Educational and Treatment of Children, 26*, 75-88.

Cheney, L., & Morse, W. C. (1974). Psychodynamic interventions in emotional disturbance.

In W. C. Rhodes & M. L. Tracy (Eds.), *A study of child variance.* Ann Arbor, MI: The University of Michigan Press.

Chesapeake Institute (1994, September). *National agenda for achieving better results for children and youth with serious emotional disturbance.* Washington, DC: U.S. Department of Education.

Chorpita, B. F., & Barlow, D. H. (1998). The development of anxiety: The role of control in the early environment. *Psychological Bulletin, 124*, 3-21.

Christophersen, E. R., & Friman, P. C. (2010). Elimination Disorders in children and Adolescents. Ashland, OH: Hogrefe.

Christie, C. A., & Schuter, J. W. (2003). The effect of using response cards on student participation, academic achievement, and on-task behavior during whole-class, math instruction. *Journal of Behavioral Education, 12*, 147-165.

Chronis, A. M., Pelham, W. E., Gnagy, E. M., Roberts, J. E., & Aronoff, H. R. (2003). The impact of late-afternoon stimulant dosing for children with ADHD on parent and parent-child domains. *Journal of Clinical Child and Adolescent Psychology, 32*, 118-126.

Cicchetti, D., & Toth, S. L. (1998). The development of depression in children and adolescents. *American Psychologist, 53*, 221-241.

Clark, A. F., & Lewis, S. W. (1998). Treatment of schizophrenia in childhood and adolescence. *Journal of Child Psychology and Psychiatry, 39,* 1071-1082.

Clark, C., Prior, M., & Kinsella, G. (2002). The relationship between executive function abilities, adaptive behavior, and academic achievement with externalizing behaviour prolems. *Journal of Child Psychology and Psychiatry, 43*, 785-796.

Coleman, M. (2005). *The neurology of autism.* NY: Oxford University Press.

Coleman. M. C., & Vaughn, S. (2000). Reading interventions for student with emotional/behavioral disorders. *Behavioral Disorders, 25*(2), 93-104.

Coleman, M. C., & Webber, J. (2002). *Emotional and behavioral Disorders: Theory and practice* (4th ed.). Boston: Allyn and Bacon.

Coleman, M. C., & Webber, J. (2004). 정서 및 행동장애: 이론과 실제. (방명애, 이효신 역). 서울: 시그마프레스.

Combs, M. L., & Slaby, D. A. (1977). Social skills training with children. In B. B. Lahey & A. E. Kazdin (Eds.), *Advances in clinical child psychology* (Vol. 1, pp. 161-201).

New York: Plenum Press.

Connor, D. K. (2006). Stimilants. In R. A. Barkley (Ed.), *Attention-deficit hyperactivity disorder. A hand book for diagnosis and treatment.* New York: The Guilford Press.

Corey, G. (1996). *Theory and practice of counseling and psychotherapy.* California: Brooks/Cole Publishing Company.

Crone, D. A., & Horner, R. H. (2003). *Building positive behavior support systems in schools.* New York: The Guilford Press.

Culliinan, D., Epstein, M. H., & Sabornie, E. J. (1992). Selected characteristics of a national sample of seriously emotionally disturbed adolescents. *Behavioral Disorders, 17,* 273-280.

Dadds, M. R., Barrett, P. M., Rapee, R. M., & Ryan, S. (1996). Family process and child anxiety and aggression: An observation. In T. H. Ollendick, N. J. King, & W. Yule (Eds.), *International handbook of phobic and anxiety disorders in children and adolescents* (pp. 349-364). New York: Plenum Press.

David, G. (1999). *Exploring Psychology* (4th ed.). New York: Worth Publishers.

David Shaffer, Christopher P. Lucas & John E. Richters (Eds.). (2005). **아동 및 청소년 정신병리의 진단평가.** (안동현, 이영식, 정선주, 반건호, 이정섭, 전성일, 김영신, 신의진 역). 서울: 학지사.

Dawson, G., Frey, K., Panagiotides, H., Osterling, J., & Hessl, D. (1997). Infants of depressed mothers exhibit atypical frontal brain activity: A replication and extension of previous findings. *Journal of Child Psychology and Psychiatry, 38,* 179-186.

de Boo, G. M., & Prins, P. J. M. (2007). Social incompetence in children with ADHD: Possible moderators and mediators in social-skills training. *Clinical Psychology Review, 27,* 78-97.

Deno, S. L. (1985). Curriculum-based measurement: The emerging alternative. *Exceptional Children, 52*(3), 219-232.

Deno, S. L. (1992). The nature and development of curriculum-based measurement. *Preventing School Failure, 36*(2), 5-10.

Deno, S. L. (1998). Academic progress as incompatible behavior. *Beyond Behavior, 9*(3), 12-17.

Deno, S. L., Marston, D., & Tindal, G. (1986). Direct and frequent curriculum-based measurement: An alternative for educational decision making. *Special Services in the*

Schools, 2(2-3), 5-27.

Douglas, V. O. (1972). Stop, look, and listen: The problem of sustained attention and impulse control in hyperactive and normal children. *Canadian Journal of Behavioural Science, 4*, 259-282.

Douglas, V. I., & Peters, K. G. (1979). Toward a clear definition of attentional deficit of hyperactive children. In G. A. Hale & M. Lewis (Eds.), *Attention and the development of cognitive skills* (pp. 173-248). New York: Plenum.

Dumas, J. E., LaFreniere, P. J., & Serketich, W. J. (1995). Balance of power: A transactional analysis of control in mother-child dyads involving socially competent, aggressive, and anxious children. *Journal of Abnormal Psychology, 104*, 104-113.

Dunlap, G., & Carr, E. G. (2007). Positive behavior support and developmental disabilities: A summary and analysis of research. In S. L. O' dom, R. H. Horner, M. Snell, & J. Bacher (Eds.), *Handbook of developmental disabilities* (pp. 469-482). New York: Guilford.

DuPaul, G. J., McGoey, K. E., Eckert, T. L., & VanBrakle, J. (2001). Preschool children with attention-deficit/hyperactivity disorder: Impairments in behavioral, social, and school functioning. *Journal of the American Academy of Child and Adolescent Psychiatry, 40*, 508-509.

Durand, V. M., & Crimmins, B. (1988). Identifying the variables maintaining selt-injurious behavior. *Journal of Autism and Developmental Disorders, 18*(1), 99-117.

Durston, S., Davidson, M. C., Mulder, M. J., Spicer, J. A., Galvan, A., Tottenham, N. et al. (2007). Neural and behavioral correlates of expectancy violations in attention-deficit/hyperactivity disorder. *Journal of Child Psychology and Psychiatry, 48*, 881-889.

Durston, S., Pol, H. E. H., Schnack, H. G., Buitelaar, J. K., Steenhuis, M. P., Minderaa, R. B. et al. (2004). Magnetic resonance imaging of boys with attention-deficit/hyperactivity disorder. *Journal of the American Academy of Child and Adolescent Psychiatry, 43*, 979-995.

Eber, L., Sugai, G., Smith, C. R., & Scott, T. M. (2002). Wraparound and positive behavioral interventions and supports in the schools. *Journal of Emotional and Behavioral Disorders, 10*(3), 171-180.

Edwards, G., Barkley, R. A., Laneri, M., Fletcher, K., & Metecia, L. (2001). Parent-adolescent conflict in teenagers with ADHD and ODD. *Journal of Abnormal Child*

Psychology, 29, 557-573.

Elliott, S. N., & Gresham, F. M. (1987). Children's social skills: Assessment and classification practices. *Journal of Counseling and Development, 66*, 96-99.

Elliott, S. N., & Gresham, F. M. (1990). *Social skills rating system*. Circle Pines, MN: American Guidance Service.

Elliott, S. N., & Gresham, F. M. (1991). *Social skills intervention guide: Practical strategies for social skills training*. Circle Pines, MN: American Guidance Service.

Elliott, S. N., & Gresham, F. M. (1993). Social skills intervention for children. *Behavior Modification, 17*, 287-313.

Ellis, A. (1976). The biological basis of human irrationality. *Journal of Individual Psychology, 32*(2), 145-168.

Ellis, A. (1980). An overview of the clinical theory of rational-emotive therapy. In R. Grieger & R. Boyd (Eds.), *Rational-emotive therapy*. NY: Van Nostrand Reinhold.

Ellis, A. (1985). *Overcoming Resistance: Rational Emotive Therapy with Difficult Clients*. New York: Springer Publishing Company.

Ellis, E. S., Worthington, L. A., & Larkin, M. J. (1994). *Research synthesis on effective teaching principles and the design of quality tools for educators*. University of Oregon: National Center to Improve the Tools of Educators.

Falk, K. B., & Wehby, J. H. (2001). The effects of peer-assisted learning strategies on the beginning reading skills of young children with emotional or behavioral disorders. *Behavior Disorders, 26*(4), 344-359.

Faraone, S. V., & Giefer, E. E. (2007). Long-term effects of methyphenidate transdermal delivery system of ADHD on growth. *Journal of the American Academy of Child and Adolescent Psychiatry, 46*, 1138-1147.

Faulkner, J. J. (1979). Attribution tendency and learned helplessness. *Dissertation Abstracts International, 40*(11), 5787-A.

Feingold, B. F. (1975). *Why your children is hyperactive*. NY: Random House.

Feng, C. Y., Chu, H., Chen, C. H., & Chang, Y. S., C. (2012). The effect of cognitive behavioral group therapy for depression: a meta-analysis 2000-2010. *World views on Evidence Based Nursing, 9*(1), 2-17.

Flick, G. L. (2011). *Understanding and managing emotional and behavioral disorders in the classroom*. Upper Saddle River, NJ: Pearson Education, Inc.

Flisher, A. J. (1999). Mood disorder in suicidal children and adolescents: Recent developments. *Journal of Child Psychology and Psychiatry, 40*, 315-324.

Foster, S. L., & Ritchey, W. L. (1979). Issues in the assessment of social competence in children. *Journal of Applied Behavior Analysis, 12*, 525-538.

Fowles, D. C. (1992). Schizophrenia: Diathesis-stress revisited. *Annual Review of Psychology, 43*, 303-336.

Friend, M., & Bursuck, W. D. (2005). *Including students with special needs: A practical guide for classroom teachers*. Boston: Allyn & Bacon.

Fuchs, D., & Fuchs, L. S. (2005). Peer-assisted learning strategies: Promoting word recognition, fluency, and reading comprehension in young children. *The Journal of Special Education, 39*(1), 34-44.

Fuchs, D., Fuchs, L. S., Mathes, P. G., & Simmons, D. C. (1997). Peer-assisted Learning Strategies: Making the classrooms more responsive to diversity. *American Educational Research Journal of Special Education, 34*, 174-206.

Gelfand, D. M., & Drew, C. J. (2003). *Understanding child behavior disorders* (4th ed.). Belmont: Thomson.

Gerald, C., & John, M. (1990). *Abnormal psychology*. Canada: John Wiley & Sons.

Gerdes, A. C., Hoza, B., & Pelham, W. E. (2003). Attention-deficit hyperactivity disordered boys' relationships with their mothers and fathers: Child, mother, and father perceptions. *Development and Psychopathology, 15*, 363-382.

Glasser, W. (1965). *Reality therapy: A new approach to psychiatry*. NY: Harper & Row.

Goldstein, A. P. (1985). Prosocial education: Aggression replacement via psychological skill straining. *International Journal of Group Tensions, 15*, 6-26.

Goldstein, A. P., & Conoley, J. C. (1997)(Eds.). *School Violence Intervention: A Practical Handbook*. New York: The Guilford Press.

Gooding, D. C., & Iacono, W. G. (1995). Schizophrenia through the lens of a developmental psychopathology perspective. In D. Cicchetti & D. J. Cohen (Eds.), *Developmental Psychology* (Vol. 2). New York: John Wiley Interscience.

Goodman, R., & Stecenson, J. (1989). A twin study of hyperactivity-II. The aetiological role of genes, family relationships and perinatal adversity. *Journal of Child Psychology and Psychiatry, 30*, 691-709.

Goodyer, I. M., & Cooper, P. (1993). A community study of depression in adolescent girls: II. The clinical features of identified disorder. *British Journal of Psychiatry, 163,* 374-380.

Goyette, C. H., Vonners, C. K., & Ulrich, R. F. (1978). Normative data on revised Conners Parent and Teacher Rating Scales. *Journal of Abnormal Child Psychology, 6,* 221-236.

Graham, S., & Harris, K. R. (1988). Instructional recommendations for teaching writing to exceptional students. *Exceptional Children, 6,* 506-512.

Graham, S., & Harris, K. R. (1997). It can be taught, but it does not develop naturally: Myths and realities in writing instruction. *School Psychology Review, 26,* 414-424.

Graubard, P. S. (1973). Children with behavioral disabilities. In L. Dunn (Ed.), Exceptional children in the schools. New York: Holt, Rinehart & Winston.

Greenhill, L., Plizka, S., Dulcan, M. K., & the Work Group on Quality Issues. (2002). Practice parameter for the use of stimulant medications in the treatment of children, adolescents, and adults. *Journal of the American Academy of Child and Adolescent Psychiatry, 41,* supplement, 26S-49S.

Green-wood, C. R., & Delquadri, J. (1995). Classwide peer tutoring and the prevention of school failure. *Preventing School Failure, 39*(4), 21-25.

Gresham, F. M., & Elliott, S. N. (1984). Assessment and Classification of children's social skills. A review of methods and issues. *School Psychology Review, 13*(3), 292-301.

Gresham, F. M., & Elliott, S. N. (1987). The relationship between adaptive behaviour and social skills: Issues in definition and assessment. *Journal of Special Education, 21*(9), 167-181.

Gresham, F. M. (1998). Social skills training with children: Social learning and applied behavioral analytic approaches. In T. S. Watson & F. M. Gresham (Eds.), *Handbook of child behavior therapy* (pp. 475-497). New York: Plenum.

Gresham, F. M., & Elliott, S. N. (1990). *Social skills rating system.* Circle Pines, MN: American Guidance Service.

Gresham, F. M., Sugai, G., & Horner, R. H. (2001). Interpreting outcomes of social skills training for students with high-incidence disabilities. *Exceptional Children, 67*(3), 331-344.

Gunter, P. L., Hummel, J. H., & Conroy, M. A. (1998). Increasing correct academic responses: An effective intervention strategy to decrease problem behaviors. *Effective*

School Practices, 17, 43-50.

Haaga, D. A. F., & Davison, G. C. (1991). Cognitive change methods. In F. H. Kanfer & A. P. Goldstein (Eds.), *Helping people change: A textbook of methods* (pp. 248-304). NY: Pergamon Press.

Hales, R. E., Yudofsky, S. C., & Talbott, J. A. (1999) *Textbook of Psychiatry* (3rd ed.) (pp. 930-934). Washington, DC: APA Press.

Hallenbeck, B. A., & Kauffman, J. M. (1995). How does observational learning affect the behavior of students with emotional or behavioral disorders? A review of research. *Journal of Special Education, 29*, 43-71.

Haring, N. (1963). The emotionally disturbed. In S. Kirk & B. Weiner (Eds.), *Behavioral research on exceptional children*. Washington, DC: The Council for Exceptional Children.

Heward, W. L. (2013). *Exceptional children: An introduction to special education* (10th ed.). Boston: Pearson.

Hewett, F. M., & Taylor, F. D. (1980). *The Emotionally Disturbed Child in the Classroom: The orchestration of success*. Boston: Allyn & Bacon.

Hinshaw, S. P. (1998). *Is ADHD and impairing condition in childhood and adolescence? Chapter prepared for NIG Consensus Development Conference on Attention-deficit hyperactivity Disorder (ADHD): Diagnosis and Treatment*. Bethesda, MD.

Hinshaw, S. P. (2002). Preadolescent girls with attention-deficit/hyperactivity disorder: I. Background characteristics, comorbidity, cognitive and social functioning, and parenting practices. *Journal of Consulting and Clinical Psychology, 70*, 1086-1098.

Hinshaw, S. P., & Erhardt, D. (1993). Behavioral treatment. In V. B. Van Hasselt & M. Hersen (Eds.), *Handbook of behavior therapy and pharmacotherapy for children: A comparative analysis*. Boston: Allyn and Bacon.

Hodapp, R. M., & Fidler, D. J. (1999). Special education and genetics: Connection for the 21st century. *Journal of Special Education, 33*(3), 130-137.

Hodge, J., Riccomini, P. J., Buford, R., & Herbst, M. (2006). A review of instructional interventions in mathematics for students with emotional and behavioral disorders. *Behavioral Disorders, 31*(3), 297-311.

Horner, S. D. (2000). Using focus group methods with middle school children. *Res. Nurs. Health, 23*, 510-517.

Howline, P. (2002). **자폐증과 아스퍼거증후군 아동.** (김혜리, 정명숙, 박선미, 박영신, 이현진 역). 서울: 시그마프레스.

Hoza, B., Gerdes, A. C., Hinshaw, S. P., Arnold, L. E., Pelham, W. E., Molina, B. S. G. et al. (2004). Self-perceptions of confidence in children with ADHD and comparison children. *Journal of Consulting and Clinical Psychology, 72*, 382-391.

Huesmann, L. R., Moise-Titus, J. Podlski, C., & Eron, L. (2003). Longitudianal relations between children's exposure to TV violence and their aggressive and violent behavior in young adulthood: 1977-1992. *Developmental Psychology, 39*, 201-221.

Hulac, D., Terrell, J., Vining, O., & Bernstein, J. (2011). *Behavioral interventions in schools: A response-to-intervention guide*. New York: Routledge.

Hume, A. (1983). Putting writing research into practice. *Elementary school Journal, 84*, 3-18.

Isaacson, S. L. (1987). Effective instruction in written language. *Focus on Exceptional Children, 19*(6), 1-12.

Jacobvitz, D., & Sroufe, A. (1987). The early caregiver-child relationship and attention-deficit disorder with hyperactivity in kindergarten: A prospective study. *Child Development, 58*, 1488-1495.

Jenkins, J. R., Antil, L. R., Wayne, S. K., & Vadasy, P. F. (2003). How cooperative learning works for special education and remedial students. *Exceptional Children, 69*(3), 279-292.

Jensen, M. M. (2005). *Introduction to emotional and behavior disorders*. New Jersey: Pearson Prentice Hall.

Johnson, D. L. (1990). The Houston Parent-Child Development Center Project. *Prevention in Human Services, 7*(1), 89-108.

Jordan, R., & Powell, S. (1995). *Understanding and Teaching Children with Autism*. New York: Wiley.

Kagan, J. (1997). Temperament and the reactions to unfamiliarity. *Child Development, 68*, 139-143.

Kaiser, A. P., & Hester, P. P. (1997). Prevention of conduct disorder through early intervention: A social-communicative perspective. *Behavioral Disorders, 22*(3), 117-130.

Kalff, A. C., de Sonneville, L. M. J., Hurks. P. P. M., Hendriksen, J. G. M., Kroes, M., Feron, F. J. M. et al. (2003). Low- and high- level controlled processing in executive motor control tasks in 5-6-year-old children at risk for ADHD. *Journal of Child*

Psychology and Psychiatry, 44, 225-232.

Kame'eui, E. J., & Simmons, D. C. (1990). *Designing instructional strategies: The prevention of academic learning problems.* Upper Saddle River, NJ: Merrill/Prentice Hall.

Kaplan, H. I., Sadock, B. J., & Grebb, J. A. (1999) *Synopsis of Psychiatry* (8rd ed.). Baltimore: Williams and Wikins, 1235-1236.

Kauffman, J. M. (1993). *Characteristic of emotional and behavioral disorders of children and youth* (5th ed.). New York: Mcmillan Publish Company.

Kauffman, J. M. (2009). Emotional and behavioral disorders: In E. M. America (Ed.), *Psychology of Learning: An encyclopedia.* Detroit: Macmillan Reference USA.

Kauffman, J. M., & Landrum, T. (2006). *Children and youth with emotional and behavioral disorders: A bis-tory of their education.* Austin, TX: Pro-Ed.

Kauffman, J. M., & Landrum, T. J. (2011). **정서행동장애.** (김진호, 노진아, 박진연, 방명애, 황복선 역). 서울: 시그마프레스.

Kauffman, J. M., & Landrum, T. J. (2013). *Characteristics of emotional and behavioral disorders of children and youth* (10th ed.). Upper Saddle River, N. J.: Pearson Education, Inc.

Kazdin, A. E. (2001). *Behavior modification in applied settings* (6th ed.). Belmont, CA: Wadsworth/Thomson Learning.

Kazdin, A. E., & Marciano, P. L. (1998). Childhood and adolescent depression. In E. J. Mash & R. A. Barkley (Eds.), *Treatment of childhood disorders* (2nd ed.). New York: Guilford Press.

Kearney, C. A. (2003). **정서 · 행동장애의 이해: 사례 중심적 접근.** (이승희 역). 서울: 박학사.

Keller, F. S. (1968). Good-bye teacher... *Journal of Applied Behavior Analysis, 1*, 79-89.

Keller, F. S. (1981). *PSI grune Heinrtch* (Vol. I). Munich: Deutsch-Meister-Verlag.

Kelly, J. B. (2000). Children's Adjustment in Conflicted Marriage and Divorce: A Decade Review of Research. *Journal of the American Academy of Child and Adolescent Psychiatry, 39*, 963-973.

Kendall, P. C. (1991). *Child and Adolescent Therapy.* New York: The Guilford Press.

Kendler, K. S., Neale, M. C., Kessler, R. C., Heath, A. C., & Eaves, L. J. (1992). A population-based stein study of major depression in women: The impact of varying definitions of illness. *Archives of General Psychiatry, 49*, 257-266.

Kerr, M. M., & Zigmond, N. (1986). What do high school teachers want? A study of expectations and standards. *Education & Treatment of Children, 9*, 239-249.

Kessler, J. W. (1980). History of minimal brain dysfunctions. In H. E. Rie & E. D. Rie (Eds.), *Handbook of minimal brain dysfunctions: A critical review* (pp. 18-51). New York: Wiley-Interscience.

King, N., Meitz, L. T., & Ollendick, T. H. (1995). psychopathology and cognition in adolescents experiencing severe test anxiety. *Journal of Clinical Child Psychology, 24*, 49-54.

Knitzer, J., Sternberg, Z., & Fleisch, B. (1990). *At the school house door: An examination of programs and policies for children with behavioral and emotional problems.* New York: Bank Street College of Education Press.

Kotimaa, A. J., Moilanen. I., Taanila, A., Ebeling, H., Smalley, S. L., McGough, J. J. et al. (2003). Maternal smoking and hyperactivity in 8-year-old children. *Journal of the American Academy of Child and Adolescent Psychiatry, 42*, 826-833.

Kovacs, M. (1994). Depressive disorders in childhood: An impressionistic landscape. *Journal of Child Psychology and Psychiatry, 38,* 287-298.

Koyanagi, C., & Gaines, S. (1993). *All systems failure: An examination of the results of neglecting the needs of children with serious emotional disturbance.* VA: Alexandria.

Kumra, S., Herion, D., Jacobsen, L. K., Briguglia, S., & Grothe, D. (1997). Case study: Risperidone-induced hepatotoxicity in pediatric patients. *Journal of the American Academy of Child and Adolescent Psychiatry, 36,* 701-705.

Kumra, S., Jacobsen, L. K., Lenane, M., Smith, A., Lee, P., Malanga, C. J., Karp, B. I., Hamburger, S., & Rapoport, J. L. (1998). Case series: Spectrum of neuroleptic-induced movement disorders and extrapyramidal side effects in childhood-onset schizophrenia. *Journal of the American Academy of Child and Adolescent Psychiatry, 37,* 221-227.

Kutcher, M. (2010). ADHD 부모지침서. (이경아, 이정림 역). 서울: 시그마프레스.

Lahey, B. B., Pelham, W. E., Stein, M. A., Loney, J., Trapani, C., Nugent, K., Kipp, H., Schmidt, E., Lee, S., Cale, M., Gold, E., Hartung, C. M., Willcutt, E., & Baumann, B. (1998). Validity of DSM-IV Attention-deficit/hyperactivity Disorder for younger children. *Journal of the American Academy of Child and Adolescent Psychiatry, 37*, 695-702.

Lambert, N. (1988). Adolescent outcomes for hyperactive children: Perspective on general and specific patterns of childhood risk for adolescent educational, social, and mental health problems. *American Psychologist, 43*(10), 796-799.

Lane, K. L., & Menzies, H. M. (2010). Special issue: reading and writing interventions for students with and at risk for emotional and behavioral disorders. *Behavioral Disorders, 35*(2) 82-85.

Levy, S. R., Jurkovic, G. L., & Spiro, A. (1995). A multi-systems analysis of adolescent suicide attempters. *Journal of Abnormal Child Psychology, 23*, 221-234.

Lewis, M. (1996). *Child and Adolescent Psychiatry: A Comprehensive Textbook* (2nd ed.). (pp. 498-501). Baltimore: Williams and Wikins.

Libet, J. M., & Lewinsohn, P. M. (1973). Concept of social skill with special reference to the behavior of depressed persons. *Journal of Consulting and Clinical Psychology, 40*, 304-312.

Liljequist, L., & Renk, K. (2007). The relationships among teachers' perceptions of student behavior, teachers' characteristics, and ratings of students' emotional and behavioral problems. *Educational Psychology, 27*(4), 557-571.

Lloyd, J. W., Kauffman, J. M., & Gansneder, B. (1987). Differential teacher response to descriptions of aberrant behavior. In R. B. Rutherford, C. M. Nelson, & S. R. Foreness (Eds.), *Severe behavior disorders of children and youth* (pp. 41-52). Boston: College Hill.

Loney, J., Comly, H. H., & Simon, B. (1975). Parental management, self-concept and drug response in minimal brain dysfunction. *Journal of Learning Disabilities, 8*, 187-190.

Lynch, D., Laws, K. R., & McKenna, P. J. (2010). Cognitive behavioral therapy for major psychiatric disorder: does it really work? A meta-analytical review of well-controlled trials. *Psychological Medicine, 40*, 9-24.

Malone, M. A., & Swanson, J. M. (1993). Effects of methylphenidate on impulsive responding in children with attention deficit hyperactivity disorder. *Journal of Child Neurology, 8*, 157-163.

Marchand-Martella, N. E., Slocum, T. A., & Martella, R. C. (2004). *Introduction to direct instruction*. Boston: Pearson/Allyn & Bacon.

Mastropieri, M. A., & Scruggs, T. (1994). *Effective instruction for special education*. Austin, TX: Pro-ed.

Martella, R. C., Nelson, J. R., & Marchand-Martella, N. E. (2003). *Managing disruptive behaviors in the schools: A schoolwide, classroom, and individualized social learning approach*. Boston: Allyn & Bacon.

Matson, J. L., & DiLorenzo, T. M. (1984). *Punishment and its alternatives: A new perspective for behavior modification*. NY: Springer.

Mayer, G. R. (1995). Preventing antisocial behavior in schools. *Journal of Applied Behavior Analysis, 28,* 467-478.

McCord, J. (1978). A thirty-year follow-up of treatment effects. *American Psychologist, 33*(3), 284-289.

McGee, R., Prior, M., Williams, S., Smart, D., & Sanson, A. (2002). The long-term significance of teacher-rated hyperactivity and reading ability in childhood: Finding from two longitudinal studies. *Journal of Child Psychology and Psychiatry*, *43*, 1004-1017.

McGinnis, E. (2005). *Skillstreaming in the elementary school: Lesson plans and activities*. Champaign, IL: Research Press.

McGinnis, E. (2012). 초등학생의 스킬스트리밍: 수업계획과 활동. (한현민 역). 서울: 시그마프레스.

McGinnis, E., & Goldstein A. P. (1997). *Skillstreaming in the elementary school: New strategies and perspectives for teaching prosocial skills*. Champaign, IL: Research Press.

McGinnis, E., & Goldstein, A. P. (2003a). *Skillstreaming in early childhood: New strategies and perspectives for teaching prosocial skills* (rev. ed.). Champaign, IL: Research Press.

McGinnis, E., & Goldstein, A. P. (2003b). *Skillstreaming in the elementary school: New strategies and perspectives for teaching prosocial skills* (rev. ed.). Champaign, IL: Research Press.

McGinnis, E., & Goldstein, A. P. (2003c). *Skillstreaming in the adolescent: New strategies and perspectives for teaching prosocial skills* (rev. ed.). Champaign, IL: Research Press.

McGinnis, E., & Goldstein, A. P. (2012). 초등학생의 스킬스트리밍: 친사회행동기술 교육의 새로운 전략과 전망. (한현민 역). 서울: 시그마프레스.

McIntyre, C. W., Blackwell, S. L., & Denton, C. L. (1978). Effect of noise distractability on the spans of apprehension of hyperactive boys. *Journal of Abnormal Child Psychology, 6,* 483-493.

McKenna, K., Gordon, C. T., Lenane, M., Kaysen, D., Fahey, K., & Rapoport, J. L.

(1994). Looking for childhood-onset schizophrenia: The first 71 cases screened. *Journal of the American Academy of Child and Adolescent Psychiatry, 33*, 636-644.

McLoughlin, J. A., & Lewis, R. B. (1994). *Assessing special students.* Merrill.

Mednick, S. A., Machon, R. A., Huttunen, M. O., & Bonnett, D. (1998). Fetal viral infection and adult schizophrenia. *Archives of General Psychiatry, 45*, 189-192.

Meichenbaum, D. (1971). Examination of model characteristics in reducing avoidance behavior. *Journal of Personality and Social Psychology, 17*, 298-307.

Meichenbaum, D. H., & Goodman, J. (1971). Training impulsive children to talk to themselves: A means of developing self-control. *Journal of Abnormal Psychology, 77*(2), 115-126.

Melnick, S. M., & Hinshaw, S. P. (1996). What they want and what they get: The social goals of boys with ADHD and comparison boys. *Journal of Abnormal Child Psychology, 24*, 169-185.

Milich, R., Balentine, A. C., & Lynam, D. R. (2001). ADHD combined type and ADHD predominantly inattentive type are distinct and unrelated disorders. *Clinical Psychology: Science and Practice, 8*, 463-488.

Milich, R., & Kramer, J. (1984). Reflections on impulsivity: An empirical investigation of impulsivity as a construct. In K. Gadow & I. Bialer (Eds.), *Advances in learning and behavioral disabilities* (Vol. 3, pp. 57-94). Greenwich, CT: JAI Press.

Milich, R., & Lorch, E. P. (1994). Television viewing methodology to understand cognitive processing of ADHD children. In T. H. Ollendick & R. J. Prinz (Eds.), *Advances in clinical child psychology* (Vol. 16, pp. 177-202). New York: Plenum.

Mock, D. R., & Kauffman, J. M. (2005). The delusion of full inclusion. In J. W. Jacobson, J. A. Mulick, & R. M. Foxx (Eds.), *Controversial therapies for developmental disabilities: Fad, fashion, and science in professional practice* (pp. 113-128). Mahwah, NJ: Erlbaum.

Mooney, P., Epstein, M. H., Reid, R., & Nelson, J. R. (2003). Status of and trends in academic research for students with emotional and behavioral disorders. *Remedial and Special Education, 24*, 273-287.

Morrison, J. A., & Stewart, M. A. (1973). The psychiatric status of the legal families of adopted hyperactive children. *Archives of General Psychiatry, 23*, 888-891.

Myron, H. (1994). *Applying Educational Psychology* (4th ed.). New York and London:

Longman.

National Center for Juvenile Justice (1998). Crime statistics. [http//: www.ncjj.org/]

Newcomer, P. L. (1993). *Understanding and teaching emotionally disturbed children and adolescents*. Austin, TX: Pro-Ed.

Newsweek. February 28, 2005, pp. 44-45.

Newsweek. March 14, 2005, p. 61.

Nigg, J. T., & Hinshaw, S. P. (1998). Parent personality traits and psychopathology associated with antisocial behaviors in childhood attention-deficit hyperactive disorder. *Journal of Child Psychology and Psychiatry*, *39*, 145-159.

Nigg, J. T., Hinshaw, S. P., & Huang-Pollock, C. (2006). Disorders of attention and impulse regulation. In D. Cicchetti & D. J. Cohen (Eds.), *Developmental psychopathology (Vol. III): Risk, disorder, and adaptation*. Hoboken, NJ: John Wiley & Sons.

Nichols, P. (1996). *Clear thinking-clearing dark through with new words and images: A program for teachers and counseling professionals*. Iowa City, IA: River Lights Publishers.

O'Connor, T. G., McGuire, S., Reiss, D., Hetherington, E. M., & Plomin, R. (1998). Co-occurrence of depressive symptoms and antisocial behavior in adolescence: A common genetic liability. *Journal of Abnormal Psychology, 107*, 27-37.

O'Leary, S. G. (1995). Parental discipline mistakes: Current Directions in Psychological Science, *4*, 11-13.

Offord, D., & Bennett, K. (1994). Conduct disorder: Long-term outcomes and intervention effectiveness. *Journal of American Academic Child & Adolescent Psychiatry, 33*, 1069-1078.

Ohman, A., & Hultman, C. M. (1998). Electrodermal activity and obstetric complications in schizophrenia. *Journal of Abnormal Psychology, 107*, 228-237.

Olds, D. L. (1990). The Prenatal/Early Infancy Project. *Prevention in Human Services, 7*(1), 59-87.

Ollendick, T. H., & King, N. J. (1991). Origins of childhood fears: An evaluation of Rachman's theory of fear acquisition. *Behavior Research and Therapy, 29*, 117-123.

Ozonoff, S. (1994). Executive functions in autism. In E. Schopler & G. Mesibov (Eds.), *Learning and Cognition in Autism* (pp. 220-230). New York: Plenum.

Paternite, C., & Loney, J. (1980). Childhood hyperkinests: Relationships between symptomatology and home environment. In C. K. Walen & B. Henker (Eds.), *Hyperactive children: The social ecology of identification and treatment.* New York: Academic Press.

Paternite, C., Loney, J., & Longhorn, J. (1976). Relationship between symptomatology, social economic status and related factors in hyperkinetic MBD boys. *American Journal of Orthopsychiatry, 46*(2), 293-318.

Patterson, G. R. (1986). Performance models for antisocial boys. *American Psychologist, 41*, 432-444.

Patterson, G. R. (1980). Mothers: The unacknowledged victims. *Monographs of the Society for Research in Child Development, 45*(5, Serial No.186).

Patterson, G. R., DeBaryshe, B. D., & Ramsey, E. (1989). A developmental perspective on antisocial behavior. *American Psychologist, 44*, 329-335.

Pauls, D. L. (1991). Genetic factors in the expression of attention-deficit hyperactivity disorder. *Journal of child and Adolescent Psychopharmacology, 1*, 353-360.

Pear, J. J., & Crone-Todd, D. E. (1999). Personalized system of instruction in cyberspace. *Journal of Applied Behavior Analysis, 32*(2), 205-209.

Pelham, W. (1986). What do we know about the use and effects of CNS stimulants in the treatment of A.D.D.? *Journal of Children in Contemporary Society, 19*, 99-110.

Phares, V. (2003). *Understanding Abnormal Child Psychology* (p. 147). John Wiley & Sons, Inc.

Pliszka, S., & the AACAP Work Group on Quality Issues (2007). Practice parameter for the assessment of children and adolescents with attention-deficit/hyperactivity disorder. *Journal of the Academy of Child and Adolescent Psychiatry, 46*, 894-921.

Plomin, R. (2005). Finding genes in child psychology and psychiatry: When we are going to be there? *Journal of Child Psychology and Psychiatry, 46*, 1030-1038.

Putnam, J., Markovchick, K., Johnson, D. W., & Johnson, R. T. (1996). Cooperative learning and peer acceptance of students with learning disabilities. *The Journal of Social Psychology, 136*(6), 741-752.

Quinn, K. P., & Lee, V. (2007). The wraparound approach for students with emotional and behavioral disorders: Opportunity for school psychologists. *Psychology in the Schools, 44*(1), 101-111.

Rapport, M. D., Chung, K-M., Shore, G., & Isaacs, P. (2001). A conceptual model of child psychopathology: Implications for understanding attention deficit hyperactivity disorder and treatment dfficacy. *Journal of Clinical Child Psychology, 30*, 48-58.

Rice, F., Harold, G., & Thapar, A. (2002). The genetic etiology of childhood depression: A review. *Journal of Child Psychology and Psychiatry, 43*, 65-79.

Repp, A. C., Barton, L. E., & Brulle, A. R. (1983). A comparison of two procedures for programming the differential reinforcement of other behaviors. *Journal of Applied Behavior Analysis, 21*, 281-289.

Reynolds, C. R., & Kamphaus, R. W. (1990). *Handbook of psychological and educational assessment of children.* New York: The Guilford Press.

Rice, F., Harold, G., & Thapar, A. (2002). The genetic etiology of childhood depression: A review. *Journal of Child Psychology and Psychiatry, 43*, 65-79.

Riggs, P. (1995). *Adolescent substance use disorder with conduct disorder and other comorbid conditions.* Institute Outline, presented at the 42nd Annual Meeting of the American Academy of Child and Adolescent Psychiatry, New Orleans.

Rimland, B., Callaway, E., & Dreyfus, P. (1978). The effect of high dosage of vitamin B6 on autistic children: A double-blind crossover study. *American Journal of Psychiatry, 135*, 472-475.

Roberts, R. E., & Roberts, C. R., & Xing, Y. (2006). Prevalence of youth-reported DSM-IV psychiatric disorders among African, European, and Mexican American adolescents. *Journal of the Academy of Child and Adolescent Psychiatry, 45*, 1329-1337.

Rosenhan, D. L., & Seligman, M. E. P. (1989). *Abnormal psychology.* New York: W.W. Norton.

Rosenshine, B. (1987). Explicit teaching and teacher training. *Journal of Teacher Education, 38*(3), 34-36.

Rosenshine, B. (1997). Advances in research on instruction. In J. W. Lloyd, E. J. Kame' enui, & D. Chard (Eds.), *Issues un educating students with disabilities* (pp. 197-220). Mahwa, NJ: Lawrence Erlbaum.

Rubin, R. A., & Balow, B. (1978). Prevalance of teacher identified behavior problems: A longitudinal study. *Exceptional Children, 45*, 102-111.

Rusch, F., Rose, T., & Greenwood, C. (1988). *Introduction to behavior analysis in special education.* NJ: Prentice-Hall Inc.

Russ, D. F. (1974). A review of learning and behavior theory as it relates to emotional disturbance in children. In W. C. Rhodes & M. L. Tracy (Eds.), *A study of child variance.* Ann Arbor, MI: The University of Michigan Press.

Rutter, M. (1970). Autistic children: Infancy to childhood. *Seminars in Psychiatry, 2,* 435-450.

Ryan, J. R., Reid, R., & Epstein, M. H. (2004). Peer-mediated intervention studies on academic achievement for students with EBD: A review. *Remedial and Special Education, 25,* 330-341.

Satterfield, J. H., & Dawson, M. E. (1971). *Electrodermal correlates of hyperactivity in children, Psychophysiology, 8,* 191-197.

Saville, B. K., Zinn, T. E., & Elliott, M. P. (2005). Interteaching versus traditional methods of instruction: A preliminary analysis. *Teaching of Psychology, 32*(3), 161-163.

Schachar, R., Tannock, R., & Logan, G. (1993). Inhibitory control, impulsiveness, and attention deficit hyperactivity disorder. *Clinical Psychology Review, 13,* 721-740.

Schachar, R., Taylor, E., Wiesalberg, M., & Thorley, G. (1987). Changes in family functioning and relationships in children who respond to methylphenidate. *Journal of the American Academy of Child and Adolescent Psychiatry, 26*(5), 728-732.

Schneider, W., & Shiffrin, R. M. (1977). *Controlled and automatic human information processing I: Detection, search, and attention, Psychological Review, 84,* 1-66.

Seligman, M. E. P., & Maler, S. F. (1967). Failure to escape traumatic shock. *Journal of Experimental Psychology, 74,* 1-9.

Semrud-Clikeman, M., Steingard, R. J., Filipek, P., Biederman, J., Bekken, K., & Renshaw, P. F. (2000). Using MRI to examine brain-behavior relationships in males with attention deficit disorder with hyperactivity. *Journal of the American Academy of Child and Adolescent Psychiatry, 39,* 477-484.

Sergeant, J. (2006). The cognitive-energetic model: An empirical approach to attention-deficit hyperactivity disorder. *Neuroscience and biobehavioral reviews, 24,* 7-12.

Shepherd, T. L. (2010). **정서행동장애 학생의 이해와 교수전략.** (박계신, 이효신, 황순영 역). 서울: 시그마프레스.

Shiffrin, R. M., & Schneider, W. (1977). Controlled and automatic human information processing II: Perceptual learning, automatic attending and a general theory. *Psychological Review, 84,* 129-190.

Shure, M. B. (1992a). *I Can Problem Solve (ICPS): An interpersonal cognitive problem-solving program: Intermediate elementary grades.* Champaign, IL: Research Press.

Shure, M. B. (1992b). *I Can Problem Solve (ICPS): An interpersonal cognitive problem-solving program: Preschool.* Champaign, IL: Research Press.

Shure, M. B. (1992c). *I Can Problem Solve (ICPS): An interpersonal cognitive problem-solving program: Kindergarten/Primary grades.* Champaign, IL: Research Press.

Shure, M. B. (2002). 나는 문제를 해결할 수 있어요. (신현기, 최세민 역). 서울: 양지.

Siegel, L. J., & Senna, J. J. (1991). *Juvenile delinquency: Theory, practice, and law* (5th ed.). St. Paul, MN: West.

Silberg, J., Rutter, M., Neale, M., & Eaves, L. (2001). Genetic moderation of environmental risk for depression and anxiety an adolescent girls. *British Journal of Psychiatry, 179*, 116-121.

Slusarek, M., Velling, S., Bunk, D., & Eggers, C. (2001). Motivational effects on inhibitory control in children with ADHD. *Journal of the American Academy of Child and Adolescent Psychiatry, 40*, 355-363.

Smith, C. R., Wood, F. H., & Grimes, J. (1988). Issues in the identification and place of behaviorally disorder students. In M. C. Wang, M. C. Reynolds, & H. J. Walberg (Eds.), *Handbook of special education: Research and practice* (Vol. 2).

Snarr, R. W., & Wolford, B. I. (1985). *Introduction to corrections.* Dubuque, IA: Brown.

Sonuga-Barke, E. J. S. (1994). On dysfunction and function in psychological theories of childhood disorder. *Journal of Child Psychology and Psychiatry, 35*, 801-815.

Sonuga-Barke, E. J. S., Dalen, L., & Remington, B. (2003). Do executive deficits and delay aversion make independent contributions to preschool attention-deficit/hyperactivity disorder? *Journal of the American Academy of Child and Adolescent Psychiatry, 42*, 1335-1342.

Sonuga-Barke, E. J. S., De Houwer, J., De Ruiter, K., Ajzenstzen, M., & Hollands, S. (2004). AD/HD and the capture of attention by briefly exposed delay-related cues: Evidence from a conditioning paradigm. *Journal of Child Psychology and Psychiatry, 45*, 274-283.

Sowell, E. R., Thompson, P. M., Welcome, S. E., Henkenius, A. L., Toga, A. W., & Peterson, B. S. (2003). Cortical abnormalities in children and adolescents with attention-deficit hyperactivity disorder. *The Lancet, 362*, 1699-1707.

Steinberg, L., & Avenevoli, S. (2000). The role of context in the development of psychopathology: A conceptual framework and some speculative propositions. *Child*

Development, 71, 66-74.

Storey, K., & Post, M. (2012). *Positive behavior supports in classrooms and schools: Effective and practical strategies for teachers and other service providers*. Illinois: Charles C. Thomas.

Streissguth, A. P., Bookstein, F. L., Sampson, P. D., & Barr, H. M. (1995). Attention: Prenatal alcohol and continuities of vigilance and attentional problems from 4 through 14 years. *Development and Psychopathology, 7*, 419-446.

Sugai, G., & Horner, R. H. (2002). The evolution of discipline: school-wide positive beharvior supports. *Child and Family Behavior Therapy, 24*, 23-50.

Sutherland, K. S., & Synder, A. (2007). Effects of reciprocal peer tutoring and self-graphing on reading fluency and classroom behavior of middle school students with emotional or behavioral disorders. *Journal of Emotional and Behavioral Disorders, 15*(2), 103-118.

Tannock, R. (1998). Attention deficit hyperactivity disorder: Advances in cognitive, neurobiological, and genetic research. *Journal of Child Psychology and Psychiatry, 39*, 65-99.

Tarver, S. (1999). Focusing on Direct Instruction. *Current Practice Alerts, 2,* 1-4.

Taylor, E. (1995). Dysfunctions of attention. In D. Cicchetti & D. J. Cohen (Eds.), *Developmental psychopathology: Risk disorder, and adaptation* (Vol. 2, pp. 243-273). New York: Wiley-Interscience.

Thomas, A., & Chess, S. (1977). *Temperament and development*. New York: Praeger.

Thomas, A., & Chess, S. (1986). The New York Longitudinal Study: From infancy to early adult life. In R. Plomin & J. Dunn (Eds.), *The study of temperament: Changes, continuities, and challenges*. Hillsdale, NJ: Erlbaum.

Thurlow, M. L., Elliott, J. L., & Ysseldyke, J. E. (2003). *Testing with students with disabilities*. Corwin Press, Inc.

Todd, R. D., Huang, H., Smalley, S. L., Nelson, S. F., Willcutt, E. G., Pennington, B. F. et al. (2005). Collaborative analysis of DRD4 and DAT genotypes in population-defined ADHD subtypes. *Journal of Child Psychology and Psychiatry, 46*, 1067-1073.

Tolan, P. H., & Thomas, P. (1995). The implications of age of onset for delinquency risk II: Longitudinal data. *Journal of Abnormal Child Psychology, 23*, 157-181.

Tripp, G., & Alsop, B. (2001). Sensitivity of reward delay in children with attention deficit hyperactivity disorder (ADHD). *Journal of Child and Adolescent Psychology, 42*, 691-698.

Trout, A. L., Nordness, P. D., Pierce, C. D., & Epstein, M. H. (2003). Research on the academic status of children and youth emotional and behavioral disorders: A review of the literature from 1961 to 2000. *Journal of Emotional and Behavioral Disorders, 11*, 198-210.

Trower, P., Bryant, B., & Argyle, M. (1978). *Social skills and mental health*. London: Methuen.

Tsai, L. Y. (2001). 자폐 및 정서 · 행동장애 아동의 약물치료에 대한 이해: 부모, 행동치료사, 교사, 비의료전문인들을 위한 안내서. (이상복, 김진희, 김정일 역). 서울: 시그마프레스.

Tucker, D. M. (1988). Neuropsychological mechanism of affective self-regulation. In M. Kinsbourne (Ed.), *Cerebral hemisphere function in depression*. Washington, DC: American Psychiatric Press.

Tully, L. A., Arseneault, L., Caspi, A., Moffit, T. E., & Morgn, J. (2004). Does maternal warmth moderate the effects of birth-weight on twins' Attention-Deficit/Hyperactivity Disorder (ADHD) symptoms and low IQ? *Journal of Consulting and Clinical sychology, 72*, 218-226.

Turnbull, R., Turnbull, A., Shank, M., & Smith, S. J. (2004). *Exceptional lives: Special education in today's schools* (4th ed.) (p. 139). Upper Saddle River, NJ: Pearson.

Ullmann, R. K., & Sleator, E. K. (1984). ADD-H children: Which behaviors are helped by stimulants? Unpublished manuscript, University of Illinois.

Ullmann, R. K., Sleator, E. K., & Sprague, R. L. (1985). A change of mind: The Conners Abbreviated Rating Scales reconsidered. *Journal of Abnormal Child Psychology, 13*, 553-566.

Vargas, J. S. (2013). *Behavior analysis for effective teaching* (2nd ed.). New York: Routledge.

Vasey, M. W. (1995). Social anxiety disorders. In A. R. Eisten, C. A. Kearney, & C. A. Schaefer (Eds.), *Clinical handbook of anxiety disorders in children and adolescents*. Northvale, NJ: Jason Aronson.

Vaughn, S., & Edmonds, M. (2006). Reading comprehension for older readers. *Intervention in Schools and Clinics, 41*(3), 131-137.

Volker, F. R. (1996) Reactive Attachment Disorder of Infancy of Early Childhood. In

Lewis M. Baltimore (Ed.), *Child and Adolescent Psychiatry* (2nd ed.). Williams and Wilkins, 498-502.

Walker, H. M. (1997). *The acting out child: Coping with classroom disruption* (2nd ed.). Logmont, CO: Sopris West.

Walker, H. M., Colvin, G., & Ramsey, E. (1995). *Antisocial behavior in schools: Strategies and best practices.* Pacific Grove, CA: Brooks/Cole.

Walker, H. M., Ramsey, E., & Gresham, F. M. (2004). *Antisocial Behavior in School: Strategies and Best Practice* (2nd ed.). Pacific Grove, CA: Brooks/Cole.

Walker, H. M., & McConnell, S. R. (1988). *The Walker-McConnell Scale of Social Competence and School Adjustment: A Social Skills Rating Scale for Teacher.* TA: Pro-Ed.

Walker, H. M., & McConnell, S. R. (1995a). *Walker-McConnell Scale of Social Competence and School Adjustment: Adolescent version.* San Diego, CA: Singular Publishing Group.

Walker, H. M., & McConnell, S. R. (1995b). *Walker-McConnell Scale of Social Competence and School Adjustment: Elementary version.* San Diego, CA: Singular Publishing Group.

Walker, H. M., Stieber, S., Ramsey, E., & O'Neill, R. E. (1991). Longitudinal prediction of the school achievement, adjustment, and delinquency of antisocial versus at-risk boys. *Remedial and Special Education, 12*(4), 41-51.

Watson, J. B., & Rayner, R. (1920). Conditioned emotional responses. *Journal of Experimental Psychology, 3*, 1-14.

Wehby, J. H., Falk, K. B., Barton-Arwood, S., Lane, K. L., & Cooley, C. (2003). The impact of comprehensive reading instruction on the academic and social behavior of students with emotional and behavioral disorders. *Journal of Emotional and Behavioral Disorders, 11*(4), 225-238.

Wehby, J. H., Lane, K. L., & Falk, K. B. (2003). Academic instructions for students with emotional and behavioral disorders. *Journal of Emotional and Behavioral Disorders, 11*(4), 194-197.

Weinberger, D. R. (1987). Implications of normal brain development for the pathogenesis of schizophrenia. *Archives of General Psychiatry, 44*, 660-669.

Weinberger, D. R. (1994). Biological basis of schizophrenia: Structural/functional considerations relevant to potential for antipsychotic drug response. *Journal of Clinical*

Psychiatry Monfraph, 12(2), 4-8.

Weiner, B. (1985). An attributional theory of achievement motivation and emotion. *Psychological Review, 92*, 548-573.

Weiss, G., Minde, K., Werry, J. S., Douglas, V., & Nameth, E. (1975). Studies of the hyperactive child VIII: Five-year follow-up. *Archives of General Psychiatry, 24*, 409-414.

Welner, Z., Welner, A., Stewart, M., Palkes, H., & Wish, E. (1977). A controlled study of siblings of hyperactive children. *Journal of Nervous and Mental disease, 165*, 110-117.

Whitcomb, S., A., & Merrell, K. W. (2013). *Behavioral Social and emotional assessment of children and adolesscents* (4th ed.). New York: Routledge.

White, J. L., Moffitt, T. E., Caspi, A., Bartusch, D. J., Needles, D. J., & Stouthamer-Loeber, M. (1994). Measuring impulsivity and examining its relationship to delinquency. *Journal of Abnormal Psychology, 103*, 192-205.

Wicks-Nelson, R., & Allen, C. I. (2003). *Behavior disorders of childhood* (5th ed.). New Jersey: Pearson Prentice Hall.

Wicks-Nelson, R., & Israel, A. C. (2004). **아동기 행동장애.** (정명숙, 손영숙, 정현희 역). 서울: 시그마프레스.

Wicks-Nelson, R., & Israel, A. C. (2015). **아동 · 청소년 이상심리학.** (정명숙, 박영신, 정현희 역). 서울: 시그마프레스.

Wicks-Nelson, R., & Israel, A. C. (2015). *Abnormal Child and Adolescent Psychology with DSM-5 Updates* (8th ed.). Upper Saddle River, NJ: Pearson.

Wing, L. (1996). *The Autistic Spectrum: A Guide for parents and Professionals.* London: Constable.

Wolraich, M. L. (2003). Annotation: The use of psychotropic medications in children: An American view. *Journal of Child Psychology and Psychiatry, 44*, 159-168.

Workman, E. A., Helton, G. B., & Watson, P. J. (1982). Self-monitoring effects in a four year old children: An ecological behavior analysis. *Journal of School Psychology, 20*, 57-64.

World Health Organization (1994). ICD-10: **정신 및 행태장애: 임상기술과 진단지침.** (이부영 역). 서울: 일조각.

Wright, J. H., Basco, M. R., & Thase, M. E. (2009). **인지행동치료.** (김정민 역). 서울: 학지사.

Yell, M. L. (2006). *The law and special education* (2nd ed.). Upper Saddle River, NJ: Pearson Education.

Yell, M. L., Meadows, N. B., Drasgow, E., & James, G., Shriner, J. G. (2009). 정서행동장애 학생교육. (곽승철, 임경원, 변찬석, 박계신, 황순영 역). 서울: 교육과학사.

Yeo, R. A., Hill, D. E., Campbell, R. A., Vigil, J., Petropoulos, H., Hart, B. et al. (2003). Proton magnetic resonance spectroscopy investigation of the right frontal lobe in children with attention-deficit/hyperactivity disorder. *Journal of the American Academy of Child and Adolescent Psychiatry*, *42*, 303-310.

Zionts, P. (1998). Rational emotive behavior therapy: A classroom mental health curriculum. *Beyond Behavior, 9*(1), 4-11.

찾아보기

인명

내용

저자 소개

윤점룡(Yoon Jeomyong)
한국복지대학교 명예 교수

이상훈(Lee Sanghoon)
가톨릭대학교 특수교육과 교수

문현미(Mun Hyunmi)
인제대학교 특수교육과 교수

서은정(Seo Eunjung)
한국국제대학교 초등특수교육과 교수

김민동(Kim Mindong)
광주여자대학교 중등특수교육과 교수

문장원(Moon Jangwon)
가야대학교 초등특수교육과 교수

이효신(Lee Hyoshin)
대구대학교 유아특수교육과 교수

윤치연(Yoon Chiyeon)
춘해보건대학교 언어재활과 교수

김미경(Kim Mikyong)
세한대학교 특수교육과 교수

정대영(Jung Daeyoung)
창원대학교 특수교육과 교수

조재규(Jo Jaegyu)
경동대학교 중등특수교육과 교수

박계신(Park Gyeshin)
나사렛대학교 유아특수교육과 교수

3판
정서 및 행동장애아 교육
Introduction to Emotional and Behavioral Disorders (3rd ed.)

2007년 1월 30일 1판 1쇄 발행
2011년 8월 25일 1판 7쇄 발행
2013년 3월 12일 2판 1쇄 발행
2015년 4월 20일 2판 3쇄 발행
2017년 2월 20일 3판 1쇄 발행
2026년 3월 20일 3판 11쇄 발행

지은이 • 윤점룡 · 이상훈 · 문현미 · 서은정 · 김민동 · 문장원
이효신 · 윤치연 · 김미경 · 정대영 · 조재규 · 박계신

펴낸이 • 김 진 환
펴낸곳 • (주) 학지사
04031 서울특별시 마포구 양화로 15길 20 마인드월드빌딩 5층
대표전화 • 02) 330-5114 팩스 • 02) 324-2345
등록번호 • 제313-2006-000265호
홈페이지 • http://www.hakjisa.co.kr
인스타그램 • https://www.instagram.com/hakjisabook

ISBN 978-89-997-1167-1 93370

정가 20,000원